suhrkamp taschenbuch
wissenschaft 1605

Ästhetische Konzepte von Literatur und Kunst werden durch die neuen Medien Computer und Internet in mehrfacher Hinsicht herausgefordert:

Es entstehen neue Formen des Schreibens (kooperative und kommunikative Vernetzung), der Textgestaltung (Multi- und Hypermedialität) und des Lesens (Interaktion, Spiel). Damit wird der weitgehend monomediale und interaktionsarme Literaturbegriff der Buchkultur grundlegend in Frage gestellt. Digitale und Netzliteratur stehen dabei im Spannungsfeld von Tradition und Innovation: Einerseits greifen sie Konzepte verschiedener Avantgarden auf, andererseits jedoch prägt die mediale Struktur neue Formen ästhetischer Gestaltung und Kommunikation, die wiederum Rückschlüsse auf grundlegende epistemologische und soziale Veränderungen zulassen.

Christiane Heibach ist wissenschaftliche Assistentin am Lehrstuhl Vergleichende Literaturwissenschaft mit den Schwerpunkten Kultur- und Medientheorie, Mediengeschichte an der Universität Erfurt. Publikation zahlreicher Beiträge zur Medientheorie sowie zu Kunst und Literatur im Internet.

Christiane Heibach

Literatur im elektronischen Raum

Suhrkamp

Bibliografische Information Der Deutschen Bibliothek
Die Deutsche Bibliothek verzeichnet diese Publikation
in der Deutschen Nationalbibliografie;
http://dnb.ddb.de

suhrkamp taschenbuch wissenschaft 1605
Erste Auflage 2003

Druck: Nomos Verlagsgesellschaft, Baden-Baden
Printed in Germany
Umschlag nach Entwürfen von
Willy Fleckhaus und Rolf Staudt
ISBN 3-518-29205-6

1 2 3 4 5 6 - 08 07 06 05 04 03

Inhalt

Vorwort 9

Teil 1:
Theorie der Literatur im elektronischen Raum

Zeitgemäße und unzeitgemäße Gegenstandtheorien 15
Schärfen und Unschärfen der Begrifflichkeiten 20
Literatur oder Sprachkunst? 24
Der theoretische Blick
auf den elektronischen Raum – Positionsbestimmungen . 27
Vernetzungstheorien 32
Literaturtheorien und Vernetzung 40
Merkmale des Mediums 44
Dokumentenvernetzung:
Zugriff auf entfernte Informationen 48
Vernetzte Kommunikation 55
Projektformen im elektronischen Raum 60

Teil 2:
Vorläufer der Literatur im elektronischen Raum:
Kleine Geschichte künstlerischer Konzepte

Konzepte der kollektiven Produktion und Interaktivität –
Ausbruch aus dem Autoren-/Künstler-Modell 68
Theorie der Interaktivität 68
Kollektive Kreativität 78
Interaktion in der Literatur 82
Telematische Sprachkunst 87
Die medialen Grenzen der kollektiven Kreativität 89
Konzepte der Intermedialität und Intersemiozität –
Ausbruch aus dem Text 92
Theorie der Intermedialität 93
Intermedialität und Intersemiozität in Kunst und Literatur 99
Synästhesie als ethisches Konzept 104
Kunst als Prozess – Ausbruch aus dem Werk 111
Zufall und Prozess 112

Aleatorik zwischen Zufall und Spiel 117
Exkurs:
Von den mechanischen Apparaten zum Computer 120
Von der Aleatorik zur Softwarekunst 127
Literaturtheorie und Prozess 132

Teil 3:
Das Andere der Literatur im elektronischen Raum

Das Internet zwischen Freiheit und Normierung 143
Historische Entwicklung der Literatur im elektronischen Raum 147
Typologie der Literatur im elektronischen Raum 155
Produktionsästhetik (Vernetzung):
Konzepte der kollektiven Produktion 160
Partizipation: Offene Beteiligung nach den Regeln der Buchkultur 161
Interkulturelle Projektnetze 162
Archivprojekte 165
Literarische Mitschreibeprojekte 168
Programme partizipativer Projekte 171
Kollaboration: Chaos als Herausforderung 172
Softwarebasierte Kollaboration 176
Programme der Kollaboration 181
Exkurs:
Softwarebasierte Kollaboration und Darstellungsästhetik . . . 184
Dialog: Das Gruppengespräch als ästhetisches Phänomen 189
Programme des Dialogs 193
Infrastrukturbildung:
Zwischen Selbstorganisation und Selbstmarketing 197
Support- und Kommunikationsplattformen 198
Das Problem der Vermarktung 202
Kollektive Produktion als kulturelles Phänomen 205
Darstellungsästhetik (Epistemologie): Konzepte von Intertextualität, Intersemiozität und Transformation 208
Intertextualität:
Textvernetzung als Informationsverarbeitung 209
Hyperlinkbasierte Intertextualität 209

Von der vernetzten Textgenerierung
zu den alternativen Browsern 212
Programme der Intertextualität 216
Intersemiozität und Intermedialität:
Funktionsveränderungen der Codes 219
Dynamischer Text 220
Synästhetische Sprachkunst 221
Intersemiozität – Intermedialität – Transmedialität 230
Programme für medienspezifische Darstellungsformen . . 235
Medienästhetik (Ontologie): Lehre d. Seins / Prinzipien
Konzepte der Medienstruktur-Nutzung 239
Aktionen und Fakes: Das Netz als politischer Raum 239
Kunst oder Literatur? 249
Codework:
Medienspezifische Eigenschaften als Ausdrucksmittel . . . 250
Autopoiesis: Die Selbstorganisation der Maschinen 256
Programme der Medienästhetik 259

Der elektronische Raum als kulturelles Phänomen: Ausblick

Vergleichende Sprachkunstwissenschaft 267
Maßgaben für kulturelle Programme: Oszillation 270
Medienästhetik (Ontologie) 270
Soziale Vernetzung 272
Generierungs- und Darstellungsformen (Epistemologie) 273
Erkenntnislehre

Bibliographie & Linkographie 276
Literatur 276
Projekte 288

Vorwort

Die vorliegende Publikation stellt den Versuch dar, Wissenschaft nicht mehr nur über das traditionelle Buchmedium zu vermitteln, sondern darüber hinaus die Möglichkeiten der neuen Medien zu nutzen. Diese Entscheidung ist nicht dem Zeitgeist geschuldet, der teilweise euphorisch in Computer und Internet die Ablösung des »veralteten« Mediums Buch sieht. Sie gründet sehr viel tiefer und beruht auf einer kulturellen Hypothese, vielleicht sogar mehr: auf einer kulturellen Vision.

Computer und Internet verändern jetzt schon unseren Alltag; bisher jedoch haben sie sich als Informationsmedien insbesondere in den Geisteswissenschaften – trotz der immer intensiver werdenden Auseinandersetzung mit den neuen Medien – noch lange nicht durchgesetzt. Die Gründe hierfür sind vielfältig: Sie liegen einerseits in der zweihundertjährigen Wissenschaftskultur der Geisteswissenschaften, insbesondere der Literaturwissenschaften, die sich gemeinsam mit dem Medium Buch entwickelt und dieses als »ihr« Medium definiert haben. Zum anderen fehlt es derzeit noch weitgehend an der entsprechenden Medienkompetenz, um den gänzlich anderen Anforderungen der neuen Medien gerecht zu werden. Darüber hinaus haben sich in elektronischen Publikationen bisher noch keine eigenen wissenschaftlichen Standards etabliert.

Die Nutzung der neuen Medien für die Geisteswissenschaften müsste einhergehen mit der Entwicklung medienspezifischer wissenschaftlicher Kriterien, denen die Dominanz des Buches bisher noch entgegensteht. Insofern stellt diese Publikation auch einen Kompromiss dar, vor allem aber einen Vorschlag, wie eine produktive Brücke zwischen den Medien Buch, CD-ROM und Internet geschlagen werden kann. Jedes dieser Medien hat seine eigenen Stärken und Qualitäten, die hier genutzt werden sollen.

Das Buch erlaubt eine extensive Entfaltung theoretischer Argumentationen, die den klassischen Wissenschaftsstandards entspricht. Das hier behandelte Thema jedoch lässt sich nicht erschöpfend nur in einem Medium behandeln. »Literatur im elektronischen Raum« bedarf zwangsläufig der neuen Medien, um adäquat präsentiert, aber auch analysiert zu werden.

Die beiliegende CD-ROM ermöglicht diese Präsentation ebenso

wie die Erarbeitung adäquater medienspezifischer Analyseformen. Sie erlaubt den Nutzern, die erwähnten Projekte (die im Buch mit → **CD** gekennzeichnet sind) offline zu erkunden und anhand eingehender Analysen einen tieferen Einblick in deren Strukturen zu gewinnen. Zugleich wird mit der CD-ROM ein medienspezifisches Wissenschaftskonzept erprobt, dessen Entwicklung jedoch noch am Anfang steht. In kurzen Textabschnitten, teilweise unterstützt von Animationen, werden die wesentlichen Aspekte des Buches aufgegriffen und mit der künstlerischen Praxis in Form der Projekte und Projektanalysen verknüpft. Hypertext, Hypergraphik (als Konvergenz von Graphik und Text) und eine spezielle Form des Hypervideos (als Verbindung von Video und Text) werden dafür genutzt.

Beim Gegenstand dieser Publikation, der Literatur im elektronischen Raum, handelt es sich um einen Bereich, der sich derzeit noch auf der Suche nach medienspezifischen Formen befindet und daher ständig neue Subbereiche ausbildet. Die im Buch und auf der CD-ROM vorgestellten Kategorien werden vermutlich im Laufe der Zeit um weitere ergänzt werden müssen, während andere wegfallen könnten. Die *Webseite »www.netzaesthetik.de«* dient daher als eine Plattform für den weiteren Forschungsprozess. Im Gegensatz zu Buch und CD-ROM erlaubt das Internet ständige Veränderungen und Aktualisierungen. Da Forschungsprozesse niemals wirklich abgeschlossen sind, bietet es sich als adäquates Medium für die Präsentation zukünftiger Beobachtungen dar und ergänzt Buch und CD-ROM um den Aspekt eines prozessualen Wissenschaftsverständnisses, das es ermöglicht, Thesen abzuändern, Perspektiven zu erweitern, aber auch schlicht die im Buch und auf der CD-ROM enthaltenen Informationen zu aktualisieren.[1]

Der transmediale Ansatz dieser Publikation repräsentiert gleichzeitig den Themenkomplex, der darin behandelt wird. Künstlerische Formen im elektronischen Raum haben fraglos ihre eigene Existenzberechtigung; sie sind jedoch mehr: Sie stehen paradigmatisch für den Umgang mit den neuen Medien in ihrer derzeitigen Ambivalenz zwischen Abhängigkeit von den Standards der alten Medien und der Suche nach neuen medienspezifischen Nutzungs- und Gestaltungsformen. Zurzeit kann man noch nicht davon sprechen, dass Computer und Internet die kulturelle Relevanz erlangt

1 Dies betrifft nicht zuletzt die ständigen Veränderungen im Bereich der URLs, die über die Webseite up to date gehalten werden.

haben, die etablierte Medien aufweisen. Die Gründe dafür sind vielfältig und werden im Folgenden ausführlich behandelt. Literatur und Kunst im elektronischen Raum spiegeln dabei einerseits die Problematik des derzeit stattfindenden Medienwandels,[2] andererseits erlaubt gerade dieses Feld, Zukunftsvisionen einer multimedialen Kultur konkreter zu entwickeln. In der *Fragestellung* unterscheidet sich daher dieser Ansatz von meiner ersten Publikation zu diesem Thema.[3] Der Fragenhorizont hat sich erweitert, Kunst und Literatur werden als Teilbereich eines komplexen kulturellen Netzwerks verstanden, aus dem sie einerseits hervorgehen, mit dem sie sich andererseits gemeinsam verändern, auf das sie aber wiederum auch verändernd zurückwirken können. Gleichzeitig erweist es sich als notwendig, die Art und Weise des wissenschaftlichen Herangehens an ein solches Thema zu überprüfen. Daher werden im ersten Teil einerseits die vorhandenen theoretischen Ansätze nicht nur zur Literatur im elektronischen Raum, sondern auch zur Struktur der neuen Medien, ebenso aber zur Literaturtheorie kritisch reflektiert. Der zweite Teil befasst sich mit der Geschichte der Konzepte, die im Kontext der Diskussion um Literatur in neuen Medien immer wieder auftauchen, häufig jedoch, ohne wirklich auf ihre Tauglichkeit überprüft worden zu sein. Der letzte und umfangreichste Teil behandelt die Literatur, und – da die Übergänge fließend sind – die Kunst im elektronischen Raum unter der Maßgabe ihrer Auseinandersetzung mit den Möglichkeiten und Grenzen des Mediums sowie dessen Potential, verändernd auf die kulturellen medialen Konstellationen einzuwirken.

Zumindest was den Bereich der Geisteswissenschaften – und hier speziell der Literaturwissenschaften – angeht, werden auch Veränderungen in der wissenschaftlichen Praxis thematisiert, jedoch eben nicht nur in theoretischer Reflexion, sondern auch in der hier prak-

2 Wobei betont werden muss, dass es sich um einen Wandel, nicht um einen Ersetzungsvorgang von einem Medium durch ein anderes handelt. In keiner Weise möchte ich mich der digitalen Euphorie einerseits oder dem kulturpessimistischen Wehklagen um das Ende des Buches andererseits anschließen. Gerade dieses Projekt soll auch zeigen, dass jedes Medium seine eigenen Stärken hat, die das jeweils andere nicht überflüssig machen; es will darüber hinaus aber auch deren Stellung im kulturellen medialen Netzwerk verankern.

3 Vgl. Heibach, Christiane: *Literatur im Internet. Theorie und Praxis einer kooperativen Ästhetik,* Berlin 2000, auch unter: <http://www.dissertation.de/PDF/ch267.pdf>.

tizierten Umsetzung als transmedialem Projekt. Inwieweit die Umsetzung im vorliegenden Fall gelungen ist, darüber mögen die Leser/Nutzer urteilen – doch auch hier handelt es sich vorerst um ein Experiment, das das Potential der neuen Medien für ein verändertes multimediales Wissenschaftsverständnis zu erforschen versucht.

Dass dies überhaupt möglich und in dieser vorliegenden Form realisiert werden konnte, verdanke ich der Experimentierfreude des Suhrkamp Verlages, vielen intensiven Diskussionen insbesondere mit Michael Giesecke, Ursula Hentschläger und Zelko Wiener sowie den Teilnehmern der Tagung »poesis – poetics of digital text«,[4] die 2001 in Erfurt stattfand. Insbesondere zu danken habe ich für die Bereitschaft der Künstlerinnen und Künstler, mir ihre Projekte für die CD-ROM zur Verfügung zu stellen.

4 <http://www.poesis.net>

Teil 1
Theorie der Literatur
im elektronischen Raum

Zeitgemäße und unzeitgemäße Gegenstandstheorien

Die neuen Medien[1] stellen die Gesellschaft mit allen ihren in der Industriekultur ausdifferenzierten Bereichen offensichtlich vor große Herausforderungen. Die Intensität der Diskussion in Politik und Wirtschaft[2] und die seit Jahren stattfindende, bisher eher eingeschränkt erfolgreiche Suche nach Transformationskonzepten, die einen »weichen« Übergang von der auf materielle Produktion ausgerichteten Industriegesellschaft zu einer informationellen Gesellschaft mit dem Hauptrohstoff Informationen ermöglichen soll, zeugen von einem Wandel, der eng mit der Entwicklung neuer Informationstechnologien zusammenhängt. Gesellschaftliche Veränderungen können nicht unabhängig von technologischen Innovationen gesehen werden, »weil die Technologie Gesellschaft *ist*, und weil die Gesellschaft ohne ihre technologischen Werkzeuge nicht verstanden oder dargestellt werden kann«.[3] Die Selbstbeschreibung der westlichen Gesellschaften als Informationsgesellschaften – oder richtiger: als informationelle Gesellschaften[4] – zeugt davon, dass die als entscheidend wahrgenommenen Innovationen derzeit die im Bereich der Informationstechnologien und damit der neuen Medien sind. Die enge Kopplung zwischen Technologie und Gesellschaft wirkt sich auch und insbesondere auf die Geistes- und Kulturwis-

1 Unter »neuen Medien« werden hier Computer und Internet verstanden – wie es sich in den Diskursen der unterschiedlichen Fachwissenschaften, aber auch in Wirtschaft und Politik eingebürgert hat.

2 Vgl. dazu paradigmatisch die EU-Dokumente auf der CD-ROM zu Giesecke, Michael: *Von den Mythen der Buchkultur zu den Visionen der Informationsgesellschaft*, Frankfurt am Main 2002, Modul 08 »Visionen der europäischen Informationsgesellschaft – Anamnese und Ausblick«, dort die tabellarische Übersicht.

3 Vgl. Castells, Manuel: *Das Informationszeitalter Bd. 1: Die Netzwerkgesellschaft*, Opladen 2001, S. 5 (Hervorhebung im Text).

4 Castells differenziert zwischen dem Terminus »Informationsgesellschaft«, der nur die Betonung der Rolle von Informationen zur Folge habe (die in allen westlichen Kulturen der Neuzeit wichtig war), und der »informationellen Gesellschaft«, »in der die Schaffung, die Verarbeitung und die Weitergabe von Informationen unter den neuen technologischen Bedingungen dieser historischen Periode zu grundlegenden Quellen von Produktivität und Macht werden.« Castells, *Netzwerkgesellschaft*, S. 22, Anm. 32.

senschaften aus, die sich – wenn auch mit einiger Verspätung – in den letzten Jahren verstärkt mit den Auswirkungen der neuen Medien auf ihre klassischen »Untersuchungsgegenstände« auseinander zu setzen beginnen.

Wenn im Folgenden von Literatur im elektronischen Raum die Rede ist, so geht es dabei zunächst einmal um die phänomenologische Spezifizierung dieses Begriffs aufgrund einer empirischen Bestandsaufnahme, immer aber auch um die Frage der medialen Bedingungen, unter denen sich die Literaturbegriffe der Literaturwissenschaften herausgebildet haben. Auch für diese gilt die obige Feststellung, dass Gesellschaft (und in diesem Falle die Wissenschaften) nicht aus dem Kontext der Technologieentwicklung (in diesem Falle der technischen Medien) gerissen werden kann. *Die literaturwissenschaftliche Begriffsbildung hängt eng mit dem zusammen, was in einer spezifischen Kultur als Literatur akzeptiert wird – und dies wiederum ist nicht von den Medien zu trennen, die diese Kultur prämiert.*

Aus dieser Perspektive ist die Literaturwissenschaft ebenso wie ihr Objekt, die Literatur, ein Produkt der neuzeitlichen Industriegesellschaft. Sie ist an viele Bedingungen gebunden, die es in anderen Zeiten und Kulturen nicht gab. Die Notwendigkeit, mündlich tradierte Literatur in editorische Grundsätze der Buchkultur zu zwingen – wie dies im 19. Jahrhundert mit den ersten Editionen mittelalterlicher Gesänge und Epen geschah und seitdem kontinuierlich fortgesetzt wurde – legt davon Zeugnis ab. Erst nachdem die ›Gesänge‹ Homers, der antiken Tragöden, der keltischen Barden, der afrikanischen Erzähler, der Troubadoure etc. in gedruckter und kommentierter Form vorlagen, konnten sie zum Gegenstand der literaturwissenschaftlichen Auslegung werden. Und diese Editionen vollzogen sich nach den Kriterien der Printliteratur, wie sie sich gestützt auf die Druckerpresse, den Markt und moderne Erkenntnis- und Darstellungstheorien herausgebildet haben. Die Mediävistik hat häufig mit Unbehagen betrachtet, wie der Minnesang im höfischen Raum zu einem Text mit Werkcharakter wurde, der sich völlig aus seinem ursprünglichen Sitz im Leben befreite.

Diese Einschränkung der Perspektive hat der Anwendung literaturwissenschaftlicher Modelle und Methoden schon immer Grenzen gesetzt. Vergleichende Literaturwissenschaft, die von der Unterschiedlichkeit der Kulturen ausgeht, kann so nicht verfahren – das

Bewusstsein hierüber manifestiert sich in den Diskussionen über die kulturwissenschaftliche Formulierung einer Literaturwissenschaft, die die kulturellen Eigenheiten der nicht-westlichen Gesellschaften in den letzten Jahrzehnten in ihrer Bedeutung kontinuierlich aufgewertet hat und sich in diesem Rahmen auch mit dem Verhältnis von Mündlichkeit und Schriftlichkeit befasst.

Die Prämierung der Schrift in den westlichen Kulturen bleibt dennoch im Literaturbereich nach wie vor weitgehend unhinterfragt. Beschreibungen mit unpassenden, anachronistischen Kategorien sind jedoch nicht nur für andere Kulturen und vergangene Zeiten zu vermeiden. Sie gefährden auch das Verständnis der Gegenwart, wenn denn in dieser grundlegende Umwälzungen stattfinden. Wandlungen des Gegenstands erfordern gewandelte Konzepte und Methoden.

Insofern ist es nicht verwunderlich, dass angesichts der zunehmenden Bedeutung der neuen Medien auch rund um die elektronische Literatur Diskussionen aufflammen, die sich allerdings zunächst einmal um Fragen drehen, die aus den traditionellen Denkmodellen der Literaturwissenschaft abgeleitet sind. Es geht in erster Linie um Genre- und Gattungsfragen sowie um die Anwendbarkeit klassischer literaturwissenschaftlicher Modelle.[5] Trotz einiger Versuche, Ansätze eigenständiger Theoriebildung an der empirischen

5 Die Zahl der Publikationen hat in den letzten Jahren geradezu exponentiell zugenommen, insbesondere im Bereich der Examensarbeiten. Dominierten bei den Publikationen zunächst die Sammelbände, so ist in den letzten drei Jahren die Zahl an Magisterarbeiten und Dissertationen sprunghaft angestiegen. Um nur einige der deutschsprachigen Publikationen zu nennen: Böhler, Christine: *Literatur im Netz. projekte, hintergründe, strukturen und verlage im internet*, Wien 2001; Hautzinger, Nina: *Vom Buch zum Internet? Eine Analyse der Auswirkungen hypertextueller Strukturen auf Text und Literatur* (Mannheimer Studien zur Literatur- und Kulturwissenschaft, Band 18), St. Ingbert 1999 (Magisterarbeit); Heibach, *Literatur im Internet* (Dissertation); Kamphusmann, Thomas: *Literatur auf dem Rechner*, Stuttgart 2001 (Dissertation); Ortmann, Sabrina: *Literatur im Netz und Netzliteratur*. Ms. Berlin 2000, veröff. als: *netz literatur projekt. Entwicklung einer neuen Literaturform von 1960 bis heute*, Berlin 2001 (Magisterarbeit); Porombka, Stefan: *Hypertext. Zur Kritik eines digitalen Mythos*, München 2001 (Dissertation); Rau, Anja: *What you click is what you get? Die Stellung von Autoren und Lesern in interaktiver digitaler Literatur*, Berlin 2001 (Dissertation); Suter, Beat: *Hyperfiktion und interaktive Narration im frühen Entwicklungsstadium zu einem Genre*, Zürich 2000 (Dissertation).

Auswertung künstlerischer Projekte zu formulieren,[6] wird in den meisten Fällen – auch in Beiträgen aus dem anglophonen Raum – jedoch noch mit dem althergebrachten literaturwissenschaftlichen Instrumentarium an das Thema herangegangen, werden häufig alte Begrifflichkeiten auf neue Phänomene angewendet, ohne dass sie gründlich auf ihre Tauglichkeit überprüft wurden.[7]

Der Hauptgrund dafür scheint zu sein, dass der Ausgangspunkt für viele Untersuchungen ein Begriff von »Literatur« ist, der sich in seinen diversen Implikationen in erster Linie am Medium Buch entwickelt hat und seinen Textbegriff teilweise latent, teilweise manifest auf den medialen Qualitäten des Buches gründet.[8] Entsprechend orientieren sich auch die literarischen Theorien, die sich in den letzten Jahrzehnten bzw. sogar Jahrhunderten herausgebildet haben, primär an den Möglichkeiten der buchgebundenen Litera-

6 So bei Suter, *Hyperfiktion*, oder bei Heibach, *Literatur im Internet.*

7 Vgl. Calvi, Licia: »›Lector in rebus‹: The Role of the Reader and the Characteristics of Hyperreading«, in: Tochtermann, Klaus/Westbomke, Jörg/Wiil, Uffe K./Leggett, John J. (Hg.): *Hypertext '99. Returning to Our Diverse Routes. Proceedings of the 10th ACM Conference on Hypertext and Hypermedia,* New York 1999, S. 101-109 – sie interpretiert Stuart Moulthrops Hyperfiction *Victory Garden* mit Hilfe von Ecos Semiotik; Walker, Jill: »Piecing Together and Tearing Apart: Finding the Story in Afternoon«. In: Tochtermann/Westbomke/Wiil/Leggett, Hypertext '99, S. 111-117. Walker wendet Genettes Erzähltheorie auf Michael Joyce' Hyperfiction *Afternoon – a story* an. Anja Rau leistet zwar eine Kritik der plakativen Thesen der amerikanischen Hypertexttheoretiker, ohne sich allerdings von den dahinter stehenden poststrukturalistischen Thesen lösen zu können. Dabei erweist sich jedoch gerade der Poststrukturalismus vor dem Hintergrund der Möglichkeiten der neuen Medien als eine höchst konservative Texttheorie – vgl. dazu weiter unten. Vgl. Rau, *What you click*, S. 222 ff.

8 Definitionsversuche in verschiedenen literaturwissenschaftlichen Einführungen verlangen von der Literatur immer noch Dauerhaftigkeit, Fixierung und Abgeschlossenheit – Eigenschaften, die – wie noch zu zeigen ist – der Literatur im elektronischen Raum entgegenstehen. So z.B. bei Jost Schneider, der zwar die Diskussion über Oral poetry und die digitalen Medien berücksichtigt, dennoch zum Ergebnis kommt, dass eine Bedingung für Literatur die »(relative) Dauerhaftigkeit« ist. Vgl. Schneider, Jost: *Einführung in die moderne Literaturwissenschaft*, Bielefeld 1999, S. 13. Rainer Baasner definiert Literatur als »*abgeschlossene, zusammenhängende sprachliche Äußerungen*, die in *Schriftform* vorliegen und damit reproduzierbar sind«. Bedingung ist weiterhin, dass sie unveränderbar sind. Vgl. Baasner, Rainer: *Methoden und Modelle der Literaturwissenschaft*, Berlin 1996, S. 12 (Hervorhebung im Text).

tur.[9] Diese Unsicherheit gegenüber dem Phänomen »Literatur« und seiner Beziehung zu den verwendeten Medien legt es nahe, eine Untersuchung zum Thema »Literatur im elektronischen Raum« mit einer begrifflichen Diskussion zu beginnen; ebenso wie zu klären ist, welcher theoretische Standpunkt in der Folge eingenommen wird. Dass es den *einen* »heilsbringenden« wissenschaftlichen Zugang nicht geben kann, haben die geisteswissenschaftlichen Theorienreflexionen der letzten Jahrzehnte nur allzu deutlich gezeigt – und so kann man sich auch diesem Thema von völlig verschiedenen Standpunkten aus nähern.

9 Wie immer gibt es auch hier Ausnahmen – insbesondere, was das Theater und bestimmte aleatorische Schreibformen betrifft – vgl. dazu die Teile 2 und 3.

Schärfen und Unschärfen der Begrifflichkeiten

»Literatur im elektronischen Raum« ist eine begriffliche Konstruktion, die in dieser Form noch nicht in die Fachdiskurse eingeführt ist. Vielmehr ist häufig die Rede von »Hyperfiction« und »Netzliteratur«, »Webliteratur« und »digitaler Literatur«, ohne dass die Abgrenzungen deshalb klarer formuliert würden. Bei näherer Analyse offenbaren diese Kategorisierungen ihre Hybridität – sie vermischen die Herangehensweise einer traditionellen Gattungstypologie häufig mit der Frage nach den technologischen Grundlagen: »Hyperfiction«, »digitale Poesie«, »Mitschreibeprojekte« sind Einordnungen, die an die Gattungsunterscheidung anschließen, während die Differenzierung zwischen literarischen Hypertexten und multimedialen Projekten und/oder Netzkunst bzw. -literatur und der graphisch arbeitenden Webkunst die Nutzung der jeweiligen Technologien zugrunde legt. Während Hautzinger z.B. nicht zwischen Netzliteratur und literarischem Hypertext unterscheidet, sondern beide Begriffe synonym verwendet, ohne die Unterschiede zu berücksichtigen, geschweige denn zu definieren, schlägt Schröder dagegen folgende Kategorisierung vor:

> »Für webpublizierte, für das Web geschaffene und dort möglichst lebendige (z.B. wachsende Werke narrativen Charakters) möchte ich den Begriff Webfiction vorschlagen, zur Unterscheidung von nicht-multimedialer Hyperfiction ohne externe Verknüpfungen, von kollaborativen Projekten konventioneller Schriftlichkeit und von MUDs. Damit ist weder gesagt, dass Webfictions unbedingt multimediale Elemente aufweisen müssen, noch dass sie einer nichtlinearen Organisation bedürfen.«[10]

Hier werden sowohl technologische Merkmale (externe Vernetzung, Multimedialität) als auch poetologische Kriterien (Narration) in Ansatz gebracht. Ortmann wiederum vermischt Produktions- mit Nutzungsformen: Sie verwendet den Terminus »digitale Literatur« als Oberbegriff und unterscheidet zwischen Literatur im Netz, Computerliteratur und Netzliteratur. Literatur im Netz verwendet demnach das Internet als Publikationsmedium, ist aber traditionell

10 Schröder, Dirk: »Der Link als Herme und Seitensprung«, in: Suter, Beat/Böhler, Michael (Hg.): *Hyperfiction Hyperliterarisches Lesebuch: Internet und Literatur*, Frankfurt am Main 1999, S. 43-60 (hier: S. 43).

linear; Computerliteratur ist zwar nicht »ausdruckbar«, benötigt aber die technische Vernetzung nicht, während Netzliteratur durch vernetzte Kommunikation bestimmt ist.[11] Nach Ortmann fallen auch solche Projekte darunter, in denen lineare Texte zu einem bestimmten Thema von Nutzern eingereicht werden, die später in einer Buchpublikation zusammengefasst werden.[12] Suter geht ähnlich vor und unterscheidet zwischen »interactive fiction« – also Projekten, die vom Rezipienten aktive Beteiligung erwarten (wie Abenteuerspiele, MUDs oder MOOs) –, Multimedia und rein textbasierter Hyperfiction.[13] Auch hier werden Produktionsbedingungen und technische Merkmale miteinander vermischt, denn gerade Abenteuerspiele zeichnen sich durch Multimedialität aus, ebenso wie virtuelle Welten sowohl mit Bild als auch mit Textkommunikation arbeiten.

Es herrscht also alles andere als Klarheit über die Kriterien, nach denen computer- und internetbasierte Literatur kategorisiert werden kann. »Statt die allgemeine Begriffsverwirrung zu bedauern oder gar anzugehen, produziert die Literaturwissenschaft Sekundärtexte zur digitalen Literatur, für die Terminologie Nebensache ist«, beklagt Dirk Schröder die aktuelle Situation.[14] Unglücklicherweise erstreckt sich diese Verwirrung auch auf zahlreiche andere Begriffe, die gerne zur Kennzeichnung von Literatur in den neuen Medien verwendet werden: »Multimedialität«, »Hypermedialität«, »Intermedialität«, »Interaktivität« – um nur einige zu nennen – zeichnen sich durch erstaunliche Dehnbarkeit und Unklarheit aus und werden nur selten in ihren theoretischen Implikationen eingehend analysiert.

11 Vgl. Ortmann, Literatur im Netz, S. 44/45.

12 Dies ist z.B. bei Sabrina Ortmanns und Enno Peters Projekt *tage-bau* der Fall, vgl. <http://www.tage-bau.de>, aber auch bei dem vielleicht bekanntesten literarischen Internetprojekt, *NULL*, <http://www.dumontverlag.de/NULL/>, das von Thomas Hettche ins Leben gerufen wurde. Vgl. Hettche, Thomas/Hensel, Jana: *NULL. Literatur im Netz*, Köln 2000. Zu derartigen Transferphänomenen vgl. Heibach, Christiane: »Schreiben im World Wide Web – eine neue literarische Praxis?«, in: Münker, Stefan/Roesler, Alexander (Hg.): *Praxis Internet*, Frankfurt am Main 2002, S. 182-207 (hier: S. 192 ff.)

13 Vgl. Suter, Hyperfiktion, S. 27-35. Mittlerweile wird unter Hyperfiction zumeist ein abgeschlossenes literarisches Textnetzwerk verstanden, das aus einzelnen, multipel miteinander verlinkten Textsegmenten besteht.

14 Schröder, Dirk: Der Link als Herme und Seitensprung, S. 43.

Vermutlich ist diese Situation typisch für eine Zeit, in der sich ein neues Medium etabliert. Sowohl Theorie als auch Praxis der elektronischen Literatur befinden sich derzeit in einem Zwischenstadium, das durch die Frage nach den Konsequenzen der medialen Interaktion zwischen Buch und Computer geprägt ist. In der theoretischen Diskussion führt dies zu einer grundlegenden heuristischen Unsicherheit, ob man angesichts der digitalen Wunderwelt die literaturwissenschaftlichen Inhalts- und Formpoetiken weiterführen und modifizieren soll oder diesen Traditionsfaden radikal kappt und zunächst einmal digitale Literatur besser als Phänomen sui generis betrachtet, um nicht in die Gefahr zu kommen, durch die Anwendung von unter anderen medialen Bedingungen entstandenen Theorien die möglichen Spezifika zu missachten.

Zudem verhindert die Dynamik der technologischen Innovationen bislang die Herausbildung feststehender Theorien, wie sie die Buchkultur verlangt:[15] Die neuen Medien, um die es in den Diskussionen geht – nämlich Computer und Internet – befinden sich sowohl in ihren technologischen Grundlagen als auch in ihrer sozialen Nutzung in einer nach wie vor andauernden Entwicklungsphase. Weder ist klar, ob die derzeitigen Interface- und Vernetzungstechnologien in ihrer jetzigen Form länger als einige Jahre Bestand haben werden, noch haben sich kulturell normierte Nutzungsformen für Computer und Internet herausgebildet, die es ermöglichen, deren Rolle im sozialen Alltag festzuschreiben. Theorien, die sich um diese Medien und die mit ihnen verbundenen Gestaltungsdimensionen ranken, müssen daher entweder so abstrakt sein, dass sie sich auf generelle Prozesse der medialen Entwicklung beziehen und dabei auf historische Beobachtungen zurückgreifen können, oder sie müssen in Kauf nehmen, dass ihre Prämissen sich in einigen Jahren als veraltet erweisen. Idealerweise müsste eine Theorie zu den neuen Medien beide Elemente miteinander verbinden – sich einerseits auf allgemeine, aus der Kultur- und Mediengeschichte abgeleitete Erkenntnisse beziehen und diese auf den derzeitigen Prozess des Medienwandels anwenden, andererseits aber ihren Untersuchungsgegenstand nicht aus den Augen verlieren – in bewusster Akzeptanz

15 Nicht nur Kunst und Literatur, sondern auch die Wissenschaften verändern sich mit den Medien, so dass auch mögliche Paradigmenwechsel bezüglich der wissenschaftstheoretischen Rahmenbedingungen von Theoriebildung zu erwarten sind.

der Gefahr, dass sich einige Theorieelemente in naher Zukunft als veraltet erweisen können.

Meines Erachtens zeigt die begriffliche Unsicherheit, dass es zurzeit vor allem um die Frage geht, unter welchen Bedingungen unsere derzeitige mediale Kultur definiert, was Literatur und Kunst sind. Dem zugrunde liegt die Auffassung, dass es keine unverrückbaren ontologischen Qualitäten von »Literatur« und »Kunst« geben kann, sondern dass die Definitionen jeweils zeit- und kulturabhängig sind – und damit auch von der Dominanz der jeweils kulturell akzeptierten Medien und deren standardisiertem Gebrauch abhängen. Dass die Medien die Erscheinungsformen der Künste prägen und damit auch die mit ihnen verbundenen Theorien, ist dabei die Grundprämisse. Kunst und Literatur aber spiegeln wiederum die jeweils dominanten kulturellen Praktiken der Informationsgenerierung, -darstellung und -verarbeitung. *Sie sind im Bereich der neuen Medien deswegen ein derart wichtiger Untersuchungsgegenstand, weil sich gerade die künstlerische Praxis an der Struktur der neuen Medien orientiert, um neue Darstellungs- und Produktionsformen zu erproben.* Dies geschieht einerseits immer vor einem historischen Hintergrund bestehender und etablierter künstlerischer Strategien, andererseits aber auch mit dem Bestreben künstlerischer Praxis, die Struktur ihrer Medien in ihren Möglichkeiten und Grenzen zu erforschen. Wie der dritte Teil dieses Buches zeigen wird, geht es dabei auch um Grenzüberschreitungen verschiedener Art – Grenzen, die durch die funktionale Ausdifferenzierung der alten Medien gezogen wurden, die aber durch die mediale Struktur von Computer und Internet verschwimmen – wie die strikte Unterscheidung zwischen textbasierter Literatur und visueller Kunst oder auch die Dominanz der rückkopplungsarmen gegenüber rückkopplungsintensiven Interaktionsformen. Zwar zeigt die Kunst- und Literaturgeschichte deutlich, dass – sobald Grenzen gezogen und Definitionen vorgenommen werden – die künstlerische Praxis diese gleich wieder zu sprengen versucht, jedoch beweist insbesondere das Beispiel der Literatur, dass die meisten Versuche bisher an den Grenzen der dominanten Medien (in diesem Fall des Buchs) scheiterten.[16]

Für die Literaturwissenschaft war der gedruckte und damit fi-

16 Vgl. dazu ausführlich Teil 2.

xierte Text seit ihrer Formierung als eigenständiger Wissenschaftsbereich Anfang des 19. Jahrhunderts das entscheidende Paradigma, auch wenn sich ihr Gegenstandsbereich eigentlich als »Sprachkunst« darstellt. »Sprachkunst« signalisiert eine Allgemeinheit, weil er – mehr als der Begriff der Literatur – eine Flexibilität in der Referenzierung auf die verwendeten Medien verspricht. »Sprachkunst« verweist auf die Sprache als prinzipiell transmedialen Code, der weitgehend problemlos in unterschiedlichen Medien umgesetzt werden kann, wobei er sich allerdings je nach medialer Struktur verändert.[17] Sprachkunst umfasst daher nicht nur Text, sondern auch gesprochene Sprache, ebenso wie multimediale und performative Umsetzungen: mündliche Tradierung über leibliche Medien (Stimme, Gestik, Mimik) in Gesängen, Aufführungen, Performances (von den Vorträgen der Minnesänger bis hin zu den Poetry Slams der jüngsten Zeit), aber auch Tendenzen, die Sprache mit anderen Zeichensystemen zu koppeln, wie die lange Geschichte der visuellen Poesie zeigt.[18] Die Rekurse der künstlerischen Praxis auf solche Konzepte, die sich in der literarischen Neuzeit durchgängig beobachten lassen, zielen nicht zuletzt darauf ab, insbesondere die Monomedialität und Interaktionsarmut des Buchs zu durchbrechen. Dennoch führen andere als textuelle Manifestationen der Sprachkunst in der Literaturwissenschaft nach wie vor ein Schattendasein.[19] Eine Definition des Gegenstandsbereichs der Literaturwissenschaft als Sprachkunst, die in verschiedenen Medien realisiert werden kann, vereinfacht die Herangehensweise an Literatur im elektronischen Raum deswegen, weil sie die Ablösung von einem buchgebundenen Literaturbegriff und den an diesem orientierten Modellen erleichtert. Sie erfordert zunächst einmal einen Blick auf

17 Vgl. als einfachstes Beispiel die Unterschiede zwischen gesprochener und geschriebener Sprache.

18 Die visuelle Poesie gibt es seit der Antike; sie zieht sich durch die Jahrhunderte hindurch. Vgl. den Band *Text als Figur. Visuelle Poesie von der Antike bis zur Moderne*, hg. v. Jeremy Adler und Ulrich Ernst, Weinheim 1987.

19 Das ist sicherlich – aber nicht nur – auf Speicherschwierigkeiten zurückzuführen. Die Realisierung interaktionsintensiver und synästhetischer Konzepte war meist nur in physischen Präsenzsituationen möglich, die lange Zeit – bis zur Erfindung von Film- und Tonspeichermedien – unspeicherbar blieben. Jedoch ist selbst bei Vorhandensein derartigen Archivierungsmaterials zu berücksichtigen, dass sich das Erleben in physischer Präsenz (also »live«) von der Rezeption konservierter Aufführungs- und Gesprächssituationen signifikant unterscheidet.

die Struktur des Mediums und dessen Auswirkungen auf die Produktions- und Darstellungsformen von Sprache. Auf dieser Basis können Beschreibungs- und Analysemodi entwickelt werden, die eventuell zu schon vorhandenen Konzepten zurückführen können, aber nicht müssen. Vor diesem Hintergrund können dann auch Bezüge zu schon historisch gewachsenen, in anderen Medien ästhetisch umgesetzten Konzepten hergestellt werden. Im Kontext der Neue-Medien-Kunst werden z.B. Interaktivität, Intermedialität, Synästhesie etc. häufig wieder verstärkt genannt, wobei zu fragen ist, ob nicht doch signifikante Unterschiede sowohl in der Zielsetzung als auch in der medienspezifischen Realisierung zu beobachten sind.

Der theoretische Blick auf den elektronischen Raum – Positionsbestimmungen

Zunächst bleibt zu klären, was »Literatur im elektronischen Raum« umfasst. Da – wie oben schon angedeutet – die begriffliche Differenzierung im Bereich Literatur und neue Medien mehr Verwirrung als Klarheit stiftet, ist es wichtig, die hier verwendeten Begriffe von den bisher in der Diskussion dominierenden abzugrenzen.

»Elektronischer Raum« indiziert eine Dreidimensionalität, die durch elektronische Impulse ermöglicht wird. Der Begriff bezeichnet einerseits generell computergenerierte dreidimensionale Räume (virtual reality), andererseits Räume, die durch Computernetzwerke erzeugt werden und in diesem Sinne nicht unbedingt als dreidimensionale Räume sichtbar werden. Signifikant für alle Definitionen von »elektronischem Raum« ist allerdings etwas, das sie von anderen elektronischen Medien wie dem Radio, dem Fernsehen, dem Video unterscheidet: der Handlungsspielraum für den Benutzer. In elektronischen Räumen kann ähnlich agiert und interagiert werden wie im realen Raum, weshalb dieser Begriff auf die Computer und Computernetzwerke beschränkt bleibt. Auch hier gibt es jedoch verschiedene Ausformungen.[20]

In der folgenden Untersuchung beschränke ich mich jedoch auf den Raum, der nur aufgrund des Austauschs elektronischer Impulse zwischen mehreren Computern entsteht – also auf die Computernetze, die die Grundstruktur des Internets bilden. Die Einschränkung des Begriffs erfolgt aus der Überlegung heraus, *dass Computernetzwerke*[21] *nicht nur technologische, sondern auch soziale Verbindungen erzeugen – also Menschen miteinander in Kontakt bringen und damit über das Rezeptionsverhalten des Einzelnen hinaus kulturelle Praktiken wie Informationsgenerierungsprozesse (Kommunikation), -darstellungsformen (textuelle, visuelle und akustische Gestaltung, Design) sowie die sozialen Nutzungsformen berühren*, die an anderen Medien herausgebildet wurden. Es ist zu vermuten, dass

20 Vgl. zu den unterschiedlichen Formen elektronischer Räume den Sammelband *Der elektronische Raum. 15 Positionen zur Medienkunst*, hg. v. Kunst- und Ausstellungshalle der Bundesrepublik Deutschland, Ostfildern 1998.

21 »Netzwerk« bedeutet, dass mehrere Netze miteinander verbunden werden – das Internet ist ein Verbund aus verschiedenen Computernetzen.

sich hier an der Struktur des Mediums orientierte eigene Gesetzmäßigkeiten herauszubilden beginnen, deren Entwicklungsprozess es zu analysieren gilt – nicht zuletzt, um Einfluss auf eine bewusste medienspezifische Gestaltung dieser Formen zu nehmen. Dafür ist es jedoch notwendig, nicht nur eine Bestandsaufnahme der Gegenwart zu machen, sondern auch diesen Wandel als einen historischen Medienwandlungsprozess zu erfassen, um entsprechende Hypothesen aufstellen und Vorschläge machen zu können.

Legt man Marshall McLuhans medienontologischen Ansatz zugrunde, der – zugespitzt auf den Satz »the medium is the message« – besagt, dass jedes neue Medium tiefgreifende Konsequenzen für die gesellschaftliche Organisation mit sich bringt, so wird jede mediale Neuerung von Veränderungen kultureller Praktiken begleitet, die sich allerdings erst in einem langwierigen historischen Prozess wandeln.[22] Wie Michael Giesecke ausführt, lassen sich kulturelle Prozesse in ihrer Komplexität nur durch multiple Modelle beschreiben, denen jeweils unterschiedliche Beobachtungsschwerpunkte zugrunde liegen. Eine kulturelle Phase kann z.B. unter den Perspektiven der Substitution, der Akkumulation und der Reproduktion betrachtet werden.[23] In jedem historischen Abschnitt können jeweils alle drei Tendenzen gleichermaßen beobachtet werden, in aller Regel allerdings mit unterschiedlicher Gewichtung. Im Falle der Medien lassen sich derzeit die Ersetzungstendenzen eines Mediums durch ein anderes (man denke an die Unkenrufe vom Ende der Buchkultur), das Vermindern oder Verstärken bestimmter Elemente (zur Zeit z.B. die Betonung von a-hierarchischen Vernetzungsstrukturen gegenüber hierarchischen Baumstrukturen – vgl. dazu weiter unten) sowie Bewahrungstendenzen (z.B. Lesen als *das* bildungssichernde Element) gleichzeitig beobachten.

Historische Betrachtungsweisen befassen sich meist mit kulturellen Phasen, deren Entwicklung schon abgeschlossen ist und einige Zeit zurückliegt. Hier haben wir es jedoch mit einem Zeitabschnitt zu tun, der sich in der Gegenwart abspielt, in den wir als Beobachter direkt integriert sind. Die Erkenntnis, dass der Beobachter selber

22 In diesem Sinne bedarf es auch keiner eingehenderen Diskussion, ob das Internet als Medium verstanden werden kann – es ist nach McLuhan ein Medium, da es schon jetzt zweifellos Auswirkungen auf gesellschaftliche Strukturen hat (vgl. den Abschnitt »Vernetzungstheorien«).

23 Vgl. Giesecke, Mythen, S. 164.

immer von einem bestimmten Standpunkt aus argumentiert, hat damit direkte Auswirkungen auf die wissenschaftliche Analyse. Umso wichtiger erscheint es, die eigene Position zu reflektieren und transparent zu machen.

Da es in der vorliegenden Untersuchung in erster Linie aus medientheoretischer Perspektive um die Herausbildung kultureller Praktiken im Internet geht – nicht nur in Bezug auf die Künste, sondern immer auch in Bezug auf mögliche Konsequenzen für die kulturelle Zukunftsgestaltung, wird meine Position durch die Frage nach dem Verhältnis von Substitution und Innovation innerhalb der medialen Entwicklung bestimmt. Welche Veränderungen lassen sich bei der Analyse von Computernetzen in Bezug auf die Informationsgenerierungsstrategien (vernetzungstheoretische/produktionsästhetische Perspektive), die Informationsdarstellungs- und -verarbeitungsmodi (epistemologische/darstellungsästhetische Perspektive) und auf die medienspezifischen Nutzungsmöglichkeiten (medienontologische/medienästhetische Perspektive) feststellen? Natürlich spielt immer auch der dritte Parameter, der des Bewahrens, der Reproduktion, eine Rolle – er bildet die Hintergrundfolie, vor der Innovations- und Substitutionstendenzen deutlich werden. Um dieses Verhältnis zwischen den drei Parametern zu verdeutlichen, wird das ebenfalls von Michael Giesecke in die medientheoretische Betrachtung eingeführte, ursprünglich aus der Sozialpsychologie stammende Prozessmodell von Abhängigkeit, Gegenabhängigkeit und Autonomie zugrunde gelegt, das er auf die Mediengeschichte anwendet.[24]

Für die medientheoretische Betrachtung heißt das Folgendes: Die Nutzung neuer Medien hängt demnach zunächst von den kulturellen Paradigmen ab, die an den bisher dominanten Medien ausgebildet wurden. Dafür lassen sich im Bereich von Computer und Internet – wie später noch ausgeführt wird – zahlreiche Indizien finden. Das Bewusstsein für diese Abhängigkeit führt schließlich zu einer radikalen Ablehnung aller dieser an anderen Medien herausgebildeten Normen (auch dies lässt sich derzeit gut beobachten) und zur Ausbildung gegenteiliger Strategien (Gegenabhängigkeit). Erst nach Durchlaufen dieser Phase, die sich konsequent mit der Analyse der spezifischen Strukturen des neuen Mediums befasst, ist es

24 Vgl. Giesecke, Mythen, S. 270ff.

möglich, eine Balance zwischen den Paradigmen der alten und der neuen Medien herzustellen, die den neuen Medien ihren Platz in der medialen Konstellation einer Kultur zuweist. Innerhalb dieser Phasen spielen sich komplexe Veränderungsprozesse im Hinblick auf die Produktions-, Darstellungs- und sozialen Nutzungsformen der Medien ab, die nicht nur die neuen Medien betreffen, sondern auch eine Re-Formation der Positionen der alten Medien zur Folge haben.

Das Internet befindet sich derzeit in einer Zwischenphase von Abhängigkeit und Gegenabhängigkeit. Die Übertragung von Strategien, die aus alten Medien bekannt sind (man denke an die Online-Zeitungen, den e-commerce, aber auch künstlerische und literarische Phänomene wie die Hyperfiction[25]), verweist auf eine Abhängigkeit von Vernetzungsstrukturen und epistemologischen Paradigmen, die unter anderen medialen Bedingungen entwickelt wurden. Die gleichfalls vorhandene Kritik an derartigen Transferversuchen führt zu einer kompletten Ablösung alter Konzepte und der Suche nach medienspezifischen Produktions- und Darstellungsformen, die die etablierten zunächst einmal negieren und damit von Gegenabhängigkeit geprägt sind. Autonome Formen sind bisher noch nicht zu beobachten, jedoch lassen sich mögliche Tendenzen als Hypothesen formulieren.

Mit der Einschränkung des Untersuchungsgegenstandes auf das Internet wird allerdings wiederum eine Reduktion vorgenommen, die ein Medium in den Mittelpunkt stellt und damit monomedial vorgeht. Dies ist meines Erachtens jedoch derzeit wichtig, da kaum Aussagen über die kulturelle Bedeutung eines Mediums gemacht werden können, ohne dass das Medium selbst eingehend beleuchtet wird. Im nächsten Schritt wäre es dann notwendig, eine Einordnung in das kulturelle multimediale Netzwerk, das inhomogene, artverschiedene Komponenten miteinander verbindet, vorzunehmen. Dazu aber bedarf es der Anwendung multipler Modelle:

»Die Rede von der menschlichen Kultur meint vor diesem Hintergrund, dass wir zwischen verschiedenen Standpunkten, Emergenzniveaus, Sinnesorganen und Perspektiven bei der Beschreibung wechseln. Ihre Modellierung erweist sich als das Ergebnis komplexer Oszillationsvorgänge.«[26]

25 Vgl. dazu weiter unten.

26 Vgl. Giesecke, Mythen, S. 32; vgl. auch S. 163.

Unter dieser Maßgabe wäre der elektronische Raum dann in seinen Relationen zu anderen Räumen aus verschiedenen Perspektiven[27] zu analysieren. Dies jedoch wird hier nicht geschehen können, stellt sich aber als Perspektive dar, für die die vorliegende Untersuchung eine Basis schaffen will.

27 Je nach wissenschaftlicher Disziplin wären diese wieder unterschiedlich. Nach Gieseckes Modell müsste der elektronische Raum aus kommunikationstheoretischer Perspektive a) als Teil des kulturellen Netzwerks b) als informationsverarbeitendes System in Relation zu anderen informationsverarbeitenden Systemen sowie c) als ein Medium im Verbund mit anderen Medien beschrieben werden.

Vernetzungstheorien

Da es im Folgenden um Sprachkunst[28] im Internet gehen wird, ist es zunächst wichtig, das Medium strukturell zu analysieren, mit dem ästhetisch gearbeitet wird.

Das Internet in seiner heutigen Form ist eine relativ junge Entwicklung. Trotz seiner schon älteren Vorläufer[29] existiert es als Massenmedium erst seit 1993, als der erste graphische Browser entwickelt wurde und das World Wide Web entstand.[30] Die Potentiale dieses Mediums wurden sehr schnell für die künstlerische und literarische Produktion genutzt,[31] vor allem in dreierlei Hinsicht:

- Die Vernetzung räumlich weit entfernt voneinander agierender Teilnehmer zu gemeinsamen Kooperationen für die ästhetische Produktion (Vernetzung/Produktionsästhetik);
- Die Vernetzung von an unterschiedlichen Orten (Servern) gespeicherten Dokumenten durch Hypertext bzw. die Nutzung von hypertextuellen Vernetzungen und multimedialen Elementen für neue literarische Darstellungsformen (Epistemologie/Darstellungsästhetik);
- Die ästhetische Erforschung der (Vernetzungs-)Struktur des Mediums (Medienontologie/Medienästhetik)[32]

28 Sprachkunst, die sich sowohl als Text als auch als gesprochene Sprache, aber ebenso als mit anderen Codes interagierend darstellt, wobei die Grenzen zwischen den einzelnen Künsten durchlässig werden, sobald der Text seine Hegemonialstellung verliert – vgl. dazu Teil 3.

29 Das Internet ging u.a. aus dem für militärische Zwecke entwickelten ARPANET – Advanced Research Projects Agency Network – hervor, vgl. dazu Teil 3. Zur Geschichte des Internets vgl. Hafner, Katie/Lyon, Matthew: *Arpa Kadabra. Die Geschichte des Internet*, Heidelberg 1997.

30 Man sollte die Unterscheidung zwischen World Wide Web und Internet immer im Kopf behalten: das World Wide Web ist ein Teil des Internets – nämlich der mit Browsern visualisierte. Das Internet umfasst aber insgesamt alle Vernetzungsfunktionen, insbesondere die der elektronischen Kommunikation via E-Mail und Newsgroups.

31 Zu einem historischen Überblick und den Vorläufern der verschiedenen Formen digitaler Literatur vgl. das nächste Kapitel.

32 Diese drei Dimensionen entsprechen auch der dreidimensionalen Kommunikationstheorie von Michael Giesecke, der kommunikative Phänomene unter drei Parametern untersucht: dem ontologisch-spiegelungstheoretischen, dem epistemologisch-informationstheoretischen und dem topologisch-strukturellen. Vgl. Giesecke, Mythen, S. 20 ff.

Da Theoriebildung auf Abstraktionen aufbaut, ist es nicht verwunderlich, dass sich mit zunehmender Bedeutung des Internets auch gleichzeitig die Bemühungen um eine theoretische Erfassung von Vernetzungsstrukturen im Allgemeinen häufen. Dabei geht es zumeist um die Frage, wie Netzwerke sich zum nach wie vor dominanten und von Niklas Luhmann geprägten Systembegriff verhalten, der auf den funktionalen Differenzierungen der modernen Industriegesellschaft basiert. Nach und nach scheint sich immer mehr die Erkenntnis durchzusetzen, dass Luhmanns Systemtheorie mit ihrer Charakterisierung von Systemen als autopoietisch sowie dem diesem zugrunde liegenden Denken in Dualismen im Widerspruch zu Vernetzungsformen steht,[33] wie sie sich im Internet beobachten lassen, obwohl es nach wie vor genügend Versuche gibt, das Internet als System zu fassen.[34] Basieren Systeme nach Luhmann auf relativ stabilen Relationen und Prozessen, die einzig auf die Selbsterhaltung abzielen und daher hochgradig selbstreferentiell sind, sind Vernetzungsstrukturen offensichtlich instabil, flexibel und durch einen Wechsel zwischen manifesten und latenten Relationen geprägt (wobei dieselben Relationen mal latent, mal manifest sein können – z.B. in dem schlichten Fall des online- oder offline-Seins). Zudem sind Netzwerke – durch die Flexibilität ihrer Knoten und Relationen – prinzipiell offen, d.h., es werden stetig neue Relationen etabliert, neue Knoten integriert, während andere ausscheiden bzw. absterben.[35] Die Annahme einer operationalen Geschlossenheit sowie eines strikten Dualismus als Bedingung für Erkenntnis, wie sie im systemtheoretischen Systembegriff vorausgesetzt wird, scheint dieser Beschreibung entgegenzustehen. Auch aus systemtheoretischer Sicht weisen Systeme jedoch in ihrer internen Organisation durchaus ebenfalls Netzwerkstrukturen auf,[36] auch wenn sie sich aufgrund

33 Vgl. auch Giesecke, Mythen, S. 30 und S. 354.

34 Vgl. dazu auch die Diskussion in Weber, Stefan: *Medien – Systeme – Netze. Elemente einer Theorie der Cyber-Netzwerke*, Bielefeld 2001, S. 48 ff.

35 Vgl. dazu z.B. die Charakteristik von Manfred Faßler, *Netzwerke. Einführung in die Netzstrukturen, Netzkulturen und verteilte Gesellschaftlichkeit*, München 2001, S. 61, mit der er sich implizit von der Systemtheorie abzugrenzen versucht; ebenso Weber, der das Netz als quer zu den Systemen liegend beschreibt, vgl. Weber, Medien, S. 50.

36 So z.B. bei Maturana und Varela, die Organismen und psychische Systeme als Netzwerke beschreiben – unter Beibehaltung ihrer operationalen Geschlossenheit. Vgl. z.B. Maturana, Humberto/Varela, Francisco: *Der Baum der Erkenntnis.*

ihrer Selbstreferentialität niemals mit ihrer Umwelt vernetzen können. Aus diesem Grund wäre es nicht ganz korrekt, in einen neuen Dualismus von Systemen vs. Netzwerken zu verfallen.[37]

Dagegen liegt es nahe, System- und Netzwerktheorien auf einer metatheoretischen Abstraktionsebene einander als unterschiedliche Epistemologien gegenüberzustellen, zumal Luhmann die epistemologische Dimension seiner Systemtheorie immer wieder betont.[38] Systeme können als Netzwerke betrachtet werden, Netzwerke auch als Systeme. Dann wird deutlich, dass das Systemdenken einerseits, das Netzwerkdenken andererseits auf jeweils völlig anderen Erkenntnisprinzipien beruhen: Im Gegensatz zur Systemtheorie verzichten die Netzwerkmodellierungen auf Dualismen und betonen grenzüberschreitende Prozesse, die ein Sowohl-als-auch-Denken erlauben und multiperspektivische Modelle zulassen. Damit erheben sie – im Gegensatz zur Systemtheorie – keinen Allgemeingültigkeitsanspruch, sondern bilden eher einen Theorierahmen, der Prozesse (statt »Objekte«) charakterisiert, die von verschiedenen Standpunkten aus betrachtet werden können. Damit einher geht eine Komplexitätsinduktion im Gegensatz zur Komplexitätsreduktion, die aus einer monoperspektivischen Betrachtung erfolgt.[39]

Die biologischen Wurzeln des menschlichen Erkennens, München 1992, S. 47 ff. Ebenso untersucht die soziologische Netzwerkanalyse innerhalb von abgegrenzten sozialen Bereichen (in diesem Sinne eben Systemen) Relationen zwischen den beteiligten Akteuren – allerdings immer unter der Maßgabe einer gewissen Stabilität der Akteure (Knoten) und ihrer Verbindungen. Das Fehlen von prozessualen Konzepten für die Phänomene der Kooperation, Emergenz und Innovation wird mittlerweile auch als ein großes Manko gesehen. Vgl. Weyer, Johannes: »Soziale Netzwerke als Mikro-Makro-Scharnier. Fragen an die soziologische Theorie«, in: Ders. (Hg.): *Soziale Netzwerke. Konzepte und Methoden der sozialwissenschaftlichen Netzwerkforschung*, München/Wien 2000, S. 237-254 (hier: S. 241/242).

37 Die Etablierung eines neuen Dualismus hieße vermutlich, dass man in der systemtheoretischen Epistemologie verhaftet bliebe.

38 Vgl. z.B. Luhmann, Niklas: *Die Wissenschaft der Gesellschaft*, Frankfurt am Main 1992, S. 11 ff. Die grundlegende systemtheoretische Setzung ist diejenige, dass Erkennen nur aufgrund von Differenzen möglich ist. Sie nimmt jedoch gleichzeitig Setzungen vor, die nicht notwendigerweise aus dieser Prämisse folgen müssen, insbesondere das Denken in Dualismen sowie die operationale Geschlossenheit von Systemen.

39 Vermutlich ist tatsächlich beides notwendig. Die Wissenschaften sind – zumindest derzeit noch – auf Kategorisierungen und Systematisierungen und damit auf komplexitätsreduzierende Maßnahmen angewiesen, und es fragt sich, ob dies

Das Bewusstsein für Notwendigkeit neuer Modelle scheint sich immer mehr auch bei systemtheorienahen Theoretikern durchzusetzen:

»Langfristig scheint die Entwicklung dahin zu gehen, dass sich über den modernen Medienverbund und die Wirkungen, die er über Sozialisation und Kultur ausübt, die Struktur unserer Wirklichkeitsmodelle essentiell verändern wird. Es deutet sich meines Erachtens eine Entwicklung an, der gemäß in Zukunft unsere Wirklichkeitsmodelle nicht mehr nur über Dichotomien aufgebaut werden.«[40].

Manfred Faßler vermutet denn auch, »daß die Zusammenhangs- und die Grenzhypothese des Sozialen, die der Systemtheorie fast als herkunftsfreie Denkquelle eingeschrieben sind, mit den Netz-Realitäten nicht begriffssprachlich verbindbar sein werden«.[41] Auch er argumentiert damit von einer epistemologisch-metatheoretischen Ebene aus mit einem Nicht-Genügen der Beschreibungsinstrumentarien der Systemtheorie angesichts empirischer Beobachtungen.[42] Denn dass gerade zu diesem Zeitpunkt zwei Epistemologien aufeinander treffen, hat seine Wurzeln nicht zuletzt in einer grundlegenden Veränderung der dominanten Organisationsformen in den (westlichen) Gesellschaften – also in empirisch feststellbaren Entwicklungen, wie Manuel Castells in seiner umfangreichen und fundierten Untersuchung zu Netzwerken aus soziologischer Perspektive eindringlich darstellt.[43] Er kristallisiert zahlreiche netzwerkspezifische Eigenschaften der informationellen Gesellschaft heraus, insbesondere

– Organisation um Prozesse der Wissensproduktion, Informationsverar-

nicht sogar die Grundlage für gegenseitiges Verstehen ist. Jedoch bedeutet die Berücksichtigung verschiedener Perspektiven gegenüber der monoperspektivischen Vorgehensweise eine derzeit notwendige Komplexitätsinduktion, um den empirischen Veränderungen gerecht zu werden.

40 Schmidt, Siegfried J.: »Konstruktivismus als Medientheorie«, in: Nöth, Winfried/Wenz, Karin (Hg.): *Medientheorie und die digitalen Medien* (Intervalle 2 – Schriften zur Kulturforschung), Kassel 1999, S. 21-47 (hier: S. 38).

41 Faßler, Netzwerke, S. 44.

42 Darauf läuft auch Webers Versuch hinaus, Netzwerke zu beschreiben. Er verbleibt jedoch noch in sehr modularem Zustand – u.a. wegen eines noch ungeklärten Verhältnisses von Theorie und Empirie.

43 Vgl. Castells, Die Netzwerkgesellschaft.

beitung und der symbolischen Kommunikation herum[44], durch die das Wissen »zur Hauptquelle der Produktivität«[45] wird;
- Umorganisation von hierarchisch-funktionalen Differenzierungen zu flexibleren, miteinander vernetzten Einheiten (auf Organisationenebene, aber auch zwischen Organisationen)[46] bzw. Oszillation zwischen verschiedenen hierarchischen und de-hierarchisierten Strukturformen;
- Oszillation zwischen lokalen und globalen Prozessen;[47]
- eine Auflösung der strikten funktionalen Trennung der Gesellschaft.[48]

Castells' Definition von Netzwerken verdeutlicht, dass es hier nicht um die Durchsetzung einer neuen Supertheorie geht, die alles als Netzwerke betrachtet, sondern um eine Verschiebung von Schwerpunkten – sowohl auf empirischer Ebene im Bereich der gesellschaftlichen Organisationsformen (die – so zeigen seine Ausführungen – auch als Systeme, wenn auch nicht im Luhmann'schen Sinne, charakterisiert werden könnten) als auch in epistemologischer Hinsicht:

»Netzwerke sind offene Strukturen und in der Lage, grenzenlos zu expandieren und dabei neue Knoten zu integrieren, solange diese innerhalb des Netzwerkes zu kommunizieren vermögen, also solange sie dieselben Kommunikationscodes besitzen – etwa Werte oder Leistungsziele. Eine auf Netzwerken aufbauende Gesellschaftsstruktur ist ein hochgradig dynamisches, offenes System, das erneuert werden kann, ohne dass das Gleichgewicht in Gefahr geriete. [...] Die Morphologie des Netzwerkes ist aber auch eine Quelle der drastischen Neuorganisation von Machtbeziehungen. Schalter, die die Netzwerke untereinander verbinden – etwa Finanzströme, die die Kontrolle über Medien-Imperien übernehmen, die wiederum politische Prozesse beeinflussen –, sind die bevorzugten Instrumente der Macht. [...]Weil es eine Vielzahl von Netzwerken gibt, werden die Codes und Schalter, die zwischen den Netzwerken vermitteln, zu den grundlegenden Quellen, durch die Gesellschaften geformt, geleitet und fehlgeleitet werden. Die Konvergenz zwischen sozialer Evolution und Informationstechnologien hat in der gesamten Gesellschaftstruktur [sic!] eine neue materielle Basis für das Ausführen von Tätigkeiten geschaffen. Diese aus Netzwerken ge-

44 Im Unterschied zur Industriegesellschaft, in der es um die Erschließung neuer Energiequellen und die Organisation der Produktions- und Zirkulationsprozesse geht, vgl. Castells, Netzwerkgesellschaft, S. 17.

45 Ebd., S. 18.

46 Ebd., S. 178/179, S. 198/199.

47 Ebd., S. 108/109.

48 Ebd., S. 182/186 ff.

baute materielle Basis bezeichnet die herrschenden sozialen Prozesse und formt damit die Sozialstruktur selbst.«[49]

Netzwerke werden als offene Systeme beschrieben, so dass keine Opposition zwischen Netzwerk und System etabliert wird, sondern andere Beschreibungskriterien dominant werden – Flexibilität der Verbindungen, Offenheit für die Integration neuer Netzknoten, Oszillation zwischen verschiedenen Strukturformen. Netzwerke sind z.B. nicht per se a-hierarchisch, sondern verbinden polyarchische Strukturen miteinander – sie haben sehr wohl Kontrollknotenpunkte, die über die Prozesssteuerung wachen, weisen aber verschiedene Formen hierarchischer, aber auch a-hierarchischer Organisation auf.[50] Die Netze, die, miteinander verknüpft, ein Netzwerk bilden, können in sich als Systeme beschrieben werden, in ihrer Relation zu anderen Systemen aber treten Prozesse auf, die sich mit der Systemtheorie nicht mehr vereinbaren lassen. Das betrifft insbesondere Formen gegenseitiger Einflussnahme auf Organisationsstrukturen,[51] die völlig gegen die Annahme einer operationalen Geschlossenheit sprechen. Das heißt allerdings nicht, dass es auch durchaus Perspektiven gibt, in denen die Autopoiesis noch eine Rolle spielen kann, allerdings kann das System als solches nicht mehr ausschließlich aus einer solchen Beschreibungsnorm heraus in der Vielzahl seiner Dimensionen erfasst werden.

Ein zweites von Castells hier betontes Element wird für die folgende Netzwerkuntersuchung wesentlich sein: die gemeinsamen Codes, die das Funktionieren der für Netzwerke lebenswichtigen Kommunikationen erst ermöglichen.[52] Nur wird in der Folge weniger von Codes als vielmehr von Programmen die Rede sein. Da über die soziale Perspektive hinausgegangen werden soll, geht es um die

49 Ebd., S. 528/529.

50 Das gilt auch für das Internet, bei dem z.B. die »Gates« zwischen Intranets und Internet oder die Service-Provider Knotenpunkte und damit Kontrollinstanzen darstellen, auf die die Einzelnutzer angewiesen sind, um Zugang zum Netz zu erhalten.

51 Das zeigen Castells' Beispielanalysen verschiedener ostasiatischer Unternehmens-Organisationsformen ganz deutlich, vgl. Castells, Netzwerkgesellschaft, S. 201 ff.

52 Betrachtet man das Internet als technisches Phänomen, so wird diese Notwendigkeit besonders deutlich: Nur durch die Einführung standardisierter Protokolle ist die technische Kommunikation zwischen Computern überhaupt möglich.

Herausbildung medienspezifischer kultureller Programme, die das Netzwerk Internet erst kulturell relevant machen. Wie Castells feststellt, funktionieren Netzwerke nur, wenn sie gemeinsame Programme der Interaktion und Kommunikation entwickeln. Dies kann auf verschiedene Arten geschehen:

- individuelle, situationsbedingte Aushandlung der Interaktionsbedingungen (wie im face-to-face-Gespräch);
- implizite soziale Regeln, wie sie z.B. bei Gruppengesprächen angewendet werden;
- hochstandardisierte kulturelle Normen der Informationsgenerierung, -darstellung und -verarbeitung, wie sie die massenmediale Kommunikation der Industriegesellschaft hervorgebracht haben.[53]

Diese Kommunikations- und Organisationsformen haben sich aufgrund anderer (leiblicher und zentralistisch organisierter Medien) herausgebildet. Das Internet, auf das die hier erwähnten Netzwerk-Charakteristika ebenfalls zutreffen,[54] ist das erste technische Medium, das alle drei Kommunikationsformen ermöglicht, die sonst nur im face-to-face-Gespräch zusammengeführt werden. Jedoch erfolgt die Kommunikation unter anderen materiellen Bedingungen. Das bedeutet, dass für technisch vermittelte Kommunikationsformen neue Regelbedingungen und Standardisierungen entwickelt werden müssen – und zwar derart, dass die Flexibilisierungen, die die Netzwerkstruktur eröffnet, nicht beeinträchtigt werden. Die Oszillation zwischen der Suche nach neuen Standards einerseits und flexibilisierten, situationsgebundenen Aushandlungen andererseits bestimmt derzeit das Kommunikationsgeschehen im Internet, das sich vorerst im Experimentierstadium bezüglich der technischen und sozialen Parameter technisch vermittelter Kommunikation befindet.

Die Frage nach der Standardisierung ist noch viel virulenter,

53 Vgl. auch Giesecke, Michael/Rappe-Giesecke, Kornelia: *Supervision als Medium kommunikativer Sozialforschung*, Frankfurt am Main 1997, S. 92ff.

54 Wenn Castells von einer engen Interaktionsbeziehung zwischen technologischer und gesellschaftlicher Entwicklung ausgeht, so führt ihn das letztlich zu einer Isomorphiebeziehung zwischen der Struktur technologischer Kommunikationsmedien und dem Wandel der gesellschaftlichen Organisation. Logischerweise muss ein Spiegelungsverhältnis zwischen vernetzter technologischer Kommunikation und der informationellen Gesellschaft bestehen, die ja wiederum auf Wissensprozessen (die durch Kommunikation erzeugt werden) beruht.

wenn man das Internet nicht als Kommunikationsmedium, sondern als Informationsmedium betrachtet. Die Struktur des Mediums hat ohne Zweifel Auswirkungen auf die Art und Weise, wie Informationen dargestellt werden, wodurch wiederum die Formierung kulturellen Wissens signifikant beeinflusst wird. Da hier Software eine zunehmende Bedeutung bei der Auswertung von Daten und Präsentation von Ergebnissen erhält (nicht umsonst gibt es den Forschungsbereich der Informationsvisualisierung),[55] stellt sich die Frage, welche Parameter und multimedialen, dynamischen Darstellungsformen wofür verwendet werden sollen. Weder im technischen Bereich noch im Bereich der Visualisierung existieren bisher verbindliche Normen, die z.B. mit denen des Buches vergleichbar wären.[56] Auch hier gilt es also zu fragen, wie das Verhältnis zwischen der Erfüllung individueller Nutzerbedürfnisse durch spezielle Software – die Computer und Internet zweifellos ermöglichen – und der Etablierung kultureller Standards bei der Generierung, Darstellung und damit auch der Rezeption von Informationen ist, so dass nach wie vor überindividuelles kulturelles Wissen erzeugt werden kann.

55 Vgl. dazu z.B. Chen, Chaomei: *Information Visualization and Virtual Environments,* Wien u.a. 1999.

56 Vgl. auch Veltman, Kim: »New Media and Transformations in Knowledge (I)«, in: Gemmert, Claudia/John, Hartmut/Krämer, Harald (Hg.): *euphorie digital? Aspekte der Wissensvermittlung in Kunst, Kultur und Technologie,* Bielefeld 2001, S. 35-62.

Das hier eröffnete, relativ weitgefasste Blickfeld auf das Internet wird in der Folge zunächst auf die Phänomene Literatur und Kunst im Netz, und hier v.a. im World Wide Web,[57] verengt. Dabei sollte jedoch immer im Hintergrund präsent sein, dass die künstlerischen Phänomene als paradigmatisch für mögliche kulturelle Veränderungen betrachtet werden.

Kunst und Literatur bedienten sich schon vor der Entwicklung des WWW der Computernetze für verschiedenartige Experimente. Die dezentrale Struktur und – die notwendige technische Ausrüstung vorausgesetzt – die weltweite, ortsunabhängige Zugänglichkeit und Offenheit waren offensichtlich eine völlig neue Erfahrung, die Hoffnungen für die Revolutionierung insbesondere des Literatursystems weckten.

»Während das Ziel des ›reinen‹ (*offline*) Texteditings am Computer in der Visualisierung und Gestaltung von Ideen/Gedankenbildern liegt, öffnet sich im *online-Schreiben* der Schreib-Raum in ein kommunikatives und soziales Netz-Werk und verlässt somit vollständig die Darstellungs- und Vermittlungsparadigmen der Schriftkultur. Der privilegierte und geschützte (von Experimenten der literarischen Moderne destruierte und von der Postmoderne unendlich ausgeweitete) ›innere Schreibraum‹ des einzelnen ›Users‹ öffnet sich in eine vernetzte Wissens-Architektur hinein. Hier entstehen Zonen, in denen die bürgerlichen Trennungen von privaten und öffentlichen Räumen aufgelöst werden.«[58]

Dokumentenvernetzung und Menschenvernetzung – diese beiden grundlegenden Potentiale des Netzes[59] sind derzeit die Hoffnungsträger für die Entwicklung neuer Literaturformen, die die Defizite

57 Das WWW ist derzeit der Dienst des Internets, der aufgrund seiner multimedialen Darstellungspotentiale am intensivsten für die Literatur- und Kunstproduktion genutzt wird. Es gibt kaum mehr Projekte, die sich der rein textbasierten Dienste Telnet oder E-Mail bedienen.

58 Idensen, Heiko: *Schreiben/Lesen als Netzwerk-Aktivität. Die Rache des (Hyper-) Textes an den Bildmedien*, Kassel 1995, <http://forum.uni-kassel.de/interfiction/1995/rache.htm> (Hervorhebungen im Text).

59 Darauf läuft auch Wolfgang Coys Beschreibung des Internets hinaus. Vgl. Coy, Wolfgang: »turing@galaxis.com II«, in: Warnke, Martin/Coy, Wolfgang/Tholen, Georg-Christoph (Hg.): *Hyperkult. Geschichte, Theorie und Kontext digitaler Medien*, Frankfurt am Main 1997, S. 15-32 (hier: S. 21/22).

der rückkopplungsarmen, auf individualisierte Produktion ausgerichteten Buchkultur zu überwinden versprechen. Doch rechtfertigen diese zunächst einmal technischen Möglichkeiten tatsächlich Idensens Diktum des Paradigmenwechsels? Im Grunde genommen integrierte der Literaturbegriff immer schon Vernetzungselemente (vgl. dazu den 2. Teil) – die in den letzten Jahrzehnten aufgekommenen begrifflichen Diskussionen um Fragen der Intertextualität, der Autorenfunktion etc. zeugen von einem – allerdings meist impliziten – Bewusstsein für den Vernetzungscharakter von Literatur auch in den Literaturtheorien. Ebenso haben die Darstellungsformen von Literatur in jüngerer Zeit sowohl durch die Medienkunst als auch durch die Experimente der literarischen Moderne Variationen erfahren, die neue Produktionsformen erprobten, Innovationen in der Textgestaltung initiierten oder auf eine größere Beteiligung des Lesers abzielten. Dazu gehören Versuche, die lineare Anordnung des Buches durch kombinatorische Techniken zu unterlaufen, Techniken assoziativen Schreibens zu erproben (wie z.B. in der Collage-Technik des Dadaismus oder der dieser eng verwandten Cut-up-Strategie) sowie räumliche und bildliche Potentiale von Schrift zu erproben (wie in der visuellen Poesie). Ebenso werden Produktionstechniken favorisiert, die das individuelle Künstlergenie als Mythos entlarven sollen: Die »écriture automatique« des Surrealismus z.B. kultivierte die Spontaneität des Schreibens und das Unbewusste, die dadaistischen Collagen erklärten Alltagstexte zum künstlerischen Objekt, die ersten Experimente mit Computerlyrik übertrugen die Aufgabe der ästhetischen Produktion der Maschine.[60] Diese Versuche, die Grenzen des Buchdrucks in Bezug auf Produktion, Darstellung und Leserbeteiligung zu sprengen, blieben allerdings meist im experimentellen bzw. appellativen Stadium stecken – wirklich überwinden konnten sie den »veste(n) Buchstab« und die vergleichsweise rückkopplungsarme Leser-Autor- oder Leser-Text-Kommunikation nicht, machten allerdings die diesbezüglichen Grenzen des Buchdrucks deutlich.

Ein Kernproblem des Phänomens »Literatur im elektronischen Raum« ist seine Hybridität. Die medienontologische Perspektive zugrunde gelegt, wird deutlich, dass zwei Bereiche aufeinander tref-

60 Vgl. dazu Krause, Manfred/Schaudt, Götz Friedrich: *Computerlyrik*, Düsseldorf, 2., erw. Auflage 1969.

fen, die zunächst einmal auseinander gehalten werden müssten: Einerseits geht es – und darauf zielt auch Idensens Zitat ab – um die innovative Struktur des Mediums, die raumzeitunabhängige Vernetzung von Dokumenten und Menschen ermöglicht, andererseits wird mit dem Begriff »Literatur« auf Strukturen verwicsen, die sich unter anderen medialen Bedingungen herausgebildet haben. Die Technologie des Buchdrucks beeinflusste die Formen seiner sozialen Nutzung und damit auch das, was sich als »Literatur« unter diesen Bedingungen herausbildete. Das Bewusstsein für die enge Beziehung zwischen der spezifischen Struktur des Mediums und seinen darstellungstechnischen und kommunikativen Potentialen ist in der Literaturwissenschaft allerdings erst in den letzten Jahrzehnten gewachsen.

Einen wesentlichen Schritt hin zu einer Hinterfragung der materiellen Bedingungen von Literatur machte Michel Foucault, als er den Autor vom Individuenbegriff ablöste und zum kulturellen Konstrukt erklärte.[61] Implizit kommt damit die Frage nach der spezifischen Medialität ins Spiel, unter der Autorschaft sich formiert. Allerdings bearbeitet Foucault diese Frage rein aus epistemologischer Sicht im Hinblick auf Diskurse, also dominante Wissens- und Denkstrukturen, die sich in geregelten Aussagesystemen spiegeln. Technologische Bedingungen der Gestaltung von Wissen sind für ihn nicht von Interesse. Das Bewusstsein für die medialen Bedingungen von Literatur wurde jedoch im Anschluss an Foucault durch die Diskursanalyse als eine Art metawissenschaftlicher Betrachtung (z.B. im Hinblick auf die Entstehungsbedingungen von Wissenschaft) geschärft. In deren Folge entstanden Theorien, die Literatur historisch unter der Fragestellung ihrer Mediennutzung und ihrer Beziehung zu anderen Medien betrachteten. Friedrich Kittler analysiert in *Aufschreibesysteme 1800 /1900*[62] die Literatur des ausgehenden 18. und 19. Jahrhunderts als Resultat der Schreibpraktiken, die er allerdings in erster Linie aus literarischen Texten extrapoliert. Er konzentriert sich zwar auf die Materialität der Medien, allerdings mit dem Ziel, das Verschwinden des Subjekts in poststrukturalistischer Tradition medientheoretisch begründen zu können. Die his-

61 Vgl. Foucault, Michel: »Was ist ein Autor?«, in: Ders.: *Schriften zur Literatur*, Frankfurt am Main 1991, S. 7-31.

62 Kittler, Friedrich: *Aufschreibesysteme 1800/1900*, München, 3., vollst. überarb. Aufl. 1995.

torische Analyse der Medienentwicklung wird mit der Diskursanalyse Foucaults gekoppelt. Kittler sieht Medien als »anthropologische Aprioris«[63] und kehrt damit die Subjekt-Medien-Beziehung um. Ihm geht es weniger um die Erhellung der Medien-Gesellschafts-Beziehung, sondern um den Einfluss der Medien auf die kulturellen Praktiken des Schreibens und Wahrnehmens, die er als subjektlose Prozesse zu fassen versucht. Die Anwendung poststrukturalistischer Theoriemodelle bringt dabei allerdings wenig Erhellung in die Wechselwirkung von Medien und Gesellschaft.

Dass die Struktur von Medien grundlegende Folgen für die gesellschaftliche Organisation hat, stellte McLuhan schon in den 1960er Jahren fest. »Das Medium ist Botschaft« besagt nichts weiter, als dass sich die Bedeutung von Medien in ihrem Einfluss auf das alltägliche Leben, auf die Wahrnehmungs- und Verhaltensformen des Menschen, niederschlägt. Wie Michael Giesecke gezeigt hat, ist die Wirkung des Buchdrucks auf die Herausbildung kulturell bevorzugter Formationen von Informationsgewinnung, -darstellung und -verarbeitung kaum zu unterschätzen.[64] Es geht, so Giesecke, in der Durchsetzung des gedruckten Buches als begehrenswerte Marktware in der epistemologischen Perspektive um eine »Operationalisierung der Wahrnehmung der Umwelt«.[65] Je größer das Publikum für Bücher, desto wichtiger wird die Nachvollziehbarkeit der dargestellten distribuierten Erkenntnisse: »Das Buch programmiert die Leser«.[66] Die Wahrnehmung der Dinge wird damit normiert und zum sozialen Prozess. Das wird notwendig, weil die direkte Kommunikation zwischen Menschen, wie sie in der vorindustriellen skriptographischen Kultur als eigentliches Paradigma für die Übermittlung von Informationen galt, nun durch die erweiterten Distributionsmöglichkeiten enorm reduziert wird. Sollen Informationen vermittelt werden, so muss das so geschehen, dass sie ohne dialogische Unterstützung verstanden werden können. Der Prozess der Herausbildung von Wahrnehmungs- und Verhaltensnormen spielt sich bei der Durchsetzung des Buchdrucks in einer komplexen Interaktion

63 Kittler, Friedrich: *Grammophon, Film, Typewriter*, Berlin 1986, S. 167.

64 Vgl. Giesecke, Michael: *Der Buchdruck in der frühen Neuzeit. Eine historische Fallstudie über die Durchsetzung neuer Informations- und Kommunikationstechnologien*, Frankfurt am Main 1994.

65 Giesecke, ebd., S. 563.

66 Giesecke, ebd., S. 561.

zwischen Drucktechnologie, Techniken der Informationsgliederung und -darstellung und Marktmechanismen ab.

Merkmale des Mediums

Wie schon anhand der Frage nach der Charakterisierung der Vernetzung diskutiert wurde, weist das Internet Eigenschaften auf, die es von anderen technischen Medien unterscheidet. Die Netzwerkstruktur verhindert, dass es einen einzigen zentralen Knotenpunkt gibt, von dem aus sowohl die Kommunikationen als auch die Informationen kontrolliert werden. Allerdings gibt es – wie schon erwähnt – durchaus Schaltstellen, die Kontrollfunktionen ausüben oder zumindest ausüben können – zumindest solange das Netz noch nicht als peer-to-peer-Netzwerk organisiert ist.[67] Dennoch ermöglicht das Internet aufgrund seiner relativen Dezentralität Formen der Kommunikation und der Informationsdistribution, die sich inhärent von denen der anderen technischen Medien unterscheiden. Zum einen ist es sowohl ein Kommunikations- als auch ein Informationsmedium. Im Bereich der Kommunikation erlaubt es sowohl dyadische als auch Gruppenkommunikation in synchroner und asynchroner Form;[68] als Informationsmedium ermöglicht es jedem Teilnehmer mit Netzzugang, seine eigenen Dokumente zugänglich zu machen, ohne auf das Placet durch ein zentralisiertes redaktionelles Nadelöhr angewiesen zu sein.

Die kommunikative Vernetzung ist geprägt

a) durch den ständigen, unvorhersehbaren Wechsel zwischen latenten und manifesten Relationen (z.B. online/offline-Sein)
b) durch parallele statt sequentielle Kommunikationsvorgänge (auf verschiedenen Ebenen – z.B. können Menschen nur mit Menschen kommunizieren, wenn gleichzeitig die Kommunikation zwischen den Computern stattfindet; aber auch die menschliche Kommunikation kann parallel über verschiedene Dienste bzw. –

67 Die peer-to-peer-Technologie bedeutet, dass jeder Computer direkt mit einem anderen Computer im Netzwerk in Verbindung treten kann, ohne dass Schaltstellen, wie z.B. Internet-Service-Provider als Knotenpunkte fungieren.

68 Synchron bedeutet »in Echtzeit«, d.h., die Gesprächsteilnehmer müssen gleichzeitig online sein, asynchron bedeutet, dass zeitversetzt kommuniziert werden kann, wie z.B. beim Austausch von E-Mails.

betrachtet man die Chat-Kommunikation – sogar innerhalb eines Dienstes erfolgen);

c) durch die prinzipielle instantane Rückkopplungsmöglichkeit (Polydirektionalität der Verbindungen), die – anders als bei den Massenmedien – in demselben Medium erfolgen kann;

d) durch eine stetige Expansion bzw. Reduktion der Knoten und ihrer Verbindungen (Server und Clients bzw. Intranets kommen hinzu, andere scheiden aus).

Dabei werden nicht nur Netze mit Netzen, sondern auch Einzelnutzer mit dem Netzwerk sowie Netzwerke mit anders gearteten Netzwerken verbunden. Letzteres bedeutet, dass jeder Nutzer sich zwangsläufig gleichzeitig in einem anderen – beruflichen/privaten – Netzwerk befindet, von dem aus er im elektronischen Raum agiert, so dass »artverschiedene« Netzwerke miteinander gekoppelt werden. Richtet man den Blick auf diese Verbindungen, verlässt man den elektronischen Raum, untersucht seine Relation zu anderen Netzwerken und nimmt eine kulturelle Perspektive im oben ausgeführten Sinne ein. Gerade diese transitorische Verbindung verschiedener Netzwerke führt auch dazu, dass kulturelle Praktiken, die das Internet herausgebildet hat, kulturelle Relevanz erlangen können.

Das Internet ist also technisch gesehen dezentral, polydirektional und beliebig variabel in seinen Verbindungen. Wie stellt sich diese Struktur nun in der sozialen Nutzung des Mediums dar? Der Federal Networking Council (FNC) gibt folgende Definition des Internets:

»›Internet‹ refers to the global information system that –

(i) is logically linked together by a globally unique address space based on the Internet Protocol (IP) or its subsequent extensions/follow-ons;

(ii) is able to support communications using the Transmission Control Protocol/Internet Protocol (TCP/IP) suite or its subsequent extensions/follow-ons, and/or other IP-compatible protocols; and

(iii) provides, uses or makes accessible, either publicly or privately, high level services layered on the communications and related infrastructure described herein.«[69]

Information und technisch vermittelte menschliche Kommunikation werden hier als Kernpunkte des Internets genannt. Das Krite-

69 Federal Networking Council: *Definition of the Term ›Internet‹*, 25. 10. 1995, <http://www.hpcc.gov/fnc/Internet_res.html>

rium der Adressierung (Punkt i) steht dabei für die Vernetzung von Dokumenten, die räumlich verteilt auf verschiedenen Servern liegen und über deren Adressen gefunden werden können. Beide Aspekte bilden jeweils eine zentrale Nutzungsform des Internets: die globale Dokumentenvernetzung einerseits, die Kommunikationsmöglichkeiten zwischen den Benutzern andererseits.

Unter die erste Form fallen alle Arten von Informations- und Dokumentenpräsentation, also Formen der Darstellung von Informationen. Interpersonelle Anwendungen subsumieren die verschiedenen Kommunikationsformen, die das Internet bereitstellt: E-Mail, Newsgroups, Chats etc., die insbesondere im literarischen und künstlerischen Bereich zu neuen Produktionsformen führen. Der dritte oben erwähnte Punkt betrifft nicht zuletzt auch die strukturelle Organisation des Internets, die sich auf die ersten beiden Punkte der Darstellungs- und Kommunikationsformen auswirkt.

Literatur im elektronischen Raum ist – nach meiner Definition – nur solche, die mindestens eines dieser Elemente in irgendeiner Form nutzt – die technischen Dokumenten- und/oder Akteursvernetzung ins Zentrum rückt oder die Struktur des Mediums ästhetisch zum Ausdruck bringt.

Es ist jedoch noch notwendig, sich etwas eingehender mit den spezifischen Charakteristika von Literatur im elektronischen Raum (oder – hier synonym verwendet – der Netzliteratur) auseinander zu setzen – und zwar im Hinblick auf die Frage, inwieweit der Einsatz einer technischen Innovation die kulturell dominanten Definitionen von Literatur, wie ihn die Literaturtheorien modellieren, verändern könnte.

Dokumentenvernetzung: Zugriff auf entfernte Informationen

Der Zugriff auf entfernte Informationen wird grundsätzlich durch die Zugangsmöglichkeiten zu Daten, die auf fremden Servern liegen, geboten. Damit einher geht aber auch die Möglichkeit, sichtbare Verweise in Form von Hyperlinks in ein Dokument zu integrieren, was durch den Einsatz der Seitenbeschreibungssprache HTML ermöglicht wird. Tim Berners-Lee legte den gedanklichen Grundstein zu dieser Entwicklung, als er eine Möglichkeit suchte,

Dokumente für das Kernforschungszentrum in Genf unabhängig vom Dateiformat allen zugänglich zu machen.[70] HTML ist ein Format, das auf programminterne Steuerungszeichen, die die Konvertierung in andere Programme erschweren, verzichtet und stattdessen mit vom Browser interpretierbaren Wortanweisungen (»Tags«) arbeitet. Hinter dem dargestellten Dokument befindet sich also eine weitere Textebene, die sowohl das Dokument als auch Anweisungen zu dessen Darstellung enthalten. HTML beinhaltet die Möglichkeit, direkte Verweisstellen auf andere Dokumente in den Text zu integrieren, so dass man bei Aktivierung dieses Hyperlinks direkt auf den Verweistext springen kann und – im Unterschied zu Fußnoten – das gesamte Dokument präsentiert bekommt. Die beiden Väter des Hypertextes, Vannevar Bush und Ted Nelson (der den Begriff prägte), hatten mit ihren Visionen in erster Linie die *globale Enzyklopädie* im Blick, weniger die menschliche Kommunikation.[71] Vannevar Bush entwarf in einem Artikel aus dem Jahr 1945[72] das Konzept eines Mikrofilm-Archivs, das über ein assoziatives Indexierungssystem die Möglichkeit der Verbindung gespeicherter Dokumente anbot. So entstehen Pfade miteinander verbundener Microfilm-Dateien, die bei Aufruf einer der gekennzeichneten Dateien immer wieder mit angezeigt werden, wobei jedes Dokument in beliebig viele, jeweils nach anderen benutzerdefinierten Kriterien aufgebaute Pfade integriert werden kann. Da Computer damals nur zu komplexen Berechnungen verwendet wurden und noch keine Software-Programme entwickelt waren, musste Bush noch ein mechanisches Indexierungs- und Speichersystem imaginieren (obwohl er die Utopie eines einfach zu handhabenden Computers entwarf, dessen digitale Prozesse von symbolischen Sprachen gesteuert werden). Seine Memex-Maschine hatte jedoch nachhaltige Wirkung: Die ihr zugrunde liegende Idee wurde Anfang der 60er Jahre von Ted Nelson wieder aufgegriffen, der nun den Computer als ideale Basis für

70 Tim Berners-Lees heute legendärer Vorschlag ist noch im Internet abrufbar: Berners-Lee, Tim: *Information Management. A Proposal*, Genf 1989, <http://www.w3.org/History/1989/proposal.html>.

71 Ted Nelson ist heute ein erklärter Feind des Internets, insbesondere des World Wide Web.

72 Vgl. Bush, Vannevar: »As We May Think«, in: *The Atlantic Monthly* 176.1 (July 1945), S. 101-108, auch in: Druckrey, Timothy (Hg.): *Electronic Culture. Technology and Visual Representation*, New York 1996, S. 29-45, abrufbar ebenfalls unter <http://www.theatlantic.com/unbound/flashbks/computer/bushf.htm>.

die Realisierung dieses Dokumentenspeicher-, Verbindungs- und Bearbeitungssystem entdeckte. Er prägte schon 1965 den Terminus »Hypertext« für ein grundsätzliches mentales Konzept: *dem nicht-linearen, assoziativen Schreiben und Verbinden von Textelementen, das nicht notwendigerweise an den Computer gebunden ist*: »Many people consider these forms of writing to be new and drastic and threatening. However, I would like to take the position that hypertext is fundamentally traditional and in the mainstream of literature.«[73] Beispiele für assoziativ-delineare Texte lassen sich in der Literatur tatsächlich zahlreiche finden – nicht nur in der Avantgarde-Literatur, sondern angefangen beim Talmud über die randkommentierten Codices des Mittelalters, Samuel Johnsons Tristram Shandy bis zu James Joyce' Stream of Consciousness und weiteren zahlreichen Beispielen der literarischen Moderne und Postmoderne ist der Bruch in der zeitlichen und räumlichen Sequenz narrativer Erzählstränge tatsächlich schon immer ein Proprium literarischen Schreibens gewesen. Andererseits aber liegt Nelsons ausgearbeiteter Hypertext-Datenbank *Xanadu*[74] ein technisches Konzept des Hypertextes zugrunde: die Vision eines allumfassenden »Docuverse«,[75] einer Datenbank, in der alles jemals auf Papier, Film oder anderen Speichermedien Entstandene in allen seinen Versionen archiviert wird. Der Benutzer dieses Systems hat freien Zugriff auf die Daten und kann sie zitieren, auf sie per Link verweisen oder seine Kommentare einarbeiten. Das Grundprinzip dieses Archivs basiert auf der fundamentalen Intertextualität jedes Dokuments – es bezieht sich unweigerlich, sei es explizit oder implizit, auf frühere Texte und ist wiederum Basis für zukünftig entstehende Materialien. Ein allumfassendes Dokumentenarchiv erlaubt die Offenlegung dieser impliziten intertextuellen Struktur, die für Nelson das wesentliche Definiens von Literatur überhaupt ist.[76] Nelsons Vorstellungen waren gleichzeitig geprägt von idealistischen Motiven: die a-hierarchi-

73 Vgl. Nelson, Ted: *Literary Machines. Edition 87.1*, South Bend Indiana 1987, S. 1/17 (die hier angegebene Paginierung entspricht der des Buches, wobei ›1‹ das Kapitel, ›17‹ die Seitenzahl des Kapitels bezeichnet).

74 Er benannte sie nach dem Ort des mystischen Schlossbaus aus Samuel Coleridges Gedicht *Kubla Khan* (1798), da dies der adäquate Name für einen »magic place of literary memory« sei. Nelson, ebd., S. 1/30.

75 Ebd., S. 4/15.

76 Ebd., S. 2/9.

sche Dokumentenanordnung und die Möglichkeit des Benutzers, Texte nach eigener Perspektivität miteinander zu kombinieren, sollte einerseits den Leser aus der Gewalt des Autors befreien und ihn zu seiner eigenen Lesart der Dokumente ermutigen, Autor und Leser somit zu gleichberechtigten Partnern mit demselben Kreativitätsspielraum machen, und andererseits die Linearität des Schreibens durch die Assoziativität des Denkens zumindest ergänzen, wenn nicht sogar ersetzen.[77] Es dauerte über 20 Jahre, bis Nelson, der von der wissenschaftlichen Welt – sowohl den Technikern als auch den Literaturwissenschaftlern – als Verrückter mit abwegigen Ideen abqualifiziert wurde, sein Xanadu-System (wenn auch eingeschränkt) realisieren konnte. Heute existiert es als Datenbank, die man gegen Zahlung von Benutzungsgebühren verwenden kann – unter strenger Einhaltung der Copyright-Vorschriften.[78]

Die im Vergleich zu den ersten, Ende der 60er Jahre entwickelten technischen Hypertextsysteme[79] mittlerweile durch verschiedene Softwareprogramme, aber auch durch das WWW wesentlich vereinfachte Umsetzung dieser expliziten Intertextualität führte auch zu vermehrter Nutzung dieser Technik in der literarischen Produktion: Als Hyperfiction bezeichnet Suter »die literarische Ausformung eines elektronischen Textes mit Verbindungen, die den multiplen Zugang zu Informationen ermöglichen. Eine Hyperfiktion [sic!] ist also ein komplexes literarisches Gewebe, in welchem multilple [sic!] (narrative) Abläufe durch die implementierte Verknüpfungsstruktur direkt sichtbar werden und der Leserin erlauben, ihnen nachzugehen.«[80] Hyperfictions sind die »traditionellste«[81] Umsetzung narrativer Texte in eine spezifisch elektronische Struktur.

77 Vgl. Nelson, Ted: *Computer Lib/Dream Machines,* updated and revised edition, Redmond 1987 (orig.: 1974), S. 31.

78 D.h., für das Lesen und Zitieren von Dokumenten müssen Gebühren entrichtet werden. Eine ausführliche Beschreibung zu Xanadu findet sich unter <http://www.xanadu.net>

79 Vgl. zur Geschichte der technischen Hypertextsysteme: Nielsen, Jakob: *Hypertext and Hypermedia*, Boston/San Diego/New York 1990, und Berk, Emily/Devlin, Joseph (Hg.): *Hypertext/Hypermedia Handbook*, New York u.a. 1990.

80 Suter, Hyperfiktion, S. 28.

81 »Traditionell« mag bei einem Phänomen, das erst 15 Jahre alt ist (1987 erschien die erste Hyperfiction auf Diskette, Michael Joyce' *Afternoon, a story*), etwas merkwürdig anmuten, aber die rasanten Veränderungen im technischen Bereich rechtfertigen diese Charakterisierung wiederum.

Ihr innovativer Charakter wurde von nordamerikanischen Literaturtheoretikern vor allem im Hinblick auf die Textstruktur gerühmt. Diese wird nach deren Meinung in mehrerer Hinsicht grundlegend revolutioniert: Zum einen wird der sequentielle Erzählcharakter durch multilineare[82] Erzählstränge abgelöst: Die Anwendung von Hyperlinks führt zur Modularisierung des Textes in »lexias«[83] (Lexien), kürzere Textabschnitte, die durch Links auf vielfältige Weise miteinander verbunden werden können. Ein Textsegment kann so mehrere Links enthalten, die zu weiteren Textmodulen führen. Diese Verzweigungsmöglichkeiten implizieren einerseits eine offene a-hierarchische Textstruktur (weil alle Elemente denselben Status haben), die je nach Wahl der Links zu verschiedenen Lesarten führt, andererseits auch eine Offenheit des Werkes, die keine narrative Abgeschlossenheit erzeugt,[84] weil die Kombinationsmöglichkeiten der Textsegmente zwar rein rechnerisch endlich viele sind, aber vom Leser immer nur ein kleiner Teil tatsächlich aktualisiert wird. Aufgrund dieser Charakteristika scheint der Leser eine neue Macht zu gewinnen – durch die Wahlmöglichkeiten erzeugt er womöglich Sinnkonstruktionen, die der Autorenintention entgegenstehen, und konstruiert seinen eigenen Text.[85] Der Autor gibt damit einen Teil seiner Macht an den Leser ab, der Leser wird zum »wreader« (der Hybridform aus writer und reader).[86] Diese vielgelobte »Interaktivität« des Lesers bei der Rezeption elektronischer Li-

82 Nachdem anfangs meist von Non-Linearität die Rede war, einigte man sich relativ schnell auf Multilinearität als treffenderen Terminus – aufgrund der Erkenntnis, dass allein schon innerhalb der einzelnen Textabschnitte eine gewisse Linearität gewährleistet sein muss, um Narrativität zu erzeugen.

83 Der Terminus wurde von Landow in Anlehnung an Roland Barthes geprägt. Vgl. Landow, George P.: *Hypertext 2.0. The Convergence of Contemporary Critical Theory and Technology*, Baltimore/London 1997, S. 34.

84 Vgl. Landow, ebd., S. 65; Bolter, Jay David: *Writing Space. The Computer, Hypertext and the History of Writing*, Hillsdale/New Jersey 1991, S. 155.

85 Wobei hier deutlich wird, dass die Autorenintention ein wesentliches Element der Hypertexttheorie ist, da eine Freiheit des Lesers nur vor dem Hintergrund einer vorausgesetzten intendierten Determination des Sinnes gedacht werden kann.

86 Diese Konstruktion des »wreaders« stammt von Landow, vgl. Landow, George P.: »What's a Critic to Do? Critical Theory in the Age of Hypertext«, in: Ders. (Hg.): *Hyper / Text / Theory*, London/Baltimore 1994, S. 1-47 (hier: S. 14); zur Parität von Autor und Leser auch Bolter, Writing Space, S. 123; Joyce, Michael: *Of Two Minds. Hypertext Pedagogy and Poetics*, Michigan 1995, S. 192; Landow, Hypertext 2.0, S. 92.

teratur erweist sich aber bei genauerem Hinsehen als Illusion: Da der Leser sich in einer Welt bewegt, die er nicht kennt, kann er den Links zunächst auch keine semantische Funktion zuschreiben; so reduziert sich die angebliche Freiheit schnell auf die rein zufallsgesteuerte Klicktätigkeit mit der Maus. Bei der literaturtheoretischen Reflexion der Hypertexte spielen weder das Kriterium der intertextuellen Dokumentenvernetzung außerhalb des narrativen Feldes noch die Akteursvernetzung eine Rolle. Diese beiden Eigenschaften sind aber wesentlich für die Charakteristika von Literatur im elektronischen Raum. Die in der Hypertexttheorie behandelten Hyperfictions sind ausnahmslos intratextuell angelegt, verbleiben also im Werkbegriff. Aarseth ordnet diese Art der Hyperfiction daher auch aufgrund der praktizierten unterbrochenen Sequentialitäten, der Wechsel der Perspektiven und Zeitfolgen sowie der Erzeugung verschiedener Erzählebenen in den Kanon moderner Literatur ein.[87]

In diesem Fall kann also nicht von einer grundlegenden Revision printliterarischer Modelle gesprochen werden. Anders sieht es dann aus, wenn die Intertextualität so eingesetzt wird, dass literaturfremde Dokumente durch Links integriert werden: Dann wird der Werkcharakter tatsächlich durchbrochen und der Benutzer auf eine Reise durch das Docuverse geschickt, die er selber gestalten kann – er muss nicht mehr zum Ausgangstext zurückkehren und wird damit zum textkonstituierenden Faktor. Diese Form der Intertextualität hat damit sowohl Konsequenzen für die literarische Gestaltung als auch für die Rolle des Rezipienten.

Die hier nutzbar gemachte Intertextualität unterscheidet sich allerdings von der Modellierung der Intertextualität in der Literaturwissenschaft: »Die Intertextualität der Druckkultur ist eine virtuelle, in literarischen Texten explizit hergestellt, produzierte. Die Intertextualität im Netz ist konkret, flach, pragmatisch, real(istisch).«[88] Damit unterscheidet sie sich grundlegend von der poststrukturalistischen Intertextualität, die z.B. bei Derridas von der Existenz der materiellen Schrift vorgängigen »arché-écriture« ausgeht. Das Sprachsystem, wie Saussure es konzipierte, konnte nach

87 Vgl. Aarseth, Espen: *Cybertext. Perspective on Ergodic Literature*, Baltimore/London 1997, S. 86 ff.

88 Idensen, Schreiben/Lesen als Netzwerkaktivität, Kap. »hoch die Internationale Intertextualität«.

Derrida nur auf der Basis der Schrift entwickelt werden – daher gehen alle manifesten sprachlichen und textuellen Äußerungen aus einer Urschrift hervor. Es spricht (schreibt) nicht mehr ein Subjekt, sondern in den Text schreiben sich die Spuren früherer Texte ein. Auch Roland Barthes' Verständnis der Offenheit von Texten geht in diese Richtung:

»Der schreibbare Text, das sind wir beim Schreiben, bevor das nicht endende Spiel der Welt (die Welt als Spiel) durch irgendein singuläres System (Ideologie, Gattung, Kritik) durchschritten, durchschnitten, durchkreuzt und gestaltet worden wäre, das sich dann auf die Pluralität der Zugänge, die Offenheit des Textgewebes, die Unendlichkeit der Sprachen niederschlägt.«[89]

Was für Derrida die arché-écriture ist, stellt bei Barthes der Genotext dar, der eng mit der Lacan'schen Konzeption des Begehrens, das sich zwischen den Zeilen jedes Textes manifestiert, verbunden ist.[90] Intertextualität bedeutet hier also in erster Linie die Rückführung eines jeden Textes auf bestimmte, diesem vorgängige Muster, ohne das jedoch Akteure in Ansatz gebracht werden. Der Text hat sowohl bei Derrida als auch bei Barthes eine ontologische Dimension, er existiert per se; die konkreten literarischen Produkte sind Phänotypen dieser Urformen. Die Literaturwissenschaft ist jedoch darauf angewiesen, diese Zwischentöne impliziter Bezüge zu identifizieren, und sucht dabei nach den extratextuellen Konzepten, die sich zwischen dem Textgewebe (Texture) zeigen.

Die explizite Intertextualität des World Wide Web stellt allerdings andere Fragen, da die Vernetzung nun transparent gemacht werden kann. So kann die Kategorisierung eines solchen Projekts, das eine explizite Offenheit zur Integration fremder Dokumente provoziert und kultiviert, nicht anhand *printliterarischer Modelle* erfolgen; es kann nicht einmal die Frage beantwortet werden, welche der Dokumente, die der Akteur dann weiter besucht, noch zum Projekt zu zählen sind und welche nicht. Der Netzcharakter in seiner Unabgeschlossenheit und Dynamik widerspricht dem an der materiellen Stabilität des Dargestellten orientierten Literaturbegriff. Insofern geht es hier insbesondere um die Problematisierung des

89 Barthes, Roland: *S/Z*, Frankfurt am Main 1998, S. 9.

90 Auch die Psychoanalyse bildet eine Art Intertextualität, wenn sie Literatur als Manifestation unbewusster Konflikte des Autors liest oder die spezifische Rezeption der Leser ebenfalls auf solche Muster zurückführt.

Werkbegriffes, der offensichtlich nicht auf ein Medium übertragen werden kann, dessen Eigenschaften nicht auf Fixierung, sondern auf Dynamisierung und stetige materielle Veränderung ausgerichtet sind.
In Bezug auf den Nutzer treffen wir erneut auf das Problem seiner größeren Aktivität, wie sie die Hypertexttheoretiker schon für die Hyperfiction behauptet haben. Dem Leser von Printliteratur wird spätestens seit der Rezeptionsästhetik und der Semiotik ein konstitutiver Anteil am literarischen Werk zugeschrieben. Allerdings ist der Leser sowohl für Wolfgang Iser wie auch für Umberto Eco ein impliziter Leser, also primär ein Produkt der Textstrategien, die den Rezipienten in seiner Wahrnehmung determinieren. Iser oszilliert in seiner Theorie zwischen einer »Ontologie« des Textes und einer »Phänomenologie des Lesens«.[91] Letztere bedeutet, dass er ein möglichst umfassendes, idealtypisches *Modell* des Lesens auf der Basis der im literarischen Text angewandten Erzählstrategien entwickelt. Der Leser als empirisches Faktum interessiert dabei nicht. Auch das Füllen der Leerstellen wird durch den Text bis zu einem gewissen Grade vorgegeben.

»Dieser Transfer des Textes in das Bewußtsein des Lesers wird häufig so verstanden, als ob er ausschließlich vom Text besorgt würde. Gewiß initiiert der Text seinen Transfer; doch dieser vermag nur zu gelingen, insofern durch ihn Dispositionen des Bewußtseins – solche des Erfassens wie solche des Verarbeitens – in Anspruch genommen werden. Indem sich der Text auf diese Gegebenheiten bezieht, zu denen ohne Zweifel auch das soziale Verhaltensrepertoire seiner möglichen Leser gehört, vermag er die Akte auszulösen, die zu seiner Auffassung führen.«[92]

Dennoch wird dem Leser ein konstitutiver Anteil an der Textaktualisierung zugeschrieben – Text ohne Leser ist in der Rezeptionsästhetik und auch in Ecos Semiotik nicht denkbar: »Der volle Inhalt eines Zeichens kann nur durch fortschreitende Interpretation ak-

91 So eine Kapitelüberschrift in Iser, Wolfgang: *Der Akt des Lesens. Theorie ästhetischer Wirkung*, München 1976, S. 175. Diese Kombination philosophischer Betrachtungsweisen stellt Zima bei Iser fest. Einerseits übte der Strukturalismus entscheidenden Einfluss aus, andererseits wird Husserls Phänomenologie, in diesem Fall als im Text angelegte Wahrnehmungsdispositionen, angewendet. Vgl. Zima, Peter: *Literarische Ästhetik*, Tübingen 1991, S. 258.

92 Iser, Akt des Lesens, S. 175.

tualisiert werden.«[93] Eco und Iser fassen das Lesen als kreativen Prozess auf, der sich je nach erschlossenen Textebenen immer wieder verändert – wobei Ecos Formulierung allerdings suggeriert, dass der »volle Inhalt eines Zeichens« irgendwann einmal endgültig erfasst wird. Literarische Texte sind zwar per se vieldeutig, aufgrund der vorgegebenen und identifizierbaren Textstrategien bleibt diese Polysemie jedoch limitiert und kontrollierbar.[94]

Die von diesen Theorien dem Leser zugeschriebenen Aktivitätsspielräume erweitern sich durch die technische Vernetzung beträchtlich. Es stellt sich hier die grundsätzliche Frage, ob überhaupt noch von einem »Leser« gesprochen werden kann, wenn die Aktivität über die von den Textstrategien vorgegebene hinausgeht, indem intertextuell vernetzte Projekte die Werkgrenzen transzendieren, zu einem Teil des gesamten Dokumentennetzwerks Internet werden und teilweise auch ihren »metakommunikativen Rahmen«[95], der der Literaturwissenschaft erst die Einordnung in bestimmte Kategorien ermöglicht, aufgeben. Diese Frage führt dann wiederum zurück auf veränderte Bedingungen der Textdarstellung durch die Beziehung zwischen dem Text und seiner technischen Struktur sowie der Rezeptionsmechanismen, die der Nutzer im Umgang mit dem Medium anwendet.

93 Eco, Umberto: *Semiotik und Philosophie der Sprache*, München 1985, S. 203.

94 »Viele Texte haben zweifellos vielfachen möglichen Sinn, aber es ist immer noch möglich zu entscheiden, welcher gewählt werden muß, wenn man im Lichte eines vorgegebenen Themas an den Text herangeht.« Ebd., S. 13.

95 Dieser Begriff stammt von Gregory Bateson. Dieser bezieht sich damit auf Träume, in denen die Elemente fehlen, die uns normalerweise die Einordnung von Ereignissen und Objekten erlauben, wie es z.B. bei einem Theaterstück der Fall ist. So signalisiert die Theaterbühne und das Vorhandensein von Schauspielern, dass es sich bei dem Wahrgenommenen um ein Theaterstück handelt. Vgl. Bateson, Gregory: *Ökologie des Geistes. Anthropologische, psychologische, biologische und epistemologische Perspektiven*, Frankfurt am Main 1983, S. 543. Für die Literatur ist die Existenz eines »metakommunikativen Rahmens« die Bedingung jeder Kategorisierung, auch der grundlegenden, nämlich sagen zu können, dass etwas Literatur ist.

Vernetzte Kommunikation

Der zweite große soziale Anwendungsbereich des Internets besteht in den orts- und zeitindifferenten Kommunikations- und instantanen Rückkopplungsmöglichkeiten. Im Unterschied zu allen bisher bekannten Kommunikationssituationen kann – zumindest potentiell – jeder Benutzer mit jedem anderen »Netizen« in Kontakt treten. Nicht nur das: Einer kann mit vielen, viele können mit vielen gleichzeitig kommunizieren. Diese Kommunikation findet meistens außerhalb eines sozial vorgegebenen metakommunikativen Rahmens statt, d.h. also ohne die festgelegten Räume und Strukturen, in denen sich menschliche Beziehungen normalerweise entwickeln.[96] Dieser Schwerpunkt führt zu der Frage, wie bisher Literatur und Kommunikation zusammengedacht wurden.

Das Bewusstsein vom vernetzten Charakter der Literatur war schon immer durchaus vorhanden. Insbesondere fassen gerade die Semiotik und Teilströmungen des Strukturalismus Literatur explizit als Kommunikation auf. Jurij Lotman z.B. legt seinem Verständnis von Literatur das Sender-Empfänger-Modell der mathematischen Informationstheorie zugrunde,[97] ähnlich geht Umberto Eco vor. Die Triade Autor-Text-Leser zieht sich generell wie ein roter Faden durch alle literaturwissenschaftlichen Modelle – selbst wenn sie einen von ihnen ausblenden. Dahinter steht das Verständnis von Literatur als einer speziellen Form der Kommunikation – vereinfacht gesagt: Kein Autor schreibt, wenn er nicht etwas mitteilen will, kein Leser liest, wenn er sich nicht Information, Vergnügen oder (Ent-) Spannung erhofft. Die Auffassung von Literatur als Kommunikation bildet überhaupt erst die Voraussetzung für die Frage nach der Notwendigkeit der Auslegung: Friedrich Schleiermacher entwickelte seine Grundlegung der Hermeneutik auf der Basis des Gesprächs – erst wenn Literatur als Dialog verstanden wird, wird auch die Frage nach dem Verstehen virulent.[98] Schleiermacher setzt damit ein

96 Ausgenommen werden muss hier die pragmatische »point-to-point«-E-Mail-Kommunikation zwischen Menschen, die sich aus »physischen« Räumen kennen oder gezielt jemanden ansprechen wollen. Diese Kommunikationsform ähnelt wiederum der telephonischen oder brieflichen Mediennutzung.

97 Vgl. Lotman, Jurij: *Die Struktur literarischer Texte*, München 1989, S. 28.

98 Schleiermacher verwendet bei seiner Entwicklung der hermeneutischen Prinzipien in erster Linie den Terminus »Rede«: »Alles, was in einem gewissen Umfang

Denken fort, das an die Idee der Synästhesie geknüpft ist und implizit (oder explizit, wie Lessings »Laokoon«) die gedruckte Literatur als nur eine unter vielen Künsten sieht, die zwar einiges leisten kann, jedoch auch ihre Grenzen hat. Die interaktiven Ideale eines Denkens, das die synästhetische Situation des face-to-face-Gesprächs favorisiert bzw. nach synästhetischen, die Monomedialität des Textes überwindenden Kunstformen strebte, wurde von der Nachwelt zum Teil nicht zuletzt als Romantik denunziert, um damit die Interaktionsarmut und technische Perfektion der Printmedien zu legitimieren.

Auch diejenigen Theorien (allen voran der Poststrukturalismus), die den Text zur Hauptinstanz jeder Interpretation erklären, setzen – allein schon durch die Tatsache ihrer Auseinandersetzung – zumindest eine Kommunikationssituation zwischen Leser und Text voraus. Dass dabei der Autor immer wieder implizit mitwirkt und deshalb nie völlig aus dem literaturwissenschaftlichen Denken verbannt werden konnte, zeigen die jüngsten kritischen Reflexionen über die Rückkehr des Autors.[99] Historisch lässt sich in der Autor-Leser-Text-Beziehung eine eindeutige Verschiebung von der Frage der Kommunikation zwischen Autor und Leser mittels Text zur Frage nach der Text-Leser-Beziehung beobachten. In der Hermeneutik Schleiermachers und Diltheys spielte das kongeniale Verstehen der Autorenintention und -situation eine zentrale Rolle bei der Auslegung, war allerdings vom Bewusstsein über die Asymmetrie der Kommunikationssituation geprägt. Ein Großteil der hermeneutischen Reflexionen hat ihre Ursache im Mangel an direkten Rückkopplungsmöglichkeiten zwischen Leser und Autor: »Zur psychologischen Interpretation gehören zwei Momente. Sie wird desto leichter und sicherer, je mehr Analogie zwischen der Kombinationsweise des Verfassers und der des Auslegers, und je genauer die

Mitteilung durch Rede ist, ist Gegenstand der Auslegungskunst.« Schleiermacher, Friedrich: *Hermeneutik und Kritik*, Frankfurt am Main 1977, S. 194. Der Unterschied zwischen Rede und Schrift durch das Fehlen der direkten Interaktion potenziert die Frage nach der Interpretation: »Die lebendige Stimme erleichtert freilich das Verständnis sehr, aber der Schreibende muß darauf Rücksicht nehmen (dass er nicht spricht).« Ebd., S. 91.

99 Vgl. den Sammelband: *Die Rückkehr des Autors. Zur Erneuerung eines umstrittenen Begriffs*, hg. v. Fotis Jannidis, Gerhard Lauer, Matias Martinez, Simone Winko, Tübingen 1999.

Kenntnis von dem Vorstellungsmaterial des Verfassers ist.«[100] Auch die Perspektive Gadamers, der die Berücksichtigung des individuellen psychischen und biographischen Horizonts des Auslegenden bei der Textinterpretation fordert, ist eine Folge der erhöhten Gefahr des Missverstehens durch die indirekte Kommunikationssituation.

Ferdinand de Saussure dagegen sah die Problematik der Bedeutung, im Gegensatz zur Hermeneutik, in der Sprache selbst angesiedelt, nicht im Kommunikationsprozess. Grundsätzlich bewegt auch ihn die Frage nach den Bedingungen des Verstehens, er beantwortet sie aber mit einer Analyse der zunächst vom konkreten Gebrauch abgekoppelten Sprachelemente und ihrer Relationen. Damit stellte er die Weichen für einen entscheidenden Paradigmenwechsel in der Literaturinterpretation – die Kommunikationsstruktur wird von der Autor-Leser-Relation auf die Text-Leser-Beziehung verlagert. Die Konzentration auf die spezifische Struktur literarischer Texte impliziert dennoch sowohl Leser als auch Autor. Letzterem wird mit der Prämisse, dass im literarischen Text prinzipiell alles bedeutsam ist,[101] ästhetische Kompetenz zugeschrieben, der Leser wird sowieso vorausgesetzt, da es bei jeder Interpretation um das Verstehen geht, das in erster Linie aus dem Erschließen der Textstruktur erfolgt. Der Poststrukturalismus schließlich stellte die Möglichkeit des Verstehens dann völlig in Frage: Derrida löste die bei Saussure festgelegte Beziehung zwischen Signifikant und Signifikat auf, Paul de Man griff dies auf und schloss aus dem Doppelcharakter der literarischen Sprache – seiner figurativen und wörtlichen (referentiellen) Dimension – auf die Unmöglichkeit, Texten eine festgelegte und nachvollziehbare Bedeutung zuzuweisen:

> »Anstatt die Rhetorik des Gedichts als Instrument des Subjekts, des Objekts oder der Beziehung zwischen beiden aufzufassen, ist es vorzuziehen, die Perspektive umzukehren und diese Kategorien als solche aufzufassen, die im Dienste der Sprache stehen, die sie hervorgebracht hat.«[102]

In Anknüpfung an Foucault werden Leser und Autor als Konstruktionen der Sprache aufgefasst; die Kommunikation verschwindet in einer Ontologisierung des Textes. Doch in de Mans Fall wirkt die

100 Schleiermacher, Hermeneutik, S. 182.

101 Vgl. Lotman, Struktur literarischer Texte, S. 27: »Alle seine [des künstlerischen Textes, C.H.] Elemente sind sinntragende Elemente.«

102 Man, Paul de: *Allegorien des Lesens*, Frankfurt am Main 1988, S. 69.

Negation geradezu affirmativ, denn in seiner dekonstruktiven Praxis konzentriert er sich auf die Analyse kanonischer Autoren sowie prominenter Interpretationen[103] und rekurriert damit wieder auf das alte Autor-Leser-Text-Modell.

Eine wichtige Rolle spielt die Kommunikation im Bercich der konstruktivistischen/systemtheorienahen Literaturwissenschaft. Die Hermeneutik untersucht die Kommunikation im Hinblick auf das Verstehen unter rückkopplungsarmen Bedingungen, während sich die Semiotik mit den Kodierungs- und Dekodierungsstrategien von Texten befasst. Der Konstruktivismus, wie er von Siegfried J. Schmidt vertreten wird, versteht Kommunikation dagegen als Gegenkonzept zu semantischen Theorien und konzentriert sich auf handlungstheoretische Aspekte und damit auf Medienwirkungen in Bezug auf Wahrnehmung und auslösende Handlungen. Die enge Bindung an die soziologische Systemtheorie lässt ihn Kommunikation »als das gegenseitige Auslösen von koordinierten Verhaltensweisen unter den Mitgliedern einer sozialen Gemeinschaft«[104] und Sprache als »sozial vermitteltes und kontrolliertes Instrument der Verhaltenskoordinierung«[105] definieren. Diese Form des »sozialen Konstruktivismus« (Schmidt) reicht aber nicht aus, um alle Dimensionen der Kommunikation und schon gar nicht Kommunikation als ästhetische Kategorie zu erfassen. Schmidt fragt in erster Linie nach den Veränderungspotentialen der klassischen Massenmedien für die kulturelle Wirklichkeitskonstruktion. Somit stehen auch hier die Prozesse und Relationen schon weitgehend fest; zudem verhindert die strikte und letztlich statische Systemabgrenzung die Modellierung eines flexiblen und dynamischen Kommunikationskonzeptes.

Dass es sich bei der Kommunikation ebenfalls um ein Vernetzungsphänomen handelt, das als – eminent prozessuale – Kunstform betrachtet werden kann, wurde – vielleicht auch mangels Dokumentierbarkeit – in den Literaturtheorien bisher kaum beachtet.[106]

Die meisten literaturtheoretischen Modelle beruhen damit auf

103 Z.B. Rilke, Kleist, Nietzsche und Proust in den *Allegorien des Lesens*.

104 Schmidt, Siegfried J.: *Die Welten der Medien. Grundlagen und Perspektiven der Medienbeobachtung*, Braunschweig/Wiesbaden 1996, S. 6.

105 Ebd. S. 107.

106 Eine Ausnahme bildet der von Claudia Schmölders herausgegebene Sammelband *Die Kunst des Gesprächs. Texte zur Geschichte der europäischen Konversationskunst*,

einer Kommunikationsstruktur, die von einer rückkopplungsarmen Relation zwischen Autor und Leser bzw. Text und Leser geprägt ist, in der die Rollen der Aktanten klar verteilt sind. Der Autor produziert, der Leser rezipiert etwas in seiner Struktur und Darstellungsform Vorgegebenes und Fixiertes. Seine Tätigkeit ist damit auf die psychische Verarbeitung des Gelesenen beschränkt – selbst wenn diese als eine eigene Form der Kreativität betrachtet wird, ist sein Handlungsspielraum beim Lesen klar definiert und abgegrenzt. Die literarische Kommunikation ist auf den Text als Medium angewiesen und durch die zeitliche Differenz zwischen Produktion und Rezeption auf das Sender-Empfänger-Modell festgelegt, das nur in Ausnahmefällen direkte Interaktion erlaubt. Die Konzentration der Literaturtheorien auf Modelle der Textauslegung – in welcher Form auch immer – ist eine logische Reaktion auf diese Situation.

München 1986, der sich jedoch auf normative Texte zur Gestaltung von Gesprächen bezieht.

Projektformen im elektronischen Raum

Die Charakterisierung der Kommunikationsmodi im Internet macht deutlich, dass wir es hier mit einer grundlegend anderen Situation zu tun haben. Nicht von ungefähr besteht ein Großteil der Netzliteratur aus kooperativen, partizipativen, kollaborativen sowie dialogischen Projekten. Kooperative Projekte definiere ich als solche, in denen eine abgegrenzte Gruppe gemeinsam an einem Projekt arbeitet. Partizipative Projekte unterscheiden sich von diesen dadurch, dass einer oder mehrere Initiatoren einen Projektrahmen bereitstellen, der für jeden Beitrag offen ist, wobei gewisse Rahmenbedingungen (Thema, technische Bedingungen etc.), also ein Projektsetting, festgelegt werden. Die Produktionsform ist jedoch nach wie vor die der Buchkultur: eine individuelle. Die Einzelprojekte werden dann im gemeinsamen Projektrahmen zusammengeführt. Kollaborative Projekte entstehen dagegen aus einer synchronen oder asynchronen Gruppendynamik, bei der jeder zu einem Projekt beiträgt, ohne dass die Leistung des Einzelnen noch identifizierbar wäre – eine auktoriale Zuschreibung wird unmöglich. Dialogische Projekte beruhen auf direkter Kommunikation zwischen Teilnehmern, z.B. in virtuellen Welten, aber auch Spielformen wie MUDs und MOOs – Frühformen vernetzter Literatur – zählen dazu. Bis auf die Kooperation, die nicht unbedingt netzspezifisch ist, beruhen all diese Formen auf einer Auflösung der fixierten Rollenverteilung zwischen Autor und Leser und zeigen eine spezifische Dynamik bei der Projektentstehung. Zudem streben sie in den seltensten Fällen Werkcharakter an, sondern stellen den kreativen Prozess in den Mittelpunkt. Die Grundbedingungen von Literatur, nämlich die Fixiertheit des Textes und die Autor-Leser-Text-Relation werden hier zumindest aufgeweicht.

Literatur im elektronischen Raum unterscheidet sich also aufgrund der technologischen Struktur des Internets und seiner sozialen Nutzung in folgenden Punkten von Printliteratur:

- Polydirektionale, instantane statt rückkopplungsarme und zeitverzögerte Kommunikation;
- Dynamisierung und Verlust des Werkcharakters durch Prozessualisierung des Produktionsprozesses sowie durch die Nutzung der Dokumen-

tenvernetzung und – daraus folgend – Verlust des metakommunikativen Rahmens, in dem sich Literatur als solche kennzeichnen lässt;

– Suche nach medienspezifischen Produktions-, Darstellungs- und Rezeptionsformen unter Einsatz verschiedener Formen von Sprachkunst (z.B. auch dem Programmier- und Maschinencode).[107]

Unter dem Aspekt, dass darüber hinaus neben dem Text auch andere Zeichensysteme immer mehr Bedeutung erlangen, muss darüber nachgedacht werden, ob man unter diesen Bedingungen noch von Literatur sprechen will. Radikal gedacht, gibt es zwei Möglichkeiten: Man erweitert den primär am Buch orientierten Literaturbegriff – dies entspräche der These von der kulturellen Flexibilität des Literatur- und Kunstbegriffes (nämlich dass jede Gesellschaft immer wieder neu und auf der Basis ihrer dominanten Medien definiert, was als Kunst und Literatur zu gelten hat) –, oder man nimmt in Kauf, dass der Literaturbegriff unveränderlich an das Buch als dominantes Medium gebunden bleibt, und riskiert damit eine Eingrenzung des Gegenstandsbereichs durch das Verbleiben im medialen Paradigma des gedruckten Textes. Da jedoch – wie oben ausgeführt – der Gegenstandsbereich der Literaturwissenschaft generell die Sprachkunst ist, ließe sich dieses Dilemma relativ einfach lösen: Es geht derzeit um eine Rückbesinnung auf Aspekte, die in der Sprachkunst schon immer vorhanden waren, durch die Dominanz des Buches aber in den Hintergrund gerückt wurden. Von der Literaturwissenschaft heißt das, zu verlangen, dass die Analysekategorien erweitert werden, möglicherweise auch, in einen transdisziplinären Dialog mit den Kommunikations- und Medienwissenschaften zu treten. Modelle, die auf Monomedialität und Interaktionsarmut basieren, eignen sich nicht für eine Analyse von Literatur (bzw. Sprachkunst) im elektronischen Raum. Hier muss das Augenmerk verstärkt auf kommunikative und Vernetzungsqualitäten gerichtet werden, ebenso auf das Verhältnis von Sprache zu anderen Codes sowie auf die Veränderung der Codes durch die medienspezifischen Strukturen.[108]

107 Letzteres Merkmal kennzeichnet strukturell auch die Printliteratur, die sich ebenfalls – zumindest teilweise – mit ihrem Medium auseinandersetzt. Sie muss hier jedoch – aufgrund der Andersartigkeit des Mediums – völlig andere Formen annehmen.

108 Natürlich heißt das nicht, dass die Literaturwissenschaft in der Kommunikations- und Medienwissenschaft aufginge – diese untersuchen alltagsweltliche Phänomene, während der Gegenstandsbereich der Literaturwissenschaft die ästhetische Sprachkunst ist.

Das gilt nicht nur für die elektronische Literatur – ebenso kann alle Sprachkunst historisch auf diese Qualitäten hin analysiert werden. Die textzentrierten Theorien verlieren deswegen nicht ihre Berechtigung, sie müssen aber gleichwertige Perspektiven neben sich akzeptieren und idealerweise mit diesen in Interaktion treten, um einen umfassenden und komplexen Blick auf die Sprachkunst zu ermöglichen.

Zentral für diese Untersuchung sind die Bereiche der Produktions-, Darstellungs- und Medienästhetik – und zwar zunächst rein monomedial auf das Internet bezogen. Die Parameter der Analyse werden aus den Eigenschaften des Mediums abgeleitet: der Vernetzung und der dynamischen und multimedialen Darstellungsformen. Diese werden einerseits auf ihre Beziehung zu schon vorhandenen und mittels anderer Medien umgesetzten ästhetischen Konzepten hin überprüft, andererseits anhand des oben vorgestellten Phasenmodells in ihren derzeitigen Ausformungen analysiert, um Hypothesen über mögliche kulturelle Veränderungen durch die Herausbildung medienspezifischer Produktions- und Darstellungsformen ableiten zu können.

Teil 2
Vorläufer der Literatur im elektronischen Raum: Kleine Geschichte künstlerischer Konzepte

Computer- und internetbasierte Kunst und Literatur werden derzeit mit Charakterisierungen beschrieben, die auf Konzepte mit langer künstlerischer Tradition zurückweisen. Insbesondere Interaktivität, Intermedialität und Prozessualität bzw. Performanz scheinen oberflächlich gesehen die adäquaten Beschreibungskategorien zu sein. Ein Grund für die bisher nach wie vor unbefriedigende theoretische Fundierung einer Ästhetik elektronischer Literatur liegt jedoch darin, dass historisch gewachsene und an anderen Medien bzw. unter anderen kulturellen Bedingungen entwickelte Begriffe nun übertragen werden, ohne dass die spezifische mediale Struktur von Computer und Internet berücksichtigt wird. Akzeptiert man die medienontologische Sichtweise, so ist davon auszugehen, dass die jeweilige Materialität der Medien auch derartige Konzepte transformiert. Zwar schwebt die künstlerische Praxis in den neuen Medien nicht im kunsthistorisch luftleeren Raum, doch ist es offensichtlich, dass die über Jahrzehnte, teilweise auch Jahrhunderte gewachsenen Ideen sich mit den jeweils dominanten Medien verändern, ja sogar neue kulturelle Praktiken entstehen können.

Eine Analyse der Konzepte von Interaktivität, Intermedialität und Prozessualität muss darüber hinaus zwangsläufig die Grenze zwischen Kunst und Literatur überschreiten, weil jene in beiden Bereichen entwickelt wurden und teilweise auch auf die Verschmelzung von Kunst (als bildender oder »bildlicher« Kunst) und Literatur (als Sprachkunst) angelegt sind. Insgesamt zielen sie auf die Durchbrechung etablierter kultureller Normen ab: sowohl in produktionsästhetischer als auch in darstellungs- und rezeptionsästhetischer Hinsicht. Daher ist es nicht verwunderlich, dass die Avantgarden des 20. Jahrhunderts eine herausragende Rolle spielen – Futurismus, Surrealismus und Dadaismus formulierten zum ersten Mal gezielt Programme, die auf eine Veränderung der Künstlerrolle einerseits, auf einen Ausbruch aus dem Werkbegriff andererseits abzielten.[1] Damit verbunden sind gesellschaftspolitische Implikatio-

1 Vgl. dazu die Charakterisierung der Avantgarde in: Asholt, Wolfgang/Fähnders, Walter (Hg.): *Der Blick vom Wolkenkratzer. Avantgarde – Avantgardekritik – Avantgardeforschung*, Amsterdam/Atlanta 2000.

nen, da gleichzeitig eine völlige Ablösung von den bisher gültigen bürgerlichen Kunstkriterien angestrebt wird, die auf eine Neudefinition der gesellschaftlichen Funktion von Kunst hinausläuft. Kunst und Leben sollen aneinander angenähert, wenn nicht sogar synthetisiert werden. Diese Tendenz hat ihre Wurzeln nicht zuletzt in der politischen Ausrichtung der Avantgardebestrebungen:

»Das Konzept des unvollendeten und unbestimmten Werks ist in der Kunst des 20. Jahrhunderts zu einem Topos geworden, der die Trias von Künstler, Kunstwerk und Betrachter nachhaltig in Frage stellt. Diese Verschiebung hat allerdings nicht nur kunstinterne Gründe, sondern spiegelt das generelle Bestreben, autoritätsfreie Kommunikationsstrukturen zu schaffen.«[2]

Viele Konzepte, die während der 60er Jahre wiederaufgegriffen wurden und in dieser Zeit Popularität erlangten, gehen auf Initiativen der Avantgarden zurück — nicht umsonst verstanden sich z.B. die Fluxus-Künstler zum Teil als Neo-Dadaisten. In der Zeit der »Ismen« wurde der gedankliche Grundstein für die spätere Konzeptkunst, für Aktionen, Happenings und Performances gelegt. Die Basisidee, Kunst als Prozess und Teil des alltagsweltlichen Lebenskonzeptes zu verstehen, führte zur konstant versuchten Auflösung der Trias Künstler – Kunstwerk – Betrachter/Leser.

Die Transgressionsbestrebungen erstreckten sich nicht nur auf die Verbindung zwischen Kunst und Leben, sondern auch auf die Einebnung der althergebrachten Grenzen zwischen verschiedenen Kunstbereichen – z.B. bildender Kunst und Literatur, Theater/Ballett und bildender Kunst sowie auch zwischen Kunst und Technik. Konzepte von Intermedialität und Multimedialität werden hier das erste Mal realisiert, auch wenn die Idee einer synästhetischen, alle Sinne ansprechenden Kunst praktisch so alt wie die Kunst selber ist und spätestens im Gedanken des Gesamtkunstwerkes eine ausgefeilte theoretische Formulierung erfuhr.

Den Konzepten lassen sich damit bestimmte Grenzaufhebungen zuordnen:

- Interaktivität: Auflösung der Trennung zwischen Künstler und Rezipient durch direkte Rückkopplung zwischen Künstler und Betrachter bzw. zwischen Kunstwerk/-projekt und Betrachter

2 Dinkla, Söke: »Vom Zuschauer zum Spieler. Utopie, Skepsis, Kritik und eine neue Poetik in der interaktiven Kunst«, in: Dies. (Hg.): *InterAct! Schlüsselwerke Interaktiver Kunst*. Ausstellung und Workshops Wilhelm Lehmbruck Museum Duisburg 17. April bis 15. Juni 1997, Opladen 1997, S. 8-21 (hier: S. 11).

- Intermedialität: Auflösung der medial getrennten Kunstgattungen
- Kunst als Prozess: Auflösung des Werkbegriffs

Hinter diesen Bestrebungen steht meistens eine Grundidee: Die Verbindung von Kunst und Leben – sei es durch Integration alltagsweltlicher Objekte oder Räume in einen vordefinierten künstlerischen Rahmen, sei es durch »Verweltlichung der Kunst«, indem – so z.B. geschehen im Futurismus – die Technik oder andere alltagsweltliche Objekte/Prozesse zur eigentlichen Kunst erklärt werden, ohne dass ein explizit künstlerischer Rahmen besteht. Dahinter stehen unterschiedliche Zielsetzungen: Erstere Tendenz versucht die Kunst zu entmystifizieren und aus den bürgerlichen Fesseln des Genie- und Werkbegriffs zu befreien, sie aber zu bewahren, Letzteres zielt auf eine Auflösung der Kunst, der das Leben in der Bedeutung und Komplexität den Rang abgelaufen hat.

Neben den frühen Avantgarden treffen all diese Merkmale auch auf die Kunstbestrebungen der 60er Jahre zu, wobei sich der Einsatz der elektronischen Medien zu dieser Zeit sehr viel stärker durchsetzte. Die heute so gerne im Kontext mit dem Computer verwendeten Begriffe »Interaktivität« und »Intermedialität«, ebenso wie die verschiedenen Prozessformen in der Kunst waren eines der Hauptthemen insbesondere in den Avantgarde-Bewegungen der 60er Jahre, bildeten sich jedoch dort unter anderen medialen Bedingungen heraus, so dass zu vermuten ist, dass die Begrifflichkeiten im Laufe der Zeit einen Wandel durchgemacht haben, der an die jeweils verwendeten Medien geknüpft ist.

Konzepte der kollektiven Produktion und Interaktivität – Ausbruch aus dem Autoren-/Künstler-Modell

Theorie der Interaktivität

Der Begriff der Interaktivität wird in der Forschung zumeist als strukturelles Kennzeichen von Kunst aufgefasst; in den letzten beiden Jahrzehnten dann hauptsächlich im Kontext der neuen Medien verwendet, da diese als Einlösung des interaktiven Versprechens der »analogen« Kunst gefeiert werden.[3] Kennzeichen der Interaktivität ist unbestritten die Einbeziehung des Betrachters in das Kunstwerk, Unklarheit herrscht jedoch über die Formen der Integration, die mit dem Begriff der Interaktivität gekennzeichnet werden sollen. Diese reichen von der rein kognitiven Beteiligung des Zuschauers bis zum Konzept des Publikums als integrativen Bestandteils des Kunstwerks, also als notwendiger, aktiver Part bei der Realisierung.

Der erstere, sehr weite Begriff von Interaktivität scheint zu allgemein, um hilfreich für eine Klassifizierung zu sein. So unterscheidet Kai Uwe Hemken zwischen primärer, sekundärer und tertiärer Interaktivität: Primäre Interaktivität ist demnach die traditionelle Reiz-Reaktions-Beziehung zwischen Kunstwerk und Betrachter; sekundäre Interaktivität erhöht die Unmittelbarkeit zwischen Werk und Betrachter durch Veränderung der ästhetischen Sprache, während tertiäre Interaktivität den Kunstbegriff in Frage stellt (z.B. durch die Deklaration von Alltagsobjekten, so genannten »ready mades«, als Kunst). Letztere Form der Interaktivität überlässt es dem Betrachter, die Kategorisierung als Kunst oder Nicht-Kunst vorzunehmen.[4] »Ästhetische Interaktivität heißt demnach Thematisierung von Bedeutung, Partizipation und Reflexion über die Bedingungen und Möglichkeiten der Sinnproduktion in einem Atemzu-

3 So z.B. bei Richard Klusczynki: »The Context is the Massage. Interaktive Kunst als Kommunikationsmedium«, in: Dinkla, InterAct!, S. 29-35, hier: S. 29.

4 Vgl. Hemken, Kai-Uwe: »Die kategorische Interaktion. Von Sehnsüchten der Teilhabe und Mythen der Interesselosigkeit«, in: Ders. (Hg.): *Bilder in Bewegung: Traditionen digitaler Ästhetik*, Köln 2000, S. 53-76 (hier: S. 58, 69)

ge.«[5] Diese Definition unterscheidet nicht zwischen den Aktionsgraden, mit denen der Rezipient an der Kunst beteiligt wird, und beschränkt sich auf eine Bestimmung von »Interaktivität« als Bedeutungskonstruktion durch den Betrachter – nach wie vor also als traditionelle Rezeptionstätigkeit. Damit ist der Begriff auf alle Kunstformen anwendbar, vom Buch über das Tafelbild bis zur digitalen Kunst, ohne jedoch eine wirkliche Kategorie darzustellen.

Vielversprechender scheinen Definitionen, die Interaktivität an Formen der Integration der Rezipienten koppeln, die über die kognitive Leistung der Sinnbildung hinausgehen. Diesen Bestrebungen werden häufig drei Kunstformen zugeordnet: Die des Happenings, der Performance und der Aktion. Rudolf Frieling differenziert die Begriffe folgendermaßen:

»Ein Happening operiert mit der Vorgabe einer Handlungsanweisung, eines Ortes und eines offenen dramaturgischen Rasters (zum Teil mit ›Partitur‹), läßt aber den Teilnehmern, zumindest vom Konzept her, die Freiheit, in welchem Maß sie sich beteiligen. Die Aktion basiert auf einem Konzept, das ein oder mehrere Personen ausagieren, doch der dramaturgische Verlauf ist völlig offen, da diese meist im öffentlichen Raum stattfindet und daher auf unplanmäßige Interaktionen mit der alltäglichen Umgebung trifft. Ende der 60er spricht man von Anti-Kunst, Non-Art. Die Performance kommt einer klassischen Inszenierung mit der Trennung von Performer und Zuschauern am nächsten. Die ›Handlung‹ kann sowohl dramaturgisch festgelegt als auch offen sein, kreist jedoch immer um die Person des Performers. Gemeinsam ist allen dreien ein Interesse an prozeßhafter Intensität, die – unvereinbar mit dem Objektcharakter eines veräußerbaren Kunstwerks – sich gegenüber jeglicher Tendenz zur Vermarktung sperrt: Ein solches Kunst-Ereignis ist zwar konzeptuell vorgeformt, dennoch immer einzigartig und nicht reproduzierbar.«[6]

Mit der Einbeziehung des Publikums als integrativen Bestandteils des Kunstprojekts in Aktion und Happening ist historisch gesehen der bis dato höchste Grad von Interaktivität erreicht. Dabei unterscheidet sich die Aktion noch dadurch vom Happening, dass sie »die Kunst kritisch, provokativ oder störend ins Leben eingreifen«[7] lässt.

5 Ebd., S. 73.

6 Frieling, Rudolf: »Ohne Probe – Aspekte prozessualer Medienkunst«, in: Daniels, Dieter/Frieling, Rudolf (Hg.): *Medien Kunst Aktion. Die 60er und 70er Jahre in Deutschland*, Wien/New York 1997, S. 156-162 (hier: S. 156/157)

7 Ebd. S. 157.

Nicht immer geschieht das mit Publikumsbeteiligung: So gehört Ulays (bürgerlich: Uwe Laysiepen) berühmter Coup, in dem er 1976 Carl Spitzwegs »Armen Poeten« aus der Nationalgalerie stahl, um ihn bei einer türkischen Gastarbeiterfamilie in Kreuzberg aufzuhängen, ebenfalls in den Bereich der Aktion.

Paradigmatisch für die Idee der Integration der Zuschauer in den Kunstprozess steht das Konzept des Happenings. So heißt es bei Wolf Vostell, einem der führenden Happening-Künstler der Gruppe Zero, in seinem programmatischen Text »was ich will« aus dem Jahr 1964: »... statt zuseher oder zuhörer jeder ein aufführender oder ausführender«.[8] Zunächst ging es also darum, das Handeln zur Kunst zu erklären, mit der Konsequenz, dass diese Kunstformen einen hohen Grad an Offenheit aufweisen. Cages Konzept der »indeterminacy« kann als exemplarisch gelten: Es gibt zwar eine Partitur/ein Regiekonzept, jedoch wird den Aufführenden sehr viel mehr Spielraum gelassen, als dies bisher üblich war.[9] In Happenings wird diese Freiheit nicht nur auf professionelle Akteure angewendet, sondern soll sich auf die Zuschauer erstrecken. Das Konzept scheitert allerdings letztlich genau an diesem Beteiligungsanspruch – nicht alle wollen Teil eines Kunstprozesses sein. »Nicht immer funktioniert die Gleichung ›Kunst = Leben‹«,[10] und so ebbt die Flut der Happenings aus dem Umkreis von Fluxus und Zero schließlich ab und wird Anfang der 70er Jahre von Performances abgelöst, die das Publikum wieder zum Zuschauer machen, die Idee des Prozesses aber beibehalten und die Interaktion (verstanden als Publikumsbeteiligung) formalisieren und ritualisieren. Joseph Beuys praktizierte diese Form allerdings schon in den interaktiven Hochzeiten von Fluxus – ein Großteil seiner Aktivitäten fallen unter die Definition von Performances[11] und lebten nicht unwesentlich von seiner intensiven Ausstrahlung.[12]

8 Vostell, Wolf: »Was ich will«, in: Daniels/Frieling, Medien Kunst Aktion, S. 56/57 (hier: S. 57).

9 So spricht auch Vostell von »... indeterminismus als leitmotiv/« (ebd.).

10 Frieling, Ohne Probe, S. 158.

11 So z.B. sein einwöchiges Zusammenleben mit einem Koyoten, eine Performance, die das Mensch-Tier-Verhältnis sowie die Gleichberechtigung der Existenz des Tieres thematisierte und somit stark ökologischen Charakter hatte.

12 Vgl. Jappe, Elisabeth: *Performance – Ritual – Prozeß: Handbuch der Aktionskunst*, München/New York 1993, S. 23.

Ein derartiger Interaktivitätsbegriff beruht also einerseits auf der physischen Präsenz von Publikum und Künstlern/»Regisseuren«, andererseits auf einer aktiven Beteiligung der Anwesenden an der Gestaltung des Kunstprozesses (nicht mehr des Kunstwerks!). Im Zuge der technischen Entwicklung jedoch durchläuft der Begriff einen Bedeutungswandel. Die Struktur von Medieninstallationen, die sich seit den 70er Jahren ausdifferenziert hat, beruht darauf, dass sich der Besucher in eine mediale und räumliche Konstellation begibt und dadurch Prozesse auslöst, die die Installation erst »aktualisieren«. Dabei gibt es, gemessen an der Größe des Handlungsspielraums für den Benutzer, graduelle Unterschiede in der Interaktivität, die folgendermaßen benannt werden können:

a) »Initiale Interaktivität« umfasst solche Werke, die dem Besucher das reine Auslösen eines Prozesses erlauben, der dann aber nicht mehr beeinflusst werden kann. Dies ist z.B. der Fall in closed-circuit-Installationen, bei denen der Besucher zum Gegenstand des Kunstwerks wird, aber keinerlei Macht über den Verlauf des ablaufenden Prozesses hat, allerdings durch sein Verhalten das, was im Kunstprozess sichtbar wird (z.B. sein eigenes Bild), verändern kann. Ähnliches geschieht bei Installationen, die den Charakter von kinetischer Kunst haben – der Benutzer agiert und löst damit eine Bewegung/eine elektronisch gesteuerte Aktion des Kunstwerks aus – wie z.B. bei Edmond Couchauts *Le Plissenlit – Die Pusteblume*, bei der der Betrachter den Bildschirm, auf dem er eine Pusteblume sieht, anhaucht und damit den Prozess des Auseinanderstiebens auslöst.[13] Ähnlich strukturiert sind viele virtual-reality-Installationen, bei denen der Betrachter nur navigieren bzw. Richtungen auswählen, nicht aber seine Umgebung verändern kann.[14]

b) »Reaktive Interaktivität« bezeichnet einen höheren Grad an Interaktivität, weil sie nicht nur das Auslösen, sondern auch die Veränderung des ausgelösten Prozesses umfasst. Darunter fallen z.B. dialogische Installationen wie Luc Couchesnes *Portrait No. 1*, in dem der Besucher über Bildschirm in einen simulierten Dialog mit einer Frau tritt, die je nach den (über multiple choice zu wählenden) Antworten unterschiedlich reagiert, im schlimmsten Fall sogar das Gespräch abbricht. Strukturell ähnlich arbeitet Frank Fietzeks *Bodybuilder*, der den Betrachter zu körperlicher Betätigung auf einem Trainingsgerät zwingt, wodurch er auf

13 Vgl. Hünnekens, Annette: *Der bewegte Betrachter. Theorien der interaktiven Medienkunst*, Köln 1997, S. 43.

14 Vgl. Hünnekens, Der bewegte Betrachter, S. 50.

Abb. 1: *The Legible City* von Jeffrey Shaw [15]

dem vor ihm platzierten Bildschirm in ein schlüpfriges und zweideutiges »Gespräch« (das allerdings ziemlich einseitig verläuft) verwickelt wird. Die zweite große Gruppe sind kinetische Installationen, bei denen der Benutzer physisch mit der Installation interagiert (ohne zu kommunizieren): In Jeffrey Shaws *Legible City* sitzt der Besucher auf einem Standfahrrad und navigiert mit seinen Bewegungen durch eine aus Buchstaben zusammengesetzte und auf die Wand vor ihm projizierte Stadt.

Ähnlich funktioniert *Text Rain* von Camille Utterbeck und Romy Achituv:[16] Man steht vor einer Leinwand mit herabfallenden Buchstaben, auf der sich die Konturen des eigenen Körpers abzeichnen. Die Silhouette bildet eine Barriere für die Buchstaben, die sich auf Armen, Schultern etc. zu einem Gedicht formen. Je nach Bewegung verändert sich die Zeilenanordnung, ohne dass jedoch das Gedicht beeinflusst werden kann. Diese Form der Interaktivität erfordert vom Benutzer eine ständige Reaktion, damit die Installation funktioniert, er ist jedoch den vorgegebenen Prozessen unterworfen, die unveränderbar bleiben, und kann nur reagieren.

15 Abb. unter: <http://cc2.hku.nl/martin/reservoir/open-vensters/shawlc.html>

16 Vgl. die Beschreibung unter <http://fargo.itp.tsoa.nyu.edu/~camille/textrain.html>

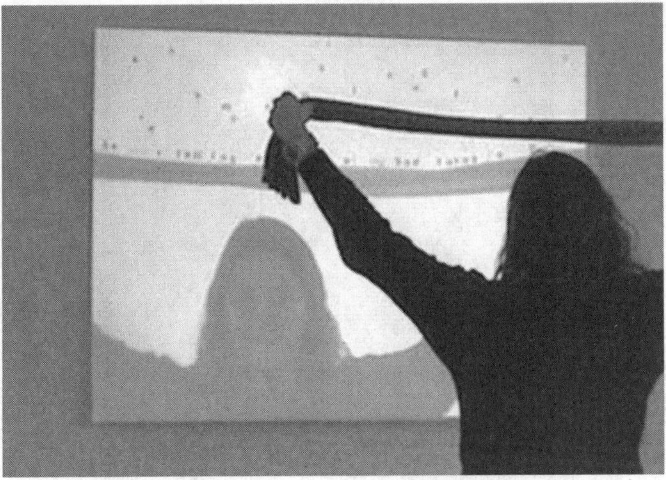

Abb. 2: *Text Rain* von Camille Utterbeck & Romy Achituv[17]

c) »Kreative Interaktivität«: Diese Form der Interaktivität ist im Bereich der Medieninstallationen relativ selten, vermutlich, weil sie technisch nur mit großem Aufwand zu realisieren ist. Interessanterweise ist sie in erster Linie ein Resultat von Kopplungen zwischen realen und elektronischen Räumen, die dem Nutzer erst den größeren Handlungsspielraum eröffnen. Zu dieser Kategorie gehören Projekte aus dem Umfeld der »artificial life«-Forschungen, wie Patti Maes' Projekt *ALIVE*, bei denen der Benutzer mit virtuellen Geschöpfen interagieren kann, deren Verhalten sich mit der Zeit auf das des Akteurs einstellt;[18] ebenso *A-Volve* von Christa Sommerer und Laurent Mignonneau, bei denen der Benutzer kleine Wesen erzeugt, mit denen er interagiert. Die größte Gruppe jedoch machen interessanterweise solche Projekte aus, die sich Computernetzwerken bedienen – also Telepräsenz-Projekte, bei denen Benutzer über das Internet Prozesse im realen Raum steuern. Eines der berühmtesten Beispiele ist Raffael Lozano-Hemmers Großprojekt *Vectorial Elevation, Relational Architecture #4*, bei dem auf dem größten Platz von Mexiko City Scheinwerfer installiert wurden, die über das Internet gesteuert werden konnten und sich so zu verschiedenen Lichtskulpturen formierten.[19]

17 Abb. unter: <http://fargo.itp.tsoa.nyu.edu/~camille/textrain.html>

18 Vgl. ausführlich Hünnekens, Der bewegte Betrachter, S. 50 ff.

19 Eine Dokumentation findet sich auf: <http://www.alzado.net>

Abb. 3: *Vectorial Elevation* von Raffael Lozano Hemmer[20]

> Die kreative Interaktivität unterscheidet sich von den anderen beiden Interaktivitätsformen dadurch, dass der Benutzer die Prozesse in unvorhersehbarer Weise verändern kann. Damit beeinflusst er die Erscheinungsformen der Projekte, wobei der Künstler jedoch durch die Vorgabe des Settings und der möglichen Prozesse ein signifikantes Maß an Kontrolle behält.

In den meisten Fällen bleibt die Einflussnahme der »bewegten Betrachter« in hohem Maße beschränkt. Generell gilt, dass sie sich in allen Fällen den Regeln unterwerfen müssen, die die Struktur der Projekte vorgeben. Dies unterscheidet diese Formen der Interaktivität von denen der Happenings, bei denen es zwar auch Regieanweisungen gab, die jedoch jederzeit – durch die physische Präsenz und die Bedingungen der menschlichen Interaktion – verändert

20 Abb. unter: <http://www.alzado.net>

21 Zit. n. Dinkla, Vom Zuschauer zum Spieler, S. 9. Diese Bedeutung von »interpassivity« unterscheidet sich allerdings vom Interpassivitätsbegriff Slavoj i eks, bei dem es um die Ablehnung jeder Aktivität geht, um Kunstwerke, die ihre eigene

bzw. sogar missachtet werden konnten. Diese Möglichkeit besteht bei den Medieninstallationen definitiv nicht – ignoriert man die vorgegebenen Regeln, funktionieren sie einfach nicht. Nicht umsonst spricht die Künstlerin Mona Sarkis daher in diesem Zusammenhang schon 1989 von »interpassivity«:[21] Die starke Regelgebundenheit der Installationen schränkt den Aktionsradius des Besuchers – letztlich auch bei der kreativen Interaktivität – signifikant ein. In demselben Sinne betont auch Erkki Huhtamo, dass die wenigsten interaktiven Installationen dem Benutzer den Eindruck vermitteln wollen, ein Mitschöpfer des Werkes zu sein.[22] Damit schließt die digitale Medienkunst strukturell an Experimente kinetischer Kunst an, wie sie ebenfalls im Umkreis der Avantgarden in den 20er Jahren entstanden. Der Benutzer kann hier an den Objekten Bewegungen und/oder Prozesse auslösen, ohne jedoch die Struktur des Kunstwerks zu verändern.[23] Die frühe kinetische Kunst (wie z.B. die Mobiles von Alexander Calder) unterscheidet sich allerdings von den späteren elektronischen Installationen dadurch, dass sich dort die Bewegung meist innerhalb des Kunstobjektes abspielt und nicht in eine Rückkopplungsbeziehung mit dem Besucher tritt.

Durch die digitale Medienkunst erfährt der Begriff der »Interaktivität« in den 80er und 90er Jahren nun eine enge Korrelation mit der Funktionalität des Computers, obwohl gleichzeitig mit der »expanded performance« interaktive Kunst auch ohne Hilfe von Medientechnologie weiter besteht.[24] »Expanded performances« sind dadurch charakterisiert, dass sie nicht mehr explizit als Performance ausgewiesen sind und so ohne Vorankündigung und ohne vorbereitetes Publikum stattfinden. Nach der Rücknahme der Grenzüberschreitung zwischen Kunst und Leben wird hier erneut ein – diesmal noch radikalerer – Ausbruch aus dem Kunstkontext versucht,

Rezeption schon beinhalten (so wie das »Dosenlachen« in Comedies den Zuschauer von der eigenen Lachaktivität entlastet) – also dem genauen Gegenteil des Ideals der Interaktivität. Vgl. i ek, Slavoj: »Die Substitution zwischen Interaktivität und Interpassivität«, in: Pfaller, Robert (Hg.): *Interpassivität. Studien über delegiertes Genießen*, Wien/New York 2000, S. 13-32.

22 Vgl. Huhtamo, Erkki: »Sieben Missverständnisse über Interaktive Kunst«, in: Dinkla, InterAct!, S. 22-29 (hier: S. 24).

23 Vgl. dazu Popper, Frank: *Die Kinetische Kunst. Licht und Bewegung, Umweltkunst und Aktion*, Köln 1975.

24 Vgl. zu den »expanded performances« Jappe, Performance, S. 41.

der fast einer Umkehrung des Versuchs, Kunst ins Leben zu überführen, gleicht. Wenn ein kalifornischer Künstler jeden Mittwoch zur selben Zeit am selben Ort anzutreffen ist, um mit jedem zu kommunizieren, der dies möchte und der gerade anwesend ist,[25] so wird eine alltagsweltliche Situation zur Kunst erklärt – das Leben (und in diesem Fall der Akt des Gesprächs, der Kommunikation) selber wird künstlerisch.

Es ist demnach notwendig, den Begriff der Interaktion bzw. Interaktivität noch mal zu differenzieren. Frank Popper schlägt z.B. folgende Unterscheidung vor:

»Gegenwärtig wird der Begriff der Partizipation auf ein Verhältnis zwischen einem Beobachter und einem bereits bestehenden unabgeschlossenen Kunstwerk angewendet, während der Begriff der Interaktion die mögliche Zwei-Weg-Wechselwirkung zwischen einem Menschen und einem System der künstlichen Intelligenz impliziert. [...] Neuerdings wird er aber auch auf die Beziehung zwischen dem Künstler und dem Beobachter angewendet, die durch verschiedene Netzwerke konstituiert wird, von rein elektrischen oder elektronischen Geräten bis hin zu solchen, die lokal oder sogar über die ganze Welt verstreute Terminals besitzen. Diese Entwicklung schließt eine umfassendere Kreativität in einem Kontext ein, der nicht nur auf professionelle Architekten und Komponisten, sondern auch auf eine größere Öffentlichkeit erweitert wurde.«[26]

Demnach bezeichnet »Partizipation« jegliche Form der Beteiligung an einem prozessualen Kunstprojekt, Interaktion aber ist einerseits durch eine rückkopplungsintensive Mensch-Maschine-Beziehung, andererseits durch die maschinenvermittelte zwischenmenschliche Interaktion gekennzeichnet, wobei letzterer eine »umfassendere Kreativität« zugeschrieben wird. Es stellt sich hier die Frage, ob es sinnvoll ist, Partizipation, Interaktion und Interaktivität begrifflich voneinander zu unterscheiden. Im Falle von Partizipation stellt Hünnekens zu Recht fest, dass es Schwierigkeiten bereitet, Partizipation von Interaktivität zu trennen, da Interaktivität immer Formen der Partizipation voraussetze.[27] Sinnvoller erscheint mir daher, eine Art Begriffshierarchie zu etablieren: *Interaktion umfasst* dem-

25 So praktiziert von Tom Marioni, vgl. Jappe, Performance, S. 47.

26 Popper, Frank: »High Technology Art«, in: Rötzer, Florian (Hg.): *Digitaler Schein. Ästhetik der elektronischen Medien*, Frankfurt am Main 1991, S. 249-266 (hier: S. 258).

27 Vgl. Hünnekens, Der bewegte Betrachter, S. 15.

nach im weitesten Sinne *jede Form einer rückkopplungsintensiven Beziehung* – sei es zwischen Menschen, sei es zwischen Mensch und Maschine. Partizipation ist eine unter mehreren anderen Formen der Interaktion, wie z.B. Kollaboration und Dialog. *Interaktivität ist* mittlerweile schon begrifflich relativ festgelegt, so dass man darunter die oben differenzierten *Formen der Mensch-Maschine-Beziehung* subsumieren kann, die sich im Grad ihrer Rückkopplungsintensitäten jedoch voneinander unterscheiden.

Dabei sollte im Hinterkopf behalten werden, dass den Begriffen der Interaktion und der Interaktivität ursprünglich dieselbe Ideologie zugrunde lag, wie Dieter Daniels betont – nämlich die Bekämpfung von Autoritätsstrukturen. Letzteres sei jedoch in dem Maße in den Hintergrund gerückt, wie die Kunst zur Erprobung technologischer Entwicklungen eingesetzt worden sei.[28] Betrachtet man jedoch Tendenzen der Netzkunst, ist diese Feststellung allerdings nicht ganz zutreffend. Schon relativ früh wird das Internet neben der reinen Kommunikation und technisch vermittelten Mensch-zu-Mensch-Interaktion auch für gesellschafts- und technologiekritische Projekte genutzt. In den 60ern war der Einsatz von Massenmedien zugegebenermaßen offensichtlicher kritisch, was daran gelegen haben mag, dass die Sender-Empfänger-Medien dominierten. Das Fernsehen gab immer wieder Anlass zu kritischer Auseinandersetzung mit autoritären Informationsstrukturen; die meisten künstlerischen Versuche, es zu einem interaktiven Medium zu machen, scheiterten jedoch kläglich.[29]

28 »In den 60er Jahren soll gerade durch die Kombination von Zielen der Ideologie mit Mitteln der Technologie die Wirkung von Kunst und Medien aneinander gekoppelt werden. […] In den 90er Jahren hat sich diese Relation genau umgekehrt. Die Medientechnologie ist ihrerseits zum bestimmenden Leitmotiv geworden, aus dem alle sozialen, kulturellen und ökonomischen Veränderungen hervorgehen sollen. So ist auch die Bedeutung von ›Interaktivität‹ heute wesentlich an die elektronischen Medien gebunden. […] Die ›mobilisierende Kraft‹ der Medien, die Enzensberger noch als Angriffspotential gegen die Macht der Industrie sieht, ist längst zur Werbung für Telekom-Aktien und Mobiltelefone geworden, wo die gleichen Heldenbilder von Tänzern, Fußballspielern oder Guerrilleros Verwendung finden.« Vgl. Daniels, Dieter: »Strategien der Interaktivität«, in: Ders./Frieling, Rudolf (Hg.): *Kunst Medien Interaktion. Die 80er und 90er Jahre in Deutschland*, Wien u.a. 1999, S. 142-169 (hier: S. 144).

29 Es gab mehrere Versuche dieser Art, z.B. *Black Gate Cologne* (Otto Piene/Aldo Tambellini), eine Sendung, in der eine Aufzeichung einer multimedialen partizipativen Aktion gesendet werden sollte und schließlich an der einkanaligen Sen-

Im Folgenden wird also – wie oben ausgeführt – der Begriff der Interaktivität nur in Bezug auf die Mensch-Maschine-Interaktion verwendet. Der Begriff der Interaktion dagegen umfasst sowohl die Interaktivität als auch Konzepte der Mensch-zu-Mensch-Interaktion, wie sie sich in Formen kollektiver Kreativität wie Kooperation, Partizipation, Kollaboration und Dialog beobachten lassen.

Kollektive Kreativität[30]

Die Computernetze unterscheiden sich von dem Einsatz der Computertechnologie in Installationen dadurch, dass sie alle Formen der Interaktion ermöglichen: sowohl die Mensch-Maschine- als auch die Mensch-zu-Mensch-Interaktion. Dabei lassen sich signifikante Unterschiede zwischen Partizipation, Kollaboration und Dialog feststellen. Die ersten beiden Formen verlangen nach einem vorgegebenen künstlerischen Rahmen, der entweder von einem einzelnen oder von den Beteiligten gemeinsam erarbeitet wird und in den dann soziale Prozesse integriert werden.

Dialogisch orientierte Kunst dagegen entsteht unter anderen Bedingungen, sie entspringt aus einem gesellschaftlichen Rahmen. Deutlich wird dies anhand der Konversationskunst – der Idee des Gesprächs als Kunst –, wie es seit der Antike formuliert und zeit- und kulturabhängig durch die Jahrhunderte hinweg immer wieder

dersituation scheiterte, die das Konzept der Künstler trotz technischem Einsatz nicht wiedergeben konnte (vgl. dazu: Bonin, Wibke von: »Video und Fernsehen – wer braucht wen?«, in: Daniels/Frieling, Medien Kunst Aktion, S. 108-111 (hier: S. 110/111). Ebenfalls eher mager war die Ausbeute bei *Piazza Virtuale*, einer Sendung während der Documenta 9 1992, initiiert von der Künstlergruppe Minus Delta t, bei der Künstler aus aller Welt Beiträge sendeten und das Publikum sich über Telefon, Fax und Modem direkt in die Sendungen einschalten konnte. Die Ergebnisse der Publikumsbeteiligung gingen über belanglose Bemerkungen nicht hinaus. Vgl. Jappe, Performance, S. 50. Erfolgreicher war Nam June Paiks Aktion *Video Commune* 1970, eine vierstündige Live-Sendung, in der er Passanten von der Straße im Studio die Technik bedienen und damit experimentieren ließ. Vgl. Daniels, Dieter: »Kunst und Fernsehen – Gegner oder Partner?«, in: Daniels/Frieling, Medien Kunst Aktion, S. 60-67 (hier: S. 64).

30 Formen kollektiver Kreativität stellt ein Forschungsdesiderat dar, das in diesem Kontext aber leider nicht geleistet werden kann. Daher können nur grobe Linien skizziert werden, die weiterhin einer eingehenderen Untersuchung harren.

reformuliert und verändert wurde.[31] Dabei entspringt die Charakterisierung als (Sprach-)Kunst der kreativen Einhaltung von Regeln in Kombination mit Gestik und Mimik, verbleibt aber im gesellschaftlichen Rahmen, ohne zum Kunst*werk* werden zu können – das Gespräch und seine Kunst ist – zumindest vor der Erfindung der entsprechenden Aufzeichnungsmedien – ephemer. Die sozialen Räume, in denen die Konversationskunst gepflegt wurde, fanden ihre Institutionalisierung in den Salons, deren Geschichte schon in der Renaissance beginnt.[32]

Historisch beherrschend sind Interaktionskonzepte jedoch in erster Linie in Formen kollaborativer bzw. kooperativer künstlerischer Produktion, die jedoch zwangsläufig auf abgegrenzte Gruppen beschränkt blieben, auch wenn die Visionen zum Teil anders lauteten. Novalis spricht von einer umfassenden »Coactivität«, durch die das Leben zur Kunst zu erklärt werden soll:

»Die Poësie hebt jedes Einzelne durch eine eigenthümliche Verknüpfung mit dem übrigen Ganzen – und wenn die Philosophie durch ihre Gesetzgebung die Welt erst zu dem wircksamen Einfluß der Ideen bereitet, so ist gleichsam Poësie der Schlüssel der Philosophie, ihr Zweck und ihre Bedeutung; denn die Poësie bildet die schöne Gesellschaft – die Weltfamilie – die schöne Haushaltung des Universums.
Wie die Philosophie durch System und Staat, die *Kräfte* des Individuums mit den Kräften der Menschheit und des Weltalls *verstärckt*, das Ganze zum Organ des Individuums, und das Individuum zum Organ des Ganzen macht – So die Poësie in Ansehung des *Lebens*. Das Individuum lebt im Ganzen und das Ganze im Individuum. Durch Poësie entsteht die höchste Sympathie und Coactivität, die innigste *Gemeinschaft* des Endlichen und Unendlichen.«[33]

Die Poetisierung des Lebens soll diesem seine Banalität nehmen und alle Menschen in dieser gemeinsamen Tätigkeit zusammenführen. Damit geht das Leben in der Kunst auf. Solchen idealistisch-romantischen Vorstellungen wird durch die Avantgarden ein Riegel vorgeschoben, indem sie genau umgekehrt argumentieren:

31 Vgl. zu einer historischen Übersicht: Schmölders, *Die Kunst des Gesprächs*, S. 9-67.

32 Vgl. zur Geschichte der Salons: von der Heyden-Rynsch, Verena: *Literarische Salons. Höhepunkte einer versunkenen weiblichen Kultur*, München 1992.

33 Novalis, »Poësie. Vorarbeiten zu verschiedenen Fragmentsammlungen Nr. 31«, in: Ders.: Schriften, Bd. 2, Darmstadt 1999, S. 321 (Hervorhebungen im Text).

»Wer Schönheit braucht, gehe ins Museum! Aber machen wir kein Plagiat, es kann nicht mehr unsere Aufgabe sein, den schönen Menschen zu verherrlichen, der naive Anthropomorphismus hat seine Rolle ausgespielt. Die Schönheit unseres täglichen Lebens wird bestimmt durch die Mannequins, die Perückenkünste der Friseure, die Exaktheit einer technischen Konstruktion! Wir streben wieder nach der Konformität mit dem mechanischen Arbeitsprozeß: wir werden uns daran gewöhnen müssen, die Kunst in den Werkstätten entstehen zu sehen!«[34]

Das Leben ist künstlerischer, als die Kunst es je sein könnte – und dennoch unterliegen auch die Avantgarden der Abgrenzungsnotwendigkeit von Kunst und Leben und verstehen sich selbst als Künstler. Kollektive Produktion spielt daher auch eine eher untergeordnete Rolle, auch wenn Raoul Hausmann über dadaistische Aktionen berichtet[35] und Kurt Schwitters mit seiner Merzbühne schon Happening-ähnliche Situationen visioniert:

»Ich fordere die Merzbühne.
Ich fordere die restlose Zusammenfassung aller künstlerischen Kräfte zur Erlangung des Gesamtkunstwerkes. Ich fordere die prinzipielle Gleichberechtigung aller Materialien, Gleichberechtigung zwischen Vollmenschen, Idiot, pfeifendem Drahtnetz und Gedankenpumpe. Ich fordere die restlose Erfassung aller Materialien vom Doppelschienenschweißer bis zur Dreiviertelgeige. Ich fordere die gewissenhafteste Vergewaltigung der Technik bis zur vollständigen Durchführung der verschmelzenden Verschmelzungen. [...]

34 Hausmann, Raoul: »Presentismus. Gegen den Puffkeismus der teutschen Seele«, In: Ders.: *Am Anfang war Dada*, hg. von Karl Riha und Günter Kämpf, Gießen 1992, S. 145-153 (hier: S. 149).

35 Insbesondere Johannes Baader führte dadaistische Aktionen durch, indem er z.B. einen Gottesdienst und eine Parlamentssitzung durch Eigenkundgebungen im Ablauf störte. Vgl. Hausmann, Am Anfang war Dada, S. 16 ff. Das Verhältnis zur Einbeziehung des Publikums bleibt bei den Dada-Performances ambivalent. Die Dadaisten standen den typischen Vortrags- und Lesungs-Praktiken ablehnend gegenüber und brüskierten das Publikum mit ihrer Verweigerungshaltung. Dies führte jedoch zu einer verstärkten Aktivität der Zuhörer, die in ihrem Protest gegen die Provokation plötzlich aktiv wurden und mit empörten Zwischenrufen, Pfiffen etc. in eine konfrontative Kommunikation mit den Künstlern traten. Es entstand die paradoxe Situation, dass die Verweigerung der einkanaligen Kommunikation zu einer intensiven, wenn auch konfrontativen Interaktionssituation zwischen Künstlern und Publikum führte. Zu dadaistischen Auftritten vgl. Huelsenbeck, Richard (Hg.): *Dada. Eine literarische Dokumentation,* Reinbek b. Hamburg 1994, S. 23 ff.

Man nehme kurz alles, von der Schraube des Imperators bis zum Haarnetz der vornehmen Dame, jedes Mal entsprechend den Größenverhältnissen, die das Werk verlangt.
Menschen selbst können auch verwendet werden.
Menschen selbst können auf Kulissen gebunden werden.
Menschen selbst können auch aktiv auftreten, sogar in ihrer alltäglichen Lage, zweibeinig sprechen, sogar in vernünftigen Sätzen.«[36]

Allerdings nimmt Schwitters letztlich doch eine deutliche Differenzierung vor: Die künstlerischen Kräfte sollen – in der Tradition Richard Wagners – zusammengefasst werden, um ein Gesamtkunstwerk unter Mitwirkung von Menschen (welcher Art bleibt unspezifiziert) zu schaffen – die Aufgabe bleibt also eine künstlerische, die nicht jeder durchführen kann. Ähnliches visionierte Wagner – nur unter der Verwendung völlig anderer »Materialien«. Sein Konzept des Gesamtkunstwerks (vgl. dazu den Abschnitt »Intermedialität«) beruht ebenfalls auf der Vision der Kooperation zwischen Künstlern aller Provenienzen einerseits, aber auch auf der aktiven Einbeziehung der Zuschauer andererseits. Derartige Vorstellungen ziehen sich durch die Jahrhunderte hindurch und verstärkten sich ebenfalls in den 60er Jahren in einer Netzwerk-Idee, die zur Durchführung komplexer Aktionen als Interaktion zwischen verschiedenen Künstlern oder Künstlergruppen führte[37] und auch durch den gemeinsamen Kampf gegen bürgerliche Kunstnormen intensiviert wurde.[38] In diesen Zusammenhang ist z.B. auch die Mail-Art einzuordnen, die sich Ende der 50er, Anfang der 60er Jahre entwickelte und bis heute eine Art »Genre« darstellt.[39]

Allerdings unterscheiden sich derartige Kooperationskonzepte zwischen Künstlern stark von Visionen kollektiver Produktion. Ers-

36 Schwitters, Kurt: »An alle Bühnen der Welt«, in: Ders.: *Die literarischen Werke*, Bd. 5: Manifeste und kritische Prosa, hg. v. Friedhelm Lach, Köln 1998, S. 39/40/41.

37 Vgl. Jappe, Performance, S. 44.

38 Ken Friedman z.B. listet in seinem Artikel Fluxus and Company zwölf wesentliche programmatische Konzepte von Fluxus auf, wobei »Globalism« den größten Raum einnimmt – Globalisierung verstanden als interkultureller Dialog unter Künstlern, die strukturell ähnliche Ideen entwickelten, gekoppelt mit einem antielitären Zugang zur Kunst. Vgl. Friedman, Ken: »Fluxus and Company«, in: Ders. (Hg.): *The Fluxus Reader*, Chichester 1998, S. 237-253 (hier: S. 244 ff.)

39 Ray Johnson hatte die Idee, Sendungen, die er per Post bekam, zu bearbeiten und an einen ihn Bekannten weiterzuschicken. Dieser fügte etwas hinzu und schickte es seinerseits weiter, so dass mit der Zeit ein kooperatives Kunstwerk entstand. Zur

tere bewahren den Sonderstatus des Künstlers, während letztere jeden zum Künstler erheben, ja – so wie der bisher letzte große Propagandist kollektiver Kunst, Joseph Beuys, es tat – das Leben und die Gesellschaft selbst als »soziale Plastik« verstehen.[40] *Diese holistischen Visionen der Verschmelzung von Kunst und Leben durch kollektive Produktion blieben jedoch weitgehend im Bereich der Utopie, während das Gespräch als Kunst einerseits, künstlerische Kooperationen andererseits nur im Rahmen von bestimmten sozialen Gruppen und lokal festgelegten Räumen stattfinden konnten.*

Interaktion in der Literatur

Doch wie sieht es mit Konzepten der Interaktivität und kollektiven Kreativität in der Literatur aus? Die bildende Kunst hatte den großen Vorteil, problemlos neue Medien in ihr Arbeitsgebiet integrieren zu können, geistig vorbereitet durch die Technikbegeisterung der Avantgarden und deren Versuch, die neuen Entwicklungen zum Ausbruch aus althergebrachten künstlerischen Kategorien zu nutzen. In der Literatur jedoch wurden diesem Ansinnen durch die enge Bindung an das Medium Buch »natürliche« Grenzen gesetzt. Der Ausbruch aus den printliterarischen Kategorien gelang niemals endgültig, auch wenn zahlreiche Bestrebungen zumindest die gedankliche Überwindung der Grenzen des Buches und der durch das Literatursystem etablierten Kategorien von »Autor«, »Werk« und »Leser« vornahmen. Im Dadaismus wurde durch neue Schreibtechniken, v.a. Techniken der Collage von Textelementen aus dem Lebensalltag (Zeitungen, Schlagzeilen, Werbeslogans), die – nach dem Muster der ready-mades – zur Literatur erklärt wurden, der Künstler in seiner Funktion entmystifiziert. Was hier nun zählt, ist nicht die genuine Kreativität

Mail Art vgl. Decker, Edith: »Boten und Botschaften einer telematischen Kultur«, in: Dies./Weibel, Peter (Hg.): *Vom Verschwinden der Ferne. Telekommunikation und Kunst*, Köln 1990, S. 79-112 (hier: S. 94 ff.)

40 Jedoch gedachte er sich dabei die Rolle eines christusähnlichen Propheten, Befreiers und Beraters der Menschheit zu – auch in seinem Konzept der Kollektivität musste es einen Vordenker geben, der nur er selber sein konnte. Vgl. Borer, Alain: »Beweinung des Joseph Beuys«, in: Schirmer, Lothar (Hg.): *Joseph Beuys. Eine Werkübersicht*, München u.a. 1996, S. 11-35 (hier: S. 34)

des Individuums, sondern die Einordnung solcher Zufalls- und »Fertigprodukte« in das Literatursystem. Man könnte – parallel zur Konzeptkunst[41] – von einer konzeptuellen Literatur oder einer »Konzept-Literatur« sprechen. Damit wird zwar zunächst keine Rückkopplung zwischen Leser und Künstler bzw. Werk, geschweige denn eine Integration des Lesers in den Produktionsprozess erreicht, aber solche formalisierten Techniken dienen dazu, jedem die Möglichkeit zu eröffnen, ein Dichter zu werden. Nicht umsonst gibt Tristan Tzara eine Anleitung, wie man ein dadaistisches Gedicht erstellen kann:

»Nehmt eine Zeitung.
Nehmt Scheren.
Wählt in dieser Zeitung einen Artikel von der Länge aus, die Ihr Eurem Gedicht zu geben beabsichtigt.
Schneidet sorgfältig jedes Wort dieses Artikels aus und gebt sie in eine Tüte.
Schüttelt leicht.
Nehmt dann einen Schnipsel nach dem anderen heraus. Schreibt gewissenhaft ab, in der Reihenfolge, in der sie aus der Tüte gekommen sind.
Das Gedicht wird Euch ähneln.
Und damit seid Ihr ein unendlich origineller Schriftsteller mit einer charmanten, wenn auch von den Leuten unverstandenen Sensibilität«[42]

41 Der Begriff der Konzeptkunst ist heute dadurch definiert, dass das Konzept, die Idee, wichtiger ist als seine Ausführung. Für die Konzept-Kunst reicht auch eine Skizze oder Aufzeichnung, die die Idee dokumentiert, ein »materielles« Kunstwerk ist nicht mehr vonnöten. In diesem Sinne definiert sie der Schöpfer des Begriffs Henry Flynt: »›Concept art‹ is first of all an art of which the material is ›concepts,‹ as the material of for ex. music is sound. Since ›concepts‹ are closely bound up with language, concept art is a kind of art of which the material is language.« Flynt, Henry: *Concept Art*, 1963, <http://www.henryflynt.org/aesthetics/conart.html>. Doch «Concept Art« bedeutet für ihn zwar einerseits Struktur (statt Bedeutungsvermittlung durch semantisch aufgeladene Zeichensysteme), andererseits koppelt er diesen Begriff stark an die Sprachphilosophie: »A non-cognitive use of language is permissible in which the reader treats the text like a Rorschach blot. The notion of a syntactical system is borrowed, but the system becomes ›to-kenetics-rich‹« (im Text kursiv). Flynt, Henry: *The Invalidity of Mathematics: The Original Concept Art Essay and the ›Refutation of Arithmetic‹ Project*, 1995, <http://www.henryflynt.org/meta_tech/invalidmath.html>. Es ging ihm dabei v.a. um einen Sprachbegriff, der sich von der Semantik völlig loslöst und Sprache als reines Material betrachtet, eigentlich ist »Concept art« für ihn ein Anti-Kunst-Begriff, der z.B. Fragen der (emotionalen) Kunstrezeption völlig ausklammert.

42 Tzara, Tristan: »Dada Manifest über die schwarze Liebe und die bittere Liebe«, in: Ders.: *Sieben Dada Manifeste*, Hamburg 1998, S. 79-102 (hier: S. 90/91).

Die dadaistischen Kombinations- und Manipulationstechniken ermöglichen eine »Dichtung«, für die die individuelle Genialität nicht mehr entscheidend ist. Auch die in den 60er Jahren von Brion Gysin und William Burroughs eingeführte Cut-up-Technik ist dieser gedanklichen Traditionslinie geschuldet.[43] Beide Strategien sind zusätzlich dadurch gekennzeichnet, dass sie den Zufall mit der Konstruktion kombinieren, den Materialcharakter der Sprache betonen und durch Zitattechniken die in der traditionellen Literatur zumeist nur implizit vorhandene Intertextualität explizit machen. Dennoch war nur die Entmystifizierung, nicht aber die Abschaffung des Künstlers Ziel solcher Aktionen. Die Funktion des Künstlers wird in dem Sinne umdefiniert, wie es Kurt Schwitters pointiert formuliert: »Der Künstler schafft durch Wahl, Verteilen und Entformeln der Materialien. (Auch Unterröcke.)«[44] Ähnlich wie im Bereich der bildenden Kunst wurde auch durch die Bestrebungen der 60er Jahre[45] der Künstler nicht eliminiert, sondern geradezu aufgewertet, wie Henry Flynt retrospektiv feststellt: »The real artwork, the only artwork, was the artist's fame as an artist. Delectation in an object was now vestigial – or irrelevant – in the appreciation of art.«[46] Wenn das Kunstwerk nicht mehr als Kunst zu erkennen ist, so muss eben der Name des Künstlers das Objekt oder die Aktion als Kunst ausweisen. Der Ausbruch aus dem künstlerischen Kontext ist damit einem scheinbar unhintergehbaren Paradoxon unterlegen – denn auch die Bestrebungen der Anti-Kunst oder »non-art« können nur im Rekurs auf Kunst wahrgenommen werden. Demselben Schicksal unterlag auch die Literatur: Selbst den kollektiven Schrei-

43 Cut-up arbeitet ähnlich wie die Collage – Texte werden nach einem bestimmten Muster vertikal und horizontal zerschnitten, gemischt, und in der daraus entstehenden zufälligen Anordnung wieder zusammengefügt.

44 Schwitters, Kurt: »Berliner Börsenkukunst«, in: Die literarischen Werke, Bd. 5, S. 51.

45 Häufig wird auch von Neo-Dadaismus gesprochen. Der Fluxus-Künstler Dick Higgins jedoch setzt sich klar von dieser Bezeichnung ab – nicht zu Unrecht besteht er darauf, dass die Avantgarden in erster Linie aus den spezifischen soziokulturellen Bedingungen ihrer Zeit hervorgingen und darauf reagierten. Er attribuiert insbesondere den heterogenen Dada-Gruppen daher zumindest teilweise eine gewisse Konservativität, die aus der gegenabhängigen Protesthaltung resultiert. Vgl. Higgins, Dick: »Fluxus: Theory and Reception«, in: Friedman, *The Fluxus Reader*, S. 217-236 (hier: S. 218).

46 Flynt, Henry: *Against »Participation«. A Total Critique of Culture*, 1993, Kap. 10, <http://www.henryflynt.org/aesthetics/APchptr10.html>

bexperimenten der Surrealisten, wie dem »cadavre exquis«, den in Protokollen dokumentierten Dialogen sowie der »écriture automatique«, die durch Betonung des Unbewussten Literatur als Produkt einer bewusst durchdachten Konstruktion eines Autorenindividuums unterlief, werden in der Literaturgeschichte nach wie vor identifizierbare Schöpfer oder Schöpfergruppen zugeschrieben.

Während die Schreibexperimente der Avantgarden den künstlerischen Produktionsprozess demokratisierten, ohne jedoch eine direkte Interaktion zwischen Autor und Leser zu erreichen und ohne die kollektiven Schreibtechniken für die Beteiligung außerhalb ihrer Kreise öffnen zu können, lag die Situation aufgrund der anderen medialen Bedingungen im Bereich des Theaters anders. Auch hier spielen die Avantgarden im Hinblick auf die Visionen einer aktiveren Einbeziehung des Zuschauers in das Schauspiel eine entscheidende Rolle, ihre Umsetzung findet sich in radikaler Form insbesondere im proletarisch-revolutionären Theater, dessen Entwicklung mit den Avantgarden zusammenhängt:[47]

»Wenn der Zuschauer künftiger Zeiten sich ins Theater begibt, wird er nicht sagen: ich gehe mir dieses und dieses Stück anschauen, er wird sich anders ausdrücken: ›ich gehe, an diesem und diesem Stück mitzuwirken‹, denn er wird wirklich ›mitspielen‹, wird nicht ein beobachtender und klatschender Zuschauer sein, sondern ein Mit-Schauspieler, der an dem Stück aktiv teilnimmt.«[48]

Die verschiedenen Formen des revolutionären Theaters endeten jedoch mit Stalins sozialistischem Realismus in den 30er Jahren, der das Theater wieder in die klassische Bühne-Zuschauer-Trennung zurückzwang.[49] Doch die Idee der aktiven Einbeziehung des Publikums zog sich durch die gesamten Konzepte der Avantgarden hindurch, wobei die Zielsetzungen über rein ästhetische hinausgingen: Im Zuschauer sollte durch verschiedene Strategien kreatives Potential freigesetzt werden, die Zerstörung der Grenze zwischen Kunst und Leben dazu führen, dass ihm sein eigenes Gestaltungspotential bewusst wird. Die dazu notwendigen baulichen Veränderungen an den Raumstrukturen, durch die die Trennung von Zuschauern und

47 Insbesondere in der Person Erwin Piscators.

48 Ker nev, P.M.: *Das schöpferische Theater*, Köln 1980, zit. n. Fischer-Lichte, Erika: *Die Entdeckung des Zuschauers. Paradigmenwechsel auf dem Theater des 20. Jahrhunderts*, Tübingen/Basel 1997, S. 14.

49 Vgl. Fischer-Lichte, Die Entdeckung des Zuschauers, S. 15.

Bühne möglichst aufgehoben werden sollte, konnte jedoch nur in Ausnahmefällen durchgesetzt werden. Daher wurden Spielorte gesucht, die per se nicht für Theateraufführungen gedacht waren, wie öffentliche Plätze (man denke nur an den Spielort des »Jedermann« vor dem Salzburger Dom, den Max Reinhardt 1920 etablierte), Parks etc.[50] Trotz der Idee der aktiven Einbeziehung des Zuschauers blieb es letztlich bei der Trennung zwischen Ausführenden und Rezipienten – selbst in den Massenschauspielen des proletarisch-revolutionären Theaters. Die Einbeziehung des Zuschauers sollte in erster Linie durch die Wahl und Gestaltung des Aufführungsortes, der mit dem realen Raum entweder identisch oder ihm möglichst ähnlich sein sollte, erzielt werden. Dass – wie später in den Happenings – der Zuschauer tatsächlich auch über das aktive Rezipieren hinaus gestaltender Mitwirkender sein konnte, blieb die Ausnahme.

Der Grad der Interaktion ist durch die leibliche Präsenz – ähnlich wie bei Happenings, Aktionen und Performances – auch hier am höchsten. Die Notwendigkeit der physischen Anwesenheit für interaktionsintensive Sprachkunstformen bestätigt sich auch in einem weiteren Bereich, der noch zu einem der großen Forschungsdesiderate in der Literaturwissenschaft gehört: die oben schon erwähnte Gesprächs- und Konversationskunst. *Literatur als direktes Interaktionsphänomen kann bis zur Etablierung der Computernetze Ende des 20. Jahrhunderts nur unter zwei medialen Bedingungen existieren: Im Gespräch von Angesicht zu Angesicht, wie es im geselligen Beisammensein der Salons als Konversationskunst kultiviert wurde, und im Brief.* Beide Phänomene hängen eng zusammen; das Bedürfnis nach Gesprächen in den Hochzeiten der literarischen Salons schlug sich in einem regen Briefverkehr nieder, der halb öffentlichen Charakter besaß, da die Korrespondenzen häufig in den Salons vorgelesen wurden.[51] Beide Formen – der mündliche Dialog und die schriftliche Kommunikation – spielen sich jedoch in *abgegrenzten sozialen Räumen* ab. In der Literaturwissenschaft wird die Rolle des Gesprächs kaum behandelt – nicht zuletzt natürlich auch aufgrund der ungünstigen Quellenlage. Ein schriftlich überliefertes Gespräch unter-

50 Vgl. Fischer-Lichte, Die Entdeckung des Zuschauers, S. 22.

51 Vgl. die zahlreichen Beispiele von der Renaissance bis in das 19. Jahrhundert hinein. Nahezu alle »Salonièren« zeichneten sich neben der Kultivierung der Konversation durch eine rege Schreibtätigkeit aus, zum Nachlass von Rahel Varnhagen gehören an die zehntausend Briefe, die sie in den 62 Jahren ihres Lebens geschrie-

scheidet sich signifikant von der multimedialen face-to-face-Situation. Doch auch in der Gegenwart, die über genügend Speicherformen verfügt, wird die Konversationstheorie nur im Kontext der Sprachwissenschaft (Sprechakttheorie) und der Kommunikationswissenschaft (Gesprächsanalyse) behandelt, nicht aber im Bereich der Literaturwissenschaft. Dies hat zur Folge, dass sie in erster Linie als soziale, nicht als ästhetische Praxis betrachtet wird. Gerade aber im Hinblick auf die Korrelation zwischen Gesprächsentwicklung und zur Verfügung stehenden Medien wäre jedoch auch diese Linie zu untersuchen.

Ähnlich wie die Gesprächskunst verbleiben kooperative Literaturformen, zu denen auch die mündliche Überlieferung später verschriftlichter Literatur gehört oder – in den modernen Ausformungen – die kollektiven Experimente der Avantgarden, im Bereich abgegrenzter sozialer Räume. Dasselbe gilt für die Mail Art als explizit künstlerische Form des Briefes.

Telematische Sprachkunst

Die in den 80er Jahren entstehende »telematische« (Sprach-)Kunst stellt erste Versuche dar, eine schriftbasierte kollektive Kreativität über Computernetze zu etablieren. Sie beruht auf dem Dialog als künstlerischem Prozess und der Vernetzung und Kooperation zwischen Künstlern. Roy Ascott und Robert Adrian waren in den 80er Jahren federführend in Aktionen, die Fernübertragungstechnologien einsetzen, um kollektive Kunst zu etablieren.[52] Die meisten dieser Projekte beruhten jedoch auf der Kommunikation zwischen vorher definierten Gruppen und waren nicht partizipativ – sprich: ein

ben hat. Vgl. in: von der Heyden-Rynsch, Europäische Salons, S. 152. Als im 19. Jahrhundert die Salonkultur langsam abbröckelte und durch Institutionalisierungen in Lesegesellschaften, durch Freimaurerlogen etc. abgelöst wurde, übernahm das Feuilleton Charakteristika des monologisierenden Briefes als öffentliche Form der Ansprache. Vgl. Schmölders, Die Kunst des Gesprächs, S. 63. Auch die Entwicklung einer differenzierten Presse- und Zeitschriftenlandschaft mag dem kultivierten persönlichen Gruppengespräch Konkurrenz gemacht haben.

52 Einen Überblick über die frühen Telekommunikationsprojekte bietet Robert Adrians Artikel *Kunst und Telekommunikation: Die Pionierzeit 1979-1986*, <http://www.to.or.at/~radrian/TEXTS/springer-d.html>, zuerst in: Springer Bd. 1, H. 1 (1995).

eventuelles Publikum konnte nicht in die Gestaltung der Projekte eingreifen. Eine weitere Gruppe formierte sich an der Hochschule für angewandte Künste in Hamburg, wo Kurd Alsleben, ein Pionier der Computerkunst, 1991 die »Telematic Workgroup« ins Leben rief, die seitdem immer mehr auch das Internet für ihre Aktionen nutzt. Catherine de Courten, ein Mitglied dieser Gruppe, war auch Initiatorin eines der ersten kollektiven Internetprojekte, *KaspaH* (1994), das auf Kommunikation via E-Mail basierte. Noch weit früher, 1983, entstand das erste kollektive Schreibprojekt, das von Roy Ascott für die Ausstellung »ELECTRA« im Musée d'Art Moderne de la Ville Paris initiiert und mittels eines speziell für künstlerische Zwecke entwickelten E-Mail-Programms (ARTEX – Artist's Electronic Exchange Network) durchgeführt wurde. *La plissure du texte* stellte eine Art weltweit verteiltes Rollenspiel dar: In elf Städten rund um die Welt arbeiteten Künstler an der Entwicklung eines Märchens – jede Gruppe einer Stadt hatte dabei eine bestimmte, für ein Märchen typische Rolle – Zauberer, Prinzessin, Hexe etc. Heute ist *La plissure du texte* als linearer Text im Netz nachzulesen, wobei organisatorische Bemerkungen, narrative, zum eigentlichen Märchen gehörende Teile sowie ASCII-Illustrationen eine etwas chaotische intertextuelle Mixtur ergeben.[53] Von der kommunikativen Dynamik, bei der Texte sich kreuzten und alles andere als linear entwickelt wurden, ist jedoch nichts mehr zu sehen. Obwohl jede Gruppe eine Kopie sämtlicher Texte haben müsste, gab es schließlich so viele unterschiedliche Versionen, wie es teilnehmende Städte gab; auch das im Netz noch dokumentierte Protokoll ist offensichtlich unvollständig. Ähnlich wie Happenings und Aktionen scheinen solche Projekte sich jeglicher Speichermodalitäten zu entziehen. Das Projekt ähnelte in der Anlage den surrealistischen Schreibexperimenten, die unter dem Namen »cadavre exquis« in die Geschichte eingegangen sind – ein Teilnehmer schreibt ein Wort oder einen Satz, verdeckt ihn, der nächste schreibt weiter, ohne den vorhergehenden Text zu kennen, und so fort.[54] Ähnliches entwickelte sich bei *La plissure du texte*, weil alle Gruppen auf unterschiedlichen Texten

53 <http://www.normill.com/Text/plissure.txt>, eine Dokumentation der Entstehungsgeschichte des Projekts findet sich unter: <http://www.to.or.at/~radrian/ARTEX/PLISSURE/plissure.html>

54 Die Bezeichnung »cadavre exquis« leitet sich aus einem auf diese Weise entstandenen Satz ab: »Le cadavre exquis boira le vin nouveau ...«

aufbauten und Texte geschrieben wurden, während bereits bestehende Fortsetzungen noch nicht allen bekannt waren.[55]

Schon vor diesen Aktionen, bei denen die kommunikative Vernetzung im Mittelpunkt steht, wurden Telekommunikationsmedien für die (Sprach-)Kunst genutzt: in Telefonkonzerten, Faxperformances etc. Wie die frühe telematische Netzkunst beschränkten sich diese Aktionen (mit wenigen Ausnahmen)[56] auf festgelegte Teilnehmerzahlen und waren nicht für jeden offen. Sie blieben im Kontext der Künstlergruppen verhaftet. *Erst mit der Etablierung des Internets und insbesondere des World Wide Webs entstehen Produktionsformen, die für alle Teilnehmer offen und von einem vorgegebenen sozialen Raum unabhängig sind.*

Die medialen Grenzen der kollektiven Kreativität

Interaktion mit dem Zuschauer/Leser ist im Bereich der Literatur als Sprachkunst ebenfalls nur unter den Bedingungen der physischen Präsenz und damit innerhalb abgegrenzter sozialer Räume möglich. Sobald Papier oder Buch als Medium gewählt werden, dominiert zwangsläufig die rückkopplungsarme und zeitversetzte Rezeptionsform. Sprachkunst in anderen Medien – insbesondere durch physische Aufführung – kann dem mit der Literatur verbundenen Paradigma der Speicherbarkeit nicht genügen und verbleibt damit am Rande der Literaturwissenschaft. Auch die Versuche innerhalb des Mediums Buch bzw. Papier, die materielle Linearität durch variable Textreihenfolgen zu durchbrechen und damit dem Leser größere Aktivitätsspielräume zu schaffen, können dies nicht verhindern. Raymond Queneaus Sonett-»Puzzle« Cent mille milliards des poèmes lässt den Leser in Streifen geschnittene Sonettzeilen beliebig kombinieren, Marc Saportas »Kartenspielbuch« *Composition No. 1* besteht aus 154 losen Blättern, die beliebig gemischt werden sollten, um dann in der jeweils entstandenen Reihenfolge gelesen zu werden, und Julio Cortázars *Rayuela* reiht Textsegmente aneinander, die entweder linear gelesen werden können oder nach den Emp-

55 Vgl. die Dokumentation unter <http://www.to.or.at/~radrian/ARTEX/PLISSURE/plissure.html>

56 Vgl. zu einer sehr guten Übersicht der verschiedenen Projekte Decker, Boten und Botschaften einer telematischen Kultur.

fehlungen des Autors, der am Ende eines jeden Abschnitts die Nummer des dann zu lesenden Segments angibt. Natürlich kann der Leser ebenfalls seine eigene persönliche Reihenfolge wählen. Saporta musste für sein Konzept vom Buch zum Kartenspiel ausweichen; *Rayuela* erschien zwar als Buch, Cortázar entwarf jedoch gleichzeitig einen speziellen Leseautomaten für sein kombinatorisches Konzept, bei dem der Leser auf Knopfdruck die einzelnen Segmente präsentiert bekommt und somit nicht mehr dem Rezeptionsprogramm des Buches folgen muss.[57] Doch derartige Versuche blieben die Ausnahme und konnten die Grenzen des Buches nur betonen, nicht aber sprengen – sie ähneln der initialen, teilweise auch der reaktiven Interaktivität in der Medienkunst.

Mit Ausnahme des Theaters, das sich per se anderer Medien bedient und präsenzorientiert arbeitet, bleibt die Literatur aber in ihrer medialen Bindung an das Buch und seine materiellen Bedingungen verhaftet, jedoch häufen sich die Versuche, auch durch die Nutzung anderer Medien die Rückkopplungsarmut und Passivität des Lesers aufzubrechen. Im Falle der Bestrebungen, die literarische Produktion durch neue Strategien zu entmystifizieren, hat dies jedoch den paradoxen Effekt, dass der Autor dadurch zwar – wie im Dadaismus – eine Funktionsveränderung erfährt, in seiner Bedeutung dadurch aber bestärkt, ja sogar noch wichtiger wird, um Literatur weiterhin als solche definieren zu können. Diese Entwicklung setzt sich so lange fort, wie Literatur an das Medium Buch »gekettet« ist. Doch auch die schon erwähnten ersten literarischen Hypertexte ändern – trotz der gegenteiligen Behauptungen der Theoretiker – nur wenig am eingeschränkten Interaktionsradius des Rezipienten. Solange er die Linkstruktur nicht eigenständig verändern kann, bleibt seine Aktivität auf die Auswahl von Links beschränkt und bewegt sich im Paradigma der initialen Interaktivität, bei der der Benutzer eine Aktion ausführt, deren Ergebnis er nicht beeinflussen kann (die »blinde« Wahl eines Textsegments). Erst die Unmittelbarkeit der technisch vernetzten Kommunikation in den offen zugänglichen Computernetzwerken scheint die medialen Bedingungen bereitzustellen, um partizipative, kollaborative und

57 Vgl. eine nähere Beschreibung in Idensen, Heiko: »Die Poesie soll von allen gemacht werden! – Von literarischen Hypertexten zu virtuellen Schreibräumen der Netzwerkkultur«, in: Matejovki, Dirk/Kittler, Friedrich (Hg.): *Literatur im Informationszeitalter*, Frankfurt am Main 1999, S. 143-184 (hier: S. 153).

dialogische Konzepte von Literatur unabhängig von physischer Präsenz umzusetzen und damit neue Herausforderungen an den Literatur- und Ästhetikbegriff sowie die Bewertungskriterien von Literatur zu stellen.

Konzepte der Intermedialität und Intersemiozität – Ausbruch aus dem Text

Eng verbunden mit den Versuchen, den Rezipienten aktiv in das Kunstwerk bzw. die Literatur einzubeziehen, sind die Bemühungen, über die rein textuelle Gestaltung von Literatur hinauszugehen. Die Bestrebungen zur Grenzüberschreitung zwischen Kunstgattungen gehen mindestens auf die Romantik zurück, in deren Erweiterung der poetischen Sprache von der Erkenntnis auf die Phantasie gleichzeitig ein Anspruch an synästhetische Literatur verborgen liegt. Die in der Romantik vorgenommene gedankliche Überschreitung der Grenzen zwischen den Künsten[58] hat allerdings genau das Gegenteil der späteren avantgardistischen Bestrebungen zum Ziel, die die Kunst (und damit auch ihre Genres) auflösen wollte: Die romantische Ästhetik will mit der Kunst eine eigene, vom Leben deutlich abgegrenzte geistig-sinnliche und emotionale Gegenwelt schaffen, in der Verstand und Gefühl wieder zusammengeführt werden. Diese sollte dann verändernd auf die Realität zurückwirken.

Praktiziert wurde die Verbindung der Künste in der romantischen Literatur v.a. durch die Postulierung eines engen Verhältnisses zwischen Sprache und Musik, das einen Schwerpunkt der Dichtung auf den Wortklang legt.[59] Diese Kehrtwendung von sprachlichen Bildern zu sprachlichen Klangstrukturen hat allerdings ebenfalls das Ziel einer Ablösung der Poesie vom Leben, indem in ihr die Alltagsbedeutungen der Worte zugunsten ihres Wohlklangs in den Hintergrund gerückt werden. Die Hinwendung zur Musik in der romantischen Dichtung führt zumindest teilweise zu einer Entsemantisierung der Sprache zugunsten reiner Klänge und einer Betonung der Form. Damit ist eine Sprachauffassung ansatzweise vor-

58 Nicht umsonst taucht das Wort »Gesamtkunstwerk« schon 1827 das erste Mal beim spätromantischen Philosophen K.F.E. Trahndorff auf, wonach die Künste (v.a. Musik, Mimik und Tanz) zu einer Darstellung zusammenlaufen sollen. Vgl. Borchmeyer, Dieter: »Gesamtkunstwerk«, in: Ders./Zmegač, Viktor (Hg.): *Moderne Literatur in Grundbegriffen*, Tübingen 1994, S. 181-184 (hier: S. 181).

59 Vgl. dazu Bormann, Alexander von: »Der Töne Licht. Zum frühromantischen Programm der Wortmusik«, in: Behler, Ernst/Hörisch, Jochen (Hg.): *Die Aktualität der Frühromantik*, Paderborn u.a. 1987, S. 191-207.

gedacht, die von den Avantgarden dann wiederum für die Entgrenzung von Kunst und Leben eingesetzt wird: Sprache wird als reines Material gesehen, in diesem Falle als Klangmaterial. Diese Versuche verbleiben jedoch im Medium des gedruckten Textes, während bei Vertonungen die Musik im Vordergrund steht. Trotz dieser Tendenzen bleibt die Romantik aber der Sprache als weltenerschaffendem, bedeutungstragendem System verbunden.

Ähnliches gilt auch für spätere Experimente der Sprachkunst, so z.B. für Mallarmés Gedicht *Un coup de dés n'abolira jamais le hasard*,[60] das als Vorläufer der konkreten Poesie gilt. Es spielt sowohl mit einer komplexen Typographie als auch mit einer Durchbrechung der durch den Buchdruck erzwungenen Sequentialität der Wörter: So formiert sich der Titel erst innerhalb des Gedichts auf unterschiedlichen Seiten, hervorgehoben durch Großbuchstaben; ebenso überschreitet die Wortanordnung die Seitengrenzen und bildet Räume und Figuren, die gleichzeitig den Rhythmus des Lesens massiv beeinflussen. Strukturformen der Sprache, des Bildes und der Musik scheinen hier zu verschmelzen.

Theorie der Intermedialität

Doch was heißt nun eigentlich Intermedialität? Dieser Begriff ist noch alles andere als geklärt und unterliegt derzeit durch das Auftauchen der Begriffe »Multimedialität« und »Hypermedialität«, zwischen denen selten klare Abgrenzungen vorgenommen werden, einer zusätzlichen begrifflichen Unschärfe. Jürgen E. Müller z.B. verwendet »inter- und multimedial« häufig in einem Atemzug. Seine Definition von Intermedialität ist denn auch so weit gefasst, dass sie relativ unkonkret wird und kaum wirkliche Klarheit in die Definitionsvielfalt bringt:

a) die Ebene der Einbettung von Medien(-›Texten‹) in spezifische multi- und intermediale kommunikative Handlungszusammenhänge
b die Ebene der intermedialen technischen Gegebenheiten von Dispositiven und

60 Vgl. Mallarmé, Stéphane: »Un coup de dés jamais n'abolira le hasard/Ein Würfelwurf niemals je auslöschen wird den Zufall«, in: Ders.: *Sämtliche Dichtungen*, München/Wien 1992, S. 221-265.

c) die Ebene der Integration und Transformation von medialen Strukturen eines oder mehrerer Medien in den Kontext eines anderen Mediums.[61]

Im Grunde umfasst diese Definition sehr unterschiedliche Begriffe von Intermedialität, die allerdings alle in der wissenschaftlichen Diskussion kursieren: Unter a) lässt sich der Intermedialitätsbegriff der Literaturwissenschaft fassen, der sich hauptsächlich mit Transferleistungen von einem Medium in ein anderes befasst (z.B. Literaturverfilmungen); unter b) ist die technische Entstehungsgeschichte neuer Medien aus Strukturen schon bestehender Medien zusammengefasst (z.B. die enge technische Beziehung zwischen Photographie und Film); die Definition unter c) umfasst das, was in der Diskussion der künstlerischen Richtungen in den 60er Jahren, vor allem unter Rekurs auf den Fluxus-Künstler Dick Higgins, unter Intermedialität verstanden wurde. Zwar ist die Definition von Dick Higgins nicht unbedingt eindeutig, jedoch macht sie zumindest klar, dass es sich bei Intermedialität um etwas strukturell völlig anderes handelt als um eine (wie auch immer geartete) Koexistenz mehrerer Medien. Es geht hier um »conceptual fusion«, um eine Verschmelzung von Medien bis zur Ununterscheidbarkeit.[62] Damit zieht Higgins eine Grenze zwischen Multimedia – der Koexistenz verschiedener Medien – und »mixed media« – dem Nebeneinander von mehreren Medien ohne deren konzeptuelle Veränderung. Sein Intermedia-Begriff zielt auf eine strukturelle Verschmelzung ab: Die Medien durchdringen sich gegenseitig, ein Medium kann Funktionen eines anderen übernehmen. Yvonne Spielmann führt das Konzept weiter aus, indem sie es mit dem Prozess der Transformation koppelt: »This transformation of different types of images, which causes a shift in the organization of the whole image, I will call ›intermedia.‹«[63] Die Transformation dient nach Spielmann dazu, die Intermedialität einerseits konkreter zu kennzeichnen, andererseits verschiedene Formen der Intermedialität zu klassifizieren. Transformation kann zum einen die Differenz der Medien nutzen und

61 Müller, Jürgen E.: *Intermedialität. Formen moderner kultureller Kommunikation*, Münster 1996, S. 71.

62 Higgins, Dick: »Intermedia«, in: *Leonardo*, Vol. 34, No. 1 (2001), S. 49-54 (hier: S. 52/53). Der ursprüngliche Essay stammt von 1965, in *Leonardo* ist er durch einen Text von 1981 ergänzt.

63 Spielmann, Yvonne: »Intermedia in Electronic Images«, in: *Leonardo*, Vol. 34, No. 1 (2001), S. 55-61 (hier: S. 56).

erhalten, aber dennoch eine neue Form des Bildes hervorbringen (indem z.B. die digitale Bearbeitung von Photographien in das Filmbild so integriert wird, dass beides getrennt voneinander wahrnehmbar bleibt), oder aber sie zielt darauf ab, die Differenzen völlig zu eliminieren. Die Transformation kann also einerseits eine Kollision distinkter medialer Elemente darstellen, andererseits einen Dialog zwischen verschiedenen Medien zur Verschmelzung in ein neues mediales Phänomen bezeichnen.[64] Durch die Kopplung an den Prozess der Transformation wird die Intermedialität zu einer ästhetischen Kategorie, die es erlaubt, sie von den Begriffen »mixed media«, »Multimedia« und »Hypermedia« zu differenzieren: Diesen fehlt der *Transformationseffekt*. »Hypermedia« ist nach Spielmann eine Erscheinungsform, die – in Anlehnung an den Terminus »Hypertext« – auf die Linkstruktur zurückzuführen ist, indem verschiedene Medien assoziativ miteinander gekoppelt werden. Dem entspricht auch die technische Definition von Hypermedia: Hypermedia-Anwendungen sind Informations-Management-Systeme, die auf assoziativer Verlinkung von Dokumenten beruhen. Sie basieren auf integrativer Nutzung der Einzelmedien oder -codes, die zwar in enger Beziehung zueinander stehen, aber nicht miteinander verschmelzen.[65] Dennoch bleiben einige Unklarheiten in Bezug auf den Intermedialitätsbegriff, der damit zusammenhängt, dass in allen Definitionen – der von Müller, von Higgins und von Spielmann – unter »Medium« sowohl technische Medien (»Dispositive«) als auch Zeichensysteme verstanden werden.

»In fast allen Konzepten von Intermedialität wird durch einen fließenden Übergang eine definitorische Unterscheidung zwischen Kunst und Medium verwischt, oder es wird von ›Verschmelzung‹ von Kunst und Medien gesprochen, nicht zuletzt deshalb, weil nach wie vor unklar ist, welchen Bereich ›Medium‹ und ›Medialität‹ abdecken sollen.«[66]

Um den Begriff der Intermedialität theoretisch wirklich fruchtbar zu machen, scheint eine klare Unterscheidung notwendig. *Selbstver-*

64 Ebd., S. 59.

65 Vgl. z.B. die Definition in Hall, Wendy/Lowe, David: *Hypermedia & the Web. An Engineering Approach*, Chichester u.a. 1999, S. 6.

66 Paech, Joachim: »Intermedialität. Mediales Differenzial und transformative Figurationen«, in: Helbig, Jörg (Hg.): *Intermedialität. Theorie und Praxis eines interdisziplinären Forschungsgebietes*, Berlin 1998, S. 14-30 (hier: S. 17).

ständlich sind unter zeichentheoretischer Perspektive Text, Bild und Ton Medien, nimmt man jedoch einen medienontologischen Standpunkt ein und betrachtet Medien als materielle Phänomene, dann geht es offensichtlich um Medientechnologien und deren Beziehungen zueinander.

Wie schon im ersten Teil für die Sprache ausgeführt, unterscheiden sich Zeichensysteme und Medien dadurch, dass Erstere in verschiedener medialer Form erscheinen können, also *transmedial* sind, dabei aber nie von ihrem Medium unberührt bleiben. Buchdruckbasierter Text unterscheidet sich deutlich in seiner Struktur von elektronischem Hypertext, ebenso wie sich Handschriften strukturell von Büchern unterscheiden. Die Art des gewählten Mediums übt entscheidenden Einfluss auf die Strukturierung der Codes aus; ebenso entscheidend wirkt sie auf die Herausbildung von Kunstformen. Ohne den Buchdruck hätte sich die Literatur als eigenständige Kunstform niemals in den vielen Formen, die wir heute beobachten, entwickeln können; so ist die Gattung des Romans ohne das Buch nicht denkbar.[67]

Gerade die Gebundenheit von Kunstformen an ihre Medien führte erst zu Visionen der Grenzüberschreitung, die in den verschiedenen Versuchen gipfeln, die medialen Grenzen durch Integration anderer als der dem Medium durch kulturelle Standards zugeordneten Strukturen zu überwinden. Intermedialität ist dann festzustellen, wenn Strukturen eines Mediums mit denen eines anderen verschmelzen, wie in dem von Spielmann angeführten Beispiel des digitalen Bildes im Film – *dennoch bleibt die Struktur des Mediums dominierend, das als Trägermedium gewählt wurde*. Intermedialität liegt auch dann vor, wenn z.B. ein Film als Datenbankstruktur organisiert ist – wie Lev Manovich in Bezug auf Greenaways Filme konstatiert.[68] Dann verschmelzen die Eigenschaften eines anderen Mediums – des Computers – mit denen des Films, jedoch dominiert die sequentielle Struktur des Films, auch wenn die

67 Vgl. Giesecke, Michael: »Literatur als Produkt und Medium kultureller Informationsverarbeitung und Kommunikation«, in: Huber, Martin/Lauer, Gerhard (Hg.): *Nach der Sozialgeschichte. Konzepte für eine Literaturwissenschaft zwischen Historischer Anthropologie, Kulturgeschichte und Medientheorie*, Tübingen 2000, S. 359-383 (hier: S. 380).

68 Vgl. Manovich, Lev: *Database as a Symbolic Form*, 1998, <http://www.manovich.net/docs/database.rtf>.

Narrativität rekursive Formen annehmen kann, indem keine kausale Entwicklung der Geschichte stattfindet. In diesem Sinne sind auch die kombinatorischen Experimente der Printliteratur intermedial – sie versuchen ebenfalls, Datenbankstrukturen (teilweise avant la lettre) im Buch zu implementieren, ohne dass sie jedoch die Linearität des Buches durchbrechen können.

Im Falle von Mallarmés Gedicht wird die Sequentialität des Buches eingehalten; jedoch erhält ein *Code* Qualitäten anderer Codes – der gedruckte Text bringt sowohl rhythmische als auch visuelle Eigenschaften (die Text per se immer hat) durch seine spezielle Anordnung auf den Seiten zum Ausdruck, ist jedoch nach wie vor ein gedruckter Text. Seine nicht-textuellen Eigenschaften kann er nur durch den Transfer in ein anderes Trägermedium entfalten – der Stimme oder dem Bild. Hier muss eher von *Intersemiozität* gesprochen werden, da ein Code Qualitäten eines anderen Codes erhält; Intersemiozität liegt ebenfalls vor, wenn durch die Interaktion mit anderen Codes neue, allen beteiligten Codes gemeinsame Eigenschaften entstehen. Die Funktion von Zeichensystemen wird dabei durch ihre »technischen« Trägermedien entscheidend beeinflusst. Das digitale Bild weist andere Qualitäten auf als das mit analogen Technologien geschaffene;[69] dasselbe gilt für geschriebene und gesprochene Sprache.

In beiden Fällen wird die Rede von der »conceptual fusion« nach Higgins doch entscheidend abgeschwächt: Denkt man diese Verschmelzung mit der McLuhan'schen Medienontologie zusammen, so muss das Resultat derart sein, dass die Struktur eines Mediums dominiert – im Zweifelsfall die des gewählten Trägermediums. Diese Feststellung impliziert auch, dass Intermedialität und Intersemiozität nicht ohne die Rezeptionstätigkeit zu denken sind: Da Medienstrukturen ein soziokulturelles Konstrukt sind, haben sie sich in Oszillation mit entsprechenden Rezeptionsprogrammen entwickelt. Die Wahrnehmung von Bildern orientiert sich am Tafelbild und erfolgt simultan, die von Texten basiert auf dem linearen Leseverhalten des Buches. Liest man Mallarmés Gedicht in ge-

69 Eine wesentliche Unterscheidung besteht nach Spielmann in der Repräsentationsfunktion des analogen Bildes gegenüber der Simulationsqualität des digitalen Bildes. Vgl. Spielmann, Yvonne: »Schichtung und Verdichtung im elektronischen Bild«, in: Dies./Winter, Gundolf (Hg.): *Bild – Medium – Kunst,* München 1999, S. 59-75 (hier: S. 61)

druckter Buchform, geht man vermutlich zunächst linear vor und liest ohne Einsatz der Stimme, muss dabei umblättern und kann daher erst nach und nach die anderen medialen Elemente erschließen. Sähe man es als Bild auf Leinwand, würde man die aus Buchstaben gebildeten Formen insgesamt simultan wahrnehmen und das Augenmerk gälte zunächst den bildlichen Qualitäten; hörte man es als gesprochenes Gedicht, würde der Rhythmus im Vordergrund stehen. Das Trägermedium bestimmt die Rezeptionsweise – durch die in der Typographie deutlich gemachten rhythmischen und visuellen Qualitäten des Textes werden diese aber durchbrochen. Das Trägermedium determiniert damit, gegen welches mediale Programm durch Intermedialität und Intersemiozität »verstoßen« wird.

Mit dieser Begriffsdefinition sind Intermedialität und Intersemiozität auch klar von Intertextualität abgegrenzt. Auch zur Intertextualität gibt es, wie schon zuvor erwähnt, zahlreiche Konzepte, die – parallel zur Begriffsverwirrung im Bereich der Intermedialität – von der Integration verschiedener Textsorten in einen Text bis zur Konzeption eines rhizomatischen Textgewebes ohne Grenzen und der Literatur als einem unendlichen Zitatgewebe reichen. Dennoch ist klar, dass es sich hierbei immer um ein Verbleiben im Programm des gedruckten Textes handelt; im Übrigen wird in der literaturwissenschaftlichen Intertextualitätsdiskussion keinerlei Augenmerk auf die Frage nach dem Einfluss der Medien auf die Arten der Textgestaltung gerichtet.[70] Die Intertextualität verbleibt in einer medienneutralen Texttheorie verhaftet. Der Hypertext lässt sich – wie schon diskutiert – durchaus als intertextuelles Phänomen beschreiben, allerdings als flache Intertextualität, die insbesondere in der Dokumentenvernetzung des World Wide Web auf eine Vermischung von Textsorten hinausläuft, deren Trennung jedoch aufrechterhalten wird. Die Linkstruktur arbeitet mit der Textersetzung – es werden also keine Collage-, Cut-up- oder Sampling-Techniken angewandt und in einen Text integriert, sondern es wird ein offenes Textnetz gewebt, in dem dennoch jedes Dokument für sich erhalten bleibt. Die gängigen Konzepte der Intertextualität scheinen dagegen ihre Relevanz nur in dem Medium zu entfalten, auf dessen Basis sie entwickelt wurden: dem Buch. Damit sprengt die Intertextualität

70 Vgl. auch Müller, Jürgen E.: »Intermedialität als poetologisches und medientheoretisches Konzept. Einige Reflexionen zu dessen Geschichte«, in: Helbig, Intermedialität, S. 31-40 (hier: S. 32).

keinesfalls die Grenzen des Buchdrucks, sie kann letztlich auch nicht den Autor auslöschen, dessen Aufgabe nach wie vor (mindestens) in der Aktivität von »Wahl, Verteilen und Entformeln der Materialien« liegt. Letzteres gilt im Übrigen auch für den Hypertext. Nicht umsonst klingt das Credo des amerikanischen Internet-Literaten Mark Amerika, »Surf, Sample, Manipulate«, wie eine moderne, an den Computerjargon angepasste Übersetzung der künstlerischen Formel von Kurt Schwitters, aus dem dennoch der Glaube an die – wenn auch entmystifizierte – Aufgabe der Künstlerpersönlichkeit spricht.

Intermedialität und Intersemiozität in Kunst und Literatur

Intersemiozität und Intermedialität stellen jedoch im Gegensatz zur Intertextualität eine Herausforderung an die Literatur dar, da sie die Hegemonie des Textes als bedeutungsvermittelnden Codes einerseits, die Dominanz des Buches andererseits angreifen. Dies geschieht erstmals programmatisch – nicht mehr überraschend – ebenfalls in den avantgardistischen Bestrebungen zu Beginn des 20. Jahrhunderts. Bild- und Tonelemente schleichen sich in die Textstrukturen ein und streben Funktionsveränderungen der Codes an, wobei die meisten Experimente die Gestalt von transmedialer Sprachkunst oder der intersemiotischen Zusammenführung von verschiedenen Codes in einem strukturbestimmenden Medium annehmen. Ausnahmen bilden z.B. Collagen, bei denen Zeitungsbestandteile oder andere Materialien wie Holz etc. eingearbeitet werden. Sie sind intermedial, wobei das Bild als Trägermedium die Funktion der anderen Medien bestimmt.

Sprachkunst als Lautgedichte wie z.B. die gesprochene/gesungene/gekreischte »Ursonate« Kurt Schwitters', Textbilder (oder Bildtexte) und Performances (z.B. in den Dada-Abenden) bereiten den Weg für einen Ausbruch aus dem gedruckten Text, der – nach der Unterbrechung durch den zweiten Weltkrieg und eine Phase der literarischen Kontemplation in den 50er Jahren – in den 60er Jahren mit der visuellen und konkreten Poesie sowie ebenfalls in Literatur-Performances (heute z.B. als Poetry-Slams) fortgesetzt wird. Nicht umsonst schlägt Arno Holz den transmedialen Terminus »Wortkunst« für die dadaistische Literatur vor – ein Begriff, der in der konkreten Poesie wiederaufgegriffen wird.[71]

Grundlage für die angestrebte Grenzüberschreitung der Kunstgattungen ist die Gleichsetzung von Sprache mit anderen künstlerischen, aber auch nicht-künstlerischen Materialien. In Kurt Schwitters' »Merz«-Konzept (einer Verballhornung des Wortes »Commerz«) kommt dies am deutlichsten zum Ausdruck, wenn »die restlose Erfassung aller Materialien vom Doppelschienenschweißer bis zur Dreiviertelgeige« und die Integration »der Schraube des Imperators bis zum Haarnetz der vornehmen Dame« gefordert wird.

Die Merz-Bühne steht als paradigmatisches Beispiel für die avantgardistischen Versuche, durch Durchbrechung der medialen Grenzen den künstlerischen Raum für das Leben und den Alltag zu öffnen. Die Überschreitung der Gattungsgrenzen aufgrund der Erweiterung der »künstlerischen« Materialien und ihrer medialen und semiotischen Verschmelzung sollen vor allem das Chaos und die prinzipielle Multimedialität der Realität angemessener wiedergeben. So heißt es im ersten dadaistischen Manifest 1918:

»Das Wort Dada symbolisiert das primitivste Verhältnis zur umgebenden Wirklichkeit, mit dem Dadaismus tritt eine neue Realität in ihre Rechte. Das Leben erscheint als ein simultanes Gewirr von Geräuschen, Farben und geistigen Rhythmen, das in die dadaistische Kunst unbeirrt mit allen sensationellen Schreien und Fiebern seiner verwegenen Alltagspsyche und in seiner gesamten brutalen Realität übernommen wird. [...] Der Dadaismus steht zum erstenmal dem Leben nicht mehr ästhetisch gegenüber, indem er alle Schlagworte von Ethik, Kultur und Innerlichkeit, die nur Mäntel für schwache Muskeln sind, in seine Bestandteile zerfetzt.«[72]

Daraus folgt auch eine grundlegende Veränderung der literarischen Paradigmen: Gefordert werden das »bruitistische«, das simulanistische und das statische Gedicht – allerdings dann doch mit der Absicht, dem Chaos der Wirklichkeit mit entsprechender Gestaltung entgegenzutreten, auch wenn diese auf einer Absage an den bedeutungstragenden Charakter der Sprache sowie auf einer Betonung der materiellen Heterogenität der Kunstwerke und -projekte beruht. Das »Dadaistische Manifest« zeugt von dem Versuch, der

71 Vgl. Block, Friedrich W.: *Beobachtung des ›Ich‹. Zum Zusammenhang von Subjektivität und Medien am Beispiel experimenteller Poesie,* Bielefeld 1999, S. 32.

72 Tzara, Tristan, u.a.: »Dadaistisches Manifest«, in: Huelsenbeck, Dada, S. 31-33 (hier: S. 32).

Sprache eine Kraft zu verleihen, die im Gegensatz zur Romantik keine ästhetische Gegenwelt schaffen will, sondern ein adäquater Code der Wirklichkeit sein soll – dazu gehört die »Versinnlichung« der Sprache im Laut und die Verbildlichung des Textes einerseits, die Textualisierung des Bildes andererseits. Richard Huelsenbeck beschreibt im Rückblick den Dadaismus als Kampf gegen den Nihilismus durch Einsatz des Unsinns, als den verzweifelten Versuch, Ordnung in ein Chaos zu bringen, das von der Gesellschaft ihrer Zeit noch nicht einmal als solches erkannt wurde. Dazu zählt auch die Reduktion einer Sprache, deren Kommunikationsfähigkeit sich immer wieder – und insbesondere im Angesicht des ersten Weltkriegs – als ausgesprochen ungenügend erwiesen hat, auf ihre reinen Materialien: »Die Reduzierung der Sprache auf Laute, so wie ich es heute sehe, ist der Ausdruck eines moralischen Willens, die Menschen aus der Kompliziertheit ihrer Missverständnisse auf einen sprachlichen Nenner zu bringen, auf dem sie wieder kommunizieren können.«[73]

Zur »Versinnlichung« der Sprache gehörte ebenso die Integration von Text in die bildende Kunst. Auch hier wird Sprache zum Material, behält aber dennoch ihre semantische Funktion, auch wenn diese in Frage gestellt wird. Obwohl keine nachweisliche Rezeption der sprachtheoretischen Schriften Ferdinand de Saussures vorhanden war,[74] so entspringt der Versuch, die Grenzen des gedruckten Textes und des Bildes zu sprengen, auch in den Avantgarden einem Misstrauen gegenüber der »natürlichen« Beziehung von Zeichen und Bezeichnetem. Magrittes berühmtes Bild »Ceci n'est pas une pipe« kann in diesem Kontext als Infragestellung der Repräsentationsfähigkeit sowohl des Bildes als auch der Sprache interpretiert werden.

Da die Verbindung von Wort und Bild im Dadaismus (davor auch schon im Futurismus, der mittels Typographie die Sprache ausdrucksstärker und synästhetischer machen wollte)[75] jedoch mittels traditioneller Medien geschieht, werden sie schon durch die

73 Huelsenbeck, Richard: »Dada oder der Sinn im Chaos«, in: Ders., Dada, S. 11-27 (hier: S. 15).

74 Vgl. Freeman, Judi: »Bedeutungsschichten: Mehrfache Lesarten der Wort-Bilder in Dada und Surrealismus«, in: Dies. (Hg.): *Das Wort-Bild in Dada und Surrealismus,* München 1990, S. 13-55 (hier: S. 15).

75 Ebd.

Selbstbenennungen nach wie vor zumeist einer Kunstgattung zugeschrieben. Die Beziehung zwischen Bild und Schrift ist in den 20er Jahren nur selten wirklich so geartet, dass beides miteinander ununterscheidbar verschmilzt. Meist fügt der Text im Wortbild dem Bild noch eine zusätzliche Bedeutungsdimension hinzu; es handelt sich eher um cin »mixed code«-Phänomen, bei dem textuelle und bildliche Elemente nebeneinander stehen und ihre jeweiligen Funktionen bewahren.

Anders sieht es – zumindest teilweise – in den vielfältigen Strömungen aus, die entweder unter »experimentelle« oder »konkrete« oder »visuelle« Poesie[76] subsumiert werden. Zwar indiziert die Begriffswahl »*Poesie*« nach wie vor eine kategoriale Zugehörigkeit zur Literatur,[77] andererseits aber verstärken sich die Tendenzen zur Visualisierung – auch unter Einsatz anderer Medien als der des Buches oder des Tafelbildes.[78] Dies ist weniger in der deutschsprachigen konkreten Poesie der Fall als vielmehr insbesondere in der brasilia-

76 Im Grunde genommen wäre es sinnvoller, entweder von experimenteller oder von konkreter Poesie zu sprechen, da die visuelle Poesie – wie schon erwähnt – eine sehr lange Geschichte hat, die bis in die Antike zurückreicht. Da die konkrete Poesie aber eine ganz bestimmte Sprachauffassung propagiert, unterscheidet sie sich von den z.T. sehr divergierenden Formen der früheren visuellen Poesie; zudem beschränkt sie sich auch nicht auf die Visualisierung, sondern betont ebenso Rhythmus und Klang.

77 Dies geht z.B. ganz deutlich aus Helmut Heißenbüttels »Anmerkungen zur konkreten Poesie« hervor, der selber die verschiedenen Strömungen der konkreten Poesie auf ihre Zugehörigkeit zur Literatur abtastet, auch wenn er natürlich die Überschreitungen von Text zum akustischen Laut und zur bildlichen Gestaltung als Definiens beibehält. Vgl. Heißenbüttel, Helmut: »Anmerkungen zur konkreten Poesie«, in: Billen, Josef/Koch, Helmut (Hg.): *Was will Literatur? Aufsätze, Manifeste und Stellungnahmen deutschsprachiger Schriftsteller zu den Wirkungsabsichten und Wirkungsmöglichkeiten der Literatur*, Bd. 2: 1918-1973, Paderborn 1975, S. 285-288.

78 Johanna Drucker betont, dass die Beziehung zwischen der konkreten Poesie, wie sie 1955 von Eugen Gomringer quasi »begründet« wurde, und den Avantgarden zwar vorhanden ist, Erstere aber gedanklich doch sehr viel mehr an die konstruktivistischen und formalistischen Tendenzen in der bildenden Kunst anschließt als an Visualisierungsversuche in der Literatur. Ausnahme ist ihr zufolge Mallarmé. Vgl. Drucker, Johanna: »Experimental, Visual, and Concrete Poetry: Context and Concepts«, in: Jackson, K. David/Vos, Eric/Drucker, Johanna (Hg.): *Experimental – Visual – Concrete. Avant-Garde Poetry since the 1960s*, Amsterdam/Atlanta 1996, S. 39-61 (hier: S. 43). Dagegen ist die Abgrenzung zwischen Dadaismus und konstruktivistischen Einflüssen bei Reinhard Döhls Chronik der Stuttgarter

nischen.[79] Von dort kommen auch die Pioniere der Videopoesie (Ernesto Melo e Castro) und der Holopoesie (Eduardo Kac), »vordigitaler« dreidimensionaler Wortbilder. Diese Tendenzen unterscheiden sich von den bisher erwähnten dadurch, dass Medien eingesetzt werden, deren Strukturen und Nutzungsformen vergleichsweise neu und noch nicht kulturell etabliert sind. Neue Trägermedien machen es überhaupt erst möglich, die Funktion der Codes zu verändern – Videopoesie arbeitet z.B. mit dem temporären Aufscheinen und Verschwinden des Textes und verleiht dem Code dadurch spezifische Eigenschaften, die der Struktur des Mediums geschuldet sind. Konkrete Poesie in Bild und Buch dagegen nutzt im Grunde genommen Rezeptionsweisen, die sowohl das Bild als auch das Buch in sich tragen. Da Bücher auch Trägermedien für Bilder sind, ist das Schauen ein durchaus im Buch angelegtes, standardisiertes Rezeptionsprogramm – insbesondere, wenn der Text sich nur auf einer Seite typographisch entfaltet, nicht auf mehreren. Ebenso kann ein Bild »gelesen« werden, was dann nahe liegt, wenn Text vorhanden ist. Insofern fordert die konkrete Poesie nicht in dem Maße heraus, wie man es meinen könnte. Eine wirkliche Grenzüberschreitung findet erst dann statt, wenn die lautliche Dimension eingebracht wird – denn laut zu lesen gehört nicht unbedingt zur Rezeptionsnorm der Printliteratur bzw. des Bildes. Hinter dem »Oszillieren zwischen verschiedenen Operationsmodi: zwischen Unterscheiden und Verbinden, Bezeichnen und Bedeuten, Lesen und Betrachten usw.«[80] verbirgt sich daher keine wirklich revolutionäre Veränderung, nur eine Verdichtung verschiedener Rezeptionsprogramme zu einem ständigen unmittelbaren Wechsel zwischen Lesen und Schauen – beides ist jedoch gleichermaßen möglich, wobei das Trägermedium eventuell über die Dominanz einer Rezeptionsform entscheidet.

Gruppe, die sich ebenfalls zur konkreten/experimentellen Poesie zählte, nicht so deutlich. Schwitters wird hier als einer der wichtigsten Vorläufer genannt. Vgl. Döhl, Reinhard: *Die 60er Jahre in Stuttgart. Ein Exkurs*, Stuttgart 1987, <http://www.das-deutsche-handwerk.de/s/stutt60.htm>. Es scheint generell von den einzelnen Personen abhängig zu sein, welche Einflüsse sie für sich als wichtig empfanden – die Gruppen waren offensichtlich zu heterogen, um einheitliche Vorläufer nennen zu können. Dasselbe gilt im Übrigen auch für Fluxus.

79 Vgl. die Beiträge und Beispiele in dem Sammelband Experimental – Visual – Concrete.

80 Block, Beobachtung des ›Ich‹, S. 224.

Den avantgardistischen Bestrebungen ging es – ähnlich wie der Kunst der 60er Jahre – jedoch um mehr. Gerade in den Konzepten der Interaktion sowie Intersemiozität und -medialität wurde nach einer Überschreitung der Grenzen zwischen Kunst und Leben sowohl durch Einbeziehung der Rezipienten als auch durch Gattungsverschmelzungen gesucht. Dadurch aber stellten sie gleichzeitig Herausforderungen an die eingefahrenen Rezeptionsweisen des Publikums, die nicht nur schockieren, sondern auch zur Aktivität und Kommunikation auffordern sollten. *Intersemiozität, Intermedialität und Interaktion hängen stark zusammen – eine Veränderung der Rezeptionsformen läuft in diesem Fall auf eine grundsätzliche Veränderung des Verhaltens gegenüber künstlerischen Aktivitäten hinaus.* Dies geschieht durch den Einsatz synästhetischer und interaktiver, dabei gleichzeitig oft auch prozessual ausgerichteter Strategien.

Synästhesie als ethisches Konzept

In den zeichen- und medienorientierten Verschmelzungskonzepten geht es neben der Gattungsüberschreitung als Kontrapunkt zur Trennung der Künste einerseits, als Entwurf adäquater Darstellungsmittel einer immer komplexer werdenden Wirklichkeit andererseits auch um Synästhesie. Jedoch muss man hier differenzieren: Synästhetische Kunst, die alle Sinne gleichermaßen anspricht, kann auf verschiedene Weise realisiert werden. Die Idee der Synästhesie umfasst sowohl Formen der Intersemiozität, der Intermedialität, aber auch der Multimedialität.

Ausformuliert wurden diese Bestrebungen als primär multimediale Konzepte schon in der Romantik. Sie reagieren auf die Ausdifferenzierung der Einzelkünste und damit indirekt auf den Primat des Visuellen, der sich mit der Erfindung des Buchdrucks immer

81 Vgl. Giesecke, Michael: »Der Verlust der zentralen Perspektive und die Renaissance der Multimedialität«, in: Kemp, Wolfgang, u.a. (Hg.): *Vorträge aus dem Warburg-Haus,* Bd. 2, Berlin 1998, S. 85-116. Hier heißt es u.a.: »Mit dem Beginn der Neuzeit werden die Sinne, nicht nur von einzelnen Autoren, sondern von der sozialen Gemeinschaft, neu hierarchisiert. Es kommt zur Abwertung akustischer, taktiler, olfaktorischer und gustatorischer Welten zugunsten des ›Sehsinnes‹. Die symbolische Vergegenwärtigung der Umwelt in Bildern und Texten beruht auf visuellen Erfahrungen.« Ebd., S. 96.

stärker durchgesetzt hatte.[81] Die Differenzierung der Sinne geht dementsprechend auch auf die Theorien der Renaissance zurück, die damit auch die Künste voneinander trennten.[82] Die bildende Kunst entwickelte die geometrische Theorie der Zentralperspektive, während die (Natur-)Wissenschaften ihre Klassifikationskriterien normierten, um das Wissen nachvollziehbar für alle über Bücher weitergeben zu können. Dennoch verschwand das Ideal einer alle Sinne umspannenden Kunst nie wirklich aus dem Blickfeld – die Kunsttheorien der Romantik belegen dies, indem sie auf ein offensichtliches Defizit der ausdifferenzierten Künste reagieren. Sobald die Künste sich als eigenständige gesellschaftliche Phänomene formieren (was zumindest im Falle der Literatur erst Ende des 18. Jahrhunderts passierte), wurden sie in ihrer Abgrenzung sofort wieder unterlaufen. Dennoch bedurfte es weiterer 150 Jahre – und nicht zuletzt der Erfindung des Computers und seiner Durchsetzung als Massenmedium – damit die Standardisierungen und die Separierung der Sinne nicht nur in der Kunst, sondern auch im Alltag und in der Wissenschaft – wenn auch zögerlich – in Frage gestellt wurden und die Sehnsucht nach Synästhesie, vermittelt durch technologische Medien, in den virtuellen Welten zum ersten Mal erfüllbar erscheint. Wie Michael Giesecke betont, hat es Multimedialität im Sinne multisensorischer Wahrnehmung immer gegeben, durch die Dominanz des Buches als primäres Wissensvermittlungsmedium wurde dies allerdings in den Hintergrund gedrängt.[83] In dieser Hinsicht gehört Marshall McLuhan zu einem der wichtigsten Visionäre – seine Kritik an der Einseitigkeit des Buchdrucks und seine Utopie einer vernetzten Gesellschaft ist inhärent gekoppelt mit einem gleichgewichtigen, homöostatischen Einsatz aller Sinne.[84] Die nunmehr durch die neuen elektronischen Medien ermöglichte Rückkehr zu einer Harmonie der umfassenden Wahrnehmung macht es nach McLuhan erst möglich, eine kollektive, vernetzte Gesellschaft zu formieren, die – ähnlich wie die oralen Stammeskulturen – mit ihrer Umwelt in Einklang lebt. Michael Giesecke dagegen koppelt die Multimedialität weniger an die elektronischen Medien als vielmehr an einen Wechsel vom Leitmedium Buch zu einer gleichwertigen Koexistenz vieler Medien, mit Schwerpunkt allerdings auf der

82 Vgl. Higgins, Intermedialität, S. 49.

83 Vgl. Giesecke, Der Verlust der zentralen Perspektive, S. 110.

84 Vgl. dazu ausführlich Heibach, Literatur im Internet, S. 17-37.

Wiederentdeckung und Kultivierung des (Gruppen-)Gesprächs als Gegengewicht zur interaktionsarmen Buch- und Massenmedienkultur. Damit wird ein Prozess wissenschaftlich umgekehrt, den Friedrich Schleiermacher zum Anlass für seine wissenschaftliche Grundlegung der Hermeneutik und damit der Philologien nahm: Seine Überlegungen setzen bei der Problematik ein, wie Verstehen ohne direkte Interaktion möglich gemacht werden kann: »Daß sich aber die Kunst der Auslegung allerdings mehr auf Schrift als Rede bezieht, kommt daher, weil der mündlichen Rede in der Regel vieles zu Hilfe kommt, wodurch ein unmittelbares Verständnis gegeben wird, was der Schrift abgeht (...).«[85] Sieht Schleiermacher die Notwendigkeit, das Verstehen an die Hegemonie der Printmedien anzupassen und es dadurch zu objektivieren[86] – quasi eine Anleitung zum richtigen Verstehen zu geben, die der räumlich und zeitlich entfernte Leser befolgen kann – scheint im Zeitalter der elektronischen Medien die umgekehrte Strategie vonnöten. Die Reaktivierung des Gesprächs ist dabei auch eine ethische Strategie, die zur Zukunftsgestaltung unter den durch die elektronischen Medien veränderten kulturellen Bedingungen beitragen soll.

Die Idee der Synästhesie, die im Kontext der neuen Medien einen Revitalisierungsschub erfährt, war schon zuvor mehr oder weniger explizit sehr häufig untrennbar mit ethischen Forderungen verbunden. Wie das oben angeführte Zitat von Novalis zeigt, wird die Verbindung der Künste auch als eine kollektive Tätigkeit gedacht. Richard Wagner – als Visionär des Gesamtkunstwerks der Repräsentant für die Idee einer synästhetischen Kunst – sieht sein Konzept in enger Korrelation zu den gesellschaftlichen Zuständen seiner Zeit. Das »Kunstwerk der Zukunft« ist für ihn ein Politikum. Es zielt nicht nur auf eine Zusammenführung der Künste in einem

85 Schleiermacher, Hermeneutik, S. 91.

86 Ein Prozess, der in den Naturwissenschaften schon bald nach der Erfindung des Buchdrucks einsetzte, aber nie auf das Verständnis der Sprache ausgedehnt wurde – erst mit der Herausbildung eines eigenständigen Literatursystems wächst offensichtlich das Bewusstsein über das Wesen der Sprache und die Problematik des Verstehens. Vgl. dazu auch Foucault, Michel: *Die Ordnung der Dinge. Eine Archäologie der Humanwissenschaften*, Frankfurt am Main 1990, S. 342 ff. Foucault konstatiert Anfang des 19. Jahrhunderts die wissenschaftliche Formierung eines eigenständigen Sprachsystems, das nicht mehr nur repräsentative Funktion hat, sondern genuine Strukturen aufweist. Damit wird das Verstehen zwangsläufig zum Problem.

synästhetischen Werk ab, bei dem allerdings im Unterschied zu den Intersemiozitäts- und -medialitätskonzepten die einzelnen Künste erhalten bleiben. Sie sollen sich jedoch in der Koexistenz und Interaktion mit den anderen Künsten zu größter Vollkommenheit entfalten. Damit beschäftigt sich Wagner im Kontext des Gesamtkunstwerks vor allem mit der Frage der Kooperation als dessen grundlegender Voraussetzung:

»Das Kunstwerk der Zukunft ist ein gemeinsames, und nur aus einem gemeinsamen Verlangen kann es hervorgehen. Dieses Verlangen, das wir bisher nur, als der Wesenheit der einzelnen Kunstarten notwendig eigen, theoretisch dargestellt haben, ist praktisch nur in der Genossenschaft aller Künstler denkbar, und die *Vereinigung aller Künstler* nach Zeit und Ort, und *zu einem bestimmten Zwecke*, bildet diese Genossenschaft. Dieser bestimmte Zweck ist das Drama, zu dem sie sich alle vereinigen, um in der Beteiligung an ihm ihre besondere Kunstart zu der höchsten Fülle ihres Wesens zu entfalten, in dieser Entfaltung sich gemeinschaftlich alle zu durchdringen, und als Frucht dieser Durchdringung eben das lebendige, sinnlich gegenwärtige Drama zu erzeugen. Das, was allen ihre Teilnahme ermöglicht, ja was sie notwendig macht und das ohne diese Teilnahme gar nicht zur Erscheinung gelangen könnte, ist aber der eigentliche Kern des Dramas, die dramatische Handlung.[87]

Das »Kunstwerk der Zukunft« ist nicht nur kooperativ, sondern es kann auch nur aus den entsprechenden Lebensverhältnissen entstehen – hinter Wagners Konzeption steht eine klare politische Forderung, die sich im Kontext der gescheiterten 48er-Revolution verorten lässt:

»Somit wird das Drama der Zukunft genau dann von selbst dastehen, wenn nicht Schauspiel, nicht Oper, nicht Pantomime mehr zu leben vermögen; wenn die Bedingungen, die sie entstehen ließen und bei ihrem unnatürlichen Leben erhielten, vollständig aufgehoben sind. Diese Bedingungen heben sich nur durch das Eintreten derjenigen Bedingungen auf, welche das Kunstwerk der Zukunft aus sich erzeugen. Nicht vereinzelt können diese aber entstehen, sondern nur im vollsten Zusammenhange mit den Bedingungen aller unsrer Lebensverhältnisse.«[88]

Die visionierte Kooperativität des Dramas, bei dem die einzelnen Mitwirkenden (Künstler und Darsteller) in der Gemeinsamkeit auf-

87 Wagner, Richard: Das Kunstwerk der Zukunft. In: Ders.: *Die Hauptschriften.* Stuttgart 1956, S. 116-127 (hier: S. 123/124, Hervorhebungen im Text).

88 Ebd., S. 125.

gehen, ihre Individualität zugunsten des Kollektivs zurückstellen (während bei Novalis der Einzelne noch zwischen seiner Individualität und seiner Rolle als Teil des Ganzen oszilliert), kann nur aus den entsprechenden politischen Bedingungen – einem Volk, das gemeinsam über klassen- und materielle Grenzen hinweg verbunden ist – entstehen. Die Geschichte der Vision vom alle Künste umspannenden Werk bestätigt diese Tendenz: Es geht in allen Konzeptionen niemals nur um eine vom Leben abgekoppelte Kunst, sondern gleichzeitig – wie auch schon Novalis indiziert – um eine Vereinigung von Kunst und Leben.[89] Wie schon erwähnt, erfolgt dies in der Romantik und bei Wagner unter Rekurs auf eine Ästhetisierung des Lebens, während spätere Konzeptionen dagegen eine lebensweltliche Aktualisierung der Kunst verfolgen.

Es geht neben der Synästhesie und der Verbindung bzw. Verschmelzung der Künste auch immer um die Frage nach dem Grad der Interaktion. Dieser allerdings unterscheidet die jüngeren Vorstellungen von den älteren: Bleiben die »Coactivität« bei Novalis und die Kooperation bei Wagner noch den Künstlern vorbehalten,[90] wird mit den Tendenzen der Abschaffung eines speziellen Kunstraums die Einbeziehung des Publikums sehr viel intensiver. Unter diesem Aspekt gesehen ist die Wiederaufnahme des Begriffs »Gesamtkunstwerk« in Roy Ascotts »Gesamtdatenwerk« die konsequente Weiterführung der kollektiven Kreativität unter neuen medialen Bedingungen. Auch für Ascott steht die in diesem Falle global angelegte Kommunikation im Mittelpunkt:

»Wir suchen, kurz gesagt, nach einem GESAMTDATENWERK. Ort der Arbeit an und der Handlung für ein solches Werk muß der Planet als Ganzes sein, sein Datenraum, seine elektronische Noosphäre. Die Dauer des Werkes wird letztlich unendlich sein müssen, da das Werk, das eine Unendlichkeit von Interaktionen, Inputs und Outputs, Zusammenarbeit und Verbindungen zwischen seinen zahlreichen Mitarbeitern haben muß, stets in Be-

89 Vgl. Brock, Bazon: »Der Hang zum Gesamtkunstwerk. Pathosformeln und Energiesymbole zur Einheit von Denken, Wollen und Können«, in: *Der Hang zum Gesamtkunstwerk. Europäische Utopien seit 1800*, Aarau/Frankfurt am Main 1983, S. 22-39.

90 Auch wenn sich bei Novalis schon der Satz findet »Fast jeder Mensch ist in geringen Grad schon Künstler«, um dann allerdings die Besonderheit der »wirklichen« Künstler herauszuheben, der das Leben zur Kunst erhebt. Vgl. Novalis, Schriften Bd. 2, S. 363.

wegung und im Fluß sein müßte. Nachdem Wechselseitigkeit und Interaktion die Essenz darstellen, kann ein solches Werk nicht zwischen »Künstler« und »Betrachter«, zwischen Produzenten und Konsumenten unterscheiden.

An einem solchen Netzwerk teilzunehmen, bedeutet stets, an der Schaffung von Bedeutung und Erfahrung mitzuwirken. Die Rollen können nicht auseinandergelegt werden. Man kann nicht mehr länger am Fenster stehen und die von jemand anderem komponierte Szene betrachten, man ist vielmehr eingeladen, die Tür zu einer Welt zu durchschreiten, in der Interaktion alles ist.«[91]

Die Konvergenz von Interaktion und Intermedialität/-semiozität sowie der Synästhesie erhält mit Computer und insbesondere mit dem Internet neue Dimensionen, die ebenfalls mit der Frage nach Interaktion und Beteiligung aller an der »sozialen Plastik« im Zeitalter der neuen Medien gekoppelt ist. Die Überschreitung der Grenze zwischen Kunst und Leben ist allein schon dadurch gegeben, dass die Dokumentenvernetzung im Internet keine räumlichen Abgrenzungen mehr zulässt und damit keine metakommunikativen Rahmen aufweist. Was hier Kunst ist und was nicht, hängt noch sehr viel mehr von der Etikettierung als Kunst ab, als dies im »materiellen« Kunstbetrieb der Fall ist. Im nächsten Kapitel wird die Frage zu diskutieren sein, welche Konsequenzen die funktionale Synthese des Computers und des Internets als Arbeits-, aber auch als künstlerisches Medium für das Verständnis von Kunst und Literatur hat.

In Bezug auf die Synästhesie müssen Literatur und Kunst im elektronischen Raum allerdings gegenüber Medieninstallationen in ihrem technischen Aufwand noch relativ bescheiden arbeiten. Medieninstallationen der letzten Jahre bemühten sich ebenfalls um eine Intersemiozität, die z.T. sehr stark mit Text arbeitet. Viele sind gleichzeitig interaktive Installationen, wie die schon erwähnten *Portrait No. 1* oder *The Legible City*, ebenso *Text Rain*. *Text Rain* arbeitet jedoch nicht nur intersemiotisch durch Integration des Textes in ein elektronisches Medium, sondern darüber hinaus mit einer intermedialen Verschmelzung von Körper und Video-Text – eine Art der Grenzüberschreitung, die durch die schwerfällige Schnittstellengestaltung in der Benutzer-Computer-Interaktion noch nicht erreicht werden kann. Auch in Bezug auf synästhetische Wahrnehmung lässt die Realisierung durch den Computer gegenüber Perfor-

91 Ascott, Roy: »Gesamtdatenwerk. Konnektivität, Transformation und Transzendenz«, in: *Kunstforum International* 103 (1989), S. 100-109 (hier: S. 106).

mances in realen Räumen noch stark zu wünschen übrig. Darüber hinaus werden die neuen Medien derzeit noch in erster Linie als visuelle Medien wahrgenommen – die Betonung von Bild und Text beherrscht derzeit die digitale Kunst. *Es bedarf vermutlich noch einer längeren Ablösungsphase vom Primat des Visuellen und der Vereinfachung und technischen Verbesserung der Schnittstellen, um den Computer zu einem wirklich synästhetischen Medium zu machen.* Wie sich noch zeigen wird, sind es aber gerade die Künste, die solche Möglichkeiten derzeit am intensivsten ausloten – insbesondere auch durch Strategien der Intersemiozität. Darüber hinaus ist zu vermuten, dass wirkliche Synästhesie nur dann erreicht wird, wenn sie mit intensiven Formen der Interaktivität gekoppelt wird – der Mensch also physisch aktiv wird und immersiv in die Umgebung miteinbezogen wird. Umgekehrt ist möglicherweise die Interaktivität dann am stärksten, wenn sie vom Benutzer den Einsatz aller Sinne erfordert.

Kunst als Prozess – Ausbruch aus dem Werk

Die Konzepte von Interaktion, Intersemiozität und -medialität werden ergänzt bzw. begleitet von Ausbruchsversuchen aus dem Werkbegriff und damit aus dem Kunstsystem, das auf vermarktbare Produkte ausgerichtet ist. Insbesondere die Kunstentwicklung des 20. Jahrhunderts macht dabei ein Element fruchtbar, das jahrhundertelang durch die Mystifizierung des Werks und den damit verbundenen Ewigkeitsansprüchen »wahrer« Kunst ausgeschlossen war: den Prozess. Die Integration des Prozesses in die Kunst nimmt dabei verschiedene und in ihren Konsequenzen sehr unterschiedliche Formen an. Der Prozess kann mit der Kunst zusammenfallen und jegliche Manifestation in einem Werk verweigern – dies ist das Kennzeichen der Avantgarden und der Performance-, Happening- und Aktionskunst der 60er Jahre. Der Prozess kann darüber hinaus in ein Werk oder eine Installation integriert sein – wie bei der kinetischen Kunst und vielen Medieninstallationen –, so dass der Betrachter Prozesse auslöst, die sich allerdings in ihrer prinzipiellen Struktur immer wiederholen lassen (auch wenn die Ausführung je nach Interaktion des Rezipienten/Akteurs differieren mag). Er kann ebenso – und dies mag die schwächste Version der Prozesskunst sein – Teil des Kunstwerks insofern sein, als die Entstehung des Werks zur eigentlichen Kunst erklärt wird und im Werk selber sichtbar gemacht werden soll – so in Jackson Pollocks Konzept des Action Painting. Obwohl die Rolle des Künstlers relativ unangetastet bleibt, verändert sich durch die Hinwendung zum Prozess der Werkbegriff. Am stärksten prozessual sind Performances, Happenings und Aktionen, die sowohl unwiederholbar als auch unspeicherbar sind. Wenn überhaupt, dann existieren von den Aufführungen der 60er Jahre Photos oder Filmaufnahmen, die allerdings in keiner Weise die Dynamik wiedergeben können, die sich aus der Interaktion von Raum, Künstler und Zuschauer/Beteiligten ergibt.

»Eine experimentelle Aktion ist eine solche, deren Ergebnis nicht absehbar ist. […] Die Aufführung einer Komposition, deren Aufführung nicht festgelegt ist, ist einmalig. Sie kann nicht wiederholt werden. Wird sie ein zweites Mal aufgeführt, ist das Ergebnis ein anderes als zuvor. [...] Die Aufnahme eines derartigen Werks ist nicht wertvoller als eine Groschen-Postkarte [...]«[92]

Auch Performances, die in ihrer Ritualisierung noch am ehesten Theateraufführungen ähneln, sind von der situativen Dynamik abhängig und kaum wiederholbar, geschweige denn zu konservieren: »[...] und wenn wir dann mit dem Video oder mit Photos konfrontiert werden, fehlt immer irgend etwas, keine Dokumentation kann einem ein Gefühl davon vermitteln, wie es war [...]«,[93] äußern sich auch die Performance-Künstler Maria Abramović und Ulay.

Zufall und Prozess

Ein wesentlicher Grund für die Einmaligkeit solcher künstlerischen Prozesse ist die Einbeziehung des Zufalls, die im Sinne John Cages auf eine unkalkulierbare, wenn auch beabsichtigte Unbestimmtheit in der Planung und Ausführung zurückzuführen ist: Das Werk/Projekt muss nicht mehr festgelegt, durchdacht und in seinen Einzelheiten konstruiert sein, um als Kunst zu gelten – es öffnet sich dem Zufall und verbindet sich dadurch mit realen Lebensprozessen. Damit löst sich der Kunstbegriff von der Idee des alles bestimmenden Schöpfers, der Künstler verändert seine Rolle und wird mehr zu einer Art konzeptuellem Regisseur. Dies kann auf völlig verschiedene Weise geschehen, wobei hier abzugrenzen ist, was nun prozessuale Kunst zum einen für Ausformungen annehmen kann und welche Rolle die Unbestimmtheit bzw. der Zufall darin spielen können.[94] Nicht alle prozessuale Kunst ist zufallsbetont, nicht alle künstlerischen Experimente mit dem Zufall sind prozessual. Treten Prozessualität und Unbestimmtheit jedoch gemeinsam auf, so stellen sie eine provokante Herausforderung für die traditionelle Ästhetik dar, weil sie sowohl die Rolle des Künstlers als auch die des Werkes in

92 Cage, John: »Komposition als Prozeß. Teil II: Unbestimmtheit«, in: Daniels/Frieling, Medien Kunst Aktion, S. 27-29 (hier: S. 27).

93 Marina Abramović und Ulay: »Im Gespräch mit Heidi Grundmann«, in: Daniels/Frieling, Medien Kunst Aktion, S. 199-200 (hier: S. 199).

94 Vgl. dazu auch die Diskussion in Janecke, Christian: *Zufall + Kunst. Analyse und Bedeutung*, Nürnberg 1995.

Frage stellen. Eine Kombination von Zufall, Prozess und Interaktion wiederum unterläuft die gesamte Trias von Künstler – Werk – Betrachter.

Prozessuale Kunst kann zunächst einmal so definiert werden, dass in ihrem Zentrum der Prozess, nicht das Werk steht. Es bestehen aber starke qualitative Unterschiede im Einsatz des Zufalls. »Zufall« kann einerseits, wie eben ausgeführt, strukturelle Indetermination und damit »Werklosigkeit« bedeuten, andererseits aber auch die Auswahl und Anordnung von Elementen betreffen, die in einem Werk münden. Letztere Form des Zufalls spielt bei den Experimenten der Avantgarden eine große Rolle: Marcel Duchamps »readymades«, das Prinzip der Collage in der bildenden Kunst und in der Literatur, ebenso wie dort später die Strategie des Cut-up tragen jeweils Elemente des Zufalls in sich. Zufällig ist einerseits Auswahl dessen, was aus dem Lebenskontext in die Kunst überführt wird, zufällig ist bis zu einem gewissen Grad auch das Arrangieren der Materialien. Dennoch ist es hier schwierig, von wirklichem Zufall zu sprechen, weil die Einsicht in den Produktionsvorgang nicht mehr nachzuvollziehen ist. Zumindest hat diese Art des Zufalls nichts mit Absichtslosigkeit zu tun, sondern mehr mit einer gewissen Willkür bei der Auswahl und dem Verteilen der Materialien, um es mit Schwitters' Worten zu sagen.

Bei späteren Experimenten, wie dem Action Painting, wird der Grad der Zufälligkeit insofern erhöht, als der Künstler die Kontrolle über die Wahl und das Arrangement der Elemente abgibt und den Prozess der Entstehung völlig dem Zufall überlässt. Wenn Yves Klein eine Leinwand auf dem Dach seines Autos befestigt, damit durch Wind und Wetter von Paris nach Nizza fährt und das Resultat als Bild ausstellt,[95] so ist er als schaffender Künstler im Grunde nur noch durch die Wahl des Rahmens und des Ausführungskontextes definiert. Ähnlich wie in den Avantgarden ergibt sich der ästhetische Wert des Produkts aus dem Prozess, durch den es entstanden ist, und aus dem dahinterstehenden Konzept – also aus dem Werkkontext. Diese Art prozessualer Kunst stellt letztlich weder den Werkbegriff in Frage noch die Rolle des Künstlers. Wie oben schon erwähnt, führten solche Experimente dazu, dass Kunst viel stärker noch an die Person des Künstlers gebunden wird, weil sie nur durch

95 Vgl. Flynt, Against »Participation«, Kap. 10.

seinen Namen noch als Kunst ausgewiesen werden kann. Auch änderten sie nichts an den Vermarktungsstrategien des Kunstbetriebs – nach wie vor können die Resultate ausgestellt und verkauft werden.

Anders sieht es mit der situations- und damit zeitgebundenen Aktions-, Happening- und Performance-Kunst aus. In ihrer Struktur ähnelt sie dem Theater, jedoch ohne die Möglichkeit der Wiederholbarkeit. Dies hängt nicht zuletzt mit der Ausrichtung zusammen: Statt in einem als fiktional definierten Raum zu agieren und weitgehend feststehende Regieanweisungen anderer auszuführen, integrieren alle drei Genres den realen Raum in den Prozess, ebenso – zumindest bei Happening und Aktion – die situationsgebundene Interaktion mit dem Publikum. Die Künstler stellen Aspekte ihrer Persönlichkeit dar, sie reagieren auf das reale Umfeld und passen ihre Aktionen und Reaktionen der entstehenden Dynamik an.[96] Diese Indetermination des Verlaufs ist im Theater zumeist nur sehr eingeschränkt der Fall, auch wenn es hier Grenzfälle gibt, die Elemente des Zufalls und der spontanen Interaktion mit dem Publikum integrieren. Allan Kaprow, der 1959 zum ersten Mal das Wort »Happening« für seine Aktionen nutzte, definiert den Begriff in Zusammenhang mit den Begriffen »environment« und mit dem Theater:

»Der Begriff ›environment‹ bezeichnet eine Kunstform, die einen (geschlossenen oder Freiluft-)Raum gänzlich füllt, die das Publikum umgibt, und die aus beliebigem Material, darunter Licht, Klang und Farbe besteht. Der Begriff ›happening‹ bezeichnet eine Kunstform, die mit Theater ähnlich ist insofern, als sie in einem bestimmten Raum und einer bestimmten Zeit aufgeführt wird. Ihre Struktur und ihr Gehalt sind eine logische Ausweitung des ›environments‹.«[97]

Obwohl nicht explizit angegeben, ist die Einbeziehung des Publikums Teil seiner Definition – es gehört zum Environment und damit zum künstlerischen Kontext. Der Zero-Künstler Wolf Vostell betont die Bedeutung der Publikumsbeteiligung: »Der Zuschauer wird aktiv ins Geschehen miteinbezogen, oder der Verlauf des Happening wird auch seiner Verantwortung übertragen.«[98] Der Zufall als Indetermination hängt damit in erster Linie von der Offenheit für die Integration der Zuschauer ab. Je mehr Kontrolle der Künstler abgibt, desto indeterminierter ist die Aktion; der Grad der Inde-

96 Vgl. Jappe, Performance, S. 10.

97 Becker, Jürgen/Vostell, Wolf (Hg.): *Happenings. Fluxus, Pop Art, Nouveau Réalisme*, Reinbek b. Hamburg 1965, S. 46.

termination ist demnach bei der Performance am geringsten, beim Happening mit Zuschauerbeteiligung am größten.[99]
Insgesamt muss also qualitativ zwischen verschiedenen Formen des Zufalls unterschieden werden: Die *Indetermination* in Ablauf und Ausführung einerseits, wie sie am konsequentesten im Happening durchgeführt wurde, die Auswahl und Anordnung der Materialien andererseits. Letztere führt zu einem Produkt, das das Konzept der absichtsvollen Kunst unterläuft. In diesem Fall müsste eher von der Einführung des Zufalls als *Willkür* gesprochen werden. In beiden Fällen jedoch gibt der Künstler/Initiator einen Teil seiner Kontrolle ab. Zufall als Indetermination ist eng an den Begriff des »offenen Kunstwerks« gebunden – offen nicht im relativ weit gefassten Sinne von Eco, der darunter die beabsichtigte Polysemie sowie die unendliche Semiose bei der Bedeutungsfindung versteht und diese These explizit auf das *Kunstwerk* bezieht,[100] sondern offen im Sinne von Unabgeschlossenheit, von »Werklosigkeit«. Sobald wiederum ein Produkt Resultat des Prozesses ist, koppelt sich dieses vom ursprünglichen Konzept ab und steht in gewisser Weise isoliert für sich; der Kontext, in dem das Werk entstanden ist, trägt zwar zum Verständnis bei, es kann aber auch isoliert als rein ästhetisches Phänomen betrachtet werden. Joseph Beuys hat dies meisterhaft prak-

98 Ebd.

99 Daraus folgt auch, dass z.B. die experimentelle Musik Cages eine limitierte Art der Indetermination darstellt: Einerseits bezieht sie sich nur auf den Ausführenden, nicht auf den Zuhörer, der in seiner Rezeptionshaltung verharrt, andererseits werden die Möglichkeiten der verschiedenen Durchführungen meist vom Künstler festgelegt.

100 Vgl. Eco, Umberto: *Das offene Kunstwerk*, Frankfurt am Main 1977. Eco definiert gleich zu Anfang des Buches das Kunstwerk als »Gegenstand mit bestimmten strukturellen Eigenschaften [...], die den Zugang der Interpretationen, die Verschiebung der Perspektiven, zugleich ermöglichen und koordinieren.« Ebd., S. 8. Etwas später spricht er vom Kunstwerk als »organischem Ganzen« (ebd. S. 14). Zwar unterscheidet Eco das geschlossene Kunstwerk, das einen bestimmten Standpunkt/eine Interpretation als richtig indiziert, vom offenen, das absichtlich mit der Indetermination spielt. Als eine eigene Unterkategorie bezeichnet er dagegen die »Kunstwerke in Bewegung«, die sich auch materiell ständig verändern lassen, erwähnt allerdings nicht die Happenings. Der Aufsatz »Das offene Kunstwerk« erschien gleichwohl erstmals 1962 und beginnt mit Beispielen aus der zeitgenössischen Musik, die dem Interpreten Raum für die Aufführungsmodalitäten lassen – ist also nicht unabhängig von der zeitgenössischen Kunstentwicklung zu sehen.

tiziert, indem er Requisiten seiner Performances in Raumanordnungen »einfror«, die nicht mehr verändert werden durften. Ist dies aber nicht der Fall, so handelt es sich um offene Projekte, die – im Falle von Happenings und Aktionen sowie Performances – irgendwann für beendet erklärt werden, indem der *Prozess* abgebrochen wird, ohne dass ein Werk entsteht. Zufall als Willkür dagegen richtet sich weniger auf die Auflösung des Werkbegriffes als auf eine Entmystifizierung der künstlerischen Tätigkeit, ohne aber die Rolle des Künstlers wirklich in Frage zu stellen.

Durch die Medienkunst und den Einsatz neuer Technologien wird der Zufall als Indetermination qualitativ verändert: Hier werden immer wieder von neuem Prozesse ausgelöst, deren Ablauf von Programmen gesteuert wird – es handelt sich hier um eine regelgeleitete Rekursivität, die mehr auf dem Prinzip des Spiels beruht. Spiel und Zufall unterscheiden sich im Grad ihrer Offenheit: Ein Spiel hat nur dann Sinn, wenn es Regeln gibt, an die sich gehalten werden muss. Hier wird dem Zufall im Sinne der Indetermination nur eingeschränkte Macht eingeräumt. Nicht umsonst beruht die Spieltheorie auf einer Analyse von Verhaltensstrategien in der Interaktion mit anderen. Sie versucht, Handlungsspielräume zu formalisieren, indem sie mit Wahrscheinlichkeiten arbeitet, die helfen sollen, das Verhalten des Gegenübers zu antizipieren. Die Regeln des Spiels sind vorgegeben, das Verhalten selbst wird in der Interaktion der jeweiligen Situation angepasst. Zwischen Spieltheorie und der Kybernetik besteht eine enge gedankliche Beziehung, da sich letztere als Theorie über die Steuerungsmechanismen in Mensch und Maschine[101] versteht: Die Berechnung Wahrscheinlichkeit von aufeinander folgenden Zuständen ist die Grundlage für die Informationstheorie der Nachrichtenübertragung, wie sie von Claude Shannon entwickelt wurde.[102] Dass hier wiederum ein Bezug zum sozialen Verhalten existiert, sieht man an Luhmanns Konzeption der Kommunikation als Erwartung von Erwartungshaltungen, also Abschätzung von Wahrscheinlichkeiten.

101 Die Begründer der Spieltheorie, John von Neumann und Oskar Morgenstern, waren beide in den Kontext der kybernetischen Macy-Kongresse Ende der 40er, Anfang der 50er Jahre eingebunden. John von Neuman war daneben einer der Pioniere der Entwicklung des modernen Computers.

102 Vgl. Shannon, Claude/Weaver, Warren: *Mathematische Grundlagen der Informationstheorie*, München 1976 (orig.: 1949).

Charakteristika des Spiels weisen zahlreiche Experimente in der digitalen Kunst und Literatur sowie davor schon die interaktiven Medieninstallationen auf. Der Benutzer befindet sich in einem Spannungsfeld von Kontrolle (Regeln) und Handlungsspielräumen (Wahrscheinlichkeiten). Das Verhältnis von Zufall und Spiel bzw. regelhafter Indetermination bestimmt ebenfalls die digitale und die Netzkunst – gerade weil die Funktionsweise des Computers auf Prozessdetermination beruht, die Art der zu verarbeitenden Daten aber nicht festgelegt ist. Wie sich später noch zeigen wird, geht eine der Haupttendenzen in diesem Bereich in die Richtung, künstlerische Software zu schreiben, die vom Benutzer ausgeführt wird. Dabei ist sein Handlungsspielraum naturgemäß durch die Möglichkeiten der Software eingeschränkt. Die zweite Form des Zufalls – die der Auswahl und des Arrangements der Elemente – spielt in diesem Kontext ebenfalls eine große Rolle und ist fast untrennbar mit der Regelhaftigkeit der Programme verbunden: Die Auswahl und Zusammenstellung der von der Software zu verarbeitenden Elemente wird entweder zufallsgeneriert oder der Willkür des Benutzers überlassen.

Aleatorik zwischen Zufall und Spiel

Diese Oszillation zwischen Regelhaftigkeit und Zufall hat eine Tradition, die heute unter dem Begriff der Aleatorik[103] zusammengefasst wird. Holger Schulze unterscheidet in der Aleatorik einerseits die Improvisation, zu der er u.a. die Collage, die Cut-up-Technik und die écriture automatique, aber auch die Unbestimmtheit der offenen Aufführungssettings in der Musik (Indeterminacy-Konzept von John Cage) und bei Happenings zählt, andererseits die strikt regelgeleitete Kombinatorik, also das Spiel mit Veränderungen und Kombinationen, die nach »Programmen« ablaufen. Während Erstere auf eine Betonung der künstlerischen Kreativität und damit eine Verstärkung der Künstlerpersönlichkeit(en) abzielen, versuchen

103 Vgl. dazu Döhl, Reinhard: »Aleatorik«, in: Zmegač/Borchmeyer, Moderne Literatur in Grundbegriffen, S. 27-29 für eine kurze Übersicht; Holger Schulze bietet eine eingehende Analyse aleatorischer Techniken des 20. Jahrhunderts: Schulze, Holger: *Das aleatorische Spiel. Erkundung und Anwendung der nichtintentionalen Werkgenese im 20. Jahrhundert*, München 2000.

Letztere den Künstler durch die Maschine zu ersetzen.[104] Diese Tradition setzt sich ebenfalls in den 60er Jahren verstärkt fort – einerseits in den ersten Experimenten mit der computergenerierten Literatur, andererseits in den vor allem von der Gruppe Oulipo propagierten Techniken der »Sprachspiele«. Oulipo – Ouvroir de littérature potentielle – befasst sich in erster Linie mit den Traditionen stark formalisierter Kombinatorik und Permutation und beruft sich auf mathematische Prinzipien: »Wir wollen den Schriftstellern neue ›mathematische Strukturen‹ vorschlagen sowie künstlerische oder auch ›mechanische‹ Verfahren für die literarische Arbeit erfinden.«[105] Es geht um die Oszillation zwischen Form und Inspiration, Regelhaftigkeit und Phantasie – eben um das Spiel. Ähnlich wie in der konkreten Poesie wird die Sprache als Material gesehen, wobei die strenge Regelhaftigkeit eine Rehabilitierung der Literatur anstrebt, eine Art »Besinnung« auf ihre spezifischen Qualitäten, die demnach in der Form und in determinierten Gestaltungsprinzipien liegen. Die gedankliche Nähe zu Algorithmen ist hier klar formuliert, der Computer wird auch als mögliche Form einer potentiellen (potentiell, weil sie unendliche Kombinationsmöglichkeiten und Sinnentfaltungen bietet) Literatur genannt. Doch nicht Grenzüberschreitung, sondern Eingrenzung ist das Ziel. Es geht um eine Formalisierung der Produktionsverfahren mit der Konsequenz, dass der Zufall als indiskutables Element abgelehnt wird: »Es gibt nur absichtliche Literatur.«[106] Mit der konkreten Poesie verbindet Oulipo allerdings wiederum, dass sie Struktur und Form der Sprache betont.

In der konkreten Poesie kristallisieren sich ebenfalls strikte formale Richtlinien heraus: Gomringer betont z.B. die Konzentration auf Struktur durch (An-)Ordnung und das Bestreben, eine Isomorphie zwischen Erscheinungsbild und Bedeutung zu erreichen.[107] Polysemie und Ambivalenz sollten eliminiert werden. Aus dieser gedanklichen Linie, die von jeder Bedeutungsmystifikation Abstand

104 Vgl. Schulze, Das aleatorische Spiel, S. 32/33.

105 Queneau, Raymond: »Potentielle Literatur«, in: Boehncke, Heiner/Kuhne, Bernd: *Anstiftung zur Poesie. Oulipo – Theorie und Praxis der Werkstatt für potentielle Literatur,* Bremen 1993, S. 43-60 (hier: S. 43).

106 Lescure, Jean: »Kleine Geschichte von Oulipo«, in: Boehnke/Kuhne, Anstiftung zur Poesie, S. 29-42 (hier: S. 33). Lescure zitiert hier eine Äußerung von Raymond Queneau.

107 Vgl. Drucker, Experimental, Visual, and Concrete Poetry, S. 43.

nimmt, gingen auch die ersten Experimente mit dem Computer hervor, die im Umkreis der Stuttgarter Gruppe um Max Bense stattfanden. In einem Manifest fassen Bense und Reinhard Döhl die Ziele der experimentellen Poesie programmatisch zusammen:

»Wir ziehen die Poesie der Mischformen vor. Ihre Kriterien sind Experiment und Theorie, Demonstration, Modell, Muster, Spiel, Reduktion, Permutation, Iteration, Random (Störung und Streuung), Serie und Struktur. Das Erzeugen ästhetischer Gebilde erfolgt nicht mehr aus Gefühlszwängen, aus mumifizierender oder mystifizierender Absicht; sondern auf der Basis bewußter Theorien, intellektueller (cartesianischer) Redlichkeit. Zur Realisation ästhetischer Gebilde bedarf es des Autors und des Druckers und des Malers und des Musikers und des Übersetzers und des Technikers und Programmierers. Wir sprechen von einer materialen Poesie oder Kunst. An die Stelle des Dichter-Sehers, des Inhalts- und Stimmungsjongleurs ist wieder der Handwerker getreten, der die Materialien handhabt, der die materialen Prozesse in Gang setzt und in Gang hält. Der Künstler heute realisiert Zustände auf der Basis von bewußter Theorie und bewußtem Experiment. Wir sprechen von einer experimentellen Poesie, insofern ihre jeweiligen singulären Realisationen ästhetische Verifikationen oder Falsifikationen bedeuten. Wir sprechen wieder von einer Poietike techne. Wir sprechen noch einmal von einer progressiven Ästhetik bzw. Poetik, deren bewußte Anwendung ein Fortschreiten der Literatur demonstriert, wie es schon immer den Fortschritt der Wissenschaft gab.«[108]

Dem Konzept einer »kalkulierbaren« Literatur entspricht Benses Konzept einer informationstheoretischen Ästhetik, das auf eine Berechenbarkeit des ästhetischen Charakters eines Kunstwerks abzielt. Dabei wollte er die Prinzipien der mathematischen Informationstheorie zur Formulierung einer »im modernen Sinne wissenschaftlich orientierten, feststellend, nicht deutend vorgehenden und numerisch, nicht irrational bewertenden Ästhetik«[109] verwenden. Diese interpretiert den ästhetischen Aspekt eines Objekts als »Existenzform«, die als komplementäre Wirklichkeit zur physikalischen Wirklichkeit allen Kunstwerken gegeben ist. Diese neue Ästhetik hat »ausschließlich die numerische Beschreibung ihrer spezifischen ›ästhetischen Realität‹ im Sinne«[110]. Bense ent-

108 Bense, Max/Döhl, Reinhard: *Zur Lage*, Stuttgart 1964, <http://www.das-deutsche-handwerk.de/s/zur_lage.htm>

109 Bense, Max: *Aesthetica. Einführung in die neue Ästhetik*, Baden-Baden, 2., erw. Auflage 1982 (orig.: 1965), S. 10.

110 Ebd., S. 10.

wickelt ein komplexes Programm zur mathematischen Bewertung ästhetischer Kategorien, scheitert allerdings letztlich doch an willkürlich gesetzten Prämissen (insbesondere darüber, was als ästhetisch zu gelten hat), die nicht formalisiert werden können. Die informationstheoretische Ästhetik setzte sich allerdings nicht durch, ist aber eng verknüpft mit den ersten Experimenten automatisch generierter Lyrik, die Bense als »*stochastische Texte[n]* mit *simulierter Poesie*«[111] bezeichnete. Sie ist aber aufgrund ihres versuchten Brückenschlags zwischen kybernetischen Ansätzen und ästhetischen Theorien ein wesentlicher Teil der Tendenz zur Formalisierung von Literatur – nicht zuletzt, weil sich an ihr die »Aufbruchstimmung« zeigen lässt, die durch die Kybernetik mitbestimmt wurde.

Exkurs:
Von den mechanischen Apparaten zum Computer

Die Aleatorik als literarische Tradition verweist auf zwei historische Stränge, die hier nicht unbeachtet gelassen werden sollen: Einerseits die jahrhundertealte Idee der Automatisierung spezifisch menschlicher Fähigkeiten, andererseits – damit eng zusammenhängend – die Geschichte des Computers als vom Menschen unabhängige Rechen-, später auch Denkmaschine. Die Idee einer anderen Medialität von Literatur ist nicht zuletzt auch der Faszination für Automaten geschuldet, wie sie sich seit dem Barock bis zu E.T.A. Hoffmanns Visionen menschenähnlicher Androiden zieht. Zwei Grundstränge lassen sich unterscheiden: Die Faszination für die Mathematik einerseits, die zu den ersten Rechenmaschinen führte; der Wunsch, einen anthropomorphen Apparat zu bauen, andererseits. Erst in der Kybernetik fließen jedoch beide Tendenzen zusammen.

Schriftsteller wie Jonathan Swift und später Sir Walter Scott visionierten schon früh Apparate zur Automatisierung der poetischen Produktion. Scott berichtet von einer Zusammenkunft des Auto-

111 Bense, Max: *Einführung in die informationstheoretische Ästhetik*, Reinbek b. Hamburg 1969, S. 111 (Hervorhebung im Text).

renkollektivs der »Waverly Novels«, in der von einem Mr. Dousterswivel der Vorschlag gemacht wird, gewisse (standardisierte) Teile von Romanen durch Heranziehung von Dampfkraft zu erzeugen. So könnten »Liebesgeständnisse des Helden, Beschreibungen der Heldin, moralische Betrachtungen aller Art und die Ausgießung des Glücks über alle Beteiligten am Schluss eines Stücks« maschinell erzeugt werden.[112]

In Klassik und Romantik erlebte die anthropomorphe Automatenkultur ihren Höhepunkt, auch wenn sie nicht von allen gleichermaßen begrüßt wurde. Sie ist Zeichen der Erhebung der Mechanik zu einem allgemeinen Paradigma durch die Übertragung ihrer Prinzipien von Artefakten auf den Menschen und die Umwelt. Dies äußert sich besonders deutlich in der Maschinenmetapher, die auf einem schon seit Descartes, Leibniz, Spinoza und Hobbes geläufigen Vergleich zwischen Mensch und Maschine basiert; auch Kant bezeichnete in seiner Anthropologie den menschlichen Körper als Maschinentyp.[113] In der Aufklärungsphilosophie hatte die Maschine als perfekt funktionierendes System kleiner Einzelteile Vorbildcharakter für das menschliche Verhalten, ebenso wurde sie auf die Funktionsmechanismen des Staates angewandt.[114] Der Maschinenmensch blickt schon davor auf eine lange Geschichte der Transformationen zurück, die jeweils auch ein Ausdruck für das Verhältnis der Menschen zur Technik sind: Beginnend bei den künstlichen Konstrukten in der antiken Mythologie, in denen sich die Technik als Hilfsmittel zur Verbesserung der unzulänglichen menschlichen

112 Vgl. Dotzler, Bernhard: »Nachrichten aus der früheren Welt – und Zukunft. Zur Programmierung der Literatur mit und nach Babbage«, in: Bolz, Norbert/Kittler, Friedrich/Tholen, Christoph (Hg.): *Computer als Medium,* München 1994, S. 39-67 (hier: S. 65).

113 Vgl. zur Maschinen-Metapher ausführlich: Hammel, Eckard: »Medien, Technik, Zeit. Zur Geschichte menschlicher Selbstwahrnehmung«, in: Sandbothe, Mike/Zimmerli, Walter (Hg.): *Zeit – Medien – Wahrnehmung,* Darmstadt 1994, S. 60-78.

114 Vgl. dazu Sutter, Alex: *Göttliche Maschinen. Die Automaten für Lebendiges bei Descartes, Leibniz, La Mettrie und Kant.* Frankfurt am Main 1988, S. 163-216. Sutter interpretiert die Maschinenmetapher als »normatives Ordnungsprojekt«, das der inneren Wildheit und unberechenbaren Natur des Menschen als Utopie entgegengesetzt wird (S. 15). Er setzt die Ursprünge der Maschinen-Metapher schon bei Aristoteles an, der Prinzipien der Techne, der handwerklichen Herstellung, auf die Biologie von Lebewesen überträgt (S. 47, v.a. auch Anm. 7, S. 240/241).

Kräfte erweist (also der Mensch in Harmonie mit der Technik lebt), setzte sich diese »Tradition« mit den angeblich von Weisen konstruierten »sprechenden Köpfen« des Mittelalters fort, die als Berater nach dem Muster der griechischen Orakel fungierten und der zeitgenössischen Vorstellung vom Kosmos gemäß mechanisch konstruiert waren. Somit repräsentieren sie ebenfalls noch die Harmonie zwischen Mensch und Kosmos. Die Erfindung des Uhrwerks lieferte dann die Voraussetzung, von der der idealtypische und exakt funktionierende Mensch als Vorbild abgeleitet werden konnte, wie er sich dann in der Aufklärung präsentiert. In der Romantik wird die Metapher mit vorwiegend negativen Implikationen aufgenommen – sie diente besonders zur Beschreibung der entmenschlichten und automatisierten strengen Verwaltungsformen in Österreich und Preußen.[115] Auch die Automaten E.T.A. Hoffmanns und die Maschinenmenschen Jean Pauls bergen zumindest kritisches, wenn nicht negatives Interpretationspotential: Hoffmanns Androiden betonen in ihrer erschreckenden Ununterscheidbarkeit vom Menschen die Dämonisierung der Technik ebenso wie bei Jean Paul, dessen (satirisch überzogene) Menschmaschinen letztlich aber in ihrer Automation dem organischen Menschen unterlegen sind.[116] Die Romantiker stehen damit zwischen der Auffassung von der Maschine als Vorbild für den optimal funktionierenden Menschen und dem Maschinenmotiv in der sozialkritischen Literatur des späten 19. Jahrhunderts. Allerdings war ihr Automatenmensch auch inspiriert von dem damaligen »Trend«, künstliche Apparate in Präsentationsreisen vorzuführen. Von der fressenden und verdauenden Ente Jacques de Vaucansons bis zum türkischen Schachspieler von Wolfgang Baron von Kempelen[117] (der E.T.A. Hoffmann inspirierte) gab es

115 Vgl. Hartung, Günter: »Maschinen und Maschinenwesen aus der Sicht deutscher Romantiker«, in: Schütz, Eberhard (Hg.): *Willkommen & Abschied der Maschinen. Literatur und Technik*, Essen 1988, S. 42-54 (hier: S. 47).

116 Vgl. Segeberg, Harro: *Literatur im technischen Zeitalter. Von der Frühzeit der deutschen Aufklärung zum ersten Weltkrieg*, Darmstadt 1997, S. 48. Jean Paul formuliert schon das Thema, das im Zeitalter der Kybernetik und Artificial Intelligence erst recht virulent geworden ist: Die Problematik einer Reproduktion menschlicher Intelligenz und ihre Folgen für das menschliche Selbstverständnis.

117 Kempelens Schachspieler war allerdings ein Betrug – in ihm wurden kleinwüchsige Menschen versteckt, die die angeblich mechanisch erzeugten genialen Schachzüge steuerten. Diesem Betrug verdankt die deutsche Sprache den Ausdruck »etwas türken«. Dieser Automat – obwohl mehrmals als Betrug entlarvt –

eine Reihe solcher Jahrmarktattraktionen. Kempelen war allerdings auch der Konstrukteur der ersten auf seriöser wissenschaftlicher Erforschung der menschlichen Sprechmechanismen beruhenden Sprechmaschine. Von diesen Apparaten war es nicht weit zur ersten »Literaturmaschine«, die 1845 in der Egyptian Hall in Piccadilly ausgestellt wurde: ein Automat zur Verfertigung lateinischer Hexameter, konstruiert von John Clarke.[118] Charles Babbage schon formuliert die Möglichkeit einer Literaturproduktion durch die Maschine. Was jedoch in der Aufklärung zunächst als ernsthafte mechanische Wissenschaft begann, verkam in der Romantik schließlich zur betrügerischen Spielerei und verschwand bis zur Kybernetik fast völlig aus der Forschung.

Die Geschichte der Rechenmaschinen beginnt spätestens bei Leibniz und setzt sich im 19. Jahrhundert mit dem Bau der »Difference Engine« und der – niemals vollendeten – »Analytical Calculating Engine« des Mathematikers und Philosophen Charles Babbage fort und reicht bis zu Alan Turings Universaler Diskreter Maschine. Erste konkrete Ansätze für eine digitale Rechenmaschine gehen auf den britischen Mathematiker Charles Babbage (1792-1871) zurück, der seine »Analytical Calculating Engine« nur auf Papier konzipieren konnte, ausgeführt wurde sie nie. Ihr Aufbau beruhte auf der Trennung von »Programm« und Speicher, eine Funktionstrennung, die für die modernen Computer entscheidend ist und von Alan Turing weiterentwickelt wurde. Die Entwicklung des Computers im 20. Jahrhundert verdankte sich vor allem – wie das Konzept dezentraler Computernetzwerke – dem zweiten Weltkrieg und der langen Phase des Kalten Krieges. Dass eigentlich Konrad Zuse weltweit den ersten frei programmierbaren Rechner baute, wird international allerdings nur zögerlich zur Kenntnis genommen: Er stellte 1938 seinen 500 Kilo schweren »Zuse 1« fertig; seine bahnbrechende Entwicklung wurde jedoch im nationalsozialistischen Deutschland ignoriert, das Modell im Bombenhagel vernichtet.[119] Der »Z 1« war

feierte fast 100 Jahre lang (seit 1769) in seinen Reisen um die Welt einzigartige Erfolge. Eine Übersicht über die zahlreichen Automaten bietet der Ausstellungskatalog *Literatur im Industriezeitalter*, Bd. 1, hg. v. Peter-Paul Schneider, Marburg 1987, S. 13-42.

118 Vgl. Dotzler, Nachrichten aus der früheren Welt, S. 64.

119 1987 – 89 rekonstruierte Zuse diesen ersten Rechner, der Nachbau steht heute im Deutschen Technik-Museum Berlin.

der erste in einer langen Reihe von Zuse-Rechnern, die später auch für die erste Computerliteratur-Experimente in Deutschland genutzt wurden. War der Z 1 noch extrem instabil, funktionierte der Z 3, der 1941 der Öffentlichkeit präsentiert wurde, durch die Einführung von Relais einwandfrei. Neben Zuse gelten Alan Turing und John von Neumann als weitere Väter des Computers, wie wir ihn heute kennen. Turings »Universal Machine« – ein rein gedankliches Konzept – basiert auf der Erkenntnis, dass alle Rechenoperationen, die Maschinen (oder Menschen) ausführen, ebenso von einem einzigen Instrument übernommen werden können, vorausgesetzt, es kennt deren Arbeitsweise. Was Babbage noch als mechanisches Räderwerk ausarbeiten musste, konnte bei Turing so die konzeptionelle Form annehmen, die wir heute als Software kennen. Allerdings überließ Turing die Umsetzung dieses Prinzips anderen und widmete sich lieber seinen Gedankenexperimenten. Auf John von Neumanns detaillierter Beschreibung der Rechnerarchitektur wiederum beruhen heute noch alle Rechenmaschinen, vom Taschenrechner bis zur Großrechneranlage. Waren die »Handlungsanweisungen« für Rechenmaschinen bis dato extern als Lochkarten, Lochstreifen oder Drehschalter von der eigentlichen Maschine getrennt (so auch beim Z 1), formulierte er das Prinzip der Internalisierung des Programms als Teil des Speichers in der Maschine. Durch ebendieses Variabilität ermöglichende Software-Prinzip wurde es erst möglich, die zuvor auf rein rechnerische Funktionen reduzierten Computer für andere, weitergehende Aufgaben einzusetzen. Von Neumann erweiterte Turings »Universal Machine«-Gedanken um die biologische Komponente, indem er das Prinzip der Berechenbarkeit auf alle selbstorganisierten Systeme, auch auf das neuronale System von McCulloch-Pitts ausdehnte. Computer können aus Basisinformationen neue Informationsmuster hervorbringen – somit geht auch das biologische Grundprinzip der Selbstreproduktion in die Rechenfunktionen ein und läßt das Zeitalter des »computational universe« heraufdämmern.

Mit fortschreitender Entwicklung des Computers wurde deutlich, dass in ihm Potentiale steckten, die weit über das Rechnen hinausgehen. Die Kybernetik als gedankliches Rückgrat der Computerentwicklung interpretierte ihn denn auch als Simulation des menschlichen Gehirns, die dieselben Aufgaben erfüllen sollte: Erkennen, Berechnen, Erinnern, Strukturen generieren, Steuern.

Sie greift damit die historische, sich in den Automatenbauten manifestierende Parallele von Mensch und Maschine auf einer rationalistisch-wissenschaftlichen Ebene auf und etabliert eine Analogie zwischen der Funktionsweise von Rechenmaschinen (Computern) und den neurologischen Prozessen des Gehirns:

»Von dieser Zeit an wurde uns klar, daß die ultraschnelle Rechenmaschine, so wie sie abhängig war von aufeinander folgenden Schaltern, beinahe ein ideales Modell der sich aus dem Nervensystem ergebenden Probleme darstellen mußte. Der Alles-oder-nichts-Charakter der Neuronenentladung ist völlig analog zur Auswahl einer binären Ziffer; und schon mehr als einer von uns hatte das binäre Zahlensystem als beste Basis des Rechnens in der Maschine erkannt. Die Synapse ist nichts als ein Mechanismus, der bestimmt, ob eine gewisse Kombination von Ausgängen von anderen Elementen ein ausreichender Anreiz für das Entladen des nächsten Elementes ist oder nicht und muß ein genaues Analogon in der Rechenmaschine haben.«[120]

Die Parallele zwischen Mensch und Maschine bezieht sich für die Kybernetik auf die Art der Informationsübertragung zwischen zentralem Nervensystem und den Organen. Für diese Form der Steuerung ist der Begriff der Rückkopplung zentral. Im Falle des Menschen bedeutet dieser, dass Information nicht nur zum entsprechenden Organ durch »Effektoren« (Signale) übertragen wird, »sondern daß die Aktion dieser Effektoren exakt zum zentralen Nervensystem zurückgeführt wird, und daß die Ablesungen dieser Kontrollvorrichtungen geeignet mit anderen Informationen kombiniert werden, die von den Sinnesorganen hereinkommen, um einen richtig proportionierten Ausgang zu den Effektoren hervorzubringen«.[121] Damit ist der Rückkopplungseffekt beschrieben, ein zentrales Element der Selbstorganisation des dynamischen Systems, das diesem im Austausch mit seiner Umwelt ein stabiles Gleichgewicht verschafft, selbst wenn die Anforderungen an das System verändert werden.[122] Die Rückkopplung spielt ebenfalls eine zentrale Bedeutung in Computern, da das System ständig über die Ausführung der

120 Wiener, Norbert: *Kybernetik. Regelung und Nachrichtenübertragung im Lebewesen und in der Maschine*, 2., rev. und erg. Auflage, Düsseldorf/Wien 1963, S. 42.

121 Ebd., S. 146.

122 Zur Entwicklung der wichtigsten Konzepte in der Anfangszeit der Kybernetik vgl. Hayles, N. Katherine: »Boundary Disputes. Homeostasis, Reflexivity, and the Foundations of Cybernetics«, in: Markley, Richard (Hg.): *Virtual Realities and their Discontents*, Baltimore 1996, S. 11-37.

Befehle informiert wird und gegebenenfalls auch durch Änderung der Koordinaten (in begrenztem Maße) lernfähig ist, sich also anpassen kann.[123] Dies geschieht durch nicht-lineare Rückkopplung, d.h., die Bestimmung der »Zukunftsstrategie« erfolgt durch eine statistische Auswertung der vergangenen Prozesse auf der Basis von Koeffizienten, die nicht-linear bestimmt werden.[124] Diese Fähigkeit zu perfektionieren, ist das Ziel der Künstlichen-Intelligenz(KI)-Forschung, die das Prinzip der Emergenz, des spontanen Entstehens neuer Organisationsmuster im lebenden System, für den Computer fruchtbar zu machen versucht – in Form von selbst lernenden Programmen.

Der Anspruch der Kybernetik, die ursprünglich aus der Informationstheorie und Computerentwicklung stammenden Modelle zu universalisieren und die zentralen Begriffe wie »System«, »Information« etc. auch auf Biologie und vor allem Soziologie zu übertragen, führte zu den Ansätzen des Konstruktivismus, der damit das Projekt der Kybernetik unter den veränderten Vorzeichen der Beobachterabhängigkeit (»Kybernetik zweiter Ordnung« nach Heinz von Foerster) fortsetzt. Das 1943 von McCulloch und Pitts entwickelte Modell des neuronalen Netzwerks entspricht in den Grundzügen der Arbeitsweise von Computern: So wird davon ausgegangen, daß die Neuronen nur zwei Zustände kennen, Aktivität (Information weiterleiten) oder Passivität. Dies korrespondiert mit den binären Zuständen bei der technischen Informationstheorie. Die Selbstorganisation des neuronalen Netzwerks wurde so zum Vorbild für die »ideale Rechenmaschine« (Wiener):[125]

»Die ideale Rechenmaschine muß dann alle ihre Daten am Anfang eingegeben haben und muß bis ganz zum Schluß von menschlicher Einwirkung so frei wie möglich sein. Dies bedeutete, daß nicht nur die numerischen Da-

123 Allerdings gibt es auch in einfachen mechanischen Systemen Rückkopplungseffekte: Z.B. funktioniert ein Heizungsthermostat nach diesem Prinzip: Er ist auf das Halten einer bestimmten Temperatur programmiert, sinkt sie, reagiert er, indem die Heiztätigkeit erhöht wird; steigt die Temperatur, wird die Heizleistung reduziert.

124 Vgl. Wiener, Kybernetik, S. 247.

125 Innerhalb der Kybernetik ist so auch ein »Rückkopplungseffekt« eingetreten: Wurde zunächst der Computer als Vorbild für das Gehirn angesehen, erwies sich dieses nach der Entdeckung der neuronalen Netze als fruchtbares Modell für die KI-Forschung.

ten am Anfang eingegeben werden müssen, sondern auch alle Verknüpfungsregeln für sie in der Form von Anweisungen, die jede Situation einschließen, die sich im Laufe der Rechnung ergibt. So muß die Rechenmaschine ebenso eine logische wie eine arithmetische Maschine sein und muß Möglichkeiten in Übereinstimmung mit einem systematischen Algorithmus kombinieren.«[126]

Von der Aleatorik zur Softwarekunst

An diese Idee der menschenunabhängigen, entsubjektivierten Denkprozesse schließt die Stuttgarter Gruppe um Max Bense nicht nur gedanklich, sondern auch experimentell an: Sie nutzte den Computer Anfang der 60er Jahre nicht nur für Literaturgenerierung, sondern sie »›interpretierte‹ wissenschaftlich, indem sie mit Hilfe elektronischer Rechenanlagen Häufigkeitswörterbücher herstellte und für exakte statistische und ästhetische Textanalysen nutzte; sie ›interpretierte‹ aber auch literarisch, indem sie das Verfahren der Herstellung von Wortindices praktisch umkehrte und den Computer anwies, ›mit Hilfe eines eingegebenen Lexikons und einer Anzahl von syntaktischen Regeln Texte zu synthetisieren und auszugeben‹«.[127] Die Praxis (jedoch nicht die Theorie) der automatisierten Literaturproduktion wurde 1967 von zwei Ingenieuren, Manfred Krause und Götz Friedemann Schaudt, fortgesetzt. Sie fütterten den Großrechner »Zuse 23« mit Wörtern, die Gedichten von Goethe, Droste-Hülshoff, Grass, Claudius, Rabindranath Tagore, Rühmkorf und Schiller entnommen waren und mit Wörtern aus juristischen, informatischen und medizinischen Fachtexten gemischt wurden. Daneben wurden verschiedene Versmaße sowie Syntaxregeln einprogrammiert – auf dieser Basis ließen die beiden Ingenieure nun den Computer per Zufallsgenerator »dichten«. Es folgen zwei Beispiele, eines mit freiem Versmaß und eines, das nicht nur dem geschulten Lyrikleser vom Rhythmus her bekannt vorkommen mag:

126 Wiener, Kybernetik, S. 174.

127 Döhl, Reinhard: *Von der Zuse Z 22 zum WWW*, <http://www.s.netic.de/auer/du/zuse/zuse_www.htm>.

Opferfeuer

Ihr Herzschläge preist gleich Opferfeuern auf der Erde Bäumen hin und verstreut mit euch ganze Nächte. In Perlen schweigt der Friede in seinem eignen finstren Blick und kann ihn doch nicht schmälern.

Laß meine Wahrheit dich gleich Sehnsucht dahintreiben und dir doch einsamste Trennung anbieten.

Blumen sind nur schreckliche Stille, wartend in dem vollen Nebel verschwenderisch karger Stunden.[128]

Das Herz träuft

Das Laub ist aufgeflimmert
Die tote Seele wimmert
Zum Greise nah und gar
Der Schein perlt frei und stecket
Und an den Blüten recket
Die weite Woge unsichtbar

Wir lieben Schwanenlieder
Sind linde grüne Flieder
Und sind so mild und klar
Wir lichten Donnerklänge
Und schenken süße Sänge
Und liegen oben in dem Haar

Der Kamm ist heißerschallet
Der süße Taumel wallet
Am Gitter hoch und treu
Das Herz träuft hart und säuselt
Und in den Hallen kräuselt
Der milde Hafen wunderneu.

[...][129]

128 Krause/Schaudt, Computerlyrik, S. 29.
129 Ebd., S. 22.

Letzterer Text ist eindeutig an Matthias Claudius' Gedicht *Der Mond ist aufgegangen* angelehnt – dementsprechend absurd erscheint hier die Variation von Zuse 23. Ersteres Gedicht jedoch, in freiem Versmaß gehalten, könnte durchaus als ernst zu nehmende Lyrik angesehen werden.

Die Reaktion auf solche Versuche war verhalten, obwohl die Ergebnisse sich teilweise durchaus sehen lassen konnten.[130] S.J. Schmidt bemerkt, dass die Experimentatoren selbst ihre Zielsetzung nur in einer Demonstration der Leistungsfähigkeit der Computer sahen, nicht aber in einer Provokation der ästhetischen Kategorien. Insofern bezeichnet er die Computerlyrik als »verlorene Chance«, da mit ihrer Hilfe die Fragen nach Kreativität und nach der Beziehung zwischen Produktion und Rezeption hätten neu gestellt werden können.[131] Die Experimente mit computergenerierter Literatur verliefen jedoch mehr oder weniger im Sand. Die bis heute bestehende Gruppe Oulipo allerdings widmete sich in den 70er Jahren verstärkt der programmbasierten Umsetzung ihrer »mathematischen« Literatur: Raymond Queneaus *Cent mille milliards des poèmes* wurden als Computerprogramm umgesetzt, ebenso Caroline Bourgets *Conte à votre façon,* bei dem der Leser ständig aufgefordert wird, durch Beantwortung von Fragen über den Fortgang der Geschichte zu entscheiden (dieses Prinzip findet man immer wieder auch in neueren Formen der digitalen Literatur).[132]

Die neueren literarischen Experimente mit der Aleatorik konn-

130 Nach wie vor gibt es einige ähnliche Projekte: Der Psychiater und Ägyptologe Ulrich Müller erzeugt mit seinem (ungleich leistungsfähigeren) Computer »Sara« per Zufallsgenerator Lyrik und Essays auf der Basis eines Wörterrepertoires, das 31 Autoren (u.a. Bernhard, Brecht, Celan, Kafka) entnommen wurde. Vgl. Zopfi, Emil: »Wie ein Kamel in der Sprachwolke«, in: *Die Zeit*, 4. 7. 1997. Der KI-Forscher Selmer Bringsjord hat ein Programm entwickelt, auf dessen Basis der Computer »Brutus 1« Kurzgeschichten zum Thema »Betrug im Universitätsmilieu« automatisch generieren kann. Dazu übertrug Bringsjord Muster von Betrugsverhalten in mathematische Algorithmen und Datenstrukturen, aus denen Brutus 1 in seinem »kreativen« Prozess schöpfen kann. Vgl. dazu die Informationen auf der Home-Page von Selmer Bringsjord: <http:// www.rpi.edu/dept/cogsci/BRUTUS/brutus.html>

131 Vgl. Schmidt, Siegfried J.: »Computerlyrik – eine verlorene Chance?«, in: Fischer, Manfred (Hg.): *Mensch und Technik: Literarische Phantasie und Textmaschine*, Aachen 1989, S. 139-152 (hier: S. 146).

132 Vgl. zu einer Übersicht der Computerprojekte von Oulipo: Fournel, Paul: »Computer und Schriftsteller«, in: Boehcke/Kuhne, Anstiftung zur Poesie, S. 67-72.

ten im Grunde genommen nicht mehr im Buch realisiert werden. Schon Mallarmés niemals realisiertes *Livre* war als »Buch in Bewegung« geplant:[133] Mallarmé selbst sah für sich die Rolle des Materialsammlers und Spielregisseurs vor, die Kombinationen des Materials sollte in den Händen der Rezipienten liegen.[134] Saporta übernahm diese Idee für seine *Composition No. 1*. Dasselbe gilt für Queneaus *Cent mille milliards de poèmes*, das als in Streifen geschnittene Sonettzeilen gedacht war, deren Anordnung untereinander allerdings nicht variiert werden konnte: Die Variationsmöglichkeit bestand nur paradigmatisch durch Umblättern der einzelnen Streifen, nicht syntagmatisch durch Verschieben der untereinander stehenden Zeilen. In der Pléiade-Ausgabe seiner Gesamtwerke jedoch ist dies z.B. schon nicht mehr realisiert.[135] Der Aleatorik sind durch die Materialität des Buchdrucks und durch den Zwang zum Werk Grenzen gesetzt – realisiert wurde sie demnach erst in den 70er Jahren mit dem Computer.

Literatur als Prozess manifestiert sich also vorwiegend in Produktionstechniken, die einerseits Formen zufälliger Literatur, andererseits Formen regelgeleiteter »Würfelspiele« (eben: Aleatorik) umfassen. Zufall (als Willkür) kennzeichnet z.B. die avantgardistischen Schreibtechniken. Dadaistische Collagen nach dem Muster von Tzaras schon zitierter Anleitung zur Verfassung eines dadaistischen Gedichtes, ebenso wie die Cut-up-Technik rufen zu einer Willkür bei der Auswahl der Materialien auf.[136] Der Prozess des Arrangierens ist jedoch durch die Formulierung von Regeln festgelegt, wobei das Ergebnis unvorhersehbar und damit indeterminiert ist. Allerdings beschränkt sich der Zufall auf den Produktionsprozess, der nach wie vor in der Hand des Künstlers verbleibt. Daher ist der Grad der Zufälligkeit hier vergleichsweise gering: Der Autor behält nach wie vor die Kontrolle über die Art des Arrangements – inwieweit er tatsächlich »Zufallsprodukte« hervorbringt, bleibt letztlich sein Geheimnis.

Im Unterschied dazu erwartet die Aleatorik vom Rezipienten

133 Eco nennt dieses Beispiel im Kontext seiner Kategorie des »Kunstwerks der Bewegung«. Vgl. Eco, Das offene Kunstwerk, S. 43.

134 Vgl. Schulze, Das aleatorische Spiel, S. 34/35.

135 Vgl. Queneau, Raymond: *Œuvres complètes*, Paris 1989.

136 Die von Holger Schulze genannte surrealistische Schreibtechnik der »écriture automatique« fällt streng gesehen nicht unter den Zufall: Da es hier darum ging, das Unbewusste »bewusst« in die Literatur einzuführen, kann im Freudschen Sinne von Zufall nicht die Rede sein. Psychoanalytisch gesehen gibt es keinen Zufall.

kombinatorische Arbeit. Lyrische Experimente, wie Queneaus *Cent mille milliards des poèmes* ebenso wie kombinatorische Romanformen, z.B. Saportas schon erwähnte *Composition No. 1* oder auch Konrad Balder Schäuffelens *Lotterieroman* stehen dem regelgeleiteten Spiel und damit dem Indeterminationskonzept näher als dem Zufall als Willkür. Indetermination deshalb, weil der Rezipient die kombinatorische Leistung nach vorgegebenen Regeln vornimmt: Bei Saporta und Schäuffelen soll der Leser die Segmente frei kombinieren, im *Lotterieroman* dadurch, dass er die in Losröllchen niedergeschriebenen Textteile mit der Pinzette aus einem Kästchen zieht.[137] Hier zeichnet sich schon eine gewisse Werkfeindlichkeit ab, die auch der materiellen Realisierung im Buch widerspricht. Der Prozess des Kombinierens zielt gegenüber dem Lesen eines Buches prinzipiell auf Unabgeschlossenheit ab, auch wenn die Anzahl der Kombinationen rechnerisch beschränkt bleibt (ähnlich wie bei der Hyperfiction).

Die Aleatorik hat demnach ein scheinbar paradoxes Verhältnis zum Zufall – einerseits beruht die vom Leser vorzunehmende Kombination auf Zufall, andererseits aber soll der Zufall durch Rekurs auf strenge Formalisierung und Mathematisierung eliminiert werden. Dieser scheinbare Widerspruch löst sich jedoch auf, hält man die unterschiedlichen Perspektiven auseinander: Zufällig ist die Aleatorik nur vom Standpunkt des Lesers aus, nicht aus der Perspektive des »Konstrukteurs«. Ähnlich wie bei der computergenerierten Literatur gibt dieser die Verantwortung für die einzelnen Kombinationen ab, die Regeln der Zusammensetzung jedoch sowie die zu kombinierenden Elemente sind vorgegeben. Es handelt sich daher um eine abgeschwächte Form der Indetermination (schwächer, weil nicht nur die Prozesse, sondern auch die einzelnen Elemente vom Künstler zur Verfügung gestellt werden), nicht um Zufall als Willkür.

Im Unterschied zur Aleatorik laufen jedoch beide Elemente in Formen der Softwarekunst, wie sie sich im Netz beobachten lassen, zusammen.[138] Hier verzichtet der Künstler häufig darauf, auch die Elemente festzulegen, er gibt nur noch die Verarbeitungsprozesse

137 Vgl. Janecke, Kunst + Zufall, S. 41.

138 Auf diese enge Beziehung verweisen auch verschiedene Literaturgenerierungsprogramme im Internet: Die »Dada-Engine« erzeugt auf Wunsch dadaistische Zufallsgedichte (ebenso als »Postmodernism Generator« postmoderne Essays),

vor. Sowohl Willkür in der automatisierten Auswahl des Materials als auch die Indetermination als Unvorhersehbarkeit der Ergebnisse kennzeichnen diese Experimente. Sie unterscheiden sich von den avantgardistischen Schreibexperimenten zusätzlich dadurch, dass sie aufgrund der Rekursivität der ablaufenden Prozesse prinzipiell unabgeschlossen und meistens auch unspeicherbar sind. Sie kombinieren Prinzipien der Interaktivität mit denen des Prozesses sowie des Zufalls als Indetermination und als Willkür und treiben damit alle hier genannten Tendenzen auf die Spitze.

Literaturtheorie und Prozess

Historisch gesehen ist es bezeichnend, dass die Formen der strukturellen Indetermination, die zur Werklosigkeit führen, in extremster Form nur in der Kunst – und hier nur unter den Bedingungen der physischen Präsenz –, nicht aber in der Literatur umgesetzt werden konnten. Auch hier wieder verhindert die spezifische Medialität des Buches bzw. die erforderliche Fixierung der Buchstaben auf einem materiellen Speichermedium eine radikale Umsetzung der Prozesshaftigkeit der Literatur. Die aleatorischen Experimente mussten auf den Computer ausweichen, um ihre prozessualen Potentiale entfalten zu können.

Demgemäß ist in der Literaturtheorie die Frage nach dem Zufall kaum beachtet worden. Eine Ausnahme bildet Eco mit seinem Konzept des offenen Kunstwerks. Dieses ist dadurch gekennzeichnet, dass es durch seine Vielschichtigkeit die Lesarten nur eingeschränkt festlegt – der Auslegungsprozess eines literarischen Werks ist demnach niemals wirklich abgeschlossen. Das offene Kunstwerk unterscheidet sich nach Eco vom geschlossenen Kunstwerk durch eine andere Form der Kommunikation mit dem Rezipienten – es lässt ihm absichtlich Freiheiten in der Erkundung der Bedeutungsschichten und möglichen Kombinationen. Eco koppelt das Modell

(vgl. <http://dev.null.org/dadaengine/>) die »Cut up«-Maschine kreiert Cut-ups à la Burroughs, vgl. <http://web.ukonline.co.uk/gary.leeming/burroughs/cutup_machine.htm>. Florian Cramer hat auf seiner Webseite die gesamte Tradition der kombinatorischen und permutativen Dichtung versammelt und teilweise in Programme umgewandelt. Vgl. Cramer, Florian: *Permutationen*, <http://userpage.fu-berlin.de/~cantsin/permutations/index.cgi>

des offenen Kunstwerks und hier insbesondere das »Kunstwerk in Bewegung« mit dem Prinzip der Unbestimmtheit.

Die Strukturen sind so offen gestaltet, dass das Ergebnis nicht festgelegt ist. Dennoch hält er am Begriff des Werkes fest, da er sich v.a. auf die offenen Partituren in der Musik bzw. die kinetische Kunst bezieht, beides Formen, die den Ausführenden gewissen Spielraum, aber keine Willkür gestatten.[139] Die vorhandene Struktur präjudiziert das nicht festgelegte Geschehen. Happenings dagegen finden bei ihm keine Erwähnung und fallen schon allein durch ihren fehlenden Werkcharakter nicht unter den Begriff des offenen Kunstwerks bzw. des »Kunstwerks in Bewegung«. Die Tendenz zur Indetermination fasst er insgesamt als epistemologischen Spiegel der Zeit auf: Die Unbestimmtheit wird zum Prinzip erhoben – nicht nur in der Kunst, sondern ebenso in den Naturwissenschaften und in der Erkenntnistheorie.[140] Dasselbe gilt jedoch nicht nur für die strukturelle Unbestimmtheit, sondern auch für den Prozess: Die Wissenschaften und Künste verlagern sich im 20. Jahrhundert immer mehr auf die Untersuchung und Realisierung von Prozessen. Die Kybernetik ist hier einer der wichtigsten Impulsgeber, da sie nicht mehr Objekte, sondern Steuerungsmechanismen untersucht. Sie bildet zudem auch die Wurzeln für die Systemtheorie und den Konstruktivismus, die sich ebenfalls auf Prozessanalysen konzentrieren. In diesen Kontext ordnet sich wiederum der Poststrukturalismus ein, der Texte als performative Phänomene auffasst, deren Bedeutung sich ständig verschiebt. Durch die aufgehobene festgelegte Beziehung zwischen Signifikat und Signifikant entsteht ein Bedeutungsraum, der von ständigen Verschiebungen und Veränderungen gekennzeichnet ist. Das hat jedoch keine Distanzierung von der materiellen Textfixierung zur Folge, sondern führt im Gegenteil zu einer Ontologisierung des Textes: Die Performanz von Sprache

139 »Der Künstler, so kann man sagen, bietet dem Interpretierenden ein zu vollendendes Werk: er weiß nicht genau, auf welche Weise das Werk zu Ende geführt werden kann, aber er weiß, daß das zu Ende geführte Werk immer noch sein Werk, nicht ein anderes sein wird, und daß am Ende des interpretativen Dialogs eine Form sich konkretisiert haben wird, die seine Form ist, auch wenn sie von einem anderen in einer Weise organisiert worden ist, die er nicht völlig vorhersehen konnte: denn die Möglichkeiten, die er dargeboten hatte, waren schon rational organisiert, orientiert und mit organischen Entwicklungsdrängen begabt.« Eco, Das offene Kunstwerk, S. 55.

140 Vgl. Eco, Das offene Kunstwerk, S. 47/48.

und Schrift wird im Poststrukturalismus als allgemein gültiges Prinzip postuliert, das sich in jedem Text manifestiert. Damit diese jedoch nachgewiesen werden kann, muss der Text materiell und unveränderbar vorliegen. Erst dann erhält die Behauptung, dass trotz dessen Fixierung seine Bedeutung niemals festlegbar ist, Relevanz. Die unkontrollierbare Performanz der Sprache findet sich sowohl in den Konzepten der Intertextualität als auch in Foucaults Diskursbegriff und mündet in einer Entsubjektivierung der Autorenfunktion – der Autor wird als Schöpfer durch die Einordnung seiner Textproduktion in ein schon vorgängig existierendes Textgewebe einerseits, in Diskursformationen andererseits entmystifiziert. Auch wenn die Elimination des Autors in der literaturwissenschaftlichen Praxis nie wirklich gelungen ist, so hatten die poststrukturalistischen und diskursanalytischen Theorien jedoch eine Schwerpunktverschiebung zur Folge: Der Leser und die Bedeutung der Rezeption werden wiederentdeckt. Die Konzentration auf den Leser mündet in den verschiedenen Ausformungen der Rezeptionsforschung einerseits, andererseits in der Prozessorientierung der literaturwissenschaftlichen Forschung, wie sie insbesondere im von Umberto Eco ausgeführten Konzept des offenen Kunstwerks dargelegt wird. Doch sowohl im Poststrukturalismus als auch in der Rezeptionsästhetik bzw. Semiotik bleibt die Prozessualität von Literatur stark an die jeweilige Theoriebildung gebunden und ist sehr viel mehr ein abstraktes Konzept als ein sich materiell manifestierendes Phänomen.

Doch die Performanz hat auch in anderen theoretischen Kontexten Bedeutung: Eingeführt wurde sie von Austin im Kontext der Sprechakttheorie, in dem sie stark an handlungstheoretische Thesen gebunden ist. Performanz bedeutet hier Handlungen, die durch Sprechakte ausgeführt werden (z.B. Drohung, Warnung, Ankündigung etc.).[141] Diese Bindung der Performanz an die sprachliche Kommunikation kennzeichnet wiederum einen völlig anderen, sehr viel konkreteren Prozesstyp als z.B. den Performanz-Begriff des Poststrukturalismus, dessen Literaturbegriff zudem in keiner Weise mit Kommunikation zusammenhängt. Ein dritter Performanz-Begriff leitet sich aus der Anthropologie ab: Es geht hier um den Inszenierungs- und Aufführungs- bzw. Ausführungscharakter – um

141 Vgl. Austin, John: *Theorie der Sprechakte*, Stuttgart 1972, S. 27/28.

den physischen Akt als Performance. Im Hinblick auf Literatur-Performances ist dies durchaus auch für die Literaturwissenschaft relevant. Bezüglich der Literatur dominiert jedoch meist die abstrakte poststrukturalistische Interpretation von Performanz, die sich auf die inneren Bewegungen des Textgewebes kaprizieren. Daraus ergibt sich aber paradoxerweise eine Affirmation des Werkbegriffes (denn Performanzen dieser Art bedürfen eines abgegrenzten Raumes zu ihrer Identifikation) und untrennbar damit verbunden der Autorenfunktion, denn: »Die Konzeption des Autors ist von der ästhetischen Identität des Werkes nicht abtrennbar.«[142] Im Hinblick auf den Erhalt der Trias Autor – Werk – Leser ist der Poststrukturalismus eine extrem konservative Theorie.

Insgesamt kann man sagen, dass das literarische Werk als materielles Faktum durch alle theoretischen und praktischen Versuche hindurch kaum erschüttert wurde und nach wie vor eine maßgebliche Rolle im Literaturbetrieb und der Literaturwissenschaft spielt: Die Buchkultur hat ihre Struktur – die Identifikation eines Autors als Urheber, das Copyright, die Vermarktungsstrategien und die Rezeption bzw. Literaturkritik – rund um die Identität des Werkes aufgebaut.

Computer und Internet bedürfen jedoch neuer Grundlagen, damit die Veränderungen von Literatur angemessen begriffen werden können. Prozessualität ist eine der wesentlichen Eigenschaften, die hier eine Rolle spielen: Es geht einerseits um dynamische Textgestaltungsstrategien sowie deren Interaktion mit anderen Codes, andererseits um Literatur als kommunikativen Akt, der nun – anders als in der Buchkultur – direkt ohne Zeitverzögerung vonstatten gehen kann. Die oben schon erwähnten frühen Projekte in Computernetzwerken waren alle kommunikative Projekte, dasselbe gilt für die ersten künstlerischen Projekte im World Wide Web.

Auch zur digitalen Literatur führen damit unterschiedliche Wege: Zum einen über Autoren, die vom Papier auf den Bildschirm umstiegen, um die Möglichkeiten der expliziten Textvernetzung zu nutzen, wie Michael Joyce, zum anderen über Künstler, die von weltweiter Vernetzung durch technische Medien – und damit vom elektronischen Raum – träumten, wie Roy Ascott. Die erste Grup-

142 Vgl. Martinez, Matias: »Autorschaft und Intertextualität«, in: Jannidis/Lauer/Martinez/Winko, Rückkehr des Autors, S. 465-479 (hier: S. 469).

pe führte zur Ausdifferenzierung der Hyperfiction als im Grunde der Buchkultur geschuldete Tendenz, die die narrativen Strategien der Multilinearität und Assoziation nun auch visuell manifestieren wollte, die zweite kam aus dem künstlerischen Kontext, der eine viel intensivere Tradition der Ausbruchsversuche aus traditionellen Kategorien hatte, und gab den Startschuss zu einem kommunikativen Verständnis von Literatur, auch wenn z.B. *La Plissure du texte* vielleicht nur deshalb textbasiert lief, weil die technischen Möglichkeiten keine Erweiterungen zuließen. Die meisten telematischen Projekte arbeiteten mit visueller und akustischer Vernetzung über Satellit bzw. Telefon. Erst später – mit zunehmender technischer Differenzierung und Leistungsfähigkeit der Programme und der Verbindungen – verschiebt sich der Schwerpunkt mehr zu visuellen Experimenten und technischer Interaktivität.

Generell kann man sagen, dass insbesondere Literatur als Vernetzungsphänomen geprägt ist von der weitgehend interaktionsarmen, durch zeitliche und räumliche Differenzen distanzierten Lektüre. Tatsächlich ermöglichen erst Computer und Internet raum- und zeitunabhängige Interaktionsformen, die nicht auf einzelne Gruppen beschränkt sind. *Die Ideen der Kunst für alle und von allen waren vorhanden, nur die entsprechenden Medien gab es noch nicht.* Radio und Fernsehen erwiesen sich – trotz gegenteiliger Hoffnungen, wie sie für Ersteres in Brechts Radiotheorie, für Letzteres in den interaktiven Experimenten mit dem Fernsehen ihren Niederschlag fanden – als ungeeignet für Interaktion und Partizipation. Dieses Defizit an offenen Medien bewirkte, dass in die Entwicklung des Computers schon früh große Hoffnungen gesetzt wurden. 1968 schreibt Nicolas Schöffer in seinem Manifest »Die Zukunft der Kunst«:

»Die Informationsnetze müssen den wahren ästhetischen Produkten geöffnet werden. Dazu bedarf es aber einer neuen Kunst-Technologie und einer völligen Umwandlung der Beziehungen zwischen dem herstellenden Künstler und dem verbrauchenden Publikum [...]. Wir können uns mit Sicherheit heute schon für die Zukunft anstelle des kleinen Bildschirms einen Raum denken, der den Verbraucher allseitig umgibt. In diesem Raum wird der Verbraucher von audiovisuellen (olfaktorischen, taktilen) Programmen umgeben sein, er wird hier in einem richtigen, durch und durch ästhetischen Klima baden, das er selbst nach seinen Wünschen dosieren, neu zusammenstellen und programmieren kann. Dieses Bad wird ihn in die Lage versetzen, sich immer mehr zu entfalten, zu vervollkommnen, zu sensibilisieren, zu konzentrieren und auszudrücken [...].[143]

Diese Hoffnungen – die erneut den engen Zusammenhang von Interaktion und synästhetischem Erleben, aber auch der Prozessualität unterstreichen – bewegen sich noch ein einem Rahmen, der ästhetisch definiert ist und von »Produkten« spricht. Einige von Schöffers Visionen scheinen jedoch wahr werden zu können, wenn auch in einer langsamen Entwicklung, die jedoch nicht unbedingt nur im künstlerischen Bereich verbleibt.

143 Schöffer, Nicolas: »Die Zukunft der Kunst«, zit.n. Daniels, Strategien der Interaktivität, S. 151.

Teil 3
Das Andere der Literatur im elektronischen Raum

Literatur und Kunst im elektronischen Raum greifen zwar auf die im vorangegangenen Teil aufgefächerten Konzepte zurück, jedoch gilt es zu fragen, inwieweit die spezifische Struktur von Computernetzwerken diese verändert. In der Diskussion um die Neuheit von Kunst und Literatur im elektronischen Raum wird häufig auf die Tradition dieser Konzepte verwiesen, jedoch vernachlässigt, dass sich auch diese Ideen in der Geschichte der Kunst nicht nur durch die verwendeten Medien, sondern auch in enger Rückkopplung mit den soziokulturellen Bedingungen verändert haben. Die Ideale der Romantik unterschieden sich von denen der Avantgarden des frühen 20. Jahrhunderts durch diametrale Zielsetzungen – sollte für die einen das Leben zur Kunst werden, strebten die anderen die Überführung der Kunst in das Leben an. In den 60er Jahren lassen sich beide Tendenzen beobachten: die Verlagerung der Kunst in den alltagsweltlichen Bereich einerseits (Aktionen), die Integration von Interaktionsprozessen in einen künstlerischen Raum andererseits (Happenings, Performances) und damit eng verbunden die paradoxale Entwicklung der Verstärkung der Künstlerpersönlichkeit bei seiner gleichzeitigen Entmystifizierung. Künstler, Werk und Rezipient jedoch bleiben weitestgehend bestehen, auch wenn sich Rollenveränderungen beobachten lassen.

Die Visionen zeugen in allen Fällen auch von Kulturkritik und können als Spiegel von gesellschaftlichen Strömungen gesehen werden. Medientheoretisch betrachtet, legen sie Zeugnis ab über die dominierenden Medien und ihre kulturellen Standards. Die Projekte der beiden Avantgarden können so als Versuche gelesen werden, die dominanten Medien in ihrer standardisierten Verwendung zu unterlaufen (hier insbesondere das Buch und das Tafelbild) sowie mit neuen Medien – wie Radio, Fernsehen und Video – zu experimentieren, ohne jedoch deren Sender-Empfänger-Struktur wirklich durchbrechen zu können.

Neue Medien stellen die Gesellschaft vor schwerwiegende Probleme: Es müssen mediengerechte Formate sowie Formen der Standardisierung nicht nur in technischer Hinsicht, sondern auch im Hinblick auf Produktions-, Darstellungs- und Rezeptionsprogramme gefunden werden. Vor diesem Schritt stehen wir derzeit in Bezug auf Computer und

Internet. Die meisten Kunstformen, die Gegenstand des vorangegangenen Kapitels waren, entwickelten Strategien, die bestehende Programme der Medienverwendung mittels traditioneller Medien durchbrachen. In der Computer- und Internetliteratur – und darin besteht der erste gravierende Unterschied – existieren diese Standardisierungen noch gar nicht. Weder gibt es die entsprechenden kulturellen Normen für die Produktion noch für die Darstellung, noch für die Rezeption medienspezifischer Phänomene. Erschwerend kommt hinzu, dass eine Vielzahl technischer Standards zwar existiert, diese jedoch teilweise miteinander konkurrieren und sich darüber hinaus beständig weiterentwickeln bzw. exponentiell zunehmen.

Das Internet zwischen Freiheit und Normierung

Es mag sein, dass die folgende Analyse des Status quo der Literatur im elektronischen Raum und zwangsläufig auch der Netzkunst diese mangelnde kulturelle Standardisierung und Normierung widerspiegelt. Was viele als Schwäche des Internets beklagen (Informationschaos, fehlende Autorisierung der im Netz kursierenden Dokumente, zuviel »Rauschen« ...), ist gleichzeitig dessen Stärke, weil ein Gegengewicht zur Normierungsleistung der alten Massenmedien geboten und neue Modi der Selbstorganisation erforderlich werden. Greift man auf die industriegesellschaftlich etablierten Kontrollmechanismen zurück, die auf Zentralisierung und Institutionalisierung beruhen, und überträgt diese auf das Netz, so werden zwangsläufig die neuen medialen Charakteristika des Netzes zerstört.

Eine Möglichkeit der Trendanalyse in einer solchen Umbruchsituation ist die Beobachtung der Kunstszene: Literatur oder Kunst im elektronischen Raum erforschen und reflektieren per definitionem die Stärken und Schwächen des Mediums. Aus ihnen können Strategien für die Zukunftsgestaltung gewonnen werden, die eine Balance zwischen Freiheit und Normierung zu halten imstande sind, ohne das Netz zu einem klassischen Broadcast-Medium verkommen zu lassen. *Es geht um nichts weniger als um neue Formen der Informationsgenerierung, -darstellung und -verarbeitung – und zwar solcher, die innerhalb einer Kultur, aber auch kulturübergreifend angewendet werden können, ohne die Unterschiede einzuebnen.* Netzwerke brauchen – wie im ersten Teil ausgeführt – über die technische Standardisierung hinaus kulturelle Programme, um funktionieren zu können. Diese müssen jedoch vielseitiger sein als diejenigen, die die bisherigen Massenmedien entwickelt haben. Castells spricht im Zusammenhang seiner Analyse des Netzwerk-Unternehmens von der Notwendigkeit, die Netzwerkkultur durch Pluralität zu definieren:

»Es ist sicher keine neue Kultur im traditionellen Sinn eines Wertesystems, weil die Vielzahl der Subjekte im Netzwerk und die Unterschiedlichkeit der Netzwerke eine solche vereinheitlichende »Netzwerk-Kultur« nicht zulassen. [...] Aber es gibt wirklich einen gemeinsamen kulturellen Code in den unterschiedlichen Mechanismen des Netzwerk-Unternehmens. Er besteht aus vielen Kulturen, vielen Werten und vielen Projekten, die den unterschiedlichen Beteiligten an den Netzwerken durch den Kopf gehen und ihre Strategien bestimmen. Dabei wechseln die Strategien im gleichen Tempo wie die Mitglieder des Netzwerkes und folgen der organisatorischen und kulturellen Transformation der Einheiten des Netzwerkes. Es ist tatsächlich eine Kultur, aber eine Kultur des Ephemeren, eine Kultur einer jeden strategischen Entscheidung, ein Flickenteppich von Erfahrungen und Interessen, und keine Charta der Rechte und Pflichten. Es ist eine multi-facettierte, virtuelle Kultur, wie in der visuellen Erfahrung von Computern im Cyberspace, wo die Realität neu zusammengesetzt wird.«[1]

Castells' Plädoyer für eine flexible Netzwerk-Kultur impliziert fundamentale kulturelle Konsequenzen: Prozesse der Normierung und Standardisierung, die für die neuzeitlichen Industriegesellschaften typisch sind, können demnach nicht mehr fortgeschrieben werden. Für jeden Prozess müssen die Verfahrensregeln jeweils neu ausgehandelt werden. Beobachtet werden kann diese Diversifikation von Regelgefügen derzeit insbesondere in virtuellen Gemeinschaften: Jede Newsgroup und Mailingliste und auch jeder Chatroom hat eine eigene Netiquette, die die relativ allgemein gehaltenen Grundregeln noch spezifizieren.[2] Manchmal bleiben diese Regeln unausgesprochen (insbesondere bei Mailinglisten), meistens aber werden sie öffentlich gemacht. Dadurch ergibt sich eine Vielfalt von unterschiedlichen Regelgefügen, die sich der Benutzer immer wieder neu aneignen muss, die er andererseits aber auch mitformulieren kann. *Vermutlich wird diese Vielfalt erhalten bleiben, es stellt sich allerdings dennoch die Frage, in welchem Maße überindividuelle kulturelle Programme des Mediengebrauchs entwickelt werden müssen, um die kommunikativen Potentiale des Internets mit zu gestalten.* Die Entwicklung von Steuerungsmechanismen kann damit einerseits zu Normierungen und Standardisierungen führen, die als *Programme* kulturelle Bedeutung erlangen können, andererseits die Gestalt *flexibler Ad-hoc-Aushandlungen situationsgebundener Regeln* annehmen.

Da das Internet jedoch andere materielle Bedingungen aufweist als die traditionellen Medien, müssen die bisher bekannten Regeln zumindest modifiziert werden; vermutlich wird es notwendig werden, in manchen Fällen vollig neue Regelgefüge zu entwerfen. *Die*

1 Castells, Netzwerkgesellschaft, S. 227.

2 Vgl. z.B. Döring, Nicola/Schestag, Alexander: »Soziale Normen in virtuellen Gruppen«, in: Thiedeke, Udo (Hg.): *Virtuelle Gruppen. Charakteristika und Problemdimensionen*, Opladen 2000, S. 313-354 (hier: S. 332).

kommunikativen Mechanismen der face-to-face-Gespräche sowie die hochstandardisierten Prozesse der Informationsgenerierung, -darstellung und -verarbeitung der Massenmedien können nicht ohne weiteres ins Netz übertragen werden. Kommunikation und Informationsvermittlung finden hier unter anderen Bedingungen statt: Die individuelle Kommunikation erstreckt sich sowohl auf Dyaden als auch auf Gruppen, deren Akteure sich häufig nicht kennen. Zudem erfolgt sie meist rein schriftbasiert, so dass ihr die Multimedialität des face-to-face-Gesprächs fehlt. Die Informationsprozesse basieren nicht mehr auf einer fixierten Rollenverteilung von Sender und Empfänger, da jeder Empfänger potentieller Sender sein kann und dadurch die institutionellen Kontrollmechanismen ausgesetzt werden. Für keine der beiden medienspezifischen Formen gibt es bisher kulturell verbindliche, standardisierte Prozessabläufe bzw. Verhaltensregeln.

Will man die Freiheit des Internets nicht schon im Keim ersticken, wird es vermutlich darum gehen, Richtlinien für Strategien verschiedener Benutzersituationen zu entwickeln, ohne dass dadurch die Entwicklung neuer Interaktionsformen ausgeschlossen wird. Daher muss kritisch beobachtet werden, wo Strategien aus alten Medien eins zu eins übertragen und angewendet werden. Letzteres braucht nicht per se schlecht zu sein, aber es gilt zu prüfen, inwieweit diese Strategien tatsächlich auch der Struktur des Mediums entsprechen. Hierbei haben insbesondere die *selbstreflexiven* Kunstformen ein nicht unwesentliches Wörtchen mitzureden: Sie könnten diejenigen Instanzen sein, die auf mögliche Fehlentwicklungen hinweisen. Andererseits ist auch hier Vorsicht geboten: Wie die folgenden Analysen zeigen werden, sind auch einige Kunstprojekte von einer starken Rückbindung an alte Medien geprägt und kritisch auf ihre Internettauglichkeit zu prüfen. Daher wird das im ersten Kapitel erläuterte historische Phasenmodell von Abhängigkeit, Gegenabhängigkeit und Autonomie angewendet, um die Projekte zuzuordnen. Vieles spricht dafür, dass wir uns im Umgang mit Computer und Internet derzeit im Übergang von der Abhängigkeit zur Gegenabhängigkeit befinden – einerseits werden Konzepte aus alten Medien ins Netz übertragen, andererseits wird mit der radikalen Durchbrechung von deren Standards experimentiert, um medienspezifische Formen zu suchen. Um diese Frage geht es hier: Welche künstlerischen Projekte weisen auf die Herausbildung medienspezifischer Interaktions- und Darstellungsformen hin, die dann zur Herausbildung kultureller Programme führen können? Genau dies ist nämlich notwendig, um die Phase der Autonomie zu erreichen, in der »es«, wie Michael Giesecke schreibt, »zu einer Koexistenz älterer und neuerer Medien und kommunikativer Kooperationsformen kommen [muss]«.[3] Dafür jedoch müssen Computer und Internet ihre spezifischen Stärken ausgebildet und zu kultureller Bedeutung gebracht haben. Erst wenn das erreicht ist, kann die Phase der Gegenabhängigkeit als abgeschlossen gelten.

3 Vgl. Giesecke, Mythen, S. 278.

Historische Entwicklung der Literatur im elektronischen Raum

Wie im ersten Teil ausgeführt, weist das Internet Strukturen auf, die es für bestimmte Nutzungsformen prädestinieren. Die »Urform« des Internets, das US-amerikanische ARPANET, wurde in erster Linie zum Zwecke der Vereinfachung und Akzeleration fernschriftlicher Kommunikation entwickelt. Michael Hauben betont, dass – insbesondere dank J.C.R. Licklider – die Kommunikation bei der Entwicklung des ARPANET im Vordergrund stand:

»Licklider's vision of an ›intergalactic network‹ connecting people represented an important conceptional shift in computer science. This vision was also an important beginning to the ARPANET. After the ARPANET was up and running, the computer scientists using it realized that assisting human communication was the most fundamental advance that the ARPANET made possible.«[4]

Die Möglichkeit, über Computer zu kommunizieren, verlangt die Entwicklung einheitlicher Protokolle, über die die vernetzten Computer ihre Aktionen koordinieren können, um den Menschen die Kommunikation zu ermöglichen – dieses Prinzip hat sich bis heute nicht verändert. 1969 ging das ARPANET zwischen vier Standorten in den USA (UCLA, University of Utah, University of California in Santa Barbara, Stanford Research Institute, an dem Douglas Engelbart tätig war) in Betrieb, 1973 wurden mit England und Norwegen erstmals außeramerikanische Standorte angeschlossen. Seit 1972 beinhaltete das ARPANET auch die point-to-point-Kommunikation über ein E-Mail-System, es entstanden erste Chat-Formen, wenig später die ersten Mailinglisten. Bis zur Entwicklung des World Wide Webs blieb das ARPANET auf den Gebrauch in der Wissenschaft beschränkt, wurde aber dort schon, neben der Kommunikation, für simultanes, vernetztes Schreiben[5] genutzt – hier liegen auch die medialen Wurzeln des frühesten netzliterarischen Phäno-

4 Vgl. Hauben, Michael: *History of ARPANET. Behind the Net – The Untold History of the ARPANET Or – The »Open« History of the ARPANET/Internet*; <http://www.dei.isep.ipp.pt/docs/arpa.html>.

5 Zur Charakterisierung des vernetzten Schreibens im Unterschied zum Schreiben im Netz vgl. Heibach, Schreiben im World Wide Web.

mens, der MUDs – Multi User Dungeons (manchmal auch: Dimensions).

1979 entwickelte der Student Roy Trubshaw auf dem Großrechner der Universität von Essex die erste Plattform, die es mehreren Leuten erlaubte, sich von ihren Computerarbeitsplätzen aus einzuloggen und miteinander in einer textbasiert entwickelten Phantasiewelt zu kommunizieren.[6] War dieses erste MUD zunächst auf das universitäre Netz begrenzt, konnten – nachdem die Universität sich an das ARPANET angeschlossen hatte – auch Teilnehmer von außerhalb partizipieren. MUDs weisen unterschiedliche Strukturen auf: Manche sind relativ frei in ihrem Regelgefüge, andere haben Hierarchien, bei denen die Inhaber der höchsten Positionen darüber bestimmen, welche Regeln gelten.[7] Allen gemeinsam ist allerdings, dass sie rein über Text virtuelle Räume entwickeln, in denen verschiedene Aufgaben gelöst, Gefahren überwunden, Prinzessinnen gerettet und Goldschätze gehoben werden müssen. Dies alles erfolgt über Dialoge mit anderen Spielern, so dass hier zahlreiche, sich überkreuzende Textgewebe entstehen, die für ungeübte Benutzer höchst verwirrend sein können. Zum Teil vermischen sich – neben den sich überkreuzenden Dialogen – auch die Textsorten: Fiktionale Texte, die sich dem gegebenen Rahmen des MUDs anpassen, stehen der alltagsweltlichen Kommunikation gegenüber. Da MUDs dialogisch aufgebaut sind, haben sie prozessualen Charakter – ein MUD ist theoretisch niemals abgeschlossen, die Geschichten können unendlich ergänzt werden; mit wechselnden Spielern oder Spielergruppen verändern sich auch die Kontexte. MUDs sind offen für jeden Teilnehmer (wobei es mittlerweile auch kommerzielle Versionen gibt), sie stellen – neben der kollaborativen Textproduktion – gleichzeitig auch komplexe soziale Räume dar, in denen sich Gruppen bzw. Gemeinschaften entwickeln, die ihre Bekanntschaft im »real life« fortsetzen. Diese Form der Netzliteratur hat sich von ihren Anfängen 1979 bis zur Gegenwart als ausgesprochen erfolgreich und langlebig erwiesen, auch wenn die Teilnehmerzahlen relativ zur Ge-

6 Vgl. Harrison, Roger: »Multi User Dungeons. Versuch einer Definition und Standortbestimmung«, in: Heibach, Christiane/Bollmann, Stefan (Hg.): *Kursbuch Internet. Anschlüsse an Wirtschaft und Politik, Wissenschaft und Kultur*, Mannheim 1996, S. 299-314 (hier: S. 299/300).

7 So hat das MUD *Silberland* z.B. ein ausgeklügeltes Punkte- und Regelsystem sowie eine strenge Hierarchie. Vgl. <http://www.silberland.at>.

samtheit der Internetnutzer eher gering sind. Als soziales Phänomen werden MUDs mittlerweile auch wissenschaftlich erforscht,[8] fundierte Analysen zum literarischen Charakter der kollaborativ entwickelten Texte stehen allerdings noch aus. Espen Aarseth, der die bisher umfangreichste Analyse zu MUDs als literarischem Phänomen vorgenommen hat, bezeichnet sie als »Metagenre«. Die Spieler können sich auf verschiedenen Ebenen betätigen: literarische Umgebungen kreieren, pure Kommunikation betreiben, hyperfiktionale Beschreibungen entwerfen etc.[9] Er sieht in ihnen eine mögliche neue Form vernetzter Literatur – trotz aller qualitativer Bedenken angesichts der kaum literarisch zu nennenden, sondern eher improvisatorischen Sprachgestaltung: »MUDs are not the poor relatives of more artistic textual media but contain a potential for textual complexity and diversity that is far from mastered, or even conjectured at present time.«[10] Tatsächlich stellen sie einen ortsunabhängigen[11] sozialen Raum dar, der in gewisser Weise an die literarischen Salons erinnert, wobei es allerdings nicht auf die künstlerische Sprachgestaltung ankommt. Es bedürfte weiterer intensiver Beobachtung und Untersuchung, inwieweit MUDs zu einer möglichen neuen Form literarischen Schreibens werden könnten.

In Europa wiederum entwickelten sich neben dem ARPANET andere Datennetze, und zwar zunächst mit Hilfe des Fernsehens – in Deutschland als BTX, in Frankreich als Minitel. 1980 ging die Bundespost mit dem BTX-System auf den Markt, allerdings mit eingeschränktem kommerziellen Erfolg – BTX verband den Fernseher mit dem Telefonnetz, allerdings waren BTX-taugliche Fernseher bei weitem teurer. 1988 wurde es möglich, BTX auch über den Computer zu nutzen – erst dann erreichte der Service eine signifikante Zahl von Nutzern. Mittlerweile (seit Dezember 2000) gibt es BTX allerdings nicht mehr – das WWW hat ihm den Rang abgelaufen, bevor es überhaupt eine flächendeckende Verbreitung erreichen konnte. Minitel in Frankreich war weitaus erfolgreicher und existiert bis heute. Ungefähr gleichzeitig mit dem BTX-System ent-

8 Davon zeugen zwei jüngst erschienene Studien: Utz, Sonja: *Soziale Identifikation mit virtuellen Gemeinschaften – Bedingungen und Konsequenzen*, Lengerich 1999; Götzenbrucker, Gerit: *Soziale Netzwerke und Internet-Spielewelten. Eine empirische Analyse der Transformation virtueller in realweltliche Gemeinschaften am Beispiel von MUDs (Multi User Dimensions)*, Opladen 2001.

9 Vgl. Aarseth, Cybertext, S. 158.

wickelten sich die ersten Mailbox-Systeme (auch: BBS – Bulletin-Board-System), meist Kommunikationsforen von politisch engagierten Gruppen. 1987 entstand eine der wichtigsten, bis heute existierenden Mailboxen in Bielefeld: BIONIC von Rena Tangens und padeluun. Mailboxen bieten die Möglichkeit der interpersonellen Kommunikation, dienen aber auch als Nachrichtensystem mit nach Themen geordneten »schwarzen Brettern«. Aus den verschiedenen Mailbox-Systemen entstanden durch Zusammenschlüsse erste Computernetze, die später ebenfalls Teil des Internets wurden. Gleichzeitig mit den ersten Mailbox-Systemen wurde in Deutschland der Chaos Computer Club (CCC) gegründet, der sich als Gruppe erstmals 1981 traf, sich dann 1986 als eingetragener Verein formierte. Die Betreiber der frühen Mailboxen und die Mitglieder des Chaos Computer Club verbindet ein teilweise subversiv geprägtes politisches Bewusstsein, meist begleitet von ethischen Zielen. Mailbox-Systeme spielten z.B. eine entscheidende Rolle im Jugoslawien-Krieg, bei dem die Computernetze zum Teil die einzige Verbindung in die Welt darstellten. Der Chaos Computer Club dagegen machte mit spektakulären Hacks (schon 1984 im BTX-System) auf Sicherheitslücken aufmerksam. Seine Mitglieder sind als Verfechter der Informations- und Datenfreiheit im Internet eine gewichtige Stimme in einer Zeit, in der die Gesetzgeber versuchen, zentralistische Kontrollsysteme im dezentralen Netz zu etablieren.[12]

Das ARPANET, Minitel und die Mailbox-Systeme gaben auch Anstoß für die frühen künstlerischen Computernetz-Projekte, die gemäß der Vernetzungsstrukturen die Potentiale computervermittelter Kommunikation testeten. Neben dem schon erwähnten *La plissure du texte* gab es 1985 ein weiteres kollektives Projekt im Rahmen der von François Lyotard kuratierten Ausstellung *Les Immatériaux* im Centre Beaubourg: Über vernetzte Computerterminals

10 Aarseth, Cybertext, S. 161.

11 »Ortsunabhängig« ist hier bezogen auf die Teilnehmer, die sich – meist über Telnet, häufig aber auch über das WWW in einen MUD einloggen können. Der MUD selber hat durchaus einen Ort, nämlich den Server bzw. Rechner (im Falle von Telnet), auf dem er läuft.

12 Jüngst geschehen mit dem Entwurf der »Cybercrime-Convention«, die als EU-Gesetz verabschiedet wird und den Staaten enorme Kontrollmechanismen erlaubt. Vgl. zu den Zielen des CCC Müller-Maguhn, Andy: *Unsicherheit von Netztransaktionen und Risiko-Handling*, 2000, <http://www.dgbank.de/oir/oirtools.nsf/ViewDownloadFiles/MuellerMaguhn.PDF/$File/MuellerMaguhn.PDF>.

schrieben 30 Autoren aus verschiedenen Disziplinen Artikel zu 50 Schlagwörtern, die in einer Datenbank gespeichert wurden. Sowohl über Minitel als auch in der Ausstellung selber konnten diese Texte von allen bearbeitet, verändert und ergänzt werden.[13] *Pool Processing* von Heiko Idensen und Matthias Krohn startete 1989 über die Mailbox BIONIC von Rena Tangens und padeluun. Als offene, »imaginäre« Bibliothek war Pool Processing Sammelpunkt für Zitate, Texte, Assoziationen, Kommentare etc. zur Medienkunst und ihrer Geschichte und für alle Beiträge offen.[14] Gleichzeitig hatte *Pool Processing* auch eine Funktion als Kommunikationsforum, indem z.B. Beobachtungen von zwei parallel laufenden Medienfestivals eingespeist wurden. Das Projekt ist heute als hypertextueller Pool, leider nicht mehr als Prozess, im Netz dokumentiert und hat sich zu einer umfassenden assoziativen Textsammlung mit Zitaten zu Vorläufern von Medienkunst und Netzliteratur sowie Medientheorie »geordnet«.[15]

In den frühen Telekommunikationsprojekten vor der Entwicklung des WWW spiegelt sich damit schon die Zweiteilung zwischen der Nutzung von synchroner oder asynchroner Kommunikation einerseits und der Dokumentenvernetzung nach der Idee des Docuverse andererseits. *La plissure du texte* und die MUDs gehören zu den Ersteren, *Pool Processing* und weitere Projekte wie z.B. Antonio Muntadas' *The File Room*[16] sowie Judy Malloys *Bad Information*[17] zu den Letzteren. Judy Malloy sammelte und katalogisierte Informationsbruchstücke aller Art auf dem BBS *The Well*,[18] dem frühesten internetbasierten Bulletin Board System. Die Idee für *The File Room*, einer Art Datenbank, die historische und aktuelle Zensurfälle sammelt, kam Antonio Muntadas unabhängig vom Internet, wobei er das Projekt sofort nach der Entwicklung des WWW in den elektronisch vernetzten Raum verlagerte. Dort kann man als Benutzer bis heute der Sammlung stetig weitere Zensurfälle hinzufügen.

13 Vgl. Idensen, Die Poesie soll von allen gemacht werden!, S. 159 f.

14 Vgl. die Dokumentation unter <http://www.hyperdis.de/pool/dok/pool.htm>

15 <http://www.hyperdis.de/pool/index.html> Bibliothek*

16 <http://www.cd.sc.ehu.es/FileRoom/documents/homepage.html>

17 <http://www.well.com/user/jmalloy/bad.html>

18 <http://www.well.com>. *The Well* wurde 1985 von Stewart Brand und Larry Brilliant gegründet und entwickelte sich zum Tummelplatz für alle namhaften Internet-Pioniere (allen voran Howard Reingold, der es über die Grenzen der »Well-Community« hinaus bekannt machte).

Pool Processing*

Darüber hinaus verstärkten sich durch die Computernetze die Experimente mit der Telepräsenz. Zahlreiche derartige Projekte fanden im Rahmen der von Gerfried Stocker und Robert Adrian 1991 gegründeten Arbeitsgemeinschaft »x-space« statt. Nur eines sei hier erwähnt: 1993 wurde *Radiobeams* als vernetztes Konzert zwischen Graz, Hertogenbosch und Berlin aufgeführt, wobei ein computergeneriertes intermediales Gewebe aus Licht, Text, Bild und Ton über Radio synchronisiert wurde.[19] Das Projekt *Ornitorroco*[20] des Brasilianers Eduardo Kac nutzte 1989 Computernetze, um Benutzer über öffentliche und private Computer-Zugänge einen Roboter bewegen zu lassen. 1994 verlagerte er *Ornitorroco* als erstes Telepräsenz-Projekt ins WWW.[21]

Die ersten Projekte im World Wide Web, das sofort nach Entwicklung des ersten Browsers von Künstlern genutzt wurde, setzen die Tendenzen der frühen Telekommunikationsprojekte fort. Sie greifen die technischen und künstlerischen Ziele der Computernetz-Pioniere im WWW auf, indem sie Kommunikation und Zusammenarbeit – beides die Hauptziele der Entwicklung des Internets einerseits, des WWW andererseits – künstlerisch umsetzen. Das schon erwähnte Projekt *KaspaH* wählte jedoch 1994 noch einen anderen Dienst des Internets: die E-Mail. *KaspaH*, von Catherine de Courten initiiert, inszenierte E-Mail-Kommunikationen einer fiktiven Gestalt, die in den Datennetzen wohnt und ihre Identität und damit die der Datennetze sucht. *KaspaH* wendet sich daher an vierzig Personen und stellt ihnen Fragen zu seinem Wesen. Von diesen vierzig angeschriebenen (der Initiatorin unbekannten) Leuten entwickelt sich mit fünf Personen eine Kommunikation, in deren Verlauf *KaspaH* seine Identität konkretisieren kann. Die verschiedenen Kommunikationsstränge sind heute im WWW nachzulesen.[22] Ziel des Projektes war die Suche nach einer Gesprächsform über Daten-

19 Vgl. zu einer ausführlichen Beschreibung: <http://gewi.kfunigraz.ac.at/~gerfried/radiobeams/radiobeams.html>

20 <http://www.ekac.org/ornitorrincoM.html>

21 Vgl. dazu Kac, Eduardo: »Das Internet und die Zukunft der Kunst: Immaterialität, Telematik, Videokonferenzen, Hypermedia, Networking, VRML, Interaktivität, Bildtelefone, Software für Künstler, Telerobotik, Mbone und darüber hinaus«, in: Münker, Stefan/Roesler, Alexander (Hg.): *Mythos Internet*, Frankfurt am Main 1997, S. 291-318 (hier: S. 311).

22 <http://www.hfbk.uni-hamburg.de/KaspaH/KaspaHome.html>

netze; also die Schaffung einer Gesprächskultur, die auf nichts weiter beruht als der Kenntnis einer E-Mail-Adresse, ohne Wissen über die Personen, die dahinterstehen. Catherine de Courten selber zieht folgendes Fazit aus ihrem Projekt:

»it isn't enough to make a technical connection via internet to start communicating. I'm assuming that the concept ›communication‹ used as the general attribute of new media might be a misunderstanding or just overvalued. The question remains to create conversational platforms with others.«[23]

Neun Jahre nach diesem Projekt scheint dieses Problem nach wie vor nicht gelöst zu sein. Die vielen Initiativen zu künstlerischen kooperativen, partizipativen, kollaborativen und dialogischen Projekten, die sich heute fast nur noch im WWW abspielen, zeitigen sehr unterschiedliche Erfolge; mittlerweile hat sich auch eine gewisse Frustration über Literatur im elektronischen Raum ausgebreitet. Wie im Folgenden gezeigt werden soll, ist dies aber eher ein Problem der Struktur solcher Projekte, weniger eines des Mediums. *Es ist zu vermuten, dass die relativ kurze Zeit, die das Internet als »Massenmedium« existiert, bisher nicht ausgereicht hat, um die medienspezifischen Qualitäten zu erforschen und künstlerisch umzusetzen* (selbstverständlich gibt es hier auch Ausnahmen) – viele Projekte orientieren sich noch an den Kriterien der Printliteratur und weniger an den Möglichkeiten der Sprachkunst und ihrer medienspezifischen Realisation im Internet. Interessanterweise gelingt dies eher in Projekten, die die Dokumentenvernetzung nutzen und dabei zumeist softwareorientiert arbeiten, als in Initiativen, die auf der Beteiligung anderer aufbauen. Diese erfreuen sich meist kurze Zeit einer hohen Aktivität von Nutzern, um nach einigen Monaten dann unbeachtet im Sand zu verlaufen. Die passive Rezeptionshaltung, die jahrhundertelang zuerst vom Buchdruck, im 20. Jahrhundert dann von den Massenmedien weiter kultiviert wurde, wird durch das Internet vorerst nicht signifikant aufgebrochen.

Doch die Ideen der Interaktivität, der Intermedialität und der prozessorientierten Kunst finden sich auch in den Bestrebungen der Netzprojekte wieder – das Internet scheint die Strukturen zu bieten, die die traditionellen Medien nicht aufweisen konnten, um die

23 <http://134.100.176.8/TelematikWWW/Confs/IFIP94/KaspaHIfip.html> (nicht mehr im Netz).

Konzepte in ihrer Radikalität umzusetzen. Wie im zweiten Teil ausgeführt, kann die Kunst dabei auf eine relativ lange Tradition von Ausbrüchen aus dem Künstler- und dem Werkkonzept zurückblicken; auch durch eine spätestens seit Ende der 60er Jahre teilweise sehr enge Verflechtung von Kunst und Technologie in der Art & Technology-Bewegung.[24] Für die Literatur ist das Internet das erste Medium, das möglicherweise den Ausbruch aus der Textfixiertheit, dem individualistischen Autorenbegriff und dem abgeschlossenen Werk vollziehen und sowohl neue Produktions- als auch Darstellungsformen von Literatur kulturell etablieren kann, die gleichberechtigt neben denjenigen der Buchkultur stehen. Erstmals in der Geschichte der Literatur wird ihr Entstehungsprozess zu einem offenen, unzensierten und institutionenunabhängigen Projekt; erstmals kann der Text materiell dynamisch werden und mit anderen Zeichensystemen interagieren.

24 Zur Verflechtung von Kunst und Technologie in verschiedenen Künstlergruppen vgl. Popper, High Technology Art.

Typologie der Literatur im elektronischen Raum

Da die spezifische Medialität des Internets die im zweiten Teil erläuterten Konzepte teilweise sogar grundlegend modifiziert, orientiert sich die folgende Kategorisierung zwar an diesen, kann sie jedoch aus verschiedenen Gründen nicht völlig übernehmen. »Kunst als Prozess« z.B. ist nahezu das Merkmal aller hier behandelter Projekte – sei es als sozialer oder als automatisierter Prozess. Die Kategorie der Interaktivität zieht sich ebenfalls durch alle Projekte hindurch – in verschiedenen Ausformungen, die sich teilweise von denen der Medienkunst unterscheiden. Die Intermedialität wiederum, wie sie im zweiten Teil definiert wurde, ist ein Teilbereich neuer Darstellungsformen, wobei der expliziten Intertextualität und insbesondere der Intersemiozität allerdings größere Bedeutung zukommen.

Damit lassen sich drei große Komplexe literarischer Projekte im elektronischen Raum beobachten: Kollektive Produktionsformen, intertextuelle und intersemiotische/-mediale Darstellungsformen sowie Projekte, die sich explizit auf die Struktur des Mediums beziehen und diese darstellen.

Die verschiedenen Formen kollektiver Kreativität unterlaufen das Autorenmodell der Buchkultur, indem sie dessen Funktion entweder auf eine unübersehbare Gruppe verteilen und damit die Identifikation eines oder mehrerer Autoren unmöglich machen oder eine Software zum eigentlichen Autor erheben. *Insbesondere die sozialen Formen der Produktionsästhetik – Partizipation, Kollaboration und Dialog – erlauben möglicherweise Rückschlüsse auf neue Formen der Produktion insgesamt, die als gleichwertige Paradigmen zu den individualisierten, rückkopplungsarmen Arbeitsweisen hinzukommen könnten.* Die Notwendigkeit der Entwicklung entsprechender Rahmenbedingungen hierfür ist schon länger auch in Wirtschaft und Wissenschaft bekannt. Die bisher existierenden Konzepte vernetzten Arbeitens, wie sie z.B. in CSCW-Plattformen[25] ihren Niederschlag finden, beruhen meist dennoch auf der traditionellen Aufgabenteilung. Jeder arbeitet für sich, erst am Ende des Prozesses wer-

25 CSCW: Computer Supported Cooperative Work.

den die einzelnen Stränge zusammengeführt. Dass die Ergebnisse dieser Art des verteilten Arbeitens häufig unbefriedigend sind, liegt daher nicht unbedingt an der Struktur des Mediums, sondern daran, dass es bisher noch nicht gelungen ist, dem Medium entsprechende kollektive Arbeitsformen zu entwickeln. Vorerst liegt der Schwerpunkt in den Forschungen auf der Simulation von Kommunikations- und Kooperationsformen, die aus den klassischen face-to-face-Situationen oder den schon etablierten technischen Kommunikationsmedien, insbesondere der Ton- und Bildübertragung (Telefon und Video) bekannt sind.[26] Im Bereich der proprietären Software gibt es inzwischen komplexe Systeme mit verschiedenen synchronen und asynchronen Kommunikations- und Kollaborationstools, ergänzt durch Dateiverwaltungssysteme,[27] jedoch fehlt hier wieder die Kompatibilität für eine Zusammenarbeit zwischen heterogenen Gruppen. Kollaborative Tools im Web sind vorerst noch die Ausnahme – eines der vielversprechendsten sind Wiki-Server, die es erlauben, an einer Webseite gemeinsam zu arbeiten, ohne dass Autorenzuschreibungen vorgenommen werden und Zugangsbeschränkungen verhängt werden.[28] Die Vielfalt der proprietären Systeme und die sehr unterschiedlichen Zugänge zu den Aspekten technisch vermittelten kollaborativen Arbeitens[29] unterstreichen die Problematik eines neuen Forschungsbereiches, der weit entfernt sowohl von technischen als auch von sozialen Standards ist.[30] Gleichzeitig aber zeigt die Intensität der Bemühungen die Relevanz des Themas – *die Durchsetzung kollektiver Arbeitsformen wäre gleichbedeutend mit einem neuen kulturellen Programm*, denn seit Jahrhunderten beruht nicht nur die ästhetische Produktion auf der funktio-

26 Vgl. Smith, John B: *Collective Intelligence in Computer-Based Collaboration*, Hillsdale 1994, S. 41.

27 Vgl. z.B. das von Smith ausführlich geschilderte ABC (Artifact-Based Collaboration System), ebd., S. 54 ff.

28 Allerdings können Seiten auch für einen allgemeinen Zugriff gesperrt werden. Beispiele für Wikis: <http://wiki.collegium.ethz.ch/bin/view/Collegium/> oder <http://swiki.hfbk.uni-hamburg.de:8080/>

29 Vgl. z.B. die heterogenen Ansätze, die auf der CSCW-Konferenz 2002 vorgestellt wurden: <http://www.acm.org/cscw2002/>

30 Die Entwicklung technisch vermittelter kollaborativer Arbeitsformen erfordert eine Zusammenarbeit von sehr unterschiedlichen Disziplinen: Informatik, Soziologie, Kommunikationswissenschaft, Psychologie, Kognitionsforschung etc., die nur sehr zögerlich in Gang kommt.

nalen, individualisierten Arbeitsteilung. Im Management insbesondere von großen, international-global agierenden Unternehmen setzt sich jedoch langsam das Bewusstsein durch, dass *Selbstorganisation* von Arbeitsgruppen und damit Multifunktionalität der Einzelnen ein wesentlicher Faktor der vernetzten Unternehmensstruktur ist. Flexibilität ist eine Grundeigenschaft des Netzwerks, »das aus unterschiedlichen Subjekten und Organisationen besteht und unablässig abgeändert wird in dem Prozess, durch den sich die Netzwerke an stützende Umgebungen und Marktstrukturen anpassen.«[31] Doch auch hier sind die Anfänge mühsam – wie in der Kunst, die ebenfalls nach wie vor Schwierigkeiten hat, sich vom Paradigma der individualistischen Zuschreibung eines Werks zu einem Künstler zu lösen.

Die Entwicklung der literarischen Produktionsformen im Netz zeigt derzeit, dass nach einer anfänglichen Aufbruchstimmung mit vergleichsweise zahlreichen kollektiven Projekten mittlerweile die Euphorie etwas nachgelassen hat – teilweise auch durch wirtschaftliche Zwänge, die nach vermarktbaren und damit individualisierten Produkten verlangen. Die Netzliteratur und -kunstszene schwankt in dieser Hinsicht zwischen Subversion (als Negierung jeglicher Urheber- und Autorenrechte) und Subordination (als Bewahrung individueller Autorschaft), demgemäß also zwischen *Substitution* des Autors durch Formen freier Informationsgenerierung und -distribution sowie der *Reproduktion* der Mechanismen der Buchkultur. Wie der Kampf ausgeht, wird stark von der Fähigkeit der Kulturen abhängen, neue Programme für kollektive Produktion und deren Vermarktung zu entwickeln.

Neben den sozialen Formen der kollektiven Kreativität haben sich in den letzten Jahren verstärkt Projekte entwickelt, die menschliche und maschinelle Kreativität koppeln. Sie fallen mehr unter das Konzept der kreativen Interaktivität als Mensch-Maschine-Interaktion, weniger unter das der Mensch-zu-Mensch-Interaktion. Der Großteil der interaktiven Projekte jedoch reproduziert die Formen initialer und reaktiver Interaktivität, wie sie aus der digitalen Medienkunst bekannt sind. Ähnlich wie bei dieser geht es dann auch sehr viel weniger darum, den Benutzer zum Mitgestalter des Projektes zu machen – der Schwerpunkt liegt mehr auf den Experimenten

31 Vgl. Castells, Netzwerkgesellschaft, S. 226/227.

mit intersemiotischen und transformativen Darstellungs- und Rezeptionsformen. Damit gehören zum zweiten großen Komplex der *Darstellungsästhetik* sowohl Konzepte von »traditioneller« Interaktivität als auch von Intersemiozität im Sinne medienspezifischer Darstellung von Codes. Zwar wird in diesen Fällen die Vernetzung nicht immer genutzt, dennoch sollen derartige Projekte hier Berücksichtigung finden, weil sie maßgeblich für mögliche Veränderungen der Funktionen von Text (und dessen Rezeption) sind. Die Erarbeitung von medienspezifischen Darstellungsformen lässt Rückschlüsse auf die Art der notwendigen neuen kulturellen Programme für die Informationsdarstellung und -rezeption zu.

Die dritte Kategorie (Medienästhetik/-ontologie) umfasst Projekte, die auf verschiedene Weise die nichtsichtbaren Strukturen des Mediums sichtbar machen. Dazu gehören Grenzüberschreitungen zwischen Kunst und Gesellschaft, die das Fehlen eines metakommunikativen Rahmens sowie die häufig wegfallenden Barrieren zwischen Computern und Computernetzen auf verschiedene Weise nutzen. Sie vereinen teilweise Merkmale kollektiver Produktion und veränderter Darstellungsformen in sich, sind aber häufig darüber hinaus gesellschaftskritisch bzw. politkünstlerisch ausgerichtet. Sie nutzen die technische Vernetzung für die kritische ästhetische Reflexion und sind teilweise nicht mehr eindeutig als Kunst zu identifizieren. Das Verschwimmen der Systemgrenzen durch Vernetzung legt nahe, dass neue und eventuell andere Formen der Kategorisierung und Beschreibung solcher Phänomene notwendig sind. Ebenso gehören in diese Kategorie Projekte, die sich einzig und allein mit der Computer- und Netzstruktur befassen und diese visualisieren.

Aus allen drei Bereichen lassen sich Rückschlüsse auf notwendige Veränderungen im Hinblick auf Normen der Informationsgenerierung, -darstellung und -verarbeitung ziehen. Dabei wird das Augenmerk weniger auf eine traditionelle semantische als vielmehr auf eine strukturelle Analyse gelegt – wie sind die Projekte entstanden, wie stellen sie sich dar, welche Zielsetzung haben sie?[32] Da vermieden werden soll, mit traditionellen Kriterien an Literatur im elektronischen Raum heranzugehen, stehen die Frage nach den spezifischen medialen Umsetzungen vor dem Hintergrund traditioneller

32 Wer eingehendere Projektanalysen vermisst, sei hiermit auf die beiliegende CD-ROM verwiesen, die zu den gekennzeichneten Projekten weitere Detailinterpretationen bietet.

Bsp CD

Konzepte einerseits, die Frage nach möglichen notwendigen Maßnahmen im Hinblick auf das Verhältnis zwischen der Individualisierung und der Standardisierung kultureller Praktiken andererseits im Mittelpunkt.

Produktionsästhetik (Vernetzung): Konzepte der kollektiven Produktion

Das Jahr 1994 bedeutete den Startschuss für das WWW und damit auch für die ersten offenen literarischen Internetprojekte. Schon in diesem ersten Jahr kristallisierten sich verschiedene Formen der kollektiven künstlerischen Produktion heraus, die sich in den folgenden drei Jahren weiter ausdifferenzieren sollten.[33] Doch daneben werden auch traditionelle künstlerorientierte Projekte entwickelt, die ab 1995 stetig zunehmen. Zu diesen gehören sowohl Werke, die das Internet als Plattform für computerbasierte Kunst und Literatur nutzen, ohne spezifische Eigenschaften des Netzes zu integrieren, als auch Projekte, die auf Interaktivität beruhen.

Relativ früh schon kommt zur menschlichen Text- und Kunst-Produktion die automatisierte hinzu – neben Formen sozialer kollektiver Produktion treten Experimente mit computer- und internetbasierter Textgenerierung im WWW. Teilweise wird die kollektive Textproduktion mit Datenbankstrukturen verbunden. Derartige Initiativen erstrecken sich sowohl auf die literarische Produktion als auch auf die bildliche Kunst, z.B. als Generierung und (Re-)Kombination von Graphiken.[34] Mit der zunehmenden Entdeckung von Software als Kunst geht die Zahl der rein sozialen kollektiven Produktionsformen kontinuierlich zurück. Derzeit lässt sich beobach-

33 Basis für die folgende Analyse ist eine Datenbank mit ca. 300 Netzprojekten von 1983-2002, die auf der Basis eigener Recherche sowie Martin Wattenbergs historischer Übersicht »Idea Line« <http://www.whitney.org/artport/> und Natalie Bookchins »A story of net art (open source)« <http://calarts.edu/~line/history.html> sowie Tilman Baumgärtels Rekonstruktionen der Anfänge von Netzkunst basiert. Vgl. zu Letzterem: Baumgärtel, Tilman: »Immaterialien. Aus der Vor- und Frühgeschichte der Netzkunst«, in: *Telepolis* 26. 6. 1997, abzurufen unter: <http://www.heise.de/tp/deutsch/special/ku/6151/1.html>. Bei der Datenerhebung wurde jedoch zunächst alles berücksichtigt, was an künstlerischen Projekten im Internet auffindbar war – unabhängig davon, ob die spezifischen Eigenschaften des Internets genutzt wurden.

34 Vgl. z.B. *Alter Stats* (1994, <http://www.numeral.com/alterend.html>) von John F. Simon, bei dem aufgrund der Benutzeraktivitäten neue Bilder generiert werden und *Hygrid* (1995, <http://www.sito.org/synergy/hygrid/>) von Ed Stasny, das aus immer wieder neu zu kombinierenden Bildern besteht, die von den Benutzern beigesteuert werden. *Hygrid* gehört aufgrund seiner Struktur produktionsästhetisch zu den partizipativen Projekten.

ten, dass Initiativen für Mitschreibeprojekte in Deutschland kaum mehr gestartet werden, im anglophonen Raum hauptsächlich über institutionalisierte Plattformen laufen.[35] Über die Gründe hierfür kann man derzeit nur spekulieren – einerseits mag die Frustration über die mangelnde Qualität der Ergebnisse und die rasch abflauende Beteiligung an den Projekten eine Ursache sein, andererseits könnte es sich um eine mehr oder weniger normale Schwerpunktverschiebung im Blick auf das Medium handeln, ohne dass deswegen eine Form die andere ersetzen muss.

Unter den kollektiven Produktionsformen sind Kooperationen die schwächste Form, da sie auf der Formierung einer nach außen hin abgegrenzten Gruppe zur Bewältigung einer Aufgabenstellung beruhen. Solche Formen künstlerischer Koproduktionen hat es immer gegeben – sie sind nicht netzspezifisch und sollen daher hier weiter nicht berücksichtigt werden. Allerdings ist zu vermuten, dass aufgrund der umfassenden Kompetenzen, die künstlerische Arbeit mit dem Computer bzw. im Internet erfordert, Kooperationen zunehmen – und sei es nur als Aufgabenteilung zwischen Künstler/Autor, Designer/Graphiker und Programmierer. Interessant, weil tatsächlich netzspezifisch, sind andere Formen kollektiver Produktivität: Partizipation, Kollaboration und Dialog.

Partizipation: Offene Beteiligung nach den Regeln der Buchkultur

Claudia

Partizipative Projekte sind dadurch gekennzeichnet, dass sie prinzipiell offen für die Beteiligung aller Nutzer sind. Dabei wird jedoch die Autorenzuschreibung gewahrt, indem die Einzelbeiträge bestehen bleiben. Partizipative Projekte werden von einer Person oder Gruppe initiiert, die den Projektrahmen festlegt und redaktionelle Kontrolle vornimmt. Von 1996 bis 1998 konnte eine stetige Zunah-

35 Hervorzuheben ist hier insbesondere die britische Initiative »Trace« <http://trace.ntu.ac.uk/>, die in der Tradition der creative-writing-courses Online-Schulungen anbietet und Mitschreibeprojekte sowohl initiiert als auch ihnen einen technischen Rahmen zur Verfügung stellt. In Deutschland gibt es etwas Ähnliches als Schreiben-Hamburg.de, eine Plattform für verschiedene kollaborative Schreibprojekte, die allerdings nur teilweise öffentlich sind. Meist liegen deren Projekte Präsenz-Schreibworkshops zugrunde.

me solcher Projekte im Netz beobachtet werden, nach 1998 nahm ihre Zahl wieder ab. Insbesondere im deutschsprachigen Raum akkumulieren sich in den Jahren 1997/98 die partizipativen Projekte, von denen einige noch bis heute existieren. Thematisch lassen sie sich in folgende Kategorien gruppieren:

- Intcrkulturelle Projektnetze
- Individuelle Archivprojekte
- Literarische Mitschreibeprojekte

Damit wird die globale soziale Vernetzung mit drei Schwerpunkten realisiert: Zum einen als die Möglichkeit, mit Menschen aus anderen kulturellen Kontexten in Verbindung zu treten, zum anderen durch die Möglichkeit, der individuellen Stimme weltweit Gehör zu verschaffen und sie als maßgebliches Element des »kulturellen Gedächtnisses« herauszustellen. Zum dritten wird eine indirekte, asynchrone Kommunikation mittels literarischer Produktion geführt, die die Tradition kollaborativer Schreibformen als kollektives Projekt im Netz fortsetzt.

Interkulturelle Projektnetze

In den Anfangsjahren des WWW wurde die interkulturelle Kommunikation ein wichtiges Thema, da die scheinbare Grenzenlosigkeit des Netzes Hoffnungen auf Verständigung über nationale Grenzen hinweg nährte. So hatten z.B. »Live-Berichte« von Reisen Hochkonjunktur: Philipp Pococks und Felix Hubers *Arctic Circle*[36] (1995) und *Tropic Cancer*[37] (1996) sowie Kathy Ray Huffmans und Eva Wohlgemuths *Siberean Deal*[38] (1995) ähnelten Live-Reportagen, die gleichzeitig direkte Rückkopplungsmöglichkeiten für die Leser anboten, ohne jedoch wirklich partizipativ zu sein. Die gemeinsame interkulturelle Produktion in partizipativen Projektnetzen jedoch erweist sich insbesondere aus einem Grund als schwer realisierbar: Die sprachlichen Barrieren führen zu einer Einschränkung der Internationalität. Martina Kieningers Projekt *TanGo*[39] (1996) zeigt diese Problematik deutlich: Als interkulturelles Projekt zwischen

36 <http://newhyper.k.plenum.de/acircle/acircle.htm>
37 <http://newhyper.k.plenum.de/acircle/tcancer.htm>
38 <http://www.to.or.at/%7Esiberian/vrteil.htm>
39 <http://www.stuttgart.de/stadtbuecherei/tango/s/tango.htm>

Uruguay und Deutschland angelegt, wurde den deutschen Beiträgern das Thema »Tango« als repräsentativ für klischeehaftes Denken über lateinamerikanische Kultur gestellt, den uruguayischen Teilnehmern dagegen das klischee-korrespondierende Thema »Schuhplattler, Walzer, Marsch!«. Die Art der Umsetzung des Themas blieb völlig offen. Resultat ist eine Projektcollage, deren Einzelprojekte auch für sich stehen könnten. Der interkulturelle Ansatz verleiht ihnen zwar eine Zusammengehörigkeit untereinander – sie nehmen alle in irgendeiner Form die Klischeehaftigkeit des Denkens über andere Kulturen auf.[40] Allerdings entsteht mehr eine Anthologie von nebeneinander existierenden Einzelelementen, die durch das Thema miteinander verbunden sind, weniger eine enge Vernetzung der Einzelprojekte. Die einzelnen Stücke und ihre Autoren stehen im Vordergrund. Der interkulturelle Austausch scheitert auch an der Sprachbarriere, die verhindert, dass Deutsche die spanischsprachigen und die Uruguayer die deutschen Beiträge in ihren Anspielungen entsprechend verstehen können.[41] Ähnliche Probleme treten auch bei anderen derart strukturierten Projekten auf und führen meist dazu, dass der Großteil der Beiträger aus dem Sprachraum der Initiatoren kommt: *noon quilt*[42] (1998, Teri Hoskin u.a.) sammelte Eindrücke von Menschen aus aller Welt zu einem festgesetzten Zeitpunkt – 12 Uhr jeweiliger Ortszeit – und ordnete diese als virtuellen Quilt an, erlaubte aber nur englischsprachige Beiträge; *My Millennium*[43] (1999/2000) von Christy Sheffield Sanford, das zur ästhetischen Verarbeitung des Jahrtausendwechsels aufforderte, erlaubte zwar fremdsprachige Kontributionen, wobei jedoch nur jeweils ein Beitrag aus Mexiko bzw. Russland kamen.

Die interkulturell angelegten Projekte spiegeln die Schwierigkeiten einer global angelegten Verständigung: Einerseits versuchen sie, die kulturellen Grenzen zu überwinden, andererseits scheitern sie genau daran. Dieses Problem ist allerdings alles andere als netzspezifisch, wird aber gerade hier besonders verstärkt. Die Frage nach einer interkulturellen Verständigung ohne Einebnung der Unter-

40 Vgl. Kieninger, Martina: »Vom Schreiben auf glatten Oberflächen. Zur Geschichte des MehrautorenProjekts Tango«, in: Suter/Böhler, hyperfiction, S. 183-199 (hier: S. 189).

41 So die Aussage von Martina Kieninger in einem persönlichen Gespräch.

42 <http://trace.ntu.ac.uk/quilt/quilt_1.htm>

43 <http://trace.ntu.ac.uk/writers/sanford/my_millennium/presents.html>

schiede fängt schon auf der Sprachebene an. Derzeit gibt es nur zwei Alternativen: Entweder werden die Sprachen beibehalten (*TanGo*), oder man einigt sich auf eine – meist die englische – Sprache, so dass Muttersprachler Vorteile gegenüber den anderen Teilnehmern haben. Die im Vergleich zur face-to-face-Kommunikation reduktionistische Form der Schriftbasiertheit erweist sich als zusätzliches großes Hindernis. Die Möglichkeit mehrsprachiger Übersetzungen scheitert zumeist an den finanziellen Kosten und hätte massive Konsequenzen für den Charakter der Projekte, weil sie noch stärkere redaktionelle Kontrolle erfordern würde. Andererseits ermöglicht die globale Vernetzung solche Projekte erst – mit der Aufgabe, Formen zu finden, wie interkulturelle Kommunikation und auch Kooperation trotz der unterschiedlichen Sprachen (und weiterer unterschiedlicher Kommunikationsstandards) möglich wird.

Strukturell ähneln diese interkulturellen Projektnetze eher den Anthologien der Buchkultur. Sie bewahren die Individualität der Beiträge und beschränken sich auf eine reine Koexistenz innerhalb des vorgegebenen Projektrahmens. Dem Projektinitiator bleibt es überlassen, eine Auswahl zu treffen, so dass letztlich doch wieder die traditionellen Normen in Kraft treten: Redaktionelle Kontrolle sowie Bewahrung der individuellen Zuschreibbarkeit. Ebenso sind die Projekte meist werkorientiert angelegt – nach einer bestimmten Zeit sind sie abgeschlossen, was z.T. zu einer weiteren Verwertung in klassischen Vermarktungsmedien führt. Aus *noon quilt* z.B. wurde eine Buchanthologie, ein Projekt aus *TanGo*, *Kill the Poem* von Johannes Auer, gibt es mittlerweile auf CD-ROM käuflich zu erwerben. Die Bewahrung der Autonomie der Einzelprojekte führt letztlich dazu, dass die interkulturellen Projektnetze nur eine Plattform bieten und keinen wirklichen inneren Zusammenhalt zwischen den Einzelbeiträgen herstellen. Der einzige Unterschied zu den Anthologien der Buchkultur besteht in der Andersartigkeit der Festlegung der Regeln: Sie basieren auf *individuellen*, von den Projektinitiatoren gesetzten Bedingungen, *nicht auf institutionellen Richtlinien*, wie sie in Verlagen – z.B. in Form von Qualitätsstandards oder auch Vermarktungskriterien – existieren.

Archivprojekte

Auch Archivprojekte tragen teilweise interkulturellen Charakter, wobei dieselben Mechanismen wie bei den interkulturellen Projektnetzen in Kraft treten: Ein Projektinitiator oder eine Gruppe legt den Rahmen fest und übt redaktionelle Kontrolle aus. *DisseMiNET*[44] (1998, Sawad Brooks/Beth Stryker) z.B. präsentiert Interviews mit Flüchtlingen[45] aus der ganzen Welt auf Englisch, die auf eine starke Bearbeitung schließen lassen. Das Projekt basiert auf individuellen Erfahrungen – es erhebt nicht den Anspruch auf Wissenschaftlichkeit, sondern unterwirft sich mehr dem Prinzip einer Alltagsgeschichte bei denen der Rezipient aus den individuellen Zeugnissen seine eigenen Schlüsse ziehen muss. Ein ähnliches Prinzip eines »kollektiven Gedächtnisses« verfolgt Guido Grigats Erinnerungsuhr *23:40*[46] (seit 1997): Die Beiträger schildern Erinnerungen, die sie mit einer Minute eines Tages verknüpfen. Die verschiedenen Texte erscheinen nur zur Minute des Tages, mit der sie verbunden sind. 24 Stunden sind mit individuellen Erlebnissen unterschiedlichster Art angefüllt, die nur zur Zeit ihrer Erinnerung freigeschaltet und zugänglich sind. Dadurch entsteht eine Collage aus Einzelerinnerungen, die durch die Einordnung in die zeitliche Linearität, aber auch – durch die tägliche Wiederkehr – in die Zirkularität der Uhr einen formalen Zusammenhang erhält. Resultat ist ein »individual-kollektives Gedächtnis«, bei dem jede Erinnerung individuellen Charakter hat, weil sie einem Einzelnen »gehört«. Durch den Wegfall der Autorennamen wird jedoch ein Kollektiv erzeugt. Da jede Minute nur eine Erinnerung fasst, entsteht eine Einheit aus divergenten Modulen verschiedener Autoren: »Und wenn nur ein Moment, eine Minute in Ihrem Leben bemer-

44 <http://disseminet.walkerart.org/>

45 Dieses Thema war schon Gegenstand eines der frühesten Projekte im Netz, der *Refugee Republic* (seit 1992, <http://refugee.net/index.html>) von Ingo Günther, dessen Konzept schon vor der Existenz des WWW entstand, dann aber dort seine adäquate Umsetzung erfuhr. In neun Sprachen wird auf die prekäre Situation von Flüchtlingen aus aller Welt aufmerksam gemacht – in explizitem Gegensatz zu den staatlichen und internationalen Organisationen. *Refugee Republic* ist ein ortloser Staat, der sich aus Heimatlosen zusammensetzt, allerdings kein Archiv individueller Schicksale, sondern eine Anklage der Unfähigkeit von Governmental Organizations auf der Basis der von diesen bekannt gegebenen Statistiken.

46 <http://www.dreiundzwanzigvierzig.de/cgi-bin/2340index.pl>

kenswert ist, hier ist der Platz, an dem er zur Erinnerung der Menschheit wird«, liest man denn auch auf der Eingangsseite.

Zahlreiche weitere Archivprojekte unterschiedlichster thematischer Ausrichtung lassen sich im Internet finden – wie das schon erwähnte *The File Room*, aber auch Jan Ulrich Haseckes *Generationenprojekt*,[47] das aus dem individuellen Erleben einzelner eine Rekonstruktion historischer Ereignisse nach dem Vorbild einer »Geschichte von unten« anstrebt, wie es im Einleitungstext heißt.

Indem Geschichte aus individuellem Erleben konstituiert wird, fällt die Institutionalisierung von Geschichtsschreibung weg. Der Einzelne (und der Projektinitiator) entscheidet darüber, was erinnerungswürdig ist und was nicht. Dadurch ergibt sich eine Verlagerung von autorisierter Geschichtsrekonstruktion zum individuellen Erleben. In diesen Kontext gehören auch die zahlreichen Online-Tagebücher, ob von Einzelnen oder von Personengruppen.[48] Solche mittlerweile kaum mehr zählbare Projekte betonen die individualistische Seite des Internets und stellen nicht nur die Geschichtswissenschaft vor die Frage, wie derartige Daten ausgewertet und archiviert werden können. Durch den Wegfall der institutionalisierten Sender-Empfänger-Struktur nimmt die Multiperspektivität auf die Vergangenheit exponentiell zu – ähnlich wie bei Kempowskis Mammutprojekt *Echolot* geht es darum, Geschichte aus dem individuellen Erleben der Einzelnen zu rekonstruieren.

Die auffällig hohe Zahl der Archivprojekte ist ein interessantes kulturelles Phänomen, da sie einem großen Bedürfnis nach dem Bewahren Ausdruck verleiht. Computer und Internet werden in diesem Kontext in erster Linie als Speichermedien gesehen, die es erlauben, das zu konservieren, was in den traditionellen Massenmedien niemals auch nur zur Erwähnung käme. Die »Archivierungssucht«, die das Internet in neuer, individualisierter Form hervorgebracht hat, wird allerdings – wie es typisch für die Kunst ist – von anderen Projekten ebenso ironisiert wie konterkariert. *Dump your*

47 <http://www.generationenprojekt.de>

48 Zu Letzterem gehört z.B. das von Sabrina Ortmann und Enno E. Peter initiierte Projekt *Mein Pixel-Ich*, das mittlerweile auch in Buchform erschienen ist, vgl. Ortmann, Sabrina/Peter, Enno E. (Hg.): *tage-bau.de – Ein literarisches Online-Tagebuch: Mein Pixel-Ich*, Berlin 2001. Rainald Goetz' Tagebuch *Abfall für alle* mag das bekannteste Beispiel für ein individuelles Tagebuch sein – auch dieses mündete nach Auslaufen des Projektes in einer Buchpublikation, vgl. Goetz, Rainald: *Abfall für alle. Roman eines Jahres*, Frankfurt am Main 1999.

Trash[49] (1998, Joachim Blank/Karl Heinz Jeron) erledigt freundlicherweise das Recycling überflüssig gewordener Webseiten, *re-m@il*[50] (1999) von denselben Künstlern bietet an, lästige E-Mails an eine Adresse zu senden, wo sie dann zur Beantwortung für die Öffentlichkeit freigegeben werden. *Digital Landfill*[51] (1998, Mark Napier) sammelt einen Daten-Komposthaufen aus nicht mehr benötigten elektronischen Dateien aller Art (Webseiten, E-Mails, Bilder, Sound-Files), die sich als Collage neu formieren und in bester dadaistischer Tradition zur Kunst werden. Man mag diese in sich nicht sehr komplexen Projekte als Spielereien abtun, aber sie zeigen, dass die Beziehung zwischen Speichern und Vergessen durch Computer und Internet zu einem brisanten Thema wird – nicht nur wegen der Frage der Formate (die vermutlich ephemeren Charakter haben), sondern auch wegen der überbordenden Menge an Daten, die nun gespeichert werden können und über deren Relevanz keine Institution mehr entscheidet, sondern nur noch das Individuum.

Im Hinblick auf die Produktionsformen unterscheiden sich die Archivprojekte von den interkulturellen Projektnetzen z.T. dadurch, dass der Zusammenhang zwischen den einzelnen Beiträgen enger ist. Das hängt auch damit zusammen, dass die Formate vorgegeben sind: *23:40* lässt nur lineare Texte (bzw. Bilder und/oder Tondateien) zu, Ähnliches gilt für das *Generationenprojekt* und *DissemiNET*. Im Unterschied zu den interkulturellen Projektnetzen geben die Initiatoren nicht nur das Thema, sondern auch die Struktur der Einzelbeiträge vor. Damit wird der Individualität der Erinnerungen eine formale Grenze gesetzt. Jedoch auch hier gilt: Die Autorität liegt in der Hand eines Einzelnen, nicht einer Institution; die Stimmen der Erinnerung werden nicht interpretiert, sondern nebeneinander stehen gelassen. Derartige Projekte werten den Einzelnen auf, indem sie ihm Öffentlichkeit verschaffen und ihm damit gleichzeitig eine Eingliederung in ein Erinnerungskollektiv ermöglichen – allerdings unter der Bedingung der Unterwerfung unter die vorgegebene individuelle Struktur, die die Erinnerungen wiederum formt.[52]

49 <http://sero.org/dyt/>

50 <http://sero.org/cgi-bin/remail/re-mail.pl>

51 <http://potatoland.org/landfill>

52 Vgl. dazu Krajewski, Markus: »(Un)Tiefen elektronischer Textarchive. Zu Status und Produktionsbedingungen digitaler Literatur«, in: *Kodikas/Code*, Sonderheft »Ästhetik digitaler Literatur«, hg. v. Friedrich W. Block, Christiane Heibach, Karin Wenz, in Vorbereitung.

Mitschreibeprojekte sind eine nach wie vor sehr beliebte Form der kollektiven Arbeit, die auf eine gewisse, schon in der Printliteratur gepflegte Tradition zurückblicken können.[53] Gemeinsames Schreiben wird jedoch erstmals ohne synchrone zeitliche und räumliche Präsenz möglich. Mitschreibeprojekte können zweierlei Formen annehmen: Entweder partizipativ, unter Erhaltung der Zuschreibung des jeweiligen Textes zu einem Autor, oder kollaborativ unter Wegfall der eindeutigen Zuordnung. Partizipative Mitschreibeprojekte haben interessanterweise meistens eine lineare Struktur und nutzen nur in Ausnahmefällen die hypertextuelle Vernetzung von Textelementen. Beim Gros der derartigen Projekte wird Letzteres nur praktiziert, wenn eine abgeschlossene Gruppe von Autoren sich zusammenfindet.[54]

Beim Bäcker[55] (1996-2000 → **CD**, Claudia Klinger), eines der ersten deutschsprachigen partizipativen Projekte, besteht aus einzelnen linearen Geschichten, die durch Aufnahme von Motiven, Weiterführung verschiedener Perspektiven der eingeführten Personen etc. miteinander verflochten sind. Eine »Einführungserzählung« macht den Anfang, andere folgen, die den ursprünglichen narrativen Strang weiterentwickeln, unterschiedliche Aspekte herausgreifen, neue Personen einführen und so in ihrer Gesamtheit eine teilweise überraschende Multilinearität erzeugen. Durch die zeitliche Abfolge der einzelnen Texte werden scheinbare Eindeutigkeiten in vorangegangenen Erzählungen plötzlich ambig, weil der Folgeerzähler ihnen eine andere Richtung gibt. Auf diese Weise »kommunizieren« die Einzelerzählungen miteinander, wobei sich allerdings mit zunehmender Autorenzahl ein Zerfransen der

53 Nicht nur in den Avantgarden, sondern auch in heutiger Zeit: Man denke nur an Vorbilder im Printbereich wie den Krimi *Bockenheimer Bouillabaisse*, der von 103 Germanistik-Studenten in einem Schreibkurs verfaßt wurde. Vgl. Trudt, Heiner [ein Anagramm von »Hundertdrei«, C.H.]: *Bockenheimer Bouillabaisse. Ein Uni-Krimi*, Frankfurt am Main 1998.

54 Zwei Beispiele seien hier genannt: *MolaWeb* (1995, <http://iberia.vassar.edu./Mola/Mola_text_968.html>) von Carolyn Guyer u.a. sowie *Aliento* (1997, <http://www.geocities.com/SoHo/Cafe/5025/frame.html>) von John A. Fife, Maximillian Gill und Udhaya Kulandaivelu, die beide nicht erkennen lassen, wer welchen Text geschrieben hat.

55 <http://www.snafu.de/~klinger/baecker/>

narrativen Stränge herauskristallisiert, weil die möglichen Bezugspunkte (alle vorangehenden Geschichten) zu zahlreich werden. So rekurrieren die späteren Autoren auf Situationen der vorangegangenen Geschichten, allerdings ohne diese zum konstitutiven Element der eigenen Erzählung zu machen. *Statt ein Programm für eine kollektive Arbeit zu entwickeln, kristallisieren sich Individualisierungstendenzen heraus, die der Vorstellung eines kollektiven, selbstorganisierten Projekts zuwiderlaufen.* Dies konstatiert – eher gelassen – auch Claudia Klinger in einem Interview:

»Insofern zeigen Mitschreibprojekte den ganz normalen Egoismus der Menschen, nicht mehr und nicht weniger. Jeder will seine eigene Welt kreieren und muss abwägen zwischen dem, was ihm ein Mitschreibprojekt bringt (Einbindung in einen reizvollen Kontext, der u.U. stärker wahrgenommen wird als ein Einzelwerk im Netz, neue Kontakte) und was es ihn kostet (Abstriche an der eigenen Freiheit – die beim Bäcker jedoch nicht gross [sic!] sind).«[56]

Ihre Rolle in dem Projekt sah sie als die einer Moderatorin – sie entschied u.a. auch redaktionell über die Integration von Beiträgen, wobei sie nach eigener Aussage die Messlatte eher niedrig hielt und sich auf die Exklusion explizit pornographischer und sprachlich schlechter Beiträge beschränkte. Diese Notwendigkeit einer steuernden Moderation, die zwischen Beiträgern vermittelt und redaktionelle Kontrolle ausübt, geht allerdings einher mit selbstorganisatorischen Merkmalen – die Teilnehmer verständigen sich gleichzeitig auch untereinander, lernen sich virtuell (teilweise auch im real life) kennen und bilden eine Art loser Gemeinschaft. Ähnliches passierte auch beim partizipativen Tagebuch-Projekt *Mein Pixel-Ich*[57] von Sabrina Ortmann und Enno E. Peter, wo sich während der Laufzeit des Projekts eine feste Community der Beiträger herausbildete, in der die Projektinitiatoren für eine entsprechende Koordination der Aktivitäten sorgten.

Derartige Mitschreibeprojekte bewegen sich zwischen Eigendynamik und gesteuerten Prozessen. Meistens behalten die Projektinitiatoren die Kontrolle über »ihr« Projekt, nur in wenigen Ausnahmefällen wird darauf verzichtet. Auch Projekte jüngeren Da-

56 Simanowski, Roberto: »Mitschreibprojekte und Webtagebücher. Öffentlichkeit im Netz. Ein Interview mit Claudia Klinger«, in: *Dichtung Digital*, 3. 5. 2000, <www.dichtung-digital.de/Interviews/Klinger-3-Mai-00>

57 <http://www.berlinerzimmer.de/tagebau/pixelich.htm>

tums halten sich daran: Zwar kann z.B. an *Die Säulen von Llacaan*[58] (1997, Roger Nelke) jeder mitarbeiten, die Texte gehen aber erst durch die Hand des Projektinitiators. Überspitzt wird dieses Prinzip des Mitschreibens im Projekt *Fraktalroman*[59] (1999, Nexgo of Kystone/Ganymed), der dem Benutzer einerseits Wahlmöglichkeiten zwischen Fortsetzungen einräumt, andererseits erlaubt, Fortsetzungen zu schreiben, die aber von den Initiatoren wiederum kontrolliert werden. Der Projektrahmen baut eine strenge Hierarchie nach dem Modell der Online-Spiele auf: Die Initiatoren sind die »Götter«, die Leser die »Lenker«. Die »Götter« behalten sich vor, »[a]ufmerksam [...] über das fraktale Literaturuniversum« zu wachen. Auch hier jedoch sind die Kontrollmechanismen personalisiert.

Im Unterschied zur strengen gesellschaftlichen Normierung der Struktur von Büchern beruhen die Regeln von Mitschreibprojekten auf der individuellen Entscheidung der Initiatoren. Dass sie sich dabei meist an die Standards der Buchkultur halten (Zuschreibung der Autorschaft, »traditionelle« ästhetische Qualitätskriterien etc.), ist in diesem frühen Stadium nicht verwunderlich. Irritierend allerdings wirkt der Umstand, dass derartige Projekte nur eine relativ kurzlebige Dynamik entwickeln. Meistens erfreuen sie sich während einer relativ kurzen Zeitspanne hoher Aufmerksamkeit, um dann weitgehend unbeachtet vor sich hin zu vegetieren. Von den 38 Geschichten, die *Beim Bäcker* umfasst, wurden 21 innerhalb des ersten halben Jahres geschrieben, die restlichen 17 verteilten sich auf die Jahre 1997/1998. *Dies lässt vermuten, dass diese Form des kollektiven Schreibens noch nicht der Struktur des Netzes und den von ihm bereitgestellten Möglichkeiten für kollektives Schreiben gerecht wird.*[60] Das Festhalten an der Kontrollfunktion sowie an der Zuschreibbarkeit der Texte zu einzelnen Autoren lässt keine wirkliche intertextuelle Dynamik zu. Es ändert sich für den Einzelnen nicht viel an der

58 <http://netzwerke.textbox.de/llacaan/menu.htm>. Zu jedem Textsegment werden die entsprechenden Fortsetzungen angeboten, die Texte selber sind nicht intern verlinkt. Insofern ist die Struktur nicht medienspezifisch, sie orientiert sich an dem, was schon Cortázar mit *Rayuela* praktizierte.

59 <http://www.fraktalroman.de/main01.htm>

60 Möglicherweise liegt es aber auch nur in der Natur der Sache, dass ein Projekt immer nur für begrenzte Zeit die Aufmerksamkeit auf sich ziehen kann. Dagegen sprechen jedoch manche kollaborativ angelegten Projekte, die seit mehreren Jahren hohe Beitragszahlen verzeichnen können, wie z.B. der *Assoziationsblaster* (vgl. weiter unten).

individuellen Schreibpraxis. Er bastelt nach wie vor alleine am Schreibtisch an seinen Wortwerken, selbst wenn er Anregungen und Motive anderer darin aufnimmt und fortschreibt.

Programme partizipativer Projekte

Partizipative Projekte befinden sich mit ihren Merkmalen der redaktionellen Kontrolle und der Beibehaltung der Zuschreibung von Autorschaften in einer klaren Abhängigkeit zu den Prinzipien der Buchkultur. Sie versuchen, einen Kompromiss zwischen kollektiver und individueller Kreativität herzustellen, der jedoch auf Kosten des inneren Zusammenhalts der Projekte geht. Damit sind sie nur eingeschränkt netzspezifisch – als einzige Eigenschaft des Netzes nutzen sie die Offenheit des Zugangs, d.h. die Variabilität der Knoten –, indem die Auswahl der Beiträge auf individueller Kommunikation zwischen Beteiligten und Projektinitiatoren beruht. *Dadurch wird das Setting nicht durch eine Institution, sondern durch Individuen festgelegt.* Da diese sich jedoch an den etablierten kulturellen Normen orientieren, hat diese Individualisierung zunächst keine größeren Konsequenzen.

Anders sieht es jedoch dann aus, wenn die Struktur der Beiträge durch die technische Grundlage vorgegeben wird. *23:40* setzt den Beiträgen durch die Programmierung einen relativ engen Rahmen, der massiv in die Inhalte eingreift: Die Beiträge dürfen nicht zu lang und zu komplex sein, da sie innerhalb einer Minute gelesen werden müssen; die Erinnerung eines Ereignisses, das vermutlich zeitlich ausgedehnter war, muss auf eine Minute reduziert werden. Doch gerade diese Beschränkungen setzen kreative Kräfte frei: Ein Erlebnis, das sich über längere Zeit hinzieht, kann in Fortsetzungen geschildert werden, Verweise auf andere Texte zu bestimmten Zeiten können nach dem Prinzip »Fortsetzung folgt« die Spannung für den Leser aufrechterhalten.[61] Diese Strukturierung durch Software-Vorgaben eröffnet dem Teilnehmer nicht nur inhaltliche, sondern auch strukturelle Kreativität, die die »klassischen«, rein textbasierten partizipativen Projekte nicht aufweisen. Die Paradoxie, dass Beschrän-

61 Vgl. Simanowski, Roberto: »Die Ordnung des Erinnerns. Kollektives Gedächtnis und digitale Präsentation am Beispiel der Internetprojekte ›Das Generationenprojekt‹ und ›23:40‹«, in: *Dichtung Digital*, 20. 12. 1999, <www.dichtung-digital.de/Simanowski/30-Dez-99>

kungen durch die mediale Struktur zu neuen literarischen Formen führen, wird sich in der Folge noch öfter zeigen.

Partizipative Projekte leben nur indirekt von der Mensch-zu-Mensch-Interaktion, da die Bewahrung der individuellen Leistung den Produktionsprozess nicht verändert. Die Interaktion mit den Projektinitiatoren findet außerhalb des Projektrahmens statt und fließt nur in dem Maße in die Gestaltung ein, in dem bestimmte Rahmenbedingungen durch Aushandlung verändert werden können. Die Produktion der Beiträge erfolgt jedoch im klassischen individuellen Schreibprozess, *so dass sich für die partizipativen Projekte keine signifikanten neuen Programme feststellen lassen*: Der Projektinitiator übernimmt ähnliche Aufgaben wie der Herausgeber eines Buches, der Autor bleibt in seiner traditionellen Funktion verhaftet, der Leser allerdings kann, angeregt durch seine Lektüre, aufgrund der fehlenden Institutionalisierung der Herausgeberschaft während der Laufzeit der Projekte selber leichter zum Autor werden, als es in der traditionellen Buchmarktstruktur möglich ist. Insofern bedeuten partizipative Projekte eine Liberalisierung für die individuelle Kreativität, für die allerdings die zunehmende Bedeutung von Book-on-Demand sowie früher der Selbstverlag eine Entsprechung in der Buchkultur bieten. Darüber hinaus jedoch ändern sich weder das Produktions- noch das Rezeptionsverhalten signifikant, ebenso verbleibt der Werkbegriff weitgehend unangetastet.[62] Die Ansätze zur Liberalisierung gewisser Beschränkungen des Buchmarktes werden in kollektiven und dialogischen Projekten sehr viel weiter getrieben.

Kollaboration: Chaos als Herausforderung

Kollaborative Projekte unterscheiden sich von partizipativen Projekten durch genau die beiden Elemente, die letztere aus der Buchkultur ins Netz transferiert haben: *Sie verzichten sowohl auf auktoriale Zuschreibung als auch auf redaktionelle Kontrolle.* Die ästhetischen Konsequenzen sind weitreichend: Jeglicher Anspruch an wie auch immer geartete Qualitätskriterien wird der Offenheit und Dynamik des Projektes geopfert. Am zahlreichsten waren derartige

62 Auch hier bildet *23:40* die Ausnahme – es besteht seit mittlerweile fünf Jahren, allerdings vermutlich hauptsächlich, weil noch nicht alle Minuten des Tages gefüllt sind.

Projekte in der Frühzeit des Netzes, als mit *WaxWeb*[63] (1993, David Blair), *The World's First Collaborative Sentence*[64] (1994, Douglas Davis), *HypertextHotel*[65] (1994, Robert Coover) und *Collective Memory Palace*[66] (1994, Serena Lin) gleich vier Projekte (von insgesamt mir bekannten 13)[67] im WWW entstanden. Von diesen vier ist *The World's First Collaborative Sentence* bis heute als weiterhin offenes Projekt zugänglich – Douglas Davis schätzt die Zahl der Beiträge inzwischen auf ca. 150.000.[68] Mittlerweile sind zahlreiche kollaborative Projekte hinzugekommen, wobei sich ein eindeutiger Schwerpunkt im anglophonen Raum feststellen lässt. Im deutschsprachigen Bereich sind derartige Experimente eine Seltenheit und immer gekoppelt mit der Anwendung von Software, sie stehen also zwischen Kollaboration und automatisierter Textgenerierung. Möglicherweise liegt dieser Zweiteilung eine grundlegende kulturelle Differenz zugrunde – die starke Bindung der deutschen Kultur an die durch den Buchdruck ausgebildeten Normen mag ein größeres Hindernis für eine derartige Subversion der individualistischen Autorschaft sein.

Interessanterweise lassen sich diese vier ersten Projekte sowie ein Großteil der späteren auch unter die drei Themenbereiche subsumieren, die bei den partizipativen Projekten schon dominant waren: *WaxWeb* und *HypertextHotel* gingen aus Mitschreibprojekten an der Brown University hervor, die auf der MOO-Technologie[69] aufbauten, *The Collective Memory Palace* war ein Archivprojekt und *The World's First Collaborative Sentence* gehört in die Kategorie der interkulturellen Kommunikation. *WaxWeb* und *HypertextHotel* arbeiteten narrativ, wobei die Zielsetzungen unterschiedlich waren: *WaxWeb* basierte thematisch auf einem Film, dessen Geschichte über ein MOO textuell weiterentwickelt wurde. Auf der Webseite zum

63 <http://www.waxweb.org>

64 <http://ca80.lehman.cuny.edu/davis/Sentence/sentence1.html>

65 <http://www.update.ch/beluga/hotel.html> (Rekonstruktion der ursprünglichen Eingangsseite durch Beat Suter).

66 Leider nicht mehr im Netz.

67 Dabei wurden die infrastrukturbildenden Initiativen nicht mitgezählt (vgl. dazu unten den gleichnamigen Abschnitt).

68 Brøgger, Andreas: Interview mit Douglas Davis, <http://www.afsnitp.dk/udefra/1/dd/home.html>

69 MOO – MUD Object Oriented. Ein MOO ist ein MUD, der anders programmiert ist: nämlich in einer objektorientierten Programmiersprache.

Projekt findet man einen (für den Nicht-Eingeweihten kaum verständlichen) Hypertext sowie den Film, der als Ganzes, als »szenischer Hypertext« und als dreidimensionale Animationen erforscht werden kann. *HypertextHotel* bestand aus verschiedenen »Räumen« (also eigentlich Kapiteln), die unterschiedliche Geschichten beherbergten. Durch diese (übrigens beliebte) topographische Strukturierung konnte eine – wiederum klassische – thematische Gliederung vorgenommen werden. *The World's First Collaborative Sentence* verfügt dagegen weder über thematische noch strukturelle Vorgaben: Es handelt sich einfach um einen Satz (genauer genommen sind es mittlerweile mehrere Sätze inklusive Ton- und Bilddateien), der beliebig fortgeführt werden kann. Resultat sind heterogene lineare HTML-Seiten mit unterschiedlichen Textsorten (so man manche Beiträge überhaupt als solche bezeichnen kann). Letztlich handelt es sich um ein unlesbares Projekt, das primär konzeptueller Natur ist. Anders verhält es sich mit Olga Kisselevas *How Are You*[70] (seit 1998), ebenfalls einem interkulturellen Kommunikationsprojekt, das sich aus den Antworten auf die rund um die Welt kursierende Frage »How are you?« konstituiert. Die Texte knüpft Kisseleva zu einem sich ständig verändernden literarischen Gewebe. Damit wird die Individualität der Antworten unter einem verlinkten Textlabyrinth verborgen, und eine interkulturelle Collage individueller Momentaufnahmen entsteht, bei der die Elemente nach bestimmten Überlegungen angeordnet werden. Deshalb ist Kisselevas Projekt nicht wirklich kollaborativ: Sie nimmt selber die Zusammenstellung der Antworten vor und fügt ihnen Nachrichtentexte sowie fiktionale Texte hinzu. Deren Herkunft wird weder transparent gemacht, noch sind sie von den eigentlichen Antworten unterscheidbar. Die verschiedenen Geschichtenstränge werden auseinander gerissen, teilweise unterschiedliche Erzählungsabschnitte miteinander kombiniert. Im Gegensatz zum *Collaborative Sentence* erhält man durch die redaktionelle Bearbeitung den Eindruck der Zusammengehörigkeit der Texte.

Der Vergleich beider Projekte verweist auf ein grundlegendes Dilemma der Kollaboration: *Absolute Freiheit und Strukturlosigkeit führen dazu, dass die Lesbarkeit verloren geht; redaktionelle Eingriffe jedoch stehen dem Prinzip der Offenheit der Gestaltungsmöglichkeiten*

70 <http://www.fraclr.org/hay/preface.htm>

für alle Teilnehmer entgegen. Orientiert sich *How Are You* mehr an den Prinzipien der Buchkultur, indem eine »Managerin« und Gestalterin das Heft in die Hand nimmt und die Beiträge nach ihren Vorstellungen – ganz in der Tradition des Schwittersschen Prinzips – umformt, führt das völlige Fehlen einer Struktur dazu, dass der entstehende Text seine kommunikative Kraft verliert, weil er nur noch Zeugnis seines Entstehungskonzeptes ist. Ähnliches gilt für die narrativen Projekte: Entweder die Strukturierung orientiert sich an den klassischen Prinzipien der thematischen Gliederung (*Hypertext-Hotel*) oder sie ist für diejenigen undurchschaubar, die nicht am Entstehungsprozess beteiligt waren (*WaxWeb*). Damit oszillieren die kollaborativen Konzepte zwischen einer klaren Abhängigkeit von alten Standardisierungen und der Gegenabhängigkeit in Form völliger Strukturlosigkeit, die allerdings bisher keine praktikable Form kollektiven Schreibens im Netz hervorgebracht hat.

Bis auf *How Are You* beruhen alle Projekte auf einer größtmöglichen Liberalisierung des Settings: *The World's First Collaborative Sentence* verzichtet auf jegliche thematische und strukturelle Beschränkung. Ähnliches gilt für *WaxWeb*, das weitreichende Freiheiten bei der Entwicklung alternativer Geschichten zuließ, auch wenn eine Basiserzählung (als Film) vorhanden war – die narrativen Stränge entwickelten sich in der synchronen Interaktionsdynamik der Teilnehmenden. *HypertextHotel* nahm eine Minimalstrukturierung vor, indem die Zimmer jeweils einer Geschichte zugeordnet wurden, bei deren Ausgestaltung hatten die Beteiligten jedoch völlige Freiheit. Einzig Kisseleva gab – nach dem Muster der partizipativen Projekte – das Thema vor und übernahm die redaktionelle Bearbeitung, um das Projekt in die von ihr intendierte Struktur bringen zu können. Die Minimalstrukturierungen haben den Vorteil, dass sich die Interaktionsdynamik der gemeinsamen Produktion voll entfaltet, bedeuten aber für den Rezipienten, dass er dem Chaos kaum Herr werden kann. Es fehlt sowohl an adäquaten etablierten Darstellungsformen als auch an entsprechenden Rezeptionsprogrammen, die weniger auf semantische als mehr auf strukturelle Faktoren hin orientiert sein müssten. Da es bei diesen Projekten nur selten um die Narrativität, sondern vielmehr um den Prozess der gemeinsamen Kreativität geht, müsste diese Dynamik in irgendeiner Form dargestellt werden können – und zwar so, dass sie auch für Nicht-Beteiligte nachvollziehbar wird.

Wie schon *23:40* andeutete, verändert sich das Verhältnis von Chaos und Strukturierung, sobald Software zum Einsatz kommt. Verzichten die HTML-basierten kollaborativen Projekte zumeist völlig auf eine Strukturierung des Settings, überlassen ihre softwarebasierten Versionen diese der Technik.

snowfields[71] (1997, Josephine Berry/Micz Flor → **CD**) beruht z.B. auf einer Datenbank, in die Textsegmente eingegeben werden können. Deren Struktur wird durch eine topographische Aufteilung repräsentiert: Auf der Basis einer in Quadrate unterteilten Karte von Ost-Berlin werden die Besucher der Seite aufgefordert, nach dem Vorbild der Fernseh-Seifenopern zu jedem Gebiet eine Geschichte zu entwickeln. Klickt man in **snowfields** ein Quadrat an, erscheint ein Textfeld, in dem, falls vorhanden, schon von anderen Geschriebenes zu lesen ist. Man kann nun diesen Text entweder ändern oder weiterführen. Nach der Eingabe werden die Texte automatisch in Segmente unterteilt und Teil der Datenbank, aus der die einzelnen Module nach dem Zufallsprinzip neu zusammenstellt werden. Indem die Sätze variiert und ausgetauscht werden, erscheinen immer neue Versionen einer Geschichte. Dieses Prinzip funktioniert jedoch nur in eingeschränktem Maß – teilweise kann mehrmaliges Klicken auf dasselbe Quadrat Informationsgewinn bedeuten, teilweise jedoch erschöpft sich ein Quadrat in Redundanzen, ohne dass sich wirklich eine Geschichte entwickelt. Letztlich krankt das Konzept gerade an seiner paradoxen Anlage: Die Linearität eines konsistenten narrativen Stranges wird angestrebt, wobei der Zufallsgenerator aber genau dies verhindert. Es entstehen immer nur Momentaufnahmen einer Geschichte, die niemals weitergeführt, sondern durch die Neuzusammenstellung der Sätze nur variiert wird, obwohl die Texte eigentlich auf Handlung angelegt sind.

Zielt **snowfields** noch auf Narrativität ab, gibt sich Steve Cannons *text.ure* (1999)[72] in erster Linie als Datenbank von Textsegmenten, die kaum mehr narrative Strukturen erzeugen. *text.ure* experimentiert in erster Linie mit dem Verhältnis zwischen Software, Sprache und Design. Darüber hinaus koppelt es die kollaborative Textproduktion mit komplexer Programmierung. Als Rezipi-

71 <http://www.art-bag.org/snowfields/>

72 <http://www.text.ure.org>

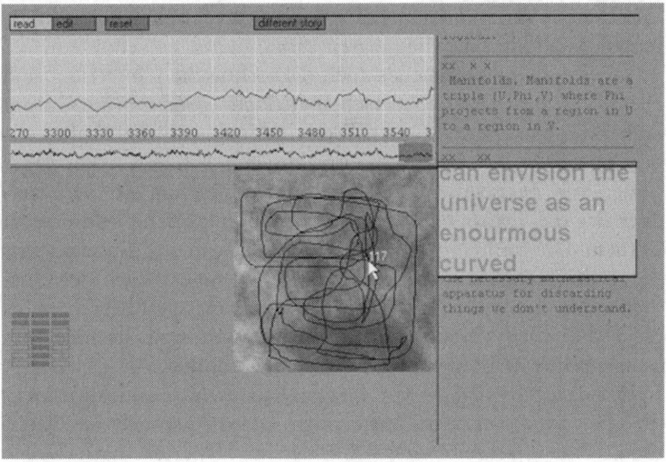

Abb. 4: *text.ure* (Screenshot 2002): Das mittlere Fenster stellt die Topographie des Textes dar, über die man mit dem Cursor fährt. Jedes Pixel hat eine bestimmte Höhe (rechts neben dem Cursor zu sehen), die mit der Höhe des jeweiligen Abschnitts der als Terrain dargestellten Datenbank gekoppelt wird (die simulierte Dreidimensionalität wird leider nicht sichtbar gemacht). Daraus entsteht die Graphik links oben, die eine Art »history« des Leseweges darstellt. Rechts ist der Text zu sehen, der sich an dem »Ort« befindet, an dem der Leser sich gerade mit seinem Cursor aufhält.

ent muss man ein erhöhtes Maß an Experimentierbereitschaft und Geduld aufbringen, um das Projekt zu verstehen. Zunächst gilt es, die Navigationskriterien zu durchschauen, die einerseits an eine Topographie, andererseits an arbiträre Parameter gekoppelt sind: Die Textdatenbank wird als topographische Landkarte mit Erhebungen und Ebenen dargestellt, über die man mit dem Cursor fahren kann. Die »Berge« und »Täler« repräsentieren einen bestimmten Ort in der Datenbank und damit auch ein Textsegment. Neben der topographischen Karte nimmt der Leser seinen Weg durch die Segmente, die rechts als Text abgebildet sind, auch »linear« wahr. Von der in der Datenbank gespeicherten Geschichte gibt es mehrere Versionen – je nach Cursorbewegung wird eine in diesem »Terrain« befindliche Version angezeigt. Es gibt also verschiedene »Ebenen« mit Variationen der erzählten Geschichte. Der Rezipient kann über das

Eingabetool Variationen hinzufügen und damit neue Ebenen kreieren, die wiederum die angezeigten Visualisierungen verändern.

Sowohl die graphische als auch die technische Umsetzung sind beeindruckend, das Projekt erscheint jedoch – gemessen am Output – überkomplex. Die erzeugten Texte sind in dem Sinne, ähnlich wie bei **snowfields**, de facto keine Erzählungen, sondern Rekombinationen von Textsegmenten, die je nach Bewegung des Benutzers über das die Texttopographie abbildende graphische Feld erzeugt werden. Die vom Nutzer ergänzten Textsegmente wandern erst durch die Hände des Projektinitiators – weniger wegen der Qualitätskontrolle als um die Korrektheit des Formats zu überprüfen, da die technischen Voraussetzungen so komplex sind, dass sie vom Nutzer selber nicht intuitiv erfasst werden können.

Der *Assoziationsblaster* von Dragan Espenschied und Alvar Freude[73] (seit 1999) verwehrt sich explizit jedem Anspruch auf Narrativität und verschreibt sich völlig der im Hypertext nach Willen vieler Theoretiker inkorporierten Assoziativität.[74] Dabei wird ein umfassendes Textgeflecht aus Assoziationen der Teilnehmer automatisch hergestellt: Der Besucher kann sich aus verschiedenen Keywords eines wählen, zu dem dann ein – zufällig ausgewählter, unter diesem Keyword abgespeicherter – Text erscheint. In diesem wiederum stellen alle Wörter, die gleichzeitig Keywords sind, ein Link dar, bei dessen Aktivierung per Zufall ein Text aus dem unter diesem Stichwort abgelegten Textpool erscheint. Zu jedem Text kann der Leser gleich seine eigene Assoziation eingeben und abschicken. Diese wird wiederum zu dem Textkorpus des Keywords hinzugefügt und durch die im Text vorkommenden, schon vorhandenen Stichwörter mit den anderen Texten verlinkt. Hat man genug Texte selbst beigetragen (auch darüber entscheidet die Software), kann man selbst ein neues Keyword kreieren, das Raum für zusätzliche Assoziationen gibt.

Der *Assoziationsblaster* versucht, das Datenbankprinzip mit dem Hypertextprinzip zu koppeln – um den Preis der Entsemantisierung der Verlinkung, die nur noch automatisch erzeugt werden kann und

73 <http://www.assoziations-blaster.de>

74 Der klassische Hypertext als Verlinkung mag zwar ein gutes Konzept für die Darstellung von Assoziationen anbieten, er hat jedoch auch – und vielleicht in erster Linie – Verweisfunktion. Andere Konzepte der hypertextuellen Darstellung öffnen erst weitere Verwendungsmöglichkeiten – dazu unten mehr.

damit keinerlei intentionale Basis mehr hat, wie dies noch im Falle der Hyperfictions kultiviert wird. Der Autor eines Textes jedoch, der um dieses Prinzip des *Assoziationsblasters* weiß, kann sich dies zunutze machen. So findet man mittlerweile Texte, die bewusst Keywords verwenden, um möglichst viele Links zu erhalten. Wie schon bei *23:40* zu beobachten, wirkt die softwarebasierte Strukturierung des Projektes auf die angewendeten Schreibpraktiken zurück – die Teilnehmer passen sich den Regeln des Spiels an. Im Gegensatz zu vielen kollektiven Projekten erfreut sich der *Assoziationsblaster* seit seinem Beginn ungebrochenen Zuspruchs. Waren es Mitte 1999 noch 51.200 Beiträge, so kann der *Assoziationsblaster* drei Jahre später über 266.500 Beiträge (Stand: Mai 2002) verzeichnen. Allerdings mussten die Initiatoren – entgegen dem ursprünglichen Konzept – Kontrollmechanismen einführen, um der Textmenge Herr zu werden. Sie taten dies jedoch nicht in Form von eigenmächtigen Qualitätskontrollen, sondern überlassen den Nutzern durch ein »Voting-System« die Entscheidung darüber, welche Texte gestrichen werden sollen.

Interessanterweise erscheinen derartige softwarebasierte Projekte als diejenigen, die sich am ehesten von den Normierungen der Buchkultur lösen. Sie verzichten auf jegliche Qualitätskontrolle und unterminieren die Autorschaft gleich doppelt: Indem sie freie Beteiligung ermöglichen und eine Software zur Erstellung der Texte einsetzen. Damit arbeiten sie gleichzeitig gegen den Werkbegriff – nicht nur weil dieser eng mit dem Konzept des Autors verbunden ist, sondern auch, weil sie nicht auf die Erstellung eines endgültigen Produkts angelegt sind.[75] Der Einsatz von Software deutet auf eine Prozessualität hin, die entweder Rekursivität (im Falle von **snowfields**) oder unendliche Vernetzung (*Assoziationsblaster*) erzeugt. Der Charakter des Mediums spiegelt sich in der Anlage der Projekte. Im Gegensatz zu nicht-elektronischen prozessualen Kunstformen wie Happenings, denen zeitliche Begrenzung innewohnt, handelt es sich hier um prinzipiell unabgeschlossene Phänomene, die – und dies unterscheidet sie wiederum von den Medieninstallationen – sich

75 Dies trifft zwar auch teilweise für die partizipativen Projekte zu, jedoch kommen diese meistens zu einem »natürlichen Ende«, weil niemand mehr beiträgt. *Beim Bäcker* wurde 2000 für beendet erklärt, nachdem seit 1998 kein neuer Beitrag mehr hinzukam, *TanGo!* wurde schon früher abgeschlossen, und einige der Online-Tagebücher waren von vornherein zeitlich begrenzt.

durch die Kreativität ihrer Benutzer ständig verändern. Führt der Einsatz elektronischer Medien in der Medienkunst dazu, dass der Betrachter sich den Regeln unterwirft, hat er hier mehr Spielraum: Zwar geben Software und Projektrahmen die Regeln vor, dem Benutzer bleibt aber immer noch ein gewisser Kreativitätsspielraum bei der Eingabe der Texte, auch wenn er die Kontrolle über sie verliert. *Insofern erlauben die softwarebasierten kollektiven Projekte eine Form der kreativen Interaktivität, die über die Möglichkeiten der bisherigen Medienkunst hinausgeht, weil sie sehr viel weiter vom Paradigma der Autorschaft abrücken.* Bei solchen Projekten handelt es sich um eine offene Form von Indeterminiertheit, die schwer in anderen Medien zu erzeugen ist, weil zwar die Prozesse vorgegeben sind, nicht jedoch die Elemente, die diesen Prozessen unterworfen werden. Dass die Softwarebasiertheit auch soziale Konsequenzen haben kann, zeigt der *Assoziationsblaster*: Die Rückkopplungsintensität des Projektes führt nicht nur dazu, dass es sich seit drei Jahren ungebrochener Aufmerksamkeit erfreut, sondern es hat sich um den eigentlichen Kern der spontanen Texteingabe herum eine Community gebildet, die mittlerweile in mehreren Foren miteinander kommuniziert.

Als problematisch erweist sich jedoch die Kopplung von Software und menschlicher Kreativität, wenn die Kriterien, nach denen die Programmierung funktioniert, für den Benutzer nicht transparent sind. Interessanterweise rekurrieren alle drei hier vorgestellten Projekte auf das *Datenbankprinzip*, das normalerweise dem Benutzer die Suche nach Informationen erleichtern soll. Datenbanken stellen Abfragemöglichkeiten zur Verfügung, die der Benutzer innerhalb der angebotenen Kriterien frei kombinieren kann. Dieses Prinzip wird jedoch in der literarischen Nutzung umgedreht: Weder **snowfields** noch *text.ure* lassen eine Manipulation der ihnen zugrunde liegenden Software-Parameter durch den Benutzer zu. Er muss sich in seiner Textproduktion Kriterien unterwerfen, die er nicht kennt. Diese Intransparenz führt zu einer Umkehrung des Datenbankprinzips, indem Freiheit in Beschränkung gewandelt wird. Als ästhetisches Prinzip ist diese Verfahrensweise ambivalent: Einerseits spiegelt sie die Unterwerfung des Benutzers unter eine Technologie, deren Funktionsweise er nur in Ausnahmefällen kennt, andererseits aber unterbindet sie auch einiges an möglichen Potentialen, die sich durch größere Freiheiten für den Benutzer in der Gestaltung des

Kombinationsspiels ergeben würden. Der *Assoziationsblaster* ist ein Beispiel für eine Realisierung, die für den Benutzer leicht durchschaubar und daher ästhetisch zu nutzen ist. Die Individualisierung der Settings durch die Einführung von Software erweist sich dann als Nachteil, wenn die Komplexität der Programmierung für den Benutzer nicht transparent wird. Eine Minimal-Standardisierung der Softwareprogramme würde ihm zumindest erlauben zu erkennen, wie weit der Spielraum geht und wie er strukturiert ist. Der Rezipient selber muss dann allerdings auch ein gewisses Maß an Medienkompetenz mitbringen, um die Standardisierungen als solche erkennen zu können.

Programme der Kollaboration

In ihrer Anlage drehen die kollaborativen Projekte die Prinzipien der Buchkultur völlig um: Die absolute Offenheit widerspricht der individualisierten Autorschaft, die fehlende oder auf rekursiven Programmen basierende Struktur verweigert sich der Abgeschlossenheit des Werkbegriffs, im Falle der automatisierten Projekte unterläuft der Softwareeinsatz zusätzlich die auktoriale Autorität der Beiträger. Diese offensichtlichen Oppositionen legen nahe, dass es sich bei kollaborativen Projekten – im Gegensatz zur Partizipation, die sich an den Prinzipien der Buchkultur orientiert – um Phänomene der Gegenabhängigkeit handelt, die das genaue Gegenteil dessen anstreben, was als Normen für die Literaturproduktion Gültigkeit für sich beansprucht.

Dies ist besonders in einer Hinsicht problematisch: Geht man davon aus, dass Literatur nicht nur produziert, sondern auch rezipiert werden soll, weisen alle Projekte gewisse Defizite auf. **snowfields** strebt Narrativität an, erzeugt letztlich aber hauptsächlich Redundanzen durch die ständige Rekombination der Textsegmente; *The World's First Collaborative Sentence* ist quasi unlesbar, der *Assoziationsblaster* ist als Leseobjekt zwar zeitweise amüsant, kann aber die rein rezeptive Aufmerksamkeit nur begrenzt fesseln. Zwar könnte man – wie ich dies auch andernorts getan habe[76] – argumentieren, dass diese Form der kollektiven Produktion nur noch Produzenten verlangt und derartige Projekte ihre Relevanz aus der sozialen Dy-

76 Vgl. Heibach, Christiane: »›Creamus, ergo sumus.‹ Ansätze zu einer Netz-Ästhetik«, in: Suter/Böhler, hyperfiction, S. 101-112.

namik durch unmittelbare Reaktions- und Rückkopplungsmöglichkeiten beziehen, doch es stellt sich die Frage, ob Literatur nicht noch darüber hinausgehen muss. Ein Ziel könnte sein, dem Benutzer beide Programme zu bieten: das des Mitmachens und das des reinen »Lurkens«. Dann aber müssten komplexere kollektive Schreibformen entwickelt werden, die über die spontane Textproduktion hinausgehen. Natürlich stellt sich die Frage, warum man sich nicht mit dem reinen Produktionsprozess zufrieden geben sollte. Wer sich nicht daran beteiligt, bliebe dann vom Projekt weitgehend ausgeschlossen. Beließe man es dabei, hieße das, auf kulturelle Relevanz zu verzichten, die sich nur dann erzielen lässt, wenn verschiedene Zugangsformen geöffnet werden. Um es salopp und in Anlehnung an Marcel Reich-Ranicki zu sagen: Man muss nach wie vor ein Steak essen können, ohne unbedingt wissen zu müssen, wie es gebraten wird. *Der Benutzer sollte die Wahl der Position haben* – ob er sich als Produzent beteiligt oder als Leser außen vor bleibt. Diese Möglichkeit muss gegeben sein, sonst verbleiben die kollektiven Produktionsformen im Bereich der selbstreferentiellen Spielerei letztlich dann doch wieder begrenzter Gruppen.

Die Rollenverteilung zwischen Leser und Autor erfährt in den kollaborativen Projekten eine zunehmende Flexibilisierung. Die Projektinitiatoren nehmen sich weitestgehend zurück und enthalten sich jeglicher redaktionellen Eingriffe. Allerdings bekommen sie wieder neue Bedeutung, wenn die Programmierung ins Spiel kommt. Ihre Autorschaft bezieht sich dann – ähnlich wie bei der Partizipation – auf das Konzept, die Festlegung des Settings, mit dem Unterschied, dass die Benutzer in diesem Rahmen agieren können, ohne dass in den kreativen Prozess eingegriffen wird. Softwarebasierte Kollaboration erlaubt eine Form der kreativen Interaktivität, die dem Benutzer größeren Spielraum eröffnet – vorausgesetzt, er durchschaut die automatisierten Prozesse. Die Unmittelbarkeit der *Rückkopplung* erleichtert es dem Rezipienten darüber hinaus, zum aktiven Teilnehmer zu werden – inwieweit er jedoch durch die technischen Voraussetzungen wiederum daran gehindert wird, muss vorerst unbeantwortet bleiben.

Die zunehmende technische Komplexität der Projekte führt generell dazu, dass »Gebrauchsanweisungen« an die Hand gegeben werden müssen: *text.ure* und **snowfields** benötigen seitenlange Erklärungen, um dem Benutzer das zugrunde liegende Konzept deutlich zu machen und den richtigen Umgang zu erklären. Dabei handelt es sich um ein Phänomen, das generell in der Netzliteratur und -kunst zu beobachten ist: Da es an Standards fehlt, entwickelt jedes Projekt seine eigenen Regeln, die – je technikbasierter, desto umfassender – dem Benutzer erst erklärt werden müssen. Diese Komplexitätsinduktion ist der Experimentierphase mit dem Medium geschuldet, stellt aber ein grundlegendes Problem dar, das sich nicht nur auf die Kunst bezieht. Zwar hat die Kunst sich immer mit Regelverstößen beschäftigt, jedoch ohne dem jeweiligen Kunstwerk oder -projekt eine Gebrauchsanweisung beizugeben, da die Normen, die bewusst verletzt wurden, als selbstverständlich vorausgesetzt werden konnten. Wer heute ein Buch kauft, erwartet nicht, dass ihm erklärt wird, wie er es zu lesen hat – wir haben die Regeln derart verinnerlicht, dass selbst Regelverstöße nicht mehr erklärt werden müssen, sondern offen zutage treten und für sich sprechen. Von einem solch selbstverständlichen Umgang mit dem Medium Internet sind wir derzeit noch weit entfernt. Andererseits allerdings sind gerade die prozessualen Kunstformen wie Happening, Aktion und Performance ebenfalls durch individuelle Regeln gekennzeichnet. Da sie aber mit der direkten Publikumsinteraktion arbeiten, können sie – wie das bei jeder face-to-face-Interaktion der Fall ist – die Regeln situationsspezifisch aushandeln und dann das Setting festlegen. *Bei Computer und Internet werden wir es vermutlich – wie schon oben angemerkt – mit einer Oszillation zwischen standardisierten Settings und individueller Regelhaftigkeit zu tun bekommen.* Nicht alle Projekte werden auch in Zukunft ohne Erklärung ihrer spezifischen Struktur auskommen; jedoch werden sich vermutlich bestimmte Genres herausbilden, deren Bedingungen auf dem standardisierten Umgang mit dem Medium beruhen und so nicht mehr erklärungsbedürftig sein werden.

Insofern sind die kollaborativen Projekte in ihrer Anlage in gewisser Weise paradox: Sie durchbrechen die Normen der alten Medien, versuchen aber gleichzeitig, schon mögliche Standards für die Zukunft zu setzen – sei es im Hinblick auf computervermittelte Interaktion und deren Rezeption, sei es in Bezug auf die Handhabung bestimmter softwarebasierter Darstellungsformen. Letzteres trifft allerdings nur auf Projekte zu, die die technische Grundlage in Form spezieller Programmierungen für ihre Struktur nutzbar machen. *Daher müssen sowohl soziale Organisationsprinzipien als auch Dar-*

stellungsformen der technisch vermittelten Kollaborationsdynamiken zwischen Menschen, ebenso wie Standards für die Anwendung und das Verstehen von Programmierstrukturen entwickelt werden – sowohl vonseiten der Künstler als auch der Benutzer.

Exkurs: Softwarebasierte Kollaboration und Darstellungsästhetik

Die softwarebasierten Projekte können nicht nur unter dem Aspekt der Produktionsästhetik, sondern auch unter dem der Darstellungsformen betrachtet werden. Die oben erwähnten sozialen kollektiven Projekte beschränken sich meist auf die klassische lineare, wenn auch z.T. verlinkte Textpräsentation. Die softwarebasierten kollektiven Projekte experimentieren häufig gleichzeitig mit neuen Darstellungsformen. So arbeitet *text.ure* mit einer Oberfläche, die (topo-)graphische Darstellung mit Textpräsentation verknüpft. Angeboten werden verschiedene Formen der Texttopographie: eine Karte, auf der der Benutzer mit der Maus entlangfährt, eine in horizontale Ebenen sowie vertikale Segmente angeordnete Textorganisation sowie eine Visualisierung der vollzogenen Lesebewegung (vgl. Abb. 4). Nicht visualisiert ist die künstlich erzeugte Dreidimensionalität der Textdatenbank, die die Parameter für die dargestellten Versionen festlegt. *text.ure* erprobt eine neue Form der Textorganisation und dessen Visualisierung. Dadurch wird der Rezipient in seinem Wahrnehmungsverhalten auf die Probe gestellt: Da er drei unterschiedlich strukturierte Fenster parallel wahrnimmt und gleichzeitig noch navigiert, wird ein intensives Lesen der Geschichte vor der bildlichen Repräsentation des Textes und der eigenen Aktion in den Hintergrund gedrängt.

Ist *text.ure* noch auf die Visualisierung der individuellen Lese- und Schreibtätigkeit des Einzelnen ausgerichtet, auch wenn die Versionen der Geschichte kollaborativ erstellt werden, versucht sich *Lavoro Immateriale*[77] (1999) an der Repräsentation der sozialen und technischen Dynamik von Kollaborationen. Dieses Projekt der

77 <http://io.khm.de/lavoro/>. Das Projekt ist mittlerweile beendet, eine Dokumentation findet sich unter: <http://www.krcf.org/krcfhome/1IOdencies5.htm>.

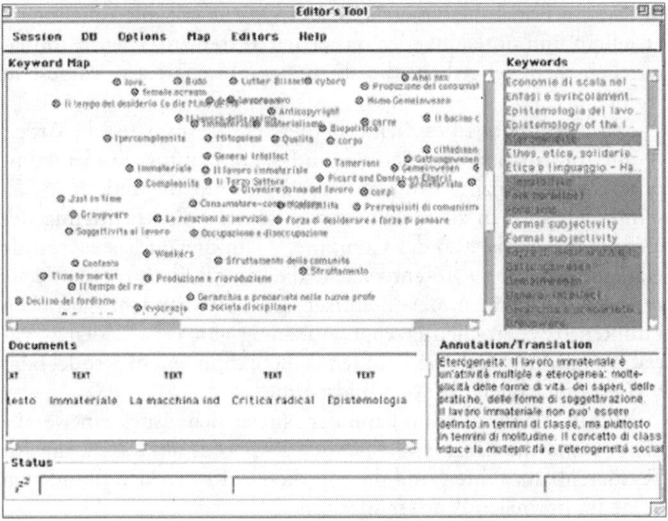

Abb. 5: IO_lavoro map[78]

Kölner Medienkünstlergruppe Knowbotic Research in Zusammenarbeit mit Maurizio Lazzarato, Luther Blissett,[79] Michael Hardt, Hans Ulrich Reck, Timothy Druckery, Enzo Rullani, Iaia Vantaggiato sowie dem Zentrum für Kunst- und Medientechnologie

78 Abb. unter <http://www.krcf.org/krcfhome/1IOdencies5.htm>

79 Luther Blissett ist ein so genannter »Kollektivname«, der von verschiedenen Personen (theoretisch von jedem, der es will) als Pseudonym benutzt werden kann. Beim »harten Kern« handelt sich dabei um eine international zusammengesetzte, politisch engagierte Gruppe von Theoretikern und Künstlern, die v.a. mit Falschmeldungen, fiktiven Dokumentationen, illegalen Kopien nicht öffentlich zugänglicher Webseiten, Büchern, darunter einem extrem erfolgreichen Roman, für die Freiheit von Information und Kommunikation und die Subversion der dominierenden Mächte eintritt. Eine Dokumentation ihrer Aktionen findet sich auf <http://www.lutherblissett.net>. Die Mitarbeiter an dem Projekt *IO_lavoro immateriale* entstammen u.a. auch der Gruppe »Potere Operaio« um Franco »Bifo« Berardi und Toni Negri, die in den späten 60er und in den 70er Jahren durch klassenkritische Analysen von Arbeit und deren Bedingungen bekannt wurde. Diese Gruppe sieht in der Informatisierung und Globalisierung der Gesellschaft eine neue, immer wichtiger werdende Form der Arbeit emergieren, die »mentale« bzw. immaterielle Arbeit, die es nun ebenfalls zu untersuchen gilt. In diesem gedanklichen Umfeld siedelt auch das Projekt *IO_lavoro immateriale.*

(ZKM) in Karlsruhe basiert auf einer Datenbank mit kollaborativ erstellten und untereinander vernetzten Texten zur Theorie immaterieller, mentaler Arbeit, die als topographische Karte dargestellt werden.

Darüber hinaus ist es Ziel des Projektes, die immaterielle Arbeit – die Informationsgenerierung und -verarbeitung in der computerbasierten sozialen Interaktion – nicht nur theoretisch zu fassen, sondern auch zu visualisieren – unter Berücksichtigung der technischen Basis, also des Computers. Um dies zu leisten, wurde eine spezielle Software entwickelt, die eine Bildschirmoberfläche mit die Aktivitäten der Benutzer symbolisierenden schwarzen Punkten bzw. Strichen erzeugt. Abhängig von verschiedenen Variablen sammeln sich die Punkte magnetisch in einem Strudel oder fließen gemächlich über den Bildschirm.

Mit der Zoomfunktion kann der Nutzer sich visuell einer Stelle nähern und die dann erscheinenden Keywords anklicken, die zur Textdatenbank führen und die mit diesem Keyword verbundenen Texte im normalen Browser anzeigen.

Die eigene Lesetätigkeit wiederum wird im Energiefeld repräsentiert, ebenso zeigt dieses an, wenn ein Dokument der Datenbank verändert oder innerhalb des Textnetzes verschoben wird.

Allerdings wird die Energiedarstellung durch ein »Selbstorganisations-Programm« ergänzt, das die der menschlichen Arbeit zugrunde liegenden Computerprozesse ins Spiel bringt. Die Keywords werden mit Parametern versehen (z.B. ihre Stellung in Beziehung zu einem festgelegten anderen Keyword, ihre 5 bis 10 nächstbenachbarten anderen Keywords, ihre Bewegung und inhaltliche Veränderung in Relation zu einem errechneten zeitlichen Parameter etc.). Zusätzliche, von der sozialen Aktion unabhängige und rein computerinhärente Algorithmen verhindern, dass dieses System stabil wird: So werden Parameter für Ordnung und Unordnung des Systems festgelegt, die die Keywords in Bewegung halten. Auf diese Weise werden die Aktion des Nutzers – seine Wahl der Dokumente und seine Bewegung in der elektronischen (Des-)Organisationslandschaft –, die Veränderungen an den Texten durch die Autoren, deren Textlänge und ihre Stellung untereinander sowie die Prozesstätigkeit des Computers zu visuellen Datenströmen zusammengefügt, die ständig in Bewegung sind. Das Problem dabei ist allerdings, dass die Kombination der Parameter willkürlich wirkt und

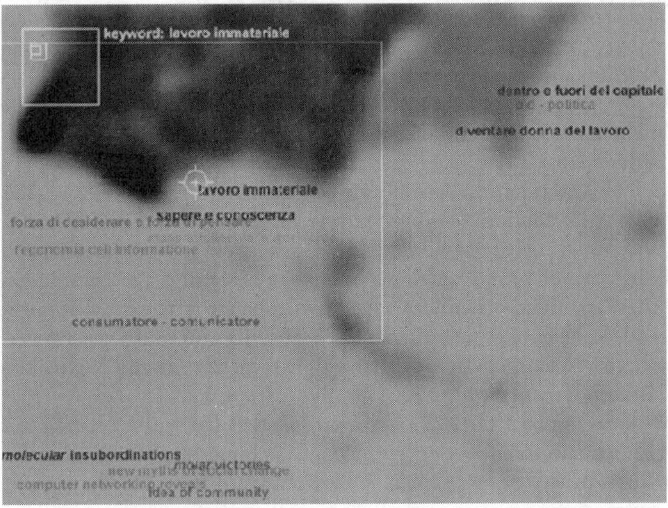

Abb. 6: *IO_lavoro immateriale.*[80] Der speziell für das Projekt entwickelte »graphical client« zeigt die Ballung der Aktivitätsströme der Benutzer in den schwarzen Flecken. Die Stichworte der Datenbank erscheinen und fließen mit der Bewegung des Benutzers über den Bildschirm. Die kleinen Quadrate im etwas größeren symbolisieren die anwesenden Benutzer und ihre Position.

die hinzugefügten computerinhärenten Algorithmen die Darstellung der Nutzer- und Autorenaktionen überlagern, verfälschen und eine künstliche Art von Bewegung erzeugen. Dies mag daran liegen, dass die Autoren- und Leserinteraktionen schwer in herkömmliche Zeit- und Raummaße einzuordnen sind und diese Probleme daher mit »künstlichen« Parametern gelöst werden müssen. Andererseits macht diese Diskrepanz aber auch deutlich, dass eine kombinierte Darstellung von sozialer (menschlicher) und technischer Arbeit (die der Computer leistet) immer auf eine Verfälschung der Darstellung menschlicher Arbeitsleistungen hinausläuft, da deren Daten von den Computerparametern überlagert werden. Daher wird das angestrebte Ziel, die Bildschirmoberfläche als Darstellung von

80 Abb. ebd.

»heterogeneous places of the mind«[81] erscheinen zu lassen, nicht erreicht. Dennoch deutet »IO_lavoro immateriale« an, dass wir es in Zukunft mit neuen komplexen und prozessualen Formen der Darstellung von Wissen zu tun haben werden, in der die Software eine nicht unwesentliche Rolle spielt, da sie die Parameter der Wissensgenerierung und -darstellung beeinflusst.

Die Veränderung sowohl unserer Informationsgenerierungs- als auch Informationsverarbeitungsmechanismen zu dokumentieren und zu visualisieren wird eine Aufgabe netzspezifischer Darstellungsformen sein. Dass dieses Vorhaben hier nur eingeschränkt gelingt, ist nicht verwunderlich, da wir derzeit weit davon entfernt sind, kollektive soziale Dynamiken und die computerbasierte vernetzte Wissensgenerierung in ihrer Struktur und ihren Möglichkeiten durchdrungen zu haben.

Wie Michael Giesecke gezeigt hat, stieß die frühe Neuzeit auf ähnliche Probleme. Die visuelle Darstellung von Informationen wurde in einem mühsamen Prozess standardisiert, die Zentralperspektive war der erste große Schritt in diese Richtung. Darüber hinaus mussten die Analyseobjekte nun in ihre Bestandteile zerlegt und aus mehreren Perspektiven gezeigt werden, Beschriftungstechniken entwickelt werden etc.[82] In computerbasierten Visualisierungen treffen wir jedoch derzeit auf die gegenteilige Tendenz: Die Zentralperspektive wird zugunsten der Multiperspektivität aufgehoben, zudem wird die Dateninterpretation durch den Softwareeinsatz beeinflusst. »Lavoro Immateriale« versetzt den Benutzer an einen Ort im Datennetz, den er von seinem Platz vor dem Bildschirm nicht wahrnehmen kann, und bietet ihm Informationsdarstellungsformen nach Parametern, die nicht intuitiv erfassbar sind, weil sie auf individuellen, projektinhärenten Festlegungen basieren. Die Navigationsmöglichkeiten lassen darüber hinaus nicht nur thematische Wechsel, sondern auch verschiedene Strukturierungs- und damit auch Darstellungsmöglichkeiten von Informationen zu. Wie im Falle des Buches modellieren die Möglichkeiten des Mediums das Wissen. *Eine Komplexitätsinduktion ist die Folge, die es erforderlich macht, über das Buch hinaus neue mediengebundene Regelwerke für die*

81 Schiffler, Andreas/Schwabe, Dieter: *The IO_Dencies System. Design and Visualization Techniques*, 1998, <http://io.khm.de/kr_www/content/io_dencies/io_lavoro_immateriale/technikal_dev_aspects/technikal_dev_aspects.html>

82 Vgl. Giesecke, Der Buchdruck in der frühen Neuzeit, S. 397 ff.

Wissensgenerierung und -darstellung zu entwickeln – gleichzeitig mit der Kompetenz, zwischen verschiedenen Wissensformen und ihren Medien zu oszillieren.

Dialog: Das Gruppengespräch als ästhetisches Phänomen

Sowohl die partizipativen als auch insbesondere die kollaborativen Projekte beruhen auf unmittelbaren Rückkopplungsmöglichkeiten, die ein Novum für die Entstehung von Literatur und Kunst darstellen. Jedoch müssen noch Konzepte entwickelt werden, die diese Möglichkeiten adäquat umsetzen, damit sie kulturelle Bedeutung erlangen können.

Ähnliches gilt für Projekte, die auf der synchronen Kommunikation zwischen Menschen beruhen und diese entweder integrieren oder zum strukturellen Kernelement ihres Projektes machen. Dass es noch nicht sehr viele derartige Unternehmungen gibt, ist vermutlich darauf zurückzuführen, dass die direkte Kommunikation in der buchbasierten Literaturproduktion niemals fruchtbar gemacht wurde, weil die rückkopplungsarme Struktur des Buches bestimmend war. Ein Rückblick in die Geschichte zeigt, dass man kurz nach der Erfindung des Buchdrucks vor dem Problem stand, Normen für die rückkopplungsarme Wissensvermittlung zu finden, nachdem jahrhundertelang das Wissen nur im face-to-face-Gespräch weitergegeben wurde. Und so finden sich unter den ersten gedruckten Sachbüchern zahlreiche, die versuchten, ihr Wissen als simulierten Dialog zu formulieren, um dem Leser das Verständnis zu erleichtern.[83] Im Netz stehen wir vor dem umgekehrten Problem: *Es wird die Aufgabe sein, rückkopplungsintensive Wissens- und auch Literaturproduktion für andere, nicht am Kommunikationsprozess Beteiligte lesbar und transparent zu machen.*

Relativ unproblematisch erscheint dies bei Projekten, die die Kommunikation als ein zusätzliches Feature in ihr Projekt integrie-

83 Vgl. Giesecke, Michael: *Sinnenwandel, Sprachwandel, Kulturwandel. Studien zur Vorgeschichte der Informationsgesellschaft*, Frankfurt am Main 1998, S. 89 ff.

ren, indem sie über Gästebücher, Foren, Chats und neuerdings auch Blogs[84] direkte Reaktionsmöglichkeiten einräumen. Diese Art der kommunikativen Rückkopplungsmöglichkeiten findet sich in vielen der frühen WWW-Projekte. Die schon erwähnten Reisedokumentationen formierten sich als Berichte, die täglich aktualisiert und mit den Kommentaren der Leser versehen wurden. Als direkte Reaktionen auf das für alle Lesbare sind Letztere problemlos zu verstehen – wie ein Gespräch zwischen Anwesenden, dem andere zuhören können. Ähnliches kann für Projekte konstatiert werden, die ein Gespräch im Netz dokumentieren – wie dies bei *Heaven & Hell*[85] (1998) der Fall ist, das eine E-Mail-Kommunikation zwischen der Russin Olia Lialina und dem Belgier Michaël Samyn ästhetisch aufbereitet, ebenso wie *Skinonskinonskin*[86] (1999) von Samyn und Auriea Harvey, die ihre zunächst nur als E-Mail-Kommunikation beginnende Beziehung in einem multimedialen Kunstprojekt dokumentieren. Wie bei einem Theaterstück, das man nur liest, kann man derartige dialogische Dokumentationen problemlos verstehen und lesen.

Schwieriger wird es in virtuellen Räumen mit synchroner Gruppenkommunikation. Zwar sind Chatrooms weitgehend ein Phänomen ephemerer Kommunikationssituationen, die dem face-to-face-Gespräch ähneln, sie können jedoch auch Zentrum künstlerischer Initiativen werden. Dies erfolgt entweder im Rahmen einer virtuellen Welt, in der man sich als Benutzer bewegen kann, oder in Form von künstlerischen Chats, bei denen kommunikativ-literarisch Themen entwickelt werden oder nach bestimmten Regeln (z.B. in Reimen) geschrieben werden soll.[87] Im ersteren Fall kommt erschwerend hinzu, dass die Gespräche nicht gespeichert werden. So bei *Conversation with Angels*[88] (1998, meetfactory), einer virtuellen Welt, in der sich der Benutzer sowohl mit künstlichen Figuren (so genannten Bots) als auch mit anderen Benutzern unterhalten kann.

84 Blogs – eine Kurzform für Weblogs – sind eine Form des Web-Journals. Kollektiv angelegte Blogs ermöglichen, dass man direkt eine Nachricht an eine Weblog-Seite schickt, die dort sofort erscheint. Dabei werden die Beiträge rein chronologisch geordnet.

85 <http.//adaweb.walkerart.org/GroupZ/heaven&hell/>

86 <http://entropy8zuper.org/skinonskinonskin/>

87 Vgl. Eske, Antje: »Künstlerischer Chat«, in: Dies./Alsleben, Kurd (Hg.): *NetzKunstWörterBuch*, Hamburg 2001, S. 73-75.

88 <http://angels.kiasma.fng.fi/index.html>

Durch Befragung der Bots entwickeln sich Geschichten, da jede der Kunstfiguren eine eigene Biographie hat, die von den Projektinitiatoren aus Geschichten realer Personen sowie Nachrichtenereignissen zusammengestellt wurden. Da die Kommunikation sowohl mit diesen fiktiven Figuren als auch mit realen Besuchern erfolgen kann, verschwimmen die Grenzen zwischen Fiktion und Wirklichkeit, weil es unwesentlich wird, ob die Kommunikation auf »Wahrheit« beruht – als sozialer Akt ist sie real. Die Kommunikation in virtuellen Welten ist ein ephemeres Ereignis, das – ähnlich der Happening-, Aktions- und Performance-Kunst – weder speicher- noch reproduzierbar ist. Die Struktur von *Conversation with Angels* setzt der Konversationskunst allerdings auch Grenzen, da den künstlichen Bots nur ein eingeschränktes Repertoire an Sätzen zur Verfügung steht, das sich häufig wiederholt. Dennoch könnte auch hier die Beschränkung ein Anreiz zur Kreativität sein und ästhetisch genutzt werden. Prinzipiell ist denkbar, derartige virtuelle Welten auch für die reine Mensch-zu-Mensch-Kommunikation ästhetisch zu nutzen, ungelöst bleibt jedoch die Frage, wie die Speicherung möglich ist, da man sich nicht nur über Text unterhält, sondern sich gleichzeitig in der Welt bewegt. Da sich einige Äußerungen auf das visuell Wahrgenommene beziehen können, fehlt dem Rezipienten gespeicherter Protokolle schließlich das »Environment«, auf das sich der Gesprächsprozess bezieht. Auch hier stellt sich – ähnlich wie bei den kollektiven Projekten – die Frage nach der Möglichkeit der Reproduktion dynamischer Produktionsprozesse, in diesem Fall noch erschwert durch die Multimedialität virtueller Welten.

Rein textbasierte künstlerische Chatprojekte können jedoch mit gespeicherten Chatprotokollen arbeiten. Die Plattform *SchreibNetz Hamburg*[89] (→ **CD**) versammelt einige, in unterschiedlichen Kontexten entstandene Chat-Erzählungen, die sich auch für »Lurker« als durchaus lesbar erweisen. Prinzipiell meint Yvonne Fietz, eine der Initiatoren, dass das Lesen von im Chat entstandener Literatur in erster Linie eine Umstellung der Leser*erwartungen* erfordert, nicht aber der Rezeptionsformen:

»Wenn die kollektive Kreativität in ihrer Eigenart und ihren spezifischen Erscheinungsformen eine umfassende Verbreitung erfahren würde, dann gäbe es genug kundige Rezipienten der gefriergetrockneten Chatprotokolle, die

89 <http://www.schreiben-hamburg.de>

durch Ergänzung des Prozesshaften die Sprach- und Bilderwelten wieder in den Fluss bringen, in dem sich kollektive Kreativität überhaupt erst entwickeln kann.«[90]

Es ist jedoch fraglich, ob Chat-Protokolle für Außenstehende, nicht in den Prozess Involvierte tatsächlich nachvollziehbar sind. Bei MUDs z.B., die auf einem ähnlichen Prinzip beruhen, ist es auch für Beteiligte extrem schwierig, den vielfältigen Diskursen zu folgen. Diese entwickeln sich überkreuz, sobald mehr als zwei Leute auf einer Plattform schreiben. Alle Nachrichten werden jedoch chronologisch strikt hintereinander angezeigt, unabhängig davon, wer sich auf wen bezogen hat. Ähnliches gilt für die in jüngster Zeit in Mode gekommenen Blogs. Sie ermöglichen die Kommunikation über eine Webseite in Form eines Journals – man schickt eine Nachricht ab, die kurze Zeit später auf der entsprechenden Webseite erscheint. Der Blog ist eine Art asynchroner Chat, wodurch die Nachvollziehbarkeit der Dialoge zusätzlich erschwert wird – nimmt jemand erst am nächsten Tag auf etwas Bezug, das jemand anderer geschrieben hat, wurden dazwischen aber schon andere Kommentare gespeichert, so wird das Gespräch für Außenstehende kaum mehr nachvollziehbar. Dies gilt umso mehr, als zwischen verschiedenen Blogs verlinkt werden kann, so als ob sich Gespräche verschiedener Gruppen miteinander überschnitten – allerdings unter Wegfall der für face-to-face-Gespräche notwendigen Synchronizität.

Neben der Frage der sozialen und technischen Organisation von Chats sowie deren Darstellung wird es notwendig werden, Bewertungskategorien zu entwickeln, die darüber entscheiden, was »speicherwürdig« ist und was situativ als ephemeres Spiel nicht in die Archive eingehen soll. Immerhin aber bietet das Internet erstmals die Möglichkeit, ästhetische Gesprächskunst tatsächlich zu speichern, während die Literaturgeschichte zwar von der Existenz verschiedener Formen weiß, aber über kaum Dokumentationen verfügt – weder in Schrift- noch in Tonform.[91]

90 E-Mail an die Verfasserin vom 24. 8. 2001.

91 Ausnahme ist natürlich die Briefkommunikation, die aber keine Gruppen-, sondern eine dyadische und zudem asynchron erfolgende Gesprächsform dokumentiert.

Da das Gruppengespräch bisher nur multimedial unter den Bedingungen physischer Präsenz der Teilnehmer an einem Ort möglich war, stellt sich die Frage, inwieweit Gesprächsformen entwickelt werden, die diese Multimedialität ersetzen (wie es die Emoticons z.B. in der E-Mail-Kommunikation tun). Betrachtet man ein face-to-face-Gespräch, so gibt es zahlreiche non-verbale Signale, die darüber Auskunft geben, ob die impliziten Gesprächsregeln eingehalten oder verletzt wurden. Derartige Normen gibt es in der technisch vermittelten synchronen Kommunikation noch nicht – die Regeln beziehen sich meist auf die Inhalte oder die Einhaltung der technischen Bedingungen, nicht auf den strukturellen Gesprächsverlauf. Das Durcheinander bei schriftbasierten Gruppengesprächen könnte jedoch durch bestimmte Reglementierungen und eine andere als die chronologische Darstellungsform vermieden werden. Dafür müssten sowohl soziale als auch technische Standards entwickelt werden.

Die Notwendigkeit sozialer Regeln ergibt sich aus der Struktur technisch vermittelter Kommunikation. Die Struktur von face-to-face-Gesprächen kann nicht eins zu eins ins Netz übertragen werden: Die Klärung des eigenen Standpunktes, Missverstehen, gruppendynamische Prinzipien, kollektive Informationsverarbeitungsstrategien wie Erzählen, Beschreiben und Argumentieren[92] – all dies ist kaum durchführbar in einem Raum, in dem vorerst nur die textuelle Verständigung, häufig auch ohne persönliche Kenntnis des Partners, möglich ist. Schon die dyadische Kommunikation nach »kleinräumigen Ordnungsprinzipien«[93] verläuft anders, indem das Turn-taking nicht notwendigerweise eingehalten werden muss, sondern jeder Gesprächsteilnehmer (z.B. in einem Blog oder einem Chat) schreiben kann, wenn ihm gerade etwas einfällt, so dass schon hier Überkreuzkommunikationen entstehen können, bei denen die Bezüge unklar werden.

Darüber hinaus unterscheiden sich die Gruppenstrukturen: Gruppen, die durch technisch vermittelte Interaktion zustande kommen, befinden sich zwischen sozialen Formationen freier Inter-

92 Vgl. dazu Giesecke / Rappe-Giesecke, Supervision, S. 92 ff.
93 Ebd., S. 103.

aktion, bei der die Regeln situationsbezogen jeweils ausgehandelt werden, und Teams bzw. Institutionen, in denen einerseits Aufgabenbezogenheit die Zusammensetzung bestimmt, andererseits Regeln für die Interaktion explizit festgelegt werden. Gruppenkommunikation im real life ist dadurch gekennzeichnet, dass es zwar Regeln gibt, diese jedoch implizit bleiben. Gruppen sind zunächst einmal sich selbst genug und verfolgen keine spezifische Aufgabenstellung. Finden sie sich zu einem bestimmten pragmatischen Zweck zusammen, so handelt es sich um Teams. Teams wiederum unterscheiden sich von Institutionen dadurch, dass die Regeln von den Beteiligten selbstorganisiert ausgehandelt und an der Aufgabenstellung ausgerichtet werden können, während Institutionen auf festen, expliziten Regelgefügen (Rollen, Themen, Ziele der Interaktionen) beruhen.[94]

Gruppen, die sich im Internet zusammenzufinden, um ein – wie auch immer konzipiertes – ästhetisches Gespräch nach bestimmten expliziten und auch impliziten Regeln zu führen, sind eine Hybridform zwischen Gruppe, Team und Institution und oszillieren – je nach Zusammensetzung und entstehender Dynamik – zwischen den jeweiligen Rollen und Positionen. Hinzu kommt, dass ihre Zusammensetzung variieren kann: Teilnehmer scheiden während des Prozesses aus, andere kommen hinzu, ohne dass diese Wechsel gesteuert werden können. Es bedarf sicher noch einiger empirischer Untersuchungen, um die Spezifik von Gruppen, Teams und Institutionen herauszuarbeiten, die sich nur im elektronischen Raum finden und bewegen. Derzeit befinden sich synchrone Kommunikationsformen im Netz noch im Stadium der Abhängigkeit, weil sie meistens die Gesprächssituationen des realen Raums simulieren, ohne dass die Struktur des Mediums die notwendigen Rahmenbedingungen bereitstellen kann. Damit jedoch eigenständige Formen des technikbasierten Gruppengesprächs entstehen können, muss ein Regelwerk geschaffen werden, das zwischen Freiheit und Normierung oszilliert: Weder darf eine situative Komplettaushandlung aller Regeln erforderlich sein, die aufgrund der medial reduzierten Kommunikationssituation fast nicht zu leisten ist, noch dürfen zu starre Regelwerke oktroyiert werden, die die Dynamik hemmen.

Die dialogischen Formen der ästhetischen Produktion sind –

94 Ebd., S. 96 ff.

trotz ihrer Unausgereiftheit – vielleicht derzeit diejenigen, die der Kommunikationsstruktur des Internets am nächsten kommen und für die daher, auch unabhängig von der Kunst, Standards entwickelt werden müssen, die nicht nur den beteiligten Gruppen, sondern auch den Außenstehenden bekannt sind. Die E-Mail-Kommunikation in Mailinglisten ist in dieser Entwicklung schon relativ weit fortgeschritten, obwohl es immer wieder vorkommt, dass Neulinge relativ rüde zurechtgewiesen werden, weil sie die Regeln der Netiquette missachtet haben. Ähnliches gilt für Chats, wobei sowohl E-Mail-Listen als auch Chaträume häufig hierarchisch organisiert sind – die Initiatoren und die ständigen, engagierten Teilnehmer wachen über die Einhaltung der Regeln und ahnden Verstöße. Ob eine de-hierarchische Organisation, wie sie face-to-face-Gruppen darstellen können, im Netz auf Dauer möglich ist, hängt mit Sicherheit von der Balance zwischen individueller Aushandlung und formalisiertem Regelwerk ab.

Das Fehlen der multimedialen Kommunikationsfaktoren erschwert nicht nur den Gesprächsprozess, sondern auch die Rezeption. Es ist derzeit schwer vorherzusagen, wie sich die Zukunft einer solchen internetbasierten »Konversationskunst« gestalten könnte, da die technische Entwicklung die derzeitigen Parameter möglicherweise völlig verändern wird. Durch die Möglichkeit der Selbstbeobachtung und vor allem dann durch die Darstellung der Ergebnisse der Selbstbeobachtung (Selbstbeschreibung) in einer solchen Form, die sie allen am Chat/Gespräch Beteiligten verfügbar macht, verändern sich die Steuerungsmöglichkeiten von Konversationen gewaltig. Wenn in der traditionellen face-to-face-Kommunikation die Geschichte des Gesprächs nur bruchstückhaft in der Psyche der Beteiligten gespeichert werden konnte, so eröffnen sich in den technisch medialisierten Formen neue, dauerhafte und intersubjektiv überprüfbare Speicherformen. Sie können zur Selbstorganisation der Kommunikation genutzt werden, so dass eine Institutionalisierung der Gruppe vermieden wird, wie sie häufig als Konsequenz in weitgehend festgefügten Gruppen des real life zu beobachten ist. Die so erforderliche beständige Selbstreflexion verhindert ein implizites oder explizites Oktroyieren festgefügter Regeln für neu in das Gespräch zu integrierende Beteiligte, weil diese den das Gespräch begleitenden Selbstreflexionsprozess mit beeinflussen können. Gegenüber dem face-to-face-Gespräch liefe das auf eine größere Flexibilisierung der Gruppenorganisation hinaus, die dem offenen Vernetzungscharakter entspricht, gleichzeitig aber doch ein Mindestmaß an Gesprächsregeln ermöglicht, die aber Struktur und Inhalt der Konversationen nicht oder nur gering limitieren (wie z.B. die allgemeine Verfahrensregel der Selbstbeobachtung und -beschreibung, aber auch allgemeine Dialogregeln der freien Assoziation, des Zensurverbots etc.).

Durch den Einsatz technischer Darstellungsmöglichkeiten könnten darüber hinaus weitere Probleme der Rezeption gelöst werden: Eine relationale statt sequentielle Darstellung der Aussagen könnte Überkreuzkommunikationen verhindern, indem durch eine räumliche Anordnung der Beiträge visualisiert wird, wer auf wen reagiert. Allerdings müsste diese Dynamik ebenfalls reproduzierbar sein, damit auch die asynchrone Rezeption möglich wird. Hier fehlt es sowohl an darstellungstechnischen als auch an rezeptiven Programmen, die den Prozessen eines schriftbasierten Gruppengesprächs gerecht werden.

Trotz der Schwierigkeiten eines monomedialen, rein schriftbasierten Gesprächs ist es vorstellbar, dass sich aus den Möglichkeiten der synchronen Kommunikation tatsächlich in Zukunft größere Spielräume für eine kollektive ästhetische Produktion im Gruppengespräch ergeben können, die nicht nur für Beteiligte, sondern auch für Außenstehende interessant sind. Man könnte derartige Formen mit dem Theater[95] oder auch mit den vielfältigen Sprachkunst-Spielen vergleichen. Eine künstlerische Kultivierung der Kommunikation ist jedoch nicht nur als *Ästhetisierung der technisch vermittelten menschlichen Gruppenkommunikation* – als vernetzte Sprachkunst – interessant, sondern hat auch ethische Implikationen: Yvonne Fietz und mit ihr die Konversationsforscherin Antje Eske konstatieren, dass »ein Sinn von Konversation die Entwicklung künstlerischer Strategien sein könnte, welche die gesellschaftlich dominante Haltung der Bewertung und die der Schuldzuweisung an andere ad absurdum führen, ihnen den Wind aus den Segeln nehmen.«[96] Selbstwahrnehmung und die Wahrnehmung des anderen, Fremden könnte gerade in der »narrativen Kommunikation«, die einen ge-

95 Vgl. z.B. Thomas Sacks Vorschlag des »Chat-Theaters«: Sack, Thomas: »Theater im Internet. Überlegungen zu einem Konzept ›Chattheater‹«, in: *Dichtung Digital*, Juli 2000, <http://www.dichtung-digital.de/Interscene/Sack>

96 E-Mail an die Verfasserin vom 24. 8. 2001.

meinsamen Zweck verfolgt, eine neue Qualität erhalten. Wie dies jedoch geschehen kann, hängt nicht nur von der Entwicklung zukünftiger Technologien ab, sondern auch von der Fähigkeit der Kulturen, gemeinsame Strategien für das Gelingen technisch vermittelter Gruppengespräche zu entwickeln – und nicht nur für deren Gelingen, sondern auch für deren Rezeption durch Außenstehende.

Infrastrukturbildung: Zwischen Selbstorganisation und Selbstmarketing

Ein wesentlicher Aspekt der künstlerischen Vernetzung, der einerseits über die Kommunikation hinausgeht, andererseits ebenfalls den reinen ästhetischen Produktionsaspekt überschreitet, sind kommunikative und kreative Plattformen für Künstler, die – geographisch verstreut – auf den elektronischen Kommunikationsaustausch und oft auf technische Unterstützung angewiesen sind. Zwei große Gruppen lassen sich unterscheiden: die Plattformen, die umfangreiche Beratungs- und Supportleistungen sowie Kommunikationsforen für Künstler anbieten einerseits, Portale für Netzkunst andererseits. Letztere schaffen im Netz den metakommunikativen Rahmen für Kunst – einen Raum, der nach dem Muster des real life als Galerie oder Ausstellungsraum gekennzeichnet ist. Der hier wesentliche Punkt bei solchen künstlerischen Infrastruktur-Projekten ist jedoch, dass sie aus der globalen Vernetzung heraus geboren werden und es Künstlern erlauben, unabhängig von räumlichen Entfernungen miteinander zu kommunizieren, Unterstützung zu finden, Informationen auszutauschen und eine Plattform für ihre Projekte zu finden:

> »Intention dieser Kontextsysteme ist die Entwicklung von Gemeinschaften. Reale wie auch virtuelle Gemeinschaften entwickeln sich nur durch Identifikation mit dem im Netz sichtbaren System und seiner Betreibergruppe, wohlwissend, daß dabei alle aktiven NutzerInnen zu einem wahrnehmbaren Bestandteil werden können.« [97]

97 Blank, Joachim: »Was ist Netzkunst?«, in: Bernswordt-Wallrabe, Kornelia von

Entsprechend der Vernetzungsstruktur haben diese Plattformen weniger die Form von streng strukturierten Institutionen als vielmehr die von Interessengemeinschaften, die sich gegenseitig Unterstützung leisten, obwohl es auch hier immer einen Kern von Aktiven gibt, die die Infrastruktur zur Verfügung stellen und am Leben erhalten. Es ist auffallend, dass sofort nach Entstehen des World Wide Web die ersten Plattformen ins Netz gingen. *Alt-X*[98], heute ein Portal für vielfältige netzkünstlerische Aktivitäten – angefangen von der Präsentation neuer Projekte über ein Theorieorgan in Form des e-zines *Electronic Book Review* bis hin zu zahlreichen verschiedenen Materialien zur Netzkunst –, entwickelte sich schon 1993 als Gopher-Hypertext und nutzte ab 1994 das WWW für seine Aktivitäten. In demselben Jahr entstanden weitere Plattformen, die nicht nur künstlerisch ausgerichtet waren, sondern auch das Ziel hatten, technische Unterstützung zu leisten.

Support- und Kommunikations-Plattformen

Da Webspace anfangs noch nicht so leicht und billig erhältlich war und der Aufbau und die Pflege der Projekte intensiven technischen Wissens bedurfte, über das nicht jeder Künstler in vollem Umfang verfügte, bildeten sich gerade zu Anfang zahlreiche Support-Plattformen. *äda'web,*[99] von Benjamin Weil und John Borthwick 1994 ins Leben gerufen, gehörte zu den ersten dieser Kontextsysteme für Künstler, die für die Serviceleistungen, Serverplatz und Internetzugang einen bestimmten Betrag bezahlen mussten. Inzwischen ist *äda'web* nur noch als Subdomain der Onlinegalerie des Walker Center of the Arts in Atlanta präsent, da es dem Problem der Finanzierung und auch der Konkurrenz kommerzieller Webspace-Anbieter nicht gewachsen war. *The Thing*[100] von Wolfgang Staehle bietet nach wie vor eine solche infrastrukturelle Plattform mit Dienstleistungen für Künstler sowie Präsentations-, Kommu-

(Hg.): *Mail Art – Osteuropa im internationalen Netzwerk. Drei Tage rund um alternative Kommunikation.* Kongressdokumentation, Staatliches Museum Schwerin, 13.-15.9. 1996 (Schwerin 1997), S. 63-66; zit. n. Baumgärtel, Das Internet als imaginäres Museum.

98 <http://www.altx.com>

99 <http://adaweb.walkerart.org>

100 <http://www.thing.net>

nikations- und Informationsmöglichkeiten an. *The Thing* ging aus einem BBS hervor, das aus der politisch aktiven Kunstszene stammt. Seit 1995 ist sie im Netz präsent und zu einem der wichtigsten Knotenpunkte für die künstlerische Kommunikation geworden. Die Künstlerorganisation *Rhizome*,[101] 1996 von Mark Tribe und Garnet Heraman gegründet, legt wiederum ihren Schwerpunkt auf die Kommunikation über Netzkunst und betreibt mehrere Mailinglisten, die mittlerweile insgesamt 12.000 Subskribenten[102] aufweisen. Das Mail-Archiv von *Rhizome* bietet einen der aufschlussreichsten Informationspools über die Geschichte und Entwicklung der Netz-Kunst. Dasselbe gilt für das Forum *nettime* (Gründer: Geert Lovink und Pit Schultz, 1995), deren Mailingliste den Knotenpunkt für die politkünstlerische »tactical media«-Bewegung darstellt.[103] Alle diese Plattformen sind wiederum regional verortet, da sie die Netzkommunikation durch Treffen und Veranstaltungen im real life ergänzen. Dies gilt auch für die literarisch ausgerichtete deutsche, 1997 von Sven Stillich gegründete Mailingliste *Netzliteratur*,[104] die ebenfalls primär auf die Kommunikation über literarische Produktion im Internet konzentriert ist, aber auch eine Anlaufstelle für die Bündelung literarischer Projekte bieten will, sowie für die 1999 gegründete Liste zur Medienkultur *rohrpost*.[105]

Bei derartigen Non-Profit-Plattformen lässt sich eine grundlegende Problematik gruppenbasierter sozialer Zusammenarbeit beobachten: Die meisten Kontextsysteme im Netz leben von der Aktivität einiger weniger, die die Infrastruktur zur Verfügung stellen, pflegen und Initiative ergreifen. Verstärkt wird die Problematik dadurch, dass – im Gegensatz z.B. zu Künstlergruppen – der Zugang und die Nutzung derartiger Plattformen nicht durch bestimmte »Aufnahmeregeln« beschränkt wird. Prinzipiell kann jeder partizipieren, wodurch die Teilung in aktive und passive Nutzer schon vorprogrammiert ist. Nicht umsonst nennt Benjamin Weil als einen Grund für das Scheitern von *äda'web* die mangelnde Bereitschaft der Mitglieder, selbst für die Organisation in Aktion zu treten.[106] Nach

101 <http://www.rhizome.org>
102 Stand: April 2002.
103 <http://www.nettime.org>
104 <http://www.netzliteratur.de>
105 <http://www.mikro.org/rohrpost/>
106 Vgl. Druckrey, Tim/Weil, Benjamin: »Kunst und Unternehmenswelt – ein ge-

wie vor scheinen – ähnlich wie bei den Mitschreibeprojekten – Aktivitäten, die auf dauerhaftes Engagement ihrer Teilnehmer gegründet sind, im virtuellen Raum nicht überleben zu können. Dies ist auch einer der Gründe, weshalb solche Projekte wie die *Internationale Stadt Berlin* oder *De Digitale Stad Amsterdam*[107] nur eine Zeitlang von den Benutzern aktiv genutzt und dann entweder geschlossen werden (wie die *Internationale Stadt*) oder starken »Einwohnerrückgang« hinnehmen müssen. Die *Internationale Stadt* existierte ebenfalls als künstlerische Plattform mit dem Ziel, ihren Bewohnern günstigen Internetzugang und Webspace zur Verfügung zu stellen. Geplant war eine Vernetzung von Initiativen aus dem realen Umfeld der Nutzer, die Bildung von Aktionsgruppen etc., doch diese Pläne wurden nie realisiert. Auch die Internationale Stadt funktionierte nur, solange ihre Initiatoren die Aktivitäten intensiv betreuten.[108] *De Digitale Stad Amsterdam* wiederum ging in ihren Ambitionen über die rein künstlerische Motivation hinaus: Sie wurde 1994 offiziell »eröffnet« und war in erster Linie als basisdemokratisches Gegenmodell zur institutionalisierten, bürokratisierten und Randgruppen verdrängenden Stadt der Lebenswelt gedacht. Einerseits stellte sie ihren Bewohnern kostenlosen Zugang zum Internet und Platz für eine nicht-kommerzielle Homepage zur Verfügung, andererseits bot sie eine Infrastruktur für Kommunikation und Informationsaustausch zwischen den Bewohnern an, aber auch eine Reihe von Dienstleistungen – wie anwaltliche Beratung, einen Stellenmarkt etc. Außerdem wurde jedem Bürger ein Mitbestimmungsrecht bei die Stadt betreffenden organisatorischen Fragen eingeräumt. Zusätzlich befand sich die *De digitale Stad* in engem Kontext mit den realen politischen und wirtschaftlichen Organisationen, die sich an der Infrastruktur der Stadt beteiligen. Diese Projekte standen noch im Zeichen der »access-for-all«-Bewegung, die das Internet als eine Möglichkeit der Realisierung basisdemokratischer Prinzipien versteht und freien Zugang zur technischen Infrastruktur verlangt. Doch mittlerweile ist dieser Bewegung durch die immer günstiger werdenden kommerziellen Provider etwas der Wind aus den Segeln

mischtes Doppel«, in: *Telepolis* 1. 4. 1998; abzurufen unter: <http://www.heise.de/tp/deutsch/inhalt/sa/3219/1.html>

107 <http://www.dds.nl>

108 Vgl. Baumgärtel, Tilman: »Netmalls statt digitalen Städten«, in: *Telepolis*, 18. 12. 1997, abzurufen unter: <http://www.heise.de/tp/deutsch/inhalt/te/1359/1.html>

Dig. stadt

genommen. Die Inaktivität der Mitglieder tut dann ein Übriges, die Gründer der *Digitalen Stad* z.B. beklagten die fehlende Interaktion, die dazu führte, dass die Stadt zu einem Informationsmarkt verkam, der nur noch passiv rezipiert wurde.[109] Mittlerweile ist sie kommerzialisiert und wird von einer Firma betrieben, wodurch das ursprüngliche Konzept der »Hilfe zur Selbsthilfe« endgültig außer Kraft gesetzt wurde. Die Passivität resultiert sicher auch aus der Tatsache, dass das Leben im Internet einen nicht vor der Bewältigung des realen Alltags schützt, der immer wieder seinen Zeit- und Energietribut fordert. Dies manifestiert sich nicht zuletzt in den Tendenzen zur Kommerzialisierung von Netzkunst, die darauf hinauslaufen, das Internet in die Lebenswelt zu integrieren – unter der Gefahr, dass die alternativen Strukturen denen der sozialen Realität angeglichen werden.

Dennoch ist zu vermuten, dass Selbstorganisation, wie sie derartige Initiativen erfordern, nur so lange mühsam ist, wie es keine Standards und Regeln gibt, die strukturierend und organisierend wirken. Es geht dabei auch nicht um ein Entweder–Oder zwischen Hierarchie und Basisdemokratie, sondern um die Frage neuer Organisationsformen, die mehrere Konzepte für unterschiedliche Zielsetzungen entwickeln. *Je nach anfallenden Aufgaben wird es notwendig sein, zwischen Selbstorganisation und gesteuerter, hierarchisierter Koordination zu wechseln.* Diese Notwendigkeit des Programmwechsels erfordert allerdings zunächst einmal, dass Regelwerke entwickelt werden, die allgemein akzeptiert werden. Wie oben schon erwähnt, betrifft dies nicht nur das Internet und das WWW, sondern auch grundlegende Strukturreformen in Unternehmen, aber auch in staatlichen Institutionen und Organisationen. Es greift zu kurz, wenn die Probleme bei der Aufrechterhaltung von Initiativen wie den Internet-Städten nur dem Medium oder nur den sozialen Schwierigkeiten zugeschrieben werden. Hier gilt Ähnliches wie die Gruppenbildung in den dialogischen Projekten: Die Kontextsysteme oszillieren zwischen freier Interaktion, zielgerichtetem Team und nach spezifischen Regeln funktionierender Institution. Von der »Ideologie« her waren sie ursprünglich als Gegenteil der realen institutionalisierten Kunsträume gedacht, scheiterten jedoch an dem

109 Vgl. Baumgärtel, Tilman: *Das Internet als imaginäres Museum*. WZB Discussion Paper FS II 98-110, Wissenschaftszentrum Berlin 1998, <http://duplox.wz-berlin.de/texte/tb/>.

Anspruch der Selbstorganisation, mit der sich das aufwendige Dienstleistungsprogramm nicht bewältigen ließ. Als Phänomene der Gegenabhängigkeit bedürfen sie in ihrem Aufbau vermutlich einer flexibleren Organisationsstruktur.

Das Problem der Vermarktung

Darüber hinaus bilden sich seit Beginn des WWW immer wieder elektronische Räume, die nach dem Muster von Galerien und Ausstellungsräumen die verstreuten netzbasierten Kunst- und Literaturrichtungen bündeln, um damit größere Aufmerksamkeit zu erzielen. Kunst und Literatur im Netz sind nach wie vor Randerscheinungen und bewegen sich abseits der institutionalisierten Kunstszene, auch wenn Museen und Kulturstiftungen langsam, aber sicher darauf aufmerksam werden. Zum Teil versuchen Online-Galerien mittlerweile, eine Schnittstelle zwischen der vorwiegend frei im vernetzten Raum flottierenden Kunst und den Institutionen im real life zu werden und durch Konzentration der künstlerischen Aktivitäten in virtuellen »Ausstellungsräumen« v.a. die Aufmerksamkeit der etablierten Museen und Galerien sowie Förderstiftungen auf sich zu lenken. Sie befinden sich damit im Spannungsfeld zwischen einem »aktiven Idealismus« – also der Leistung von Hilfestellung für Künstler – und dem dringenden Bedürfnis nach offizieller Anerkennung und Bezahlung für ihre Arbeit. Letzteres bedeutet dann auch z.B. den Verkauf oder die Versteigerung von Netzprojekten an Museen oder Privatkäufer, was wiederum nur dann funktioniert, wenn diese bereit sind, die Werke nach wie vor kostenlos im Netz zu lassen. Möglicherweise aber führen solche – von der Warte der Künstler aus gesehen sehr verständlichen – Tendenzen dazu, dass auch für Webgalerien in Zukunft Eintritt zu zahlen sein wird. Dies würde wiederum eine Einschränkung der freien Zugänglichkeit bedeuten, die das Internet einiges an künstlerischem Potential kosten würde.

Portale dieser Art schaffen das, was im Netz normalerweise wegfällt: nämlich definierte Räume für Kunst. Online-Galerien wie *äda'web*, *irational.org*[110] oder *turbulence.org*[111] lehnen sich von der

110 <http://www.irational.org>
111 <http://www.turbulence.org>

Konzeption her an soziale Kunsträume im real life an. Dadurch wird im Netz ein »Kunstsystem« etabliert, das Grundlage für die Zuordnung zum Bereich Kunst und Literatur ist. Daher ist es auch nicht verwunderlich, dass die Frage der Vermarktung von Netzkunst und -literatur sowie deren Einbindung in einen institutionellen Rahmen außerhalb des Netzes ein Dauerbrenner ist. Für viele Künstler bedeutet es nach wie vor eine Anerkennung ihrer Leistung, wenn sie von etablierten Museen beachtet werden. Präsentationen digitaler und Netzkunst sind in den letzten Jahren auch immer wieder konzipiert worden – wie die viel beachtete Ausstellung »net_condition«[112] im Karlsruher Zentrum für Kunst und Medientechnologie Ende 1999/Anfang 2000, davor schon, 1997, die Ausstellung »Extensions« in der Hamburger Kunsthalle und weitere Bündelungen von Netzkunst vor allem an amerikanischem Museen (z.B. im San Francisco Museum of Modern Art und im Whitney Museum of American Art in New York sowie dem Walker Art Center). Auch Medienkunst-Festivals wie das Ars Electronica Festival und die Transmediale in Berlin haben die Netzkunst mittlerweile als eigene Kategorie eingeführt. Anders steht es mit der literarischen Produktion im Netz: Sie kann sich schwer gegen die Buchliteratur durchsetzen. Der deutsche Internet-Literaturwettbewerb *Pegasus*,[113] der schon 1996 das erste Mal durchgeführt wurde, starb 1998 mit dem Zerwürfnis der unterstützenden Firmen. Die Jury dieses von der Wochenzeitung *Die Zeit* und IBM gesponserten Wettbewerbs konnte sich in den drei Jahren des Existierens des Wettbewerbs weder über die Auswahlkriterien noch über die Qualitätsstandards klar werden. Die Enttäuschung über die Beiträge sprach jedoch aus jedem Statement, was zum Teil darauf zurückzuführen ist, dass Genrekriterien mit hohen technischen Erwartungen gemischt wurden. Zudem wurde kein Unterschied zwischen computerbasierter und internetbasierter Literatur gemacht – die meisten Beiträge beruhten nach wie vor auf der Werkästhetik und nutzten keinerlei Vernetzungsmöglichkeiten. Ähnliches gilt für spätere Wettbewerbe, jüngst

112 <http://on1.zkm.de/netCondition.root/netcondition/start/language/default>, vgl. auch den Katalog: Weibel, Peter/Druckrey, Timothy: *net_condition. art and golbal media*, Cambridge, Mass./London, 2001.

113 Die Webseite ist nicht mehr im Netz, die Beiträge können jedoch auf dieser Webseite heruntergeladen bzw. als CD-ROM zum Selbstkostenpreis angefordert werden: <http://www.textgalerie.de/info/pegasus.htm>

(2001) den von dtv und t-online im Netz organisierten Literaturwettbewerb.[114]

Auch Wettbewerbe sind – wie Online-Galerien – letztlich alten Marktstrategien geschuldet. Sie beruhen darauf, dass identifizierbare Autoren ausgezeichnet werden können, wobei Ausnahmen die Regel bestätigen: Das partizipative Projekt *Mein Pixel-Ich*, das den Innovationspreis des ARTE-Literaturwettbewerbs 2000 gewann,[115] teilte den Preis unter den teilnehmenden Autoren/innen auf und verwendete einen Teil für die Printpublikation der Beiträge; *Toywar* – ein Paradebeispiel eines kollektiven Projektes (vgl. dazu weiter unten) – erhielt eine ehrenvolle Erwähnung auf der Ars Electronica 2000, die von den Initiatoren (der Künstlergruppe »Etoy«) entgegengenommen wurde. Diese heimsten letztlich auch die Aufmerksamkeit der Öffentlichkeit ein, obwohl zahlreiche Teilnehmer der Aktion wesentlich – auch konzeptuell – zum Gelingen beitrugen. Gerechtfertigter erscheint die Praxis der Repräsentanz dann noch bei Projekten wie dem *Assoziationsblaster* und *23:40*, beide Gewinner des 1999 veranstalteten Ettlinger Internet-Literaturwettbewerbs.[116] Die Initiatoren wurden für die konzeptuelle Arbeit belohnt, die die Struktur der Projekte festlegt. Damit bestätigt sich jedoch letztlich die Äußerung von Harry Flynt, dass Konzeptkunst den Autor/Künstler bzw. seine Rolle noch verstärkt.

Sowohl Online-Galerien als auch Wettbewerbe richten sich nach Marktstrategien, die dem Netz offensichtlich nicht gerecht werden. Die Rolle von Literatur und Kunst im elektronischen Raum ist viel-

114 <http://www.t-online.de/literaturpreis/>. Allerdings wünscht man sich angesichts der von der Jury nominierten Beiträge dann doch wiederum klare Qualitätskriterien, die hier offensichtlich nicht angelegt wurden. Das Gros der Beiträge zeigt in keiner Weise computerspezifische Umsetzung. Animierte Illustrationsbildchen gekoppelt mit leichtgewichtigen, wenn auch verschiedenartig kombinierbaren Versen (wie bei Julius Raabes Siegerbeitrag *Knittelverse*) reichen kaum aus, um – insbesondere angesichts mittlerweile avancierter digitaler Literaturformen – zu überzeugen, sondern schaden eher dem Ruf der ohnehin als Stiefkind der Künste behandelten Netzliteratur. Wettbewerbsinitiativen sind zwar durchaus wünschenswert, sollten aber doch auf entsprechenden theoretischen Reflexionen beruhen, aus denen dann Bewertungsrichtlinien abgeleitet werden können. Zu diesem Literaturpreis 2001 gibt es inzwischen auch eine Publikation: Simanowski, Roberto (Hg.): *Literatur.digital. Formen und Wege einer neuen Literatur*, München 2002.

115 <http://www.arte-tv.com/them@/dtext/wettbewerb/lit_wett/lit_wett_fs.html>

116 <http://www.literaturwettbewerb.de/>

leicht vorerst gar keine, die sich in das etablierte Kunstsystem einordnen lässt. Auch hier gilt wieder, dass, erst wenn das Netz seinen Platz im kulturellen Netzwerk der Medien gefunden hat, es eigene Marktstrategien ausbilden kann, in die sich die künstlerischen Aktivitäten einordnen lassen. Wie diese jedoch aussehen könnten, steht in den Sternen – auch hier sei wieder auf die Erfahrungen aus der Entwicklung des Buchdrucks verwiesen: Erst Ende des 18. bzw. zum Beginn des 19. Jahrhunderts, also 300 Jahre nach Erfindung des Buchdrucks, wurde das Urheberrecht allgemein anerkannt. Ganz so lange wird es vermutlich nicht dauern, aber die kollektiven Produktionsformen zeigen insgesamt, dass das kulturelle Denken und die Marktstrukturen grundlegend verändert werden müssen, damit ihre Leistungen entsprechend – sowohl ideell als auch materiell – honoriert werden können.

Kollektive Produktion als kulturelles Phänomen

Die kollektiven Projekte schwanken also derzeit noch zwischen Abhängigkeit und Gegenabhängigkeit von den Normen und Programmen der Industrie- bzw. Buchkultur. Sowohl strukturell als auch technisch bedarf es weiterer Bemühungen, Formen partizipativer, kollektiver und dialogischer Produktion herauszubilden, die die Vernetzungsstrukturen adäquat nutzen. *Eine der wesentlichen Aufgaben liegt darin, die Freiheiten des Netzes durch Normen und Standards nicht einzuschränken.* Das betrifft sowohl die sozialen Organisationsformen als auch die technische Entwicklung. Beide hängen eng miteinander zusammen – ohne Hard- und Softwaretechnologien werden sich kaum neue soziale Vernetzungsformen herausbilden können; ebenso wie die Erkenntnis über strukturelle Notwendigkeiten der technisch vermittelten Mensch-zu-Mensch-Interaktion zu Neuentwicklungen auf dem technologischen Gebiet führen kann. Das eine ist nicht ohne das andere zu denken und macht eine Vernetzung der verschiedenen Bereiche – insbesondere Kunst, Technologie sowie Geistes- und Naturwissenschaften mehr als wünschenswert.

Die Anschlussfähigkeit der kollektiven Projekte wird derzeit durch Themen- und/oder Strukturvorgaben erreicht. Wie in Tabelle 1 noch mal zusammengefasst, sind Letztere entweder sozial oder technisch durch den Einsatz von Software vorgegeben. Die Projekte schwanken innerhalb dieser Palette zwischen kollektiver Selbstorganisation und individueller Rahmenvorgabe, teilweise mit entsprechenden Kontrollmechanismen. Am problematischsten ist dabei die Strukturbestimmung durch Software, da deren Kriterien für den Benutzer mangels transparenter Standards, aber auch aufgrund fehlender Medienkompetenzen schwer durchschaubar sind. Aber auch die sozialen Organisationsformen bedürfen noch eingehender Definitionsarbeit, wie insbesondere die kollektiven und dialogischen Projekte zum Ausdruck bringen. Je mehr Projekte auf Eigendynamik und Selbstorganisation basieren, desto wichtiger wird die Reflexion der ablaufenden Prozesse und deren Darstellung für Außenstehende.

Neben den Veränderungen der literarischen Produktion, die sich insbesondere in der Emergenz neuer, primär konzeptueller Formen von Autorschaft sowie einer Flexibilisierung der Rezipientenrolle manifestieren, zeigen die Projekttypen daher, dass sie über den Kunstbereich hinaus hohe kulturelle Relevanz besitzen. Es geht generell um die Klärung der Bedingungen computerbasierter Kommunikation und der Ausdifferenzierung von kollektiven Produktionsformen und damit um die Schaffung sozialer Räume auf technischer Basis, deren Rahmenbedingungen sowohl in Bezug auf die Interaktionsregeln als auch auf ihre Darstellung noch intensiver Reflexion bedürfen. Diese muss jedoch in einer Interaktion zwischen elektronischem und den zahlreichen gesellschaftlichen Räumen erfolgen, in denen die Notwendigkeit kollektiver Arbeitsformen schon erkannt wurde, jedoch bisher noch nicht befriedigend umgesetzt werden konnte. Können im Netz funktionierende Arbeitsformen gefunden werden, so sind die Erkenntnisse entsprechend produktiv für reale face-to-face-Arbeitssituationen zu nutzen und vice versa. *Es gilt daher auch, einen Dialog zwischen den verschiedenen Bereichen zu etablieren, der nicht darauf abzielt, dem einen die Strukturen des anderen aufzuzwingen.*

Tabelle 1: Produktionsästhetik: Charakteristika der kollektiven Projekte im Hinblick auf ihre Produktions-, sozialen/technischen Steuerungsformen sowie Projekteigenschaften

Projektart	Produktionsform	Steuerungsform	Projektcharakter
Kooperation	- Abgeschlossene Gruppe - Gemeinsame Bearbeitung einer zeitlich begrenzten Aufgabe	- klare Arbeitsstrategie - Teamregeln - Steuerung durch gemeinsam entwickelte Zielvereinbarungen und Aufgabenverteilung	- Abgeschlossenes Werk - speicherbar
Partizipation	- Eingeschränkt offene Gruppe: Auswahl der Beiträger und/oder Kooptieren von Mitgliedern durch Initiatoren - Einzelprojekte, asynchrone Arbeit - individuelle Zuschreibbarkeit - Redaktionelle Kontrolle	- Steuerung durch individuelle Vorgaben der Projektinitiatoren	- Abgeschlossenes Werk/prozessuales Projekt - speicherbar
Kollaboration	- Offene Gruppe (wechselnde Teilnehmer) - Gemeinsame Arbeit an einem Projekt (synchron/asynchron) - Keine individuelle Zuschreibbarkeit - keine redaktionelle Kontrolle	- keine sozialen/kollektiven Verfahrensregeln - Minimal-strukturierung durch technische Vorgaben (Software)	- Prozessuales, prinzipiell unabge-schlossenes Projekt - speicherbar
Dialog	- Offene Gruppe, wechselnde Teilnehmer - Gemeinsame Arbeit an einem Projekt - synchron, meist zeitlich begrenzt - keine individuelle Zuschreibbarkeit - Selbstorganisation ohne redaktionelle Kontrolle	- Steuerung durch allgemeine Regeln des Dialogs (freie Assoziation, keine wechselseitige Zensur etc.) - Steuerung durch im Dialogprozess ausgehandelte Regeln	- Prozessuales Projekt, das bei Abbruch der Kommunikation endet (teilweise) unspeicherbar
Infrastruktur bildende Projekte	- Offene Gruppe, wechselnde Teilnehmer - Kommunikation, gegenseitige Unterstützung –> Interessengemeinschaft - Einzelarbeit, individuelle Zuschreibbarkeit - Synchron/asynchron - Selbstorganisation	- Regeln durch Rahmen vorgegeben oder in gemeinsamer Diskussion erarbeitet - Hierarchie von Aktiven und Passiven	- Prozessuales Projekt - speicherbar

Darstellungsästhetik (Epistemologie): Konzepte von Intertextualität, Intersemiozität und Transformation

Neben der sozialen Vernetzung beschäftigt sich ein zweiter großer Komplex von künstlerischen Projekten im elektronischen Raum schwerpunktmäßig mit neuen Darstellungsformen, die einerseits durch Vernetzung, andererseits durch die prozessualen Möglichkeiten von Software ermöglicht werden. Dabei lassen sich zwei große Gruppen unterscheiden: Projekte, die auf der expliziten Intertextualität des Netzes aufbauen einerseits, Projekte, die neue Darstellungsformen durch das Zusammenspiel und die Transformation von Codes erkunden, andererseits. Letztere nutzen nicht unbedingt die Vernetzungsqualitäten, lassen aber Rückschlüsse auf die schon angesprochenen Fragen der mediengerechten Informationsdarstellung und -verarbeitung zu. *»Vernetzung« heißt in diesem Kontext nun nicht mehr unbedingt soziale und kommunikative Mensch-zu-Mensch-Interaktion, sondern eine kreative Nutzung der Dokumentenvernetzung.*

Durch die Materialität von Computer und Internet verändern sich die Schwerpunkte intersemiotischer und intermedialer Konzepte. So geht es ganz grundlegend um eine Neudefinition der Funktionsweisen traditioneller Zeichensysteme, die ihre Funktionalität durch die alten Medien zugewiesen bekamen. Nicht nur durch Oszillation zwischen den Codes, sondern auch durch Transformation – ein Prozess, der nur unter Einsatz von Software möglich wird – werden die alten Bestimmungen unterlaufen, wodurch auch die Frage nach der Definition von Literatur neu aufgeworfen wird. Im besten Fall basieren die Projekte auf einer intensiven Oszillation zwischen Zeichensystemen und generieren dadurch neue ästhetische Phänomene, die nicht unter anderen medialen Bedingungen zu denken sind und sich einer Zuordnung zu den traditionellen Kunstgattungen verweigern.

Unnötig, zu betonen, dass die Entwicklung neuer Darstellungsformen untrennbar mit der Frage nach den notwendigen Rezeptionsformen verbunden ist. Ähnlich wie im Bereich der kollektiven Produktion weisen diese Experimente weit über den Raum der Kunst hinaus – nicht umsonst gibt es zahlreiche Projekte, die sich mit neuen Visualisierungsstrategien komplexer Daten befassen und zwischen Kunst und Wissenschaft angesiedelt sind.[117] In diesem Bereich wird besonders deutlich, dass es noch an jeglichen Normen für die Entwicklung von Darstellungsformen in Computer und Internet fehlt, die allgemein akzeptiert würden. Und so hat auch hier wieder die Kunst die Funktion, durch Experimente Visionen zu entwickeln.

Intertextualität: Textvernetzung als Informationsverarbeitung

Die printliterarischen Konzepte der Intertextualität führen de facto weder zu einer Verabschiedung des Autors noch des Werks. Medientheoretisch gesehen ist dies nur konsequent, denn die materiell vorgenommene Fixierung eines Textes auf Papier ist letztlich unhintergehbar. Die Intertextualität im WWW kann selbstverständlich ähnlich funktionieren wie in der Printliteratur, sie kann aber über die zusätzliche Qualität der expliziten Intertextualität verfügen. Die Bezugnahme auf Texte außerhalb des eigenen nimmt dabei völlig andere Formen an, als sie aus den Zitier- und Samplingtechniken der Printliteratur bekannt sind.

Hyperlinkbasierte Intertextualität

Im traditionellen Hypertext, auf dem das Docuverse des WWW beruht, hat der Link die Funktion, einen Text durch einen anderen zu ersetzen – im Unterschied zum Buch verlässt man den vorgegebenen literarischen Kontext und begibt sich in einen völlig anderen, der wieder andere Bezüge herstellt. Diese Strategie gibt dem Benutzer mehr Macht an die Hand – er wird quasi zum Verlassen des künstlerischen Rahmens aufgefordert. Integrieren printliterarische intertextuelle Strategien wie Collage oder Cut-up das Material in

117 Vgl. dazu Heibach, Christiane: »Netzwerke. Neue Visualisierungsstrategien in Kunst und Wissenschaft«, in: Huber, Hans-Dieter/Lockemann, Bettina/Scheibel, Michael (Hg.): *Bild Medien Wissen. Interdisziplinäre Entwürfe zur Visuellen Kompetenz im Medienzeitalter*, in Vorbereitung.

den vom Autor geschaffenen Kontext, bricht die explizite Intertextualität die Abgeschlossenheit des Werkes schon auf materieller Basis auf.

Wirklich überzeugende Strategien der hyperlinkbasierten expliziten Intertextualität gibt es kaum – vermutlich, weil sie den literarischen Rahmen (und damit den Werkcharakter) sprengen und den Benutzer in die Freiheit des WWW lassen, ohne sein weiteres Verhalten durch Textstrategien kontrollieren zu können. Daher finden sich wenige Projekte, die externe Verlinkung nutzen. Wenn sie es tun, dann häufig auf eine sehr plakative Art und Weise, die kaum Konsequenzen für den strukturellen Aufbau hat.

Holo-X (1998, Jay Dillemuth, Caroline E. White, Alex Cory und Mark Amerika)[118] ist hierfür ein Paradebeispiel. Das Projekt simuliert eine 3-D-Welt, in der ein weiblicher Bot namens S.L.U.T. (Slut, neben der für sich stehenden Bedeutung außerdem ein Akronym für »Sorceress of Language in Uncharted Technologies«) die Besucher mit verbalen Anzüglichkeiten erotisch anspricht. Um diese Pseudo-3-D-Welt herum (die ursprünglich als Werbung für eine Porno-Seite konzipiert war) findet der Benutzer diverse Texte zu Sluts Leben und Leiden, die teilweise mit externen Dokumenten verlinkt sind. So schwärmt Slut nicht nur für das männliche Geschlecht, sondern auch für das eigene, insbesondere in Gestalt einer Dame namens Jennifer. Von diesem Text aus führen mehrere Links zu Homepages verschiedener Jennifers, die von Slut gleichzeitig inhaltlich kommentiert werden. Solche Beispiele gibt es in den Texten zahlreiche, jedoch bleiben die Webseiten immer nur eine illustrative Ergänzung und haben keinerlei bedeutungskonstituierende Funktion. Zwar unterstreichen sie den ironischen Charakter des Projekts, indem sie einerseits dem Benutzer durch die Kommentare seinen Voyeurismus vor Augen führen, andererseits durch die sehr abschätzige Kritik den Exhibitionismus der »Jennifers« anprangern. Insofern verweisen die Links nicht nur, sondern betonen die Ausrichtung des Projektes, gehen aber nicht über diese Funktion hinaus.

Anders dagegen Heath Buntings *Own, Be Owned Or Remain Invisible* (1998)[119] der genau diese Form der expliziten Intertextualität ad absurdum führt: Er verlinkt in einem Artikel, der über ihn in der

118 <http://www.cgarts.or.jp/holo-x/>
119 <http://www.irational.org/_readme.html>

Zeitschrift *Wired* erschien, nahezu jedes Wort mit einer entsprechenden kommerziellen Webseite. Im ersten Satz, »Heath Bunting is on a mission« führt »is« zu <www.is.com>; »on« zu <www.on.com>, »a« zu <www.a.com> sowie »mission« zu <www.mission.com>. Im Gegensatz zur rein illustrativen Funktion der Verlinkung in *Holo-X* bildet die externe Intertextualität hier das grundlegende Konzept, indem sie das Verhältnis von Kunst und Kommerz thematisiert, ohne dazu inhaltlich Stellung zu nehmen. Das Thema wird nicht »ausgesprochen«, sondern ergibt sich aus einer Analyse der vorhandenen Bezüge. Die referenzierten kommerziellen Seiten stehen im krassen Gegensatz zum Inhalt des Artikels, in dem Bunting als alle Markttendenzen unterlaufender Künstler portraitiert wird. *Own, Be Owned, or Remain Invisible* verdeutlicht den Unterschied zu verbundenen Konzepten der Avantgarde: Zielten z.B. die Wort- und Satzcollagen der Dadaisten auf eine Entmystifizierung der Kunst durch die Umdefinition von Alltagstexten zur Literatur ab, indem sie in einen literarischen Rahmen integriert wurden, arbeitet Bunting nicht mit der Integration, sondern der Desintegration durch externe Verweise. Zwar besteht Buntings Tätigkeit – ähnlich wie die der Dadaisten – darin, das Material zu sammeln und zu verteilen, sie führt aber nicht zu einem genuinen Produkt, da durch die Verlinkung die Webseiten als solche erhalten bleiben – das Entformeln fällt damit weg. Nichts an diesem Projekt ist von Bunting selber – nur das Konzept. Dieses gibt ihm seine Vorgehensweise komplett vor und entfaltet gerade durch die nicht erfolgte Einarbeitung bzw. Umarbeitung der Webseiten seine Wirkung.

Bleibt also *Holo-X* im traditionellen Verständnis von Intertextualität verhaftet, indem es externe Webseiten rein illustrativ einsetzt und den Benutzer damit an das Projekt bindet, geht Bunting sehr viel weiter, indem er die Linkstruktur nicht semantisch, sondern konzeptuell zum Zentrum seines Projektes macht. Er verzichtet völlig auf eine künstlerische Eigenleistung jenseits des Konzeptes sowie auf eine semantische Belegung der Links. Die Seiten selber sind völlig unwichtig, interessant ist einzig und allein ihr »Titel«, ihre Adresse. Daher wird das Projekt auch dann nicht verändert, wenn die Domains inhaltlichen Modifikationen ausgesetzt sind – im Gegensatz zu *Holo-X*, das die Intertextualität semantisch einzubinden versucht. Nach mittlerweile vier Jahren sind die meisten Links zu externen Seiten ungültig – während das Projekt selber in seinem abgeschlossenen Zustand statisch bleibt, verändert sich das Netz. Dieser Effekt unterstreicht den Widerspruch zwischen statischem Werkcharakter und der prozessualen Netzstruktur. *Holo-X* müsste sich gemeinsam mit dem Netz verändern; Bunting jedoch kann relativ sicher sein, dass com-Domains kaum vom Netz verschwinden, und kann daher sein Projekt leichter der Dynamik des Webs aussetzen.

Von der vernetzten Textgenerierung zu den alternativen Browsern

Explizite Intertextualität muss nicht notwendigerweise auf dem Hyperlink beruhen. *The Impermanence Agent*[120] (1999, Noah Wardrip-Fruin et al.) simuliert einen intelligenten Agenten, der den Benutzer beim Surfen begleitet. Neben den besuchten Webseiten öffnet sich ein Fenster, in dem eine lineare Erzählung abläuft. Der Agent »sammelt« nun Bilder und Textteile aus den besuchten Seiten und integriert sie in die Geschichte, die damit langsam, aber kontinuierlich auch ihren Inhalt verändert, so dass der Benutzer eine ästhetisierte Dokumentation seiner Surfspuren in Form seines ganz persönlichen »Reiseberichts« erhält. Die Vernetzung von Daten wird damit zum zentralen Bezugspunkt der automatischen Generierung einer Erzählung. Deren Verlauf ist aber vom Benutzer nur eingeschränkt zu beeinflussen, da er die Bestandteile, die das Programm auswählt, nicht kontrollieren kann. Allerdings kann er bewusst Seiten auswählen, aus denen er gerne eine Art »Narrations-Collage« hätte. Die so entstehende Erzählung spinnt sich theoretisch unendlich fort und verändert sich mit jeder weiteren Tätigkeit des Benutzers im Netz. Die Versionen können allerdings nicht gespeichert werden – mit Beenden einer Sitzung verschwindet die Geschichte; jede neue Surftour beginnt wieder am ursprünglichen Ausgangspunkt.

The Impermanence Agent basiert – im Unterschied zu den vorgenannten Projekten – auf einer Software, die die Intertextualität des Netzes und die individuelle Tätigkeit des Nutzers darin nach eigenem Gutdünken interpretiert. Versuchen die bisher erwähnten in-

120 <http://www.impermanenceagent.com/agent/>

tertextuellen Projekte den Rahmen des Werks durch externe Verlinkung zu sprengen, so arbeitet *The Impermanence Agent* nach dem Muster der Collage – der Integration »werkfremder« Elemente in dem vom Autor geschaffenen Rahmen. Daher ist dieser auch auf die Linkstruktur nicht angewiesen und kann ein proprietäres Software-Programm für seine Zwecke einsetzen. Zwar lehnt sich der *Impermanence Agent* in seiner Struktur an traditionelle intertextuelle Strategien an, entwickelt aber andere materielle Qualitäten: Die Rekursivität der Software zeitigt Eigenschaften, die dem Werkbegriff entgegenstehen: unabschließbare Prozessualität, ständige Veränderung sowie die Unmöglichkeit, »Ergebnisse« abzuspeichern und damit für die Nachwelt zu sichern.

Der *Impermanence Agent* bewahrt damit das Paradigma des Erzählens, auch wenn es durch die Automatisierung ironisiert wird. Im Gegensatz dazu lässt sich in den letzten Jahren eine Schwerpunktverschiebung von Bedeutungsvermittlung über traditionelle Codes hin zu struktureller Bedeutungskonstruktion durch Software beobachten. Paradigmatisch hierfür sind Projekte, die mit der Interpretation von Webseiten experimentieren – so genannte »alternative Browser«. Die Suche nach Software-Alternativen zu den Standard-Browsern, die Informationen im Netz nach bestimmten Parametern filtern, strukturieren und darstellen, ist seit dem ersten künstlerischen Projekt dieser Art, dem *Web Stalker* von I/O/D (1997),[121] zu einer Tendenz geworden, die Kunst und Programmierung miteinander verbindet. Seit 1998 findet jährlich der »International Browser Day« statt, der neue Konzepte vorstellt, ohne dass sich jedoch eines davon bisher gegen die Marktführer »Internet Explorer« und »Netscape« durchsetzen konnte. Movens der Browsertage ist die Frage nach der Entwicklung technischer und damit auch Wissensstandards:

»Who sets standards and who owns them? What degree of freedom does the user have and what is the role of the designers in this fast changing world of new media? The organizers of the Browserday challenge young designers yet again to come up with alternative proposals that leave the existing software and internet culture far behind.«[122]

121 <http://www.backspace.org/iod/> Vgl. dazu Heibach, Literatur im Internet, S. 244 ff.

122 <http://www.nl-design.net/browserday/>

Die experminentelle Hinterfragung der Anzeigesoftware für Webseiten unterstreicht die derzeit noch fehlende Standardisierung bei der Darstellung vernetzter digitaler Informationen. Je nach Perspektive ergeben sich unterschiedliche Interpretationsmöglichkeiten:

Legt der *Web Stalker* seinen Schwerpunkt weniger auf die Darstellung von Webseiten, sondern visualisiert ihre internen und externen Vernetzungsstrukturen, orientiert sich der alternative Browser *Netomat*[123] (1999, Maciej Wisniewski) an der Struktur der Collage. Er durchsucht die Suchmaschinen im Netz nach eingegebenen Stichwörtern und präsentiert dem Benutzer einen Strom von Sätzen, Bildern und Tönen, die aus dem ursprünglichen Kontext ihrer Webseiten herausgerissen werden und in einen neuen, vom Betrachter zu interpretierenden Zusammenhang gebracht werden. Man kann mit dem Cursor navigieren, jederzeit neue Stichwörter und auch Fragen eingeben, deren »Antworten« dann der jeweiligen Collage hinzugefügt werden. Der Netomat unterscheidet dabei nicht mehr zwischen den Codes, durch die Entsemantisierung und willkürliche Re-Kontextualisierung der Elemente verlieren diese ihre semantische Funktion und haben nur noch rein illustrative Qualitäten.

Babel[124] (2001, Simon Biggs) dagegen arbeitet mit der traditionellen Verlinkung und wendet ein bibliothekarisches Katalogisierungssystem auf Webseiten an. Die Dokumentenvernetzung wird als ebenso ortlose wie ungeordnete Bibliothek verstanden, in die durch Anwendung des Dewey-Dezimal-Klassifikations-Systems[125] – scheinbare – Ordnung gebracht wird.

123 <http://www.netomat.net>

124 <http://hosted.simonbiggs.easynet.co.uk/babel/>

125 Dieses Katalogisierungssystem ist der am weitesten verbreitete Standard in Bibliotheken. 1873 von Melvil Dewey entwickelt, erhebt es den Anspruch, das gesamte Wissen durch Zahlencodierung zu ordnen. Dahinter steht eine strenge Hierarchie vom Allgemeinen zum Besonderen: die Hunderter-Zahlen bezeichnen das allgemeine Gebiet, z.B., Naturwissenschaften (500), die Zehnerzahlen in diesem Fall die Disziplin (z.B. Physik – 530), die Einerzahl die einzelnen Bereiche dieser Disziplin (531 – klassische Mechanik, 532 – flüssige Mechanik etc.). Die Auffächerung kann über drei weitere Stellen immer detaillierter erfolgen.

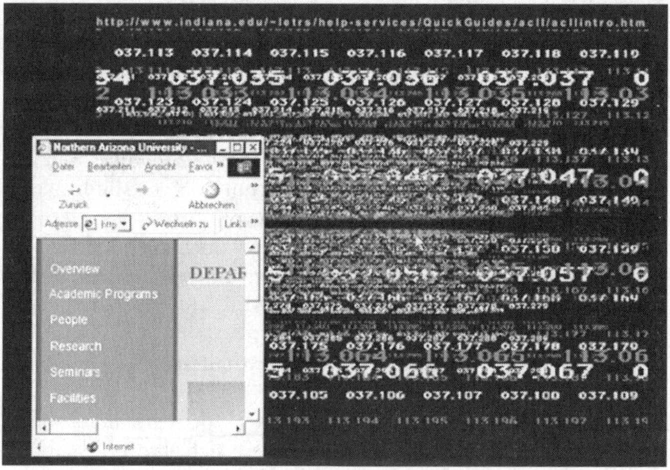

Abb. 7: *Babel*, Screenshot 2002

Die dreidimensional angeordneten Zahlenreihen bewegen sich auf dem Bildschirm nach Maßgabe des Benutzers, klickt er eine Zahl an, kommt er zu einer bestimmten Webseite, die mit dieser Nummer katalogisiert wurde. Gleichzeitig ist die Oberfläche als Mehrbenutzerplattform konzipiert – die Mausbewegungen der anderen Nutzer werden durch die andersfarbigen Katalogzahlen sichtbar.

Die Kodierung der Webseiten nach Themengebieten und innerhalb der Themengebiete dann nach Webseiten ist für den Benutzer jedoch alles andere als transparent, zumal mit den einzelnen Zahlen individuelle Webseiten verbunden sind, während die Dewey-Klassifikation nur die Wissensbereiche bezeichnet, nicht aber einzelne Werke. Der Versuch, durch traditionelle Katalogisierungsprinzipien Ordnung in das Webseitenchaos zu bringen, muss scheitern, weil er dem individualistischen Prinzip des Webs zuwider läuft. Information und Desinformation sind nur zwei Seiten ein und derselben Medaille – und die individualistische Basis von Webseiten widerstrebt der Wissenskatalogisierung der Buchkultur, die auf der Autorisierung der Wissensbestände durch entsprechende Kontrollinstanzen und damit institutionellen Hierarchien (z.B. Universitäten, Verlage, Bibliotheken) beruht.

Biggs' Projekt demonstriert das Scheitern der Übertragung solcher Prinzipien auf das Web, weil der Selbstorganisationscharakter des Webs jegliche Kategorisierung zunichte macht. Der Titel »Babel« verweist sowohl auf die biblische Schilderung der Sprachverwirrung durch Verlust des gemeinsamen Verständigungsprogramms als auch auf Jorge Luis Borges' Erzählung *Die Bibliothek von Babel*,[126] in der die Masse an Informationen nur noch Desinformation erzeugt. Implizit wird eine Neudefinition von Wissen gefordert, die den Prinzipien der Vernetzung entspricht – doch auch hierfür fehlen derzeit entsprechende kulturelle, allgemein verbindliche Vorgaben.

Programme der Intertextualität

Das Prinzip der expliziten linkbasierten Hypertextualität, wie es derzeit im WWW angewendet wird, erweist sich als problematisch, was sich in den ästhetischen Versuchen widerspiegelt. Die Verlinkung widersetzt sich jeder Kategorisierung, da sie zum einen extrem kontextabhängig ist,[127] zum anderen keinerlei verbindliche Regeln für ihre Anwendung vorhanden sind. Daher steht der Hypertext unseren Lesegewohnheiten entgegen – nicht nur, weil wir unsere »Rezeptionsprogramme« umstellen müssen, sondern auch, weil jeder Hypertext andere Verlinkungsstrategien anwendet. Prinzipiell ist die Verlinkung auf eine Individualisierung der Ordnungsprinzipien angelegt – jeder verlinkt gemäß seiner Assoziationen. De facto wird der Hyperlink im Kontext der expliziten Intertextualität meist als Verweis genutzt, doch auch hier fehlen noch Standards, die z.B. mit

126 Borges, Jorge Luis: »Die Bibliothek von Babel«, in: Ders.: *Die Bibliothek von Babel. Erzählungen*, Stuttgart 1974, S. 47-57.

127 Die Versuche, Linksemantiken zu entwickeln, zeigen dies nur allzu deutlich: Beat Suter z.B. unterscheidet in seiner Untersuchung über Hyperfictions u.a. den syntagmatischen und den paradigmatischen Link. Ersterer führt die Erzählung weiter, verknüpft also, Letzterer führt zu zeitlich parallel ablaufenden Ereignissen und unterbricht die Erzählung der linearen Handlungsabfolge. Vgl. Suter, Hyperfiktion, S. 142 f. Diese Linktypen sind jedoch z.B. in den klassischen Hyperfictions für den Rezipienten nicht unterscheidbar, da häufig nicht eingeordnet werden kann, von welcher Person und zu welcher Zeit die Textsegmente handeln. Einfacher ist es, bei Sachtexten (wie z.B. Lernmaterial) die Links zu spezifizieren – für eine Übersicht verschiedener Linkklassifikationsvorschläge vgl. Schröder, Der Link als Herme und Seitensprung, S. 54-56.

den wissenschaftlichen Zitierregeln mithalten können. Eng damit korreliert ist die Problematik der Speicherung bzw. die ständige Veränderung der Knoten und Relationen im Netz. Damit Links nicht ungültig werden, müsste eine ständige Überprüfung stattfinden (für die es auch automatisierte Tools gibt), dies wird jedoch von den wenigsten Webseiten-Betreibern tatsächlich geleistet. Die Hyperlinkstruktur selber oszilliert zwischen individuellen Ordnungsprinzipien und der Notwendigkeit, standardisierte Verwendungen der Verlinkung einzuführen. Dass der Link in erster Linie für Verweise genutzt wird, ist ein Relikt aus der Buchkultur; mit anderen möglichen Verwendungsformen wird bisher kaum experimentiert.

Nicht zuletzt aufgrund der begrenzten Möglichkeiten der Hyperlinkstruktur vollzieht sich derzeit ein Übergang von narrativen Formen der Literatur im elektronischen Raum zu konzeptuellen Experimenten mit der Textdarstellung. *The Impermanence Agent* ordnet sich noch der klassischen narrativen Funktion von Literatur unter, während der *Netomat* und *Babel* und mit ihnen die anderen alternativen Browser neue Formen der vernetzten Dateninterpretation erproben, die aber ebenso – soweit es sich auch um die Integration textueller und sprachakustischer Elemente handelt – unter die Sprachkunst gezählt werden müssen. Dass es hier in erster Linie um die Frage nach den Darstellungsparadigmen für WWW-Dokumente geht, ist ebenfalls der Übergangsphase geschuldet, in der sich das Netz derzeit befindet. Traditionelle Formen der Darstellung sowie klassische Ordnungsprinzipien werden der Dokumentenvernetzung nicht Herr – daher müssen alternative Wege gesucht werden. Die Arbitrarität der Interpretationsparadigmen von Software sowie die Prozessualität des Webs und seine individualistischen Ordnungsprinzipien legen der Standardisierung jedoch bedeutende Steine in den Weg. Weder gibt es verbindliche Normen darüber, wie softwarebasierte Informationsverarbeitung in Oszillation mit den Benutzervorgaben abzulaufen hat, noch darüber, wie die Informationen dargestellt und strukturiert werden sollen. Es ist zu vermuten, dass hier ebenfalls eine Balance zwischen der Berücksichtigung individueller Benutzerbedürfnisse einerseits und kulturell akzeptierten Normen und Standards andererseits angestrebt werden muss.

Der Einsatz von Software hat auch produktionsästhetische Konsequenzen: Der Projektinitiator befindet sich hier ebenfalls – wie beim Gros der kollektiven Schreibprojekte – mehr in der Rolle eines konzeptuellen Künstlers, der das »Setting«, also die Prozessparameter, festlegt. Im Gegensatz zu Happenings und dem Indeterminacy-Konzept aber handelt es sich dabei nicht um eine Minimalstrukturierung, sondern um eine relativ starke Reglementierung. Der Benutzer hat weder Einfluss auf die Auswahl noch auf die Anordnung der Materialien – diese Aufgabe übernimmt die Software für ihn. Der Grad der Interaktivität ist kaum größer als bei der reaktiven Interaktivität der Medieninstallationen, die dem Betrachter die Verhaltensregeln und Prozesse vorgeben, innerhalb deren er reagieren kann. Andererseits allerdings hat er gewissen Einfluss auf die Parameter: Beim *Impermanence Agent* bestimmt er die Webseiten, aus denen das Material zusammengestellt wird, beim *Netomat* kann er die Stichworte auswählen, nach denen gesucht werden soll. Die entstehenden Collagen sind individuell auf den Nutzer abgestimmt, in ihrer Zusammenstellung also in keiner Weise festgelegt. Die Ergebnisse können zwar – ähnlich wie bei anderen prozessorientierten Kunstformen – nicht gespeichert werden, sind aber jederzeit wiederholbar, auch wenn die dann entstehenden Ergebnisse sich von früheren höchstwahrscheinlich unterscheiden werden, nicht nur, weil das WWW sich in ständiger Veränderung befindet (Dokumente verschwinden, neue kommen hinzu), sondern weil sie einen relativ hohen Grad an Zufälligkeit zulassen, die vom Benutzer nicht gesteuert werden kann. Die Automatisierung der Collagetechniken sowie der damit verbundene hohe Grad an Willkür unterscheidet diese Projekte (von denen es mittlerweile relativ viele im Netz gibt) signifikant von den avantgardistischen Techniken, die dem Künstler sowohl die Auswahl als auch die An- und Einordnung des Textmaterials überlassen.

Diese »rekursive Kunst« hat sowohl im Hinblick auf die Interaktivität als auch im Hinblick auf die entstehenden Effekte andere materielle Qualitäten: Sie ist weder einmalig noch reproduzierbar, sondern als Prozess wiederholbar, aber gleichzeitig ephemer. Da sie nicht auf endgültige Ergebnisse ausgelegt ist, geht es für den Benutzer auch weniger um eine klassische Rezeptionshaltung, sondern mehr darum, den Handlungsspielraum auszunutzen und innerhalb der von der Software vorgegebenen Möglichkeiten eine eigene Kreativität zu entwickeln. Dazu bedarf es allerdings einer gewissen technischen Kompetenz, d.h. Einblicken in die Funktionsweise von Software generell. Diese ist nach wie vor nicht selbstverständlich, zumal gleichzeitig auch bestimmte ästhetische Grundsätze unterlaufen werden, die trotz aller Ausbruchsversuche kulturell nach wie vor dominant sind. *Softwarebasierte Kunst* – das werden die folgenden Beispiele noch untermauern – *ist im Gegensatz zu der bei den meisten bisher genannten Projekten vermutlich der erste Schritt in die Autonomie einer computer- und internetbasierten Ästhetik*, die konkretere Ausblicke ermöglicht, als sie uns bisher erlaubt waren. Derzeit bewegen sie sich noch in der Phase der Gegenabhängigkeit, da sie sich an bestehenden Standards (aus alten und – im Fall der alternativen Browser – neuen Medien) orientieren und sie als untauglich entlarven, ohne jedoch Gegenkonzepte zu entwerfen. Die Gratwanderung zwischen individuellen Nutzerbedürfnissen und notwendigen Standards können auch sie noch nicht zu einer befriedigenden Lösung führen.

Intersemiozität und Intermedialität: Funktionsveränderungen der Codes

Dass sich die Funktionen von Text verändern, deuteten schon einige der bisher genannten Projekte an. *The Impermanence Agent* zerstört die »klassische« Literatur als urheberbasierte Erzählung durch automatisierte Ersetzungen, die von der Fiktion zur Dokumentation führen. Die dialogischen Projekte gehen umgekehrt vor und nutzen das schriftbasierte Gespräch, um Erzählungen zu generieren. Im ersten Fall findet eine »Ent-Ästhetisierung« zugunsten alltagsweltlicher Elemente statt, im letzteren eine »Ästhetisierung« eines sozialen Prozesses. In beiden Fällen jedoch soll die Lesbarkeit erhalten bleiben – neben der kreativen Tätigkeit des Benutzers kann dieser weiterhin auch sein traditionelles Lese-Rezeptionsverhalten bewahren, auch wenn er Anpassungen vornehmen muss. *Babel* jedoch verweigert sich schon der informativen Funktion von Texten, ebenso lassen sich bei *text.ure* und *Lavoro Immateriale* Tendenzen zu einer Verschmelzung von Text und Design beobachten, indem Bildformen als Basis für die Navigation durch das Textmaterial genommen werden. Der *Netomat* wiederum behandelt alle Elemente in der gleichen Art und Weise – ihnen wird jede Funktionszuschreibung entzogen, da sie aus ihren ursprünglichen Kontexten willkürlich herausgerissen und neu zusammengestellt werden, ohne informativen Charakter zu haben. All diese Tendenzen laufen auf eine *Visualisierung von Text* hinaus, die zur Folge hat, dass die Rezeption ähnlich simultan erfolgen muss wie beim Bild. Betrachtet man die instrumentellen Grundlagen des Computers, ist diese Entwicklung nur logisch (wenn auch nicht unbedingt notwendig): Der Bildschirm selber orientiert sich viel mehr an der Form des Bildes als an der einer Buchseite. Schreibt man einen Text in einem normalen Textverarbeitungsprogramm, sieht man nicht nur die Seite und die Buchstaben, sondern nimmt gleichzeitig Menu- und Taskleiste des Textverarbeitungsprogramms wahr. Die Verarbeitung all dieser Elemente erfolgt simultan, auch wenn die Aufmerksamkeit nur auf bestimmte Punkte konzentriert wird. Ähnliche Effekte haben die eben genannten Projekte. Sie verlangen simultane Wahrnehmung eines Bildes, nicht sequentielles Lesen von Zeilen.

Eine Verschiebung von der linearen Lesbarkeit von Texten hin zu einer visuellen Simultaneität ist im Prinzip schon im klassischen Hypertext angelegt, wobei die Ersetzung der Texte allerdings weder das eine noch das andere tatsächlich konsequent zulässt. Hypertexte – insbesondere sichtbar in der Hyperfiction – verlangen lineares Leseverhalten, obwohl sie genau dieses durchbrechen. Im Grunde genommen verweigern sie sich einem etablierten Rezeptionsverhalten, ohne jedoch ein alternatives Konzept anzubieten – sie bleiben damit in der Linearität verhaftet.

Dynamischer Text

Alternative Formen der hypertextuellen Darstellung konnten sich bisher nicht wirklich durchsetzen, sind aber in einigen künstlerischen Projekten zu finden. *Fernwärme* (1999, Zeitgenossen, → **CD**) arbeitet – als klassisch narrativ angelegter Text – sowohl mit der Ersetzungsfunktion (allerdings immer erst am Ende eines Textsegments) als auch mit einer transformativen Hyperlinkgestaltung, bei der sich der Text – dank der Flash-Programmierung – bei Mouse Over durch den Benutzer verändert, ohne dass man die Seite verlassen muss. Darüber hinaus erhalten Schlüsselwörter durch Animation eine visuelle Semantik, die zur rein lexikalischen und kontextuellen hinzugefügt wird. Diese Form der literarischen Textgestaltung führt zu einer Komplexitätsinduktion, da durch die Transformation einerseits, durch die Animation andererseits mehrere Möglichkeiten

BSP → CD-ROM

der Interpretation eröffnet werden, ohne dass die prinzipiell bei literarischen Texten vorhandene Polysemie deswegen eliminiert wird. Die Lesbarkeit bleibt von diesen Gestaltungselementen unberührt, der Text erhält aber eine zusätzliche visuelle Semantik.

Anders geht Urs Schreiber im *Epos der Maschine*[128] (1998) vor. Auch hier kommt es zu einer Komplexitätsinduktion, allerdings mehr in der Tradition des Intertextualitätsverständnisses, indem die Sätze sich auf Klick des Benutzers hin teilweise gleich mehrfach entfalten (d.h. weitere Satzteile sichtbar werden) und damit an Komplexität zunehmen. Damit entstehen mehrere Satzversionen, die alle Gültigkeit für sich beanspruchen und auch für sich betrachtet werden können. Jacques Servins kleiner Text *Walking Down the Street*[129] (1998) arbeitet dagegen mit klaren Alternativen. Der Click auf als Hyperlinks gekennzeichnete Wörter blendet ein Fenster auf, in dem mehrere Optionen zur Verfügung gestellt werden. Die Entscheidung für ein Wort führt zur Transformation des Textes, wobei das angeklickte Wort das als Link fungierende ersetzt, allerdings auch Sätze hinzugefügt werden, die dem Segment eine andere Bedeutung geben.

In allen drei Fällen wird die reine Ersetzung einer Seite durch eine komplett andere vermieden. Stattdessen findet eine Verdichtung statt, die zu Varianten des »ursprünglichen« Segments führen, so dass polyvalente Versionen entstehen. Diese Dynamisierung der normalerweise fixierten Schrift könnte die Basis für neue – im Gegensatz zur Printliteratur sichtbare – Performanzformen in der Literatur sein, die nur computerbasiert funktionieren. Allerdings verbleiben diese Formen alle im vorgegebenen Projektrahmen und können nicht für eine externe Verlinkung genutzt werden. Der *Impermanence Agent* ist bisher das einzige mir bekannte narrative Projekt, das mit Intertextualität arbeitet, ohne die Hyperlinkstruktur einzusetzen.

Synästhetische Sprachkunst

Steht in den eben genannten Projekten nach wie vor die Lesbarkeit unter Betonung der visuellen Qualitäten von Schrift im Mittel-

128 <http://kunst.im.internett.de/epos-der-maschine/>
129 <http://www.netzaesthetik.de/Servin/Walk_down/index.html>

punkt, zielen die Projekte *The Great Wall of China*[130] (1996 → **CD**) und *Mozaik*[131] (1999) von Simon Biggs genau auf das Gegenteil ab. Sie verleihen dem Text in doppelter Hinsicht transformative Qualitäten: Einerseits wird er mit anderen Zeichensystemen gekoppelt, andererseits erhält er dynamischen Charakter. Beides zusammen läuft jeglichen Rezeptionsformen zuwider, die durch die traditionellen Medien ausgebildet wurden.

The Great Wall of China beruht auf einer Datenbankprogrammierung, die – kombiniert mit einem komplexen Syntaxprogramm – aus dem Wortmaterial der Kafka-Erzählung *Beim Bau der chinesischen Mauer*[132] – nach bestimmten Regeln ständig neue Texte generiert. Die Prozesse dieser »Textmaschine« werden vom Benutzer dadurch ausgelöst, dass er mit der Maus über den Text fährt. Die Ersetzung erfolgt jedoch derart schnell, dass ein Lesen völlig unmöglich wird. Zwar »erstarrt« der Text in seinem momentanen Status, wenn man mit der Maus aus dem Feld herausgeht, aber angesichts der unendlichen Texttransformationen, die durch die rasante Ersetzung visualisiert wird, fragt es sich, ob das Lesen gerade dieser – eher willkürlich entstandenen – Version überhaupt sinnvoll ist.

Programmiertechnisch sind die jeweiligen Textfelder einerseits miteinander gekoppelt (der Text auf der linken unteren Bildschirmseite gibt die Schlüsselworte vor, die die Generierung des rechten Textes beeinflussen), andererseits aber auch mit den graphischen Elementen der Seite strukturell verbunden. Das Bild visualisiert verschiedene Repräsentationen der Chinesischen Mauer – es wandelt sich mit zunehmender Texttransformationstätigkeit von einer konkreten zu einer immer abstrakteren Abbildung. Damit wird eine grundlegende Abhängigkeit zwischen Bild und Text hergestellt, die nicht nur auf der programmiertechnischen Basis stattfindet. Tatsächlich erhält der Text visuelle Qualitäten, indem während des Transformationsvorganges die Typographie variiert, die Textzeilen einander überlagern etc. Die »Textmauer«, die durch die Bewegung ständig auf- und wieder abgebaut wird, steht in direkter Relation zur

130 <http://www.greatwall.org.uk/>

131 <http://hosted.simonbiggs.easynet.co.uk/mozaic/>

132 Kafka, Franz: »Beim Bau der Chinesischen Mauer«, in: Ders.: *Beschreibung eines Kampfes. Novellen, Skizzen, Aphorismen aus dem Nachlaß*, Frankfurt am Main 1983 (Gesammelte Werke in acht Bänden), S. 51-62.

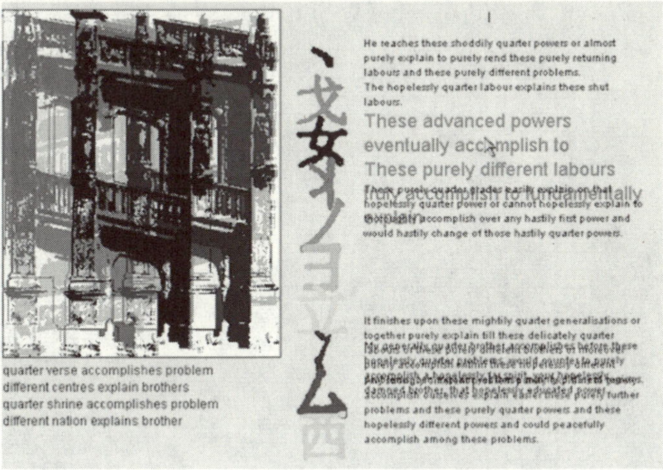

Abb. 8: *The Great Wall of China*, Screenshot 2002

von Kafka geschilderten Vergeblichkeit menschlichen Tuns, symbolisiert durch den undurchsichtigen Bauprozess der Mauer, den niemand wirklich überblicken kann. Die Schrift übernimmt damit dieselbe Funktion wie das Bild – den Bauprozess zu visualisieren. Schrift und Bild verschmelzen funktional, mit der Konsequenz, dass der Text seine Lesbarkeit verliert – eine passende Metapher auch für die Uninterpretierbarkeit der Welt, die Kafkas Erzähler konstatiert: »Man hörte zwar viel, konnte aber dem Vielen nichts entnehmen.«[133] Allerdings – darauf weist Roberto Simanowski zu Recht hin – entfaltet das Projekt diese Bedeutung nur im Zusammenhang mit der Kafka-Erzählung.[134] Neben seiner Intersemiozität ist es daher auch transmedial angelegt. Transmedial in dem Sinne, dass es auf der Basis eines printliterarischen Werks eine medienspezifische Transformation vornimmt, die die Bedeutung des ursprünglichen Textes mit anderen Mitteln – nicht mehr durch die Semantisierung

133 Kafka, Beim Bau, S. 58.

134 Vgl. Simanowski, Roberto: »Aleatorik als Aufklärung. Mauerbau und Babelturm in Simon Biggs' ›Great Wall of China‹«, in: *Dichtung Digital*, 20. 4. 2002, <http://www.dichtung-digital.com/2002/04-20-Simanowski.htm>

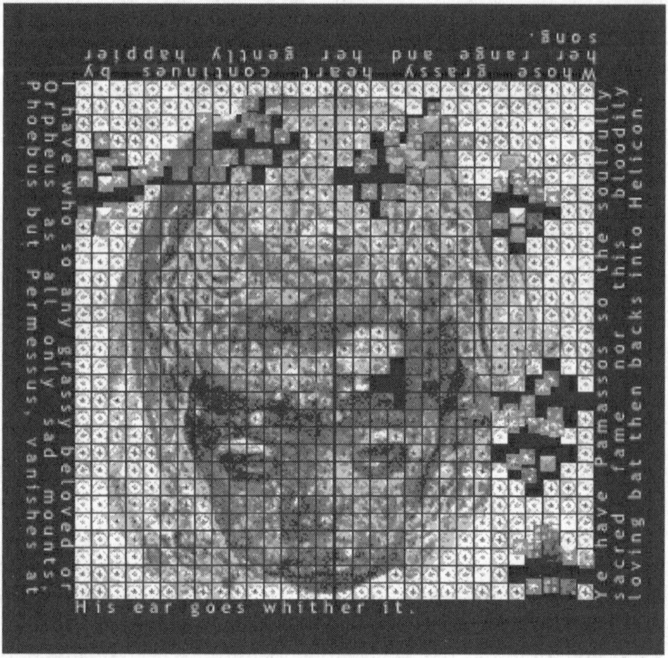

Abb 9: *Mozaic,* Screenshot 2001

des schriftlichen Codes, sondern durch den Einsatz von Software einerseits, einer Funktionsveränderung des Textes andererseits – vornimmt. Die Schrift funktioniert als Bild und muss als solche wahrgenommen werden, damit eine Bedeutungskonstituierung überhaupt möglich wird.

Ähnliches praktiziert Biggs auch in *Mozaic*, bei dem der Text quasi den Bildrahmen bildet:

Während die Mausbewegung die aus einzelnen Teilen zusammengesetzten Bilder freilegt, erscheinen an den Bildrändern automatisch generierte Texte, die sich gleichzeitig mit der Mausbewegung über das Bild verändern. Da die Veränderung des Bildes und die Textgenerierung nur stattfinden, wenn man die Maus bewegt, kann der Text nur als Teil der Gesamtoberfläche wahrgenommen werden. Als Rahmen ist er zudem schon von seiner Anordnung her

– seitlich und auf dem Kopf stehend – nicht ohne weiteres lesbar.

Mozaic und *The Great Wall of China* unterscheiden sich signifikant von den zahlreichen Projekten, die mit animiertem Text arbeiten und dabei die Tradition der konkreten Poesie fortsetzen.[135] Im Gegensatz zu diesen geht die Möglichkeit verloren, *sowohl* zu lesen *als auch* zu schauen. Der textuelle Code wird seiner klassischen Funktion beraubt und den Paradigmen des digitalen Bildes unterworfen. Im Gegensatz zu den aleatorischen Experimenten geht es nicht mehr um die Lesbarkeit, sondern um eine prinzipielle Infragestellung der Tauglichkeit von Text in einem Medium, das ihm materielle performative Qualitäten verleiht. Da Biggs sich selbst als visueller Künstler versteht, ist diese Schwerpunktverschiebung nicht verwunderlich, jedoch kann diese Tendenz auch bei zahlreichen anderen Projekten beobachtet werden.

Es ist allerdings fraglich, ob damit wirklich ein neues Paradigma von Textfunktionen etabliert werden kann. Die Konzentration auf die visuellen Qualitäten des Mediums lässt auf eine Abhängigkeit von den Wahrnehmungsparadigmen der Buchkultur schließen, die ebenfalls das Auge prämierten. Die gesamte Konstruktion der Peripheriegeräte mit besonderer Konzentration auf den Monitor des Computers beruht auf dieser Übertragung. Auch deswegen ist es nicht verwunderlich, dass trotz der integrativen Potentiale des Computers der Schwerpunkt vieler Projekte auf den visuellen Qualitäten liegt und der Ton in vielen Projekten eine untergeordnete Rolle spielt. Dennoch zeichnet sich schon jetzt ab, dass die Erschließung dieser synästhetischen Dimensionen auch auf die Möglichkeiten eines »audio-visuellen Gesamtereignisses«[136] abzielt. Von der Idee her stehen das Gesamtkunstwerk und die Visionen einer synästhetischen Kunst Pate – ihre medienspezifischen Ausformungen werden aber vermutlich anderen Charakter haben.

Zum gegenwärtigen Zeitpunkt ist es schwer vorstellbar, dass Kunst im elektronischen Raum an die Synästhesie des physischen Erlebens im realen Raum heranreichen kann, denkbar ist es jedoch, dass nicht nur Auge und Ohr, sondern auch Taktilität und Kinetik

135 Insbesondere seien hier die Projekte von Reinhard Döhl und Johannes Auer genannt: <http://www.netzliteratur.net/sprojekte.htm>

136 Diese Formulierung stammt von Ursula Hentschläger und Zelko Wiener, vgl. dies.: *Webdramaturgie. Das audio-visuelle Gesamtereignis*, München 2002, <http://www.webdramaturgie.de>.

eine Rolle spielen werden. Bisher können Visionen dieser Art nur offline, in Installationen, umgesetzt werden. *As Much As You Love Me* von Orit Kruglanski funktioniert z.B. auf einem normalen Computer, bedarf aber einer speziellen Maus. Der Benutzer liest ein Gedicht über Liebe und Schuld, je tiefer er in die Beziehungskonflikte eintaucht, desto »schuldiger« wird er und desto schwieriger ist die Maus zu bewegen. Damit ist er nicht mehr Zuschauer, sondern Beteiligter des Konflikts. Da jedoch Netzkunst im privaten Raum mit Geräten rezipiert wird, die aufgrund der pragmatischen Funktionen des Computers und seines Charakters als Massenware in den Peripheriegeräten verhältnismäßig standardisiert sind, können Letztere nicht nach ästhetischen Erfordernissen beliebig manipuliert werden. Einer der wesentlichen Unterschiede zwischen Medieninstallationen und Computer- bzw. Netzkunst liegt daher auch in der sozialen Funktion ihrer Medien. Installationen haben die Möglichkeit, individuelle Anpassungen in der Hardware vorzunehmen, die bestimmten, spezifisch künstlerischen Zwecken unterworfen sind. Computer- und Netzkunst dagegen müssen in Rechnung stellen, dass ihre Medien auch für andere Zwecke genutzt werden. Daher erarbeiten sich Kunst und Literatur im elektronischen Raum ihre Spielräume im Bereich proprietärer Softwareentwicklungen, die die bisherigen kommerziellen Versuche, Standards zu setzen, entweder unterlaufen oder modifizieren. Auch dies mag ein Grund dafür sein, warum gerade in den letzten Jahren die Software-Kunst einen solchen Aufschwung genommen hat.

Der Einsatz von Software erlaubt auch intersemiotische Transformationen der traditionellen Zeichensysteme Text, Bild und Ton. In den letzten Jahren nehmen die Experimente mit digitaler Tonkunst langsam zu. Eine wirkliche Aufhebung zwischen Text- und Bildkunst auf der einen Seite, Tonkunst auf der anderen findet jedoch in den seltensten Fällen statt. Ursula Hentschläger und Zelko Wiener stellen auf ihrer Seite »zeitgenossen.com« mehrere solcher Experimente vor, die Bild und Ton mit interaktiven Elementen koppeln. Kooperationen mit internationalen Komponisten führten zu unterschiedlichen Umsetzungen der Beziehung zwischen Musik und Bild, aber auch zwischen Sprache und Bild.

Interessant ist in diesem Kontext insbesondere *Yatoo*[137] (2001

137 <http://www.zeitgenossen.com> Bild + Ton

→ **CD**), eines der wenigen Projekte, die mit gesprochener Sprache arbeiten.[138] Verschiedene Formelemente, die sich kaleidoskopartig zusammensetzen, werden vom Benutzer mit der Maus »dekonstruiert«. Jeder Bestandteil dieser Elemente ist mit einem Wort verbunden. Hält sich der Benutzer an bestimmte Regeln und zerlegt die Formen »ordentlich«, indem er z.B. im Uhrzeigersinn vorgeht und immer nur gleiche Elemente berührt, kommen sinnvolle Sätze zustande (»I love you so much«, »You are the only one« etc.). Verhält er sich aber willkürlich, nimmt sowohl das Formen- als auch das Wortchaos entropisch zu. Da die visuellen Elemente inhärent mit der gesprochenen Sprache gekoppelt sind, sind auch ihre Ordnungsprinzipien identisch. Im Fall der Sprache hat diese Verschmelzung verheerende Auswirkungen: Lässt sich visuelles Chaos noch rezeptiv bewältigen, kann dies von gesprochener Sprache nicht behauptet werden. Da es nicht um Textelemente geht, deren verschiedene Zusammenstellungen sichtbar bleiben und dadurch interpretierbar wären, sondern um akustische Laute, die nur kurze Lebensdauer haben, ist es nicht möglich, eine Struktur in das Chaos hineinzubringen. Visuelle und sprachliche Ordnung verschmelzen mit der Konsequenz, dass die Funktionalität der Sprache aufgehoben und das Wortgewirr – wie das Bild – nur simultan, nicht mehr distinktiv wahrgenommen werden kann.

Etwas anders geht Jacques Servin in *BEAST*[139] (1997 → **CD**) vor. Die Möglichkeit, Text, Bild und Ton miteinander zu koppeln, nutzt er als Strategie, um einen Kampf zwischen Rezipient und Maschine zu inszenieren. Einerseits wird der Benutzer von der Dynamik eines sich ständig selbst fortschreibenden Textes, eines sich gleichzeitig öffnenden Pseudo-3-D-Fensters, in dem verschiedene Symbole flottieren, sowie von mit Text und Bild gekoppelten Soundelementen überwältigt; andererseits hat er ständig mit Warnmeldungen des Systems zu kämpfen, die ihn zur Aktion auffordern und – bei »Nicht-Gehorchen« – mit Systemabstürzen und weiteren unverständlichen, aber gefährlich klingenden Konsequenzen drohen. Er muss also gleichzeitig lesen, schauen, klicken und – da er mit jeder

138 Dass der Text noch so dominant ist, unterstreicht die enge Bindung von Literatur an den geschriebenen Text. Dass Sprachkunst u. a. aber auch gesprochene Sprache umfasst, hat sich auch im elektronischen Raum noch nicht wirklich durchgesetzt.

139 <http://www.netzaesthetik.de/Servin/Beast/index.htm>

Aktion wiederum einen Prozess auslöst – wieder lesen, schauen, klicken ... Die Textsegmente, die Symbole (»floating images«) und die Sounds sind programmiertechnisch voneinander abhängig – klickt man auf ein Symbol, wird der ohnehin schon bestehenden Geräuschkulisse ein entsprechender Ton hinzugefügt, gleichzeitig ein Textsegment generiert. Die Art der Symbole wiederum wird von dem Verlauf des Textes determiniert, dessen Bestandteile (hauptsächlich Zitate aus verschiedenen Werken, literarischen, wissenschaftlichen, esoterischen etc.) bestimmten Themenbereichen zugeordnet sind. Die Textgenerierung erfolgt jedes Mal zufällig, das jeweils dominante Thema bestimmt dann die Art und Zahl der Symbole.

BEAST entwickelt dadurch eine Dynamik, die vom Benutzer zunächst kaum mehr zu bewältigen ist. Mit seinen traditionellen »Rezeptionsprogrammen« kommt er nicht weiter, da er weder nur lesen noch nur schauen, noch nach eigenem Gutdünken sich für oder gegen eine Aktivität entscheiden kann. Er muss simultan lesen, schauen und klicken. Verursacht wird dies durch die direkte Kopplung aller Zeichensysteme und ihre ständige Bewegung. Die Konsequenz daraus ist, dass die Funktionen der einzelnen Codes völlig suspendiert sind – im Mittelpunkt stehen nicht mehr die Repräsentationsformen, sondern die Prozesse, durch die sie miteinander verbunden sind. Der Benutzer wird dadurch zur Reflexion seines Verhaltens gezwungen, und der eigentliche Kern des Projektes – das Mensch-Maschine-Verhältnis – enthüllt sich nicht durch Entzifferung der Codes, sondern durch die Beobachtung des eigenen Verhaltens.

Die Verschmelzung von Code-Funktionen bis hin zur A-Funktionalität wird noch auf die Spitze getrieben durch Tendenzen, ein Zeichensystem in ein anderes zu transformieren. Bleiben bei allen bisher erwähnten Projekten die wahrnehmbaren Grenzen insofern erhalten, als Bild als Bild, Sprache als Sprache und Text als Text weiterhin zu erkennen sind, während ihre Funktionen verschmelzen, wird diese Trennung durch transformative Tendenzen aufgehoben. *Eden.Garden 1.0*[140] (2000, Entropy8Zuper!) verarbeitet z.B. HTML-Tags aus einer vom Benutzer anzugebenden Seite und generiert aus diesen nach bestimmten vorgegebenen Transformationsregeln die Flora und Fauna des virtuellen Paradieses. Ebenso determinieren die aus dem Netz herangezogenen Informationen das Ver-

140 <http://eden.garden1.0.projects.sfmoma.org/>

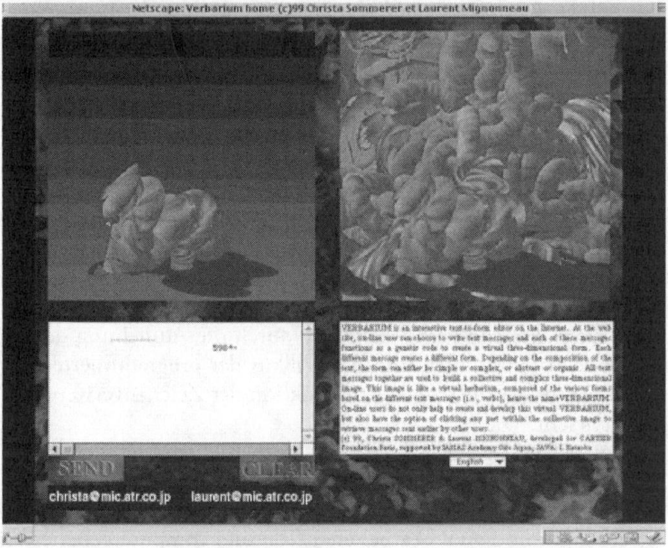

Abb. 10: *Verbarium*: Links wird der Text eingegeben, der im Bild darüber in eine Pflanze transformiert wird. Die Pflanze wird gleichzeitig rechts dem »Gesamtbiotop« zugefügt. Geht man mit dem Cursor auf die Formen, werden die einzelnen Texte angezeigt. (Der Screeshot stammt von Christa Sommerer und Laurent Mignonneau: <http://www.mis.atr.co.jp/~christa/WORKS/IMAGES/VERBARIUM-PICTURES/VERBARIUM4.jpeg>)

halten der Protagonisten Adam und Eva, die wie Marionetten statt von einem Menschen von einem automatisierten Regelgefüge bewegt werden. Mit der Software *earshot*[141] (1999, Andy Freeman/Jason Skeet) wiederum wird das Netz nach HTML-Tags durchsucht, die in Töne umgewandelt werden; *Verbarium*[142] (1999, Christa Sommerer/Laurant Mignonneau) transformiert Texteingaben des Benutzers in einen stetig wachsenden biotopischen Urwald, der mit jedem Beitrag stetig anwächst.

141 <http://www.deepdisc.com/earshot/>
142 <http://www.fondation.cartier.fr/verbarium.html> (derzeit nicht im Netz).

In keinem der bisher erwähnten Projekte handelt es sich um Formen der Intermedialität, sondern um den Versuch, eine medienspezifische Darstellung der Zeichensysteme zu entwerfen. Bewegung und Transformation sind dabei die Schlüsselprozesse, die in letzter Konsequenz zu einer Ent-Funktionalisierung der Codes führen. Deren »Verhalten« wird nur durch die Programmierung bestimmt, die wiederum keinerlei Standards unterliegt und daher beliebige Transformationen vornimmt. Weder Bild noch Text, noch Ton erfüllen hier eine ihrer klassischen Bedeutungsfunktionen. Im Mittelpunkt steht die materielle Performanz, die durch die Aufhebung der semantischen Funktionen und die Willkür der programmiertechnischen Parameter die soziale Konstruktion der Zeichenverwendung unterstreicht.

Sowohl Text als auch Sprache als auch Bild sind in allen Fällen computergeneriert und erhalten damit spezifische materielle Qualitäten. Simon Biggs' Texte basieren auf dem Datenbankmodell, *Yatoo* arbeitet mit digital bearbeitetem Ton und computergenerierten Bildelementen, dasselbe gilt noch mal potenziert für die Transformationsprojekte. *Die Aufhebung des standardisierten Gebrauchs von Zeichensystemen lässt vermuten, dass neue Funktionalitäten, wenn nicht sogar neue computerspezifische Codes (jenseits der Programmiersprachen) entstehen können.* Transformationsprojekte versuchen, sich von bisherigen Normen im Zeichengebrauch abzuwenden, allerdings ohne neue Funktionalitäten hervorbringen zu können. In diesem Sinne befinden sie sich derzeit ebenfalls noch im Stadium der Gegenabhängigkeit, sie lassen sich aber als Signal dafür interpretieren, dass gerade die Softwarebasiertheit des Computers auf die mögliche Generierung neuer Darstellungsformen hinausläuft, die eventuell auch andere Codierungen sowie neue Rezeptionskompetenzen nötig machen.

Diese Experimente setzen eine Stufe tiefer an als die Intermedialität: bei den Zeichensystemen. Das scheint ein eindeutiges Indiz für die gravierenden Umbrüche zu sein, die sich mit zunehmender Bedeutung von Computer und Internet als Kommunikations- und Informationsmedien gerade vollziehen bzw. noch vollziehen werden. Ähnliches konnte – wie schon erwähnt – auch bei der Etablierung des Buchdrucks beobachtet werden. Ging es hier jedoch in erster Linie um eine Anpassung von vorhandenen Codes an medienspezifische und soziokulturelle Anforderungen, birgt der Computer nicht nur das Potential, diese Codes in ihrer Präsentationsform erneut zu verändern, sondern er ermöglicht *die Generierung völlig neuer Darstellungsformen und eventuell auch Zeichensysteme.*

Auf der Ebene der Programmiersprachen kann diese Entwicklung schon beobachtet werden, insbesondere in der Verwendung formalsprachlicher Elemente für ästhetische Texte. In der Programmiersprache Perl geschriebene Gedichte beanspruchen sowohl als lesbarer Text als auch als ausführbares Programm künstlerischen Charakter für sich.[143] Mary-Anne Breezes Texte sind in »Mezangelle« geschrieben – einer Sprache, die mit Symbolen aus Programmiersprachen durchsetzt ist;[144] ebenso mischt Talan Memmot in seinem Projekt *Lexia to Perplexia*[145] (2000) natürliche und formale Sprachelemente.

Der Programmiercode ist daher auch für Literaturwissenschaftler eine zu beachtende Größe, dessen Verhältnis zur sichtbaren Oberfläche theoretisch durchdacht werden muss. Vermutlich ist es ein ähnliches Verhältnis wie das der literarischen Sprache zur »langue«, dem gesamten Sprachsystem. Für die Frage nach der ästhetischen Qualität von Programmiercodes müssen dann – analog zur Printliteratur – Kriterien entwickelt werden, die festlegen, welche Eigenschaften ein Programm zu einem ästhetischen Phänomen machen.[146] Florian Cramer fordert zu Recht in dieser Hinsicht eine literaturwissenschaftliche Gegenstandserweiterung um technische Aspekte: »Interessante Netzdichtung, so meine These, spielt mit menschlicher und maschineller Sprachverarbeitung. Sie nutzt den Computer nicht nur als typographisches Interface und Netzwerke

143 Vgl. z.B. die Beiträge des »Perl Poetry Contest« von 2000, <http://www.samag.com/documents/s=1274/sam05010012/>

144 <http://www.hotkey.net.au/~netwurker/free.htm>

145 <http://www.altx.com/ebr/ebr11/11mem/>

146 Abelson/Sussman plädieren dafür, Programme tatsächlich auch als Texte lesen zu lernen, da sie »a novel formal medium for expressing ideas of methodology« seien. Auf dieser Basis ließe sich eine Ästhetik und Stilistik von Programmiersprachen entwickeln. Vgl. Abelson, Harold/ Sussman, Gerald Jay: *Structure and Interpretation of Computer Programs*, Cambridge, Mass. 1985, S. xv. Auch die Gründung einer »International Society for Mathematical and Computational Aesthetics«, <http://www.rci.rutgers.edu/~mleyton/ISMA.htm>, zeugt von diesem Bewusstsein für die Ästhetik des Programmierens.

nicht nur als Distributionskanal.«[147] Alle genannten Projekte führen diese Forderung unterschiedlich durch und verändern sowohl die Funktionalität als auch die Darstellungsmodi der einzelnen Zeichensysteme.

Die allgemein gebräuchlichen Begriffe der Inter-, Multi- und Hypermedialität verstellen damit den Blick auf die wirklich grundlegenden Veränderungen. Der Computer ist zwar auch medienintegrativ, indem er z.B. Film, Bild und Buch in ihrer Struktur simulieren kann, aber seine wirkliche Spezifik besteht in der Fähigkeit, einerseits neue Codes, andererseits neue Funktionen traditioneller Zeichensysteme zu generieren und kulturell zu etablieren. Damit ist der Computer weniger ein »Metamedium«, sondern in erster Linie ein Medium, das – wie alle Medien – die Zeichensysteme verändert.[148] Das Konzept der Intermedialität lässt sich daher nicht sehr gut auf computer- und netzspezifische Projekte anwenden.

Allerdings finden sich auch Projekte im Netz, die den Computer nur als Plattform benutzen. Dies scheint der These, dass das Trägermedium immer dominiert, zu widersprechen. Da jedoch in Bezug auf Computer und Internet noch keine Präsentations- und Rezeptionsstandards existieren, ist diese medienneutrale Verwendung durchaus möglich. Es kann sogar eine Umkehrung stattfinden: Steve Millers *Dreaming Brain*[149] (1999) fügt verschiedene kleine Filme hypertextuell zusammen und lässt den Benutzer bestimmte Objekte anklicken, um ihn dann zu einem anderen Film zu führen. Digitale Strukturelemente und Filmstruktur werden kombiniert, dennoch dominiert Letztere. Noch deutlicher wird dies bei Flash-Filmen. Sie arbeiten zwar mit computergenerierten Animationen, benutzen aber das Konzept des Films: Der Benutzer kann nicht ein-

147 Vgl. Cramer, Florian: »Kombinatorische Dichtung und Computernetzliteratur«, in: *Dichtung Digital*, Oktober 2000, <www.dichtung-digital.de/Forum-Kassel-Okt-00/Cramer>; erscheint auf Englisch als »Combinatory Poetry and Literature on the Internet in: Kodikas/Code, Sonderheft »Ästhetik digitaler Literatur«, in Vorbereitung.

148 Interessanterweise hat es in der Frühzeit des Films ähnliche Diskussionen gegeben: Der Film galt als Hybridmedium, der sowohl Ton als auch Photographie darstellen konnte. Einerseits galt er dadurch als medienintegrativ, andererseits befürchtete man, dass er keine genuine ästhetische Qualität entwickeln konnte. Vgl. Müller, Intermedialität als poetologisches und medientheoretisches Konzept, S. 36.

149 <http://www.stevemiller.com/db/casing/index.htm>

greifen und sitzt rein rezeptiv vor dem Monitor wie vor dem Fernseher. Verschiedene mediale Strukturen fließen in computergenerierte Filme ein: Computeranimation und Video,[150] Computerspiel und Video,[151] Comic (Druck) und Animation[152] etc. Zwar entstehen in diesen Kombinationen – schön zu sehen insbesondere an dem animierten Comic *Broken Saints* (2002) – modifizierte Formen, bei denen aber ein anderes als das Trägermedium dominiert. Damit wird weder ein fundamentaler Eingriff in die Grundstrukturen der Medien vorgenommen, noch folgt daraus eine wirkliche Veränderung der standardisierten Rezeptionshaltungen – diese Formen erweisen sich als nicht computer- oder netzspezifisch, sondern nutzen die fehlenden Darstellungs- und Rezeptionsstandards, um solche anderer Medien zu oktroyieren.

Medientransfer-Versuche, insbesondere von traditionellen Medien in Computer und/oder Internet, versuchen wiederum, spezifische Eigenschaften zu nutzen, um »Defizite« anderer Medien auszugleichen oder weitere Interpretationsebenen zu öffnen. Im Fall von Literatur sind sie häufig hochproblematisch und beschränken sich auf die Umsetzungen printliterarischer Schreibexperimente in Hypertexten. Implizit legen sie damit nahe, der Hypertext sei die adäquatere Umsetzung. Dabei ignorieren sie jedoch, dass gerade derartige Strategien einen hohen Grad an Reflexion dem ursprünglich gewählten Medium – also dem Buch – gegenüber aufweisen.[153] Anders dagegen Projekte, bei denen der Transfer in ein anderes Medium zu einer völlig neuen Struktur- und Erscheinungsform führt. *The Great Wall of China* führt dies exemplarisch vor, ebenso die Webversion einer Videoinstallation von Friederike Anders, *Das Gedächtnis der Frau in Weiß*[154] (1997). Auch hier wird die ursprüngliche Struktur völlig verändert: In Stills werden die Videobilder dar-

150 Z.B. im *Starwars-Rap* < http://www.amd.co.at/video/starwarz.swf>

151 Z.B. bei *Pong* <http://www.amd.co.at/video/pong.swf>

152 Z.B. »Broken Saints«, <http://www.brokensaints.com>, das im Rahmen des Macromedia-Flash-Wettbewerbs erstellt wurde. (Dank an Martin Jung für diesen Hinweis).

153 Vgl. dazu am Beispiel von Alexander Okupenkos *Lexikonroman* die Kritik von Friedrich W. Block: »Innovation oder Trivialität? Zur hypermedialen ›Übersetzung‹ der Moderne am Beispiel des Elektronischen Lexikon-Romans«, in: Kodikas/Code, in Vorbereitung.

154 <http://www.thing.de/woman_in_white/Frau_in_Weiss/Projekt.html>

gestellt, verlinkte Bildunterschriften führen zu weiteren Segmenten bzw. zu einer Datenbank, in der Materialien zum angeklickten Wort gesammelt sind. Diese sind zwar mit der *Frau in Weiß* in irgendeiner Weise verbunden; es handelt sich jedoch um Bilder aus Zeitungen, Magazinen, Filmen sowie Zeitungsartikeln etc. rund um das jeweilige Stichwort. Die Linearität (also weitgehend festgelegte Bildabfolge) des Videos wird durch den Transfer ins Internet völlig aufgelöst. Ebenso wie *The Great Wall of China* ist Anders' Projekt darauf angelegt, dass sowohl Installation als auch Webseite gemeinsam wahrgenommen werden (sie bezeichnet es als »mixed media installation«). Das *Blairwitch Project*[155] vollzog wiederum einen Transfer vom Hypertext in einen linearen Film – mit den entsprechenden Tributen an die Linearität der Erzählweise, wobei ebenfalls eine Konvergenz zwischen Film und Internetseite angestrebt wurde in dem Sinne, dass weiterführende Informationen im Netz zu finden waren.

Derartige transmediale Projekte in Computer und Internet haben im Grunde nur zwei Möglichkeiten: Sie können den Computer als »Medien-Simulationsmaschine« verwenden und die Struktur eins zu eins übertragen, oder sie passen sich den Spezifika an, dann entsteht ein neues, mit dem ursprünglichen Werk nur noch lose verbundenes Projekt.[156] Dass es bisher kaum gelungene Beispiele für letzteren Fall gibt, deutet darauf hin, dass das Bewusstsein für die medienspezifischen Charakteristika noch nicht stark ausgeprägt ist. Die *Frau in Weiß* ist in ihrer Umsetzung eher enttäuschend, aber sie zeigt insbesondere durch die Integration einer Datenbank, in die auch die Benutzer Material einspeisen können, interessante Ansätze, die weiter ausgebaut werden könnten.[157]

Wie Formen der Intermedialität letztlich aussehen können, ist erst dann abzusehen, wenn Computer und Internet ihre Strukturen herausgebildet haben. *Von Intermedialität kann derzeit allein deswegen nicht die Rede sein, weil es noch keine Programme gibt, die durch die Verschmelzung von Strukturen durchbrochen werden können.* Wie

155 <http://www.blairwitch.com>

156 Ähnliches kennt man von den Literaturverfilmungen, die – befasst man sich mit beiden medialen Formen – meist Irritationen hervorrufen.

157 Vgl. dazu ausführlich Wenz, Karin: »Transmedialization«, in: Block, Friedrich W./Heibach, Christiane/Wenz, Karin (Hg.): *poesis. Poetologie digitaler Texte. Poetics of digital text*, in Vorbereitung.

oben schon festgestellt, ist Intermedialität nicht zuletzt eine rezeptionsästhetische Kategorie – also nur wahrnehmbar, wenn sich bestimmte Verhaltensweisen gegenüber den Medien gefestigt haben, die durch die Einführung anderer Strukturen durchbrochen werden. Dass wir es im Moment erst einmal mit der Modifikation der Zeichensysteme zu tun haben, ist ein eindeutiges Zeichen dafür, dass die Entwicklung noch nicht so weit ist. Denkbar sind allerdings z.B. hypermediale Filmstrukturen, bei denen jedoch die Verlinkung über die Sequentialität des Films dominiert, oder der Einsatz von Datenbanken zur mehr oder weniger freien Kombinierbarkeit unterschiedlicher Elemente, jedoch unter Beibehaltung der auf Sequentialität basierenden narrativen Qualitäten der Buchliteratur. Doch auch hier gilt, dass – sobald medienspezifische Strukturen kulturell akzeptiert und festgelegt sind – das Trägermedium wiederum seine Dominanz zum Ausdruck bringen wird und die Strukturen anderer Medien diesen untergeordnet werden.

Programme für medienspezifische Darstellungsformen

Für eine computer- oder netzspezifische Ästhetik ist es also zunächst notwendig, Standards für die medienspezifische Darstellung der Zeichensysteme auf der Basis der Materialität des Mediums zu erarbeiten sowie entsprechende Rezeptionsprogramme durchzusetzen. Auf dem Wege dorthin arbeiten die meisten Projekte – bis auf die intertextualitätsorientierten – mit dem Prinzip der Interaktivität, wobei diese einen etwas anderen Charakter als bei Medieninstallationen aufweist: Die schon erwähnte mögliche Anpassung von Geräten an die Projektziele bei Installationen führt dazu, dass ein spezieller künstlerischer Raum geschaffen wird. Der Benutzer begibt sich in diesen und weiß, dass dort andere Regeln herrschen, die er erst erschließen muss. Literatur im elektronischen Raum arbeitet jedoch in einem Bereich mit fließenden Übergängen von pragmatischer und künstlerischer Nutzung. Der Benutzer verwendet Computer und Internet primär als Arbeitsmedien und bildet bestimmte Verhaltensweisen heraus, die allerdings meist noch auf der Sozialisierung mit »alten« Medien beruhen (ebenso wie die Anwenderprogramme, mit denen er arbeitet, sich häufig noch an der Struktur der Buchseite orientieren, wie z.B. Microsoft Word oder der Adobe

Acrobat). Die Netzkunst unterläuft diese Verhaltensweisen mit ihren häufig restriktiven Konzepten von Interaktivität und erzielt dadurch möglicherweise ein intensiveres Reflexionsniveau als Installationen im explizit gekennzeichneten künstlerischen Raum. Für die Rollenverteilung jedoch ändert sich gegenüber den Installationen nicht viel: Die meisten Projekte sind künstlerorientiert und eindeutig einem Urheber zuordenbar, der Rezipient nimmt eher die Rolle eines Spielers ein, der die Regeln des jeweiligen Projekts zu erschließen und zu nutzen versucht. Gerade dadurch wird er mit seinen standardisierten Verhaltensweisen konfrontiert, die den gestellten Anforderungen jedoch zumeist nicht genügen.

Die erwähnten Projekte befinden sich insofern in einer notwendigen Stufe der Gegenabhängigkeit, die mit computer- und netzspezifischen Darstellungsformen experimentiert und damit die Darstellungs- und Rezeptionsprogramme der Buchkultur radikal für untauglich erklärt. Einerseits reagieren sie auf die bisherigen Rezeptionsprogramme und unterlaufen sie durch Möglichkeiten der Transformation und Bewegung einstmals statischer Zeichenrepräsentationen – insbesondere in Bezug auf den Text (das gilt vor allem für *The Great Wall of China* und *BEAST*). Andererseits aber bergen sie schon Ausblicke auf eine künftige computer- und internetspezifische Darstellung der Codes, wie *Yatoo* zeigt, das zwar einerseits die Sprache dekonstruiert, andererseits aber auch die Möglichkeit des Verstehens beibehält (vgl. Tabelle 2, die die Struktur der Projekte noch einmal zusammenfasst).

Die Bedeutungskonstituierung erfolgt bei fast allen Projekten nicht mehr über die traditionelle Codesemantik, sondern durch die spezifische Struktur. Wie bei der Konzeptkunst erschließt sich der Sinn in erster Linie aus der Kenntnis der zugrunde liegenden Konzepte. Diese *Konzeptualisierung* ist vermutlich eine Übergangsphase bei der Suche nach medienspezifischen Codedarstellungen und wird wohl darauf hinauslaufen, dass der Text, ebenso aber auch Bild und Ton neben ihren traditionellen semantischen Dimensionen neue Funktionen erhalten werden, die sich aus ihren dynamischen und transformativen Potentialen entwickeln. Daher ist auch abzusehen, dass neben der Schrift die gesprochene Sprache als gleichwertiger literarischer Code Bedeutung erlangen wird.

Gerade in ihrer »historischen« Zwischenverortung jedoch demonstrieren auch alle Projekte, *dass sich eine computer- und netzspe-*

Projektart	Produktionsform	Darstellungsform	Projektcharakter
Intertextuell	Künstlerorientiert (Hypertext)	Aufbruch des Werks durch explizite Intertextualität –>Konzeptualisierung	- statisch - abgeschlossen - speicherbar
Automatisierte vernetzte Textgenerierung	Künstlerorientiert / automatisiert	De-Kontextualisierung vernetzter Dokumente (Collage)/Modifikation der Dateninter-pretationsparadigmen –>Konzeptualisierung	- prozessual - nicht speicherbar - rekursiv - zufalls-orientiert - arbiträre (Programmier-) Paradigmen
Dynamischer Text	Künstlerorientiert	Sichtbare Performanzen –>Polysemie	- performativ - abgeschlossen - speicherbar
Intersemiotisch/ transformativ (Softwarebasiert)	Künstlerorientiert / automatisiert	Verschmelzung/ Transformation der Codes –>Funktionsaufhebung –>Konzeptualisierung	- performativ - speicherbar/ - nicht speicherbar - rekursiv - arbiträre (Programmier-) Paradigmen

Tabelle 2: Darstellungsästhetik: Charakteristika der Projekte unter den Perspektiven der Produktions- und Darstellungsformen sowie der Projekteigenschaften

zifische Ästhetik vermutlich nicht unabhängig von der Etablierung darstellungs- und rezeptionsorientierter Standards herausbilden wird. Sie reagieren in erster Linie auf soziokulturelle Programme, die unter anderen medialen Bedingungen herausgebildet wurden: die normierte Darstellung von Informationen, festgelegte Funktionalitäten der Codes, Lesen und Betrachten als Rezeptionsprogramme. In Zukunft werden vermutlich dynamische Präsentationsformen, funktional differenzierte Softwareprogramme, die von geschulten Nutzern an die eigenen Bedürfnisse angepasst werden können, sowie neue Funktionen alter Codes, ebenso wie möglicherweise neue Codes herausgebildet werden, die mit den Programmen der alten Medien interagieren.

Für die Literatur heißt das, sowohl die ästhetische Nutzung von Software zu berücksichtigen als auch die Rolle des Textes im Verbund mit anderen Codes im Kontext seiner neuen Funktionalitäten zu analysieren. Alle mit Sprache arbeitenden Experimente gehören dabei in den Gegenstandsbereich der Literaturwissenschaft – auch wenn andere Codes gleichwertig oder sogar dominierend sind.

Medienästhetik (Ontologie): Konzepte der Medienstruktur-Nutzung

Das Internet stellt sich derzeit als ein Raum dar, der (noch) über keine festen Abgrenzungen verfügt. Einerseits ist dies auf die noch nicht ausdifferenzierte Funktionalität des Netzes zurückzuführen, andererseits aber scheint es sich – und das wird durch die bisherigen Beispiele bestätigt – um eine inhärente Eigenschaft des Netzes zu handeln, die aufzuheben es gleichzeitig eines seiner Potentiale zu berauben hieße. Das Spiel mit der weltweiten Menschen- und Dokumentenvernetzung stellt ein wesentliches Kennzeichen von Literatur im elektronischen Raum dar; es führt zu Genreauflösungen durch den Ausbruch aus einem spezifisch als künstlerisch gekennzeichneten Rahmen. Die Initiativen, Kunst und Leben miteinander im Netz zu verbinden, brauchen den künstlerischen Raum nicht aufzubrechen, weil es ihn noch gar nicht gibt. Die fehlenden Systemabgrenzungen haben daher signifikante Effekte auf die Ausformungen gesellschaftskritischer Netzkunst. Ursache dafür sind – auch hier wieder – nicht zuletzt die fehlenden Standardisierungen, die einen erkennen lassen, ob etwas in der Kunst oder in der Alltagswelt verankert ist. Per se sind derartige Tendenzen durch eine gesellschaftskritische Ausrichtung gekennzeichnet, im Netz allerdings nehmen sie noch eine weitere Dimension an: die der Technologiekritik und medial-selbstreferentiellen Satire. Beide Konzepte stellen – mit unterschiedlichem Hintergrund – das Kunstwerk in Frage, das gerade durch Etablierung von Abgrenzungsmechanismen zwischen Kunst und Leben erst entstehen konnte.

Aktionen und Fakes: Das Netz als politischer Raum

Politkünstlerische Initiativen im Netz bedienen sich zweier, aus der Kunsttradition entstammender Konzepte: dem Fake und der Aktion, die durch Integration der Kunst in einen alltagsweltlichen Rahmen gekennzeichnet ist. Letztere sind ein Teilbereich dessen, was Inke Arns als »Netzaktivismus« bezeichnet. Hierbei unterscheidet sie folgende Strategien: den Hacktivismus und den »ermöglichenden Einsatz« des Internets zur Etablierung von politischer Kommunikation (wie z.B. bei den Protestaktionen gegen wirtschaftliche Globalisierungstendenzen seit 1998, zuletzt auch bei den tragischen Ereignissen rund um den G-8-Gipfel in Turin 2001).[158] Gerade letztere Kategorie macht deutlich, wie schwierig in diesem Bereich die Abgrenzung zwischen Kunst und Politik ist. Geht man davon aus, dass Kunst das ist, was von einer Gesellschaft als solche bezeichnet wird, so stößt man sofort auf unterschiedliche Kategorisierungen. Die meisten politkünstlerischen Strategien rekurrieren implizit oder explizit auf einen institutionellen Kunstkontext, den sie eigentlich überschreiten wollen. Dies war nicht zuletzt auch das Dilemma der Happening- und Aktionskunst. Holger Kube Ventura verweist dabei zu Recht auf den engen Zusammenhang zwischen der Katalogisierung von Kunst als »politischer Kunst« und den kunstwissenschaftlichen Konstruktionsmechanismen: »Da sowohl Kunst als auch Politik stets undefiniert bleiben, kann ›politische Kunst‹ auf verallgemeinernder Ebene nicht neutral begründet, sondern nur behauptet werden. Also ist die kunsttheoretische Konstruktion ein Politikum.«[159] Insofern stellt sich die Frage, wann derartige Projekte als Kunst zu bezeichnen sind: M.E. kann dann von Kunst die Rede sein, wenn sich in irgendeiner Form auf künstlerische Strategien bezogen wird oder das Projekt sich selbst als Kunstprojekt bezeichnet. *Da eine Gesellschaft immer für sich definiert, was sie als Kunst akzeptiert und was nicht, umfasst die Erweiterung durch die Selbstbezeichnung als Kunst auch die Möglichkeit, über kanonische Definitionen hinauszugehen und mögliche zukünftige Formen von Kunst als solche akzeptieren zu können.* Zumindest kann die Selbstetikettierung als Kunst darauf hindeuten, in welche Richtung der Kunstbegriff möglicherweise erweitert werden könnte, ohne dass auf bestehende ästhetische Bewertungsparadigmen zurückgegriffen werden müsste.

Ich bezeichne daher im folgenden solche Projekte als (netz-)künstlerische, die zwar einerseits dem Netzaktivismus zuzuordnen sind, andererseits aber dem entsprechen, was Ventura als »Kunst mit *politics*« bezeichnet – Strategien, die nicht nur gesellschaftliche Probleme aufgreifen, sondern sich gleichzeitig auch gegen ästhetische

158 Vgl. Arns, Inke: »This is not a toy war: Politischer Aktivismus in Zeiten des Internet«, in: Münker/Roesler, *Praxis Internet*, S. 37-60 (hier: S. 44).

159 Kube Ventura, Holger: *Politische Kunst Begriffe in den 1990er Jahren im deutschsprachigen Raum*, Wien 2002, S. 29.

Normen richten und durch diesen doppelten Protest als Kunst gekennzeichnet sind.[160] Darüber hinaus zähle ich ebenso Aktionen zur politischen Kunst, die zwar gesellschaftspolitische Ausrichtung haben, sich aber selbst gleichzeitig als Kunst bezeichnen und dadurch bestimmte künstlerische Darstellungsstrategien adaptieren. Damit allerdings fallen rein politisch motivierte Protest-Organisationen oder auch die Etablierung von Kommunikationswegen für Kriegsgebiete, wie z.B. Zamir-Netzwerk[161] nicht unter die Kategorie »politische Kunst«.

Paradigmatisch für den künstlerisch inszenierten Einsatz von Fake und Aktion ist die aus teilweise nicht näher identifizierbaren und wechselnden Künstlern bestehende Gruppe R™ark. Ihre Mitglieder arbeiten – ähnlich wie Luther Blissett – inkognito. Neben ihrer Arbeit im Internet stellt R™ark auch Bezahlung für (harmlose) Sabotageakte[162] und politkünstlerische Aktionen in Aussicht. Eine ganze Liste mit Projekten ist auf ihrer Webseite zu finden, inklusive der Möglichkeit, sich auf einer projektbezogenen Mailingliste anonym mit anderen Interessenten auszutauschen. Teilweise wird Bezahlung in Aussicht gestellt: Für die Aktion »media net« z.B. erhält man ein Entgelt von 150 $:

160 Vgl. Kube Ventura, Politische Kunst Begriffe, S. 18/19.

161 Das Zamir-Netzwerk wurde während der Besetzung von Sarajewo eingerichtet und stellte teilweise die einzige Verbindung der Bewohner zur Außenwelt dar. Die Kommunikation wurde im BBS Bionic gebündelt und von dort aus weitergeleitet. S. auch: Skorc, Ivo: »Zamir – Friedensnetzwerk im Kriegsgebiet«, in: Bollmann/Heibach, Kursbuch Internet, S. 156-162.

162 Eine dieser Aktionen wurde 1996 von Jacques Servin, dem Künstler hinter *BEAST*, durchgeführt und ging in den USA durch die Presse. Servin arbeitete für eine große Firma an der Programmierung des Computerspiels *SimCopter*, das als CD-ROM vertrieben wird. Die Protagonisten dieses Spiels, die »Sims«, waren – was Aufschluss über die Zielgruppe gibt – größtenteils weiblichen Geschlechts. Jacques Servin programmierte nun einige männliche Sims, muskelbepackt und in kessen Badeanzügen, die von Zeit zu Zeit unerwartet auftauchten und das Spielszenario durchquerten, alles küssend, was ihnen dabei in den Weg kam (auch einander). Als dieser – eigentlich eher harmlose – Programmiergag entdeckt wurde, wurde Servin fristlos entlassen, da diese »maskuline« Ästhetik in den Augen der Firmenleiter einen entscheidenden Eingriff in die Verkaufsstrategie des Produkts bedeutete. Servins Aktion zielte in erster Linie darauf ab, den extrem auf die heterosexuelle männliche Bevölkerung abgestimmte Computerspielmarkt zu provozieren und die Fixierung auf eine einzige Zielgruppe deutlich zu machen.

»Hack the NY Times World Trade Center victims obituaries page and add the names of the innocent Afghanis who have been slaughtered by US bombing. Afghan obits must be real, i.e. photos and descriptions of actual Afghan bombing victims.«[163]

Die Umsetzung des Konzepts »Media Health« bringt 300 $ ein:

»To replicate successful US foreign aid on the home front, create and drop food bombs on impoverished areas of the United States. This project seeks private pilots as well as investors.«

R™ark nutzt den Spielraum der technischen Vernetzung, um Konzepte für Aktionen bereitzustellen, die von jedem Nutzer aufgegriffen werden können, ohne dass Ort und Zeit der Aktionen an eine zentrale Organisationseinheit gebunden sind. Wie das Beispiel von Jacques Servin zeigt, übernehmen sie allerdings bis zu einem gewissen Grad die Publicity- und Dokumentationsarbeit – denn was nützt die schönste Aktion, wenn keiner sie bemerkt? Allerdings arbeiten sie vor allem mit ihrer Projektliste auf doppeltem Boden: Sie fordern durchaus ernsthaft zur Aktion auf, inszenieren aber gleichzeitig schon allein durch die Beschreibung: Die Vorgabe des Settings und der durchzuführenden Handlungen erzeugen einen satirischen Effekt, der einerseits die politkünstlerische Aktion ironisiert, andererseits durch die reine Schilderung der Aktion schon gegen die Politik protestiert. Dadurch virtualisieren sie die Aktionen – sie müssen im Grunde gar nicht mehr stattfinden, um verstanden zu werden – und etablieren ein neues Konzept netzgemäßer konzeptueller Polit-Kunst, das auf rein sprachlicher Beschreibung beruht. Diese »Virtualisierung« sollte aber nicht darüber hinwegtäuschen, dass R™ark durchaus auch zur Tat schreiten kann, wie sie es 1999/2000 in ihrem bisher öffentlich wirksamsten »Coup« in Kooperation mit der Schweizer Künstlergruppe etoy taten: im *Toywar*. Dabei ging es um die Rettung der Domain »etoy.com«, die seit 1995 in Besitz der Künstlergruppe war und die Aktionsplattform für ihre Netzprojekte darstellte. Die US-amerikanische, reine Internet-Firma eToys, ein Spielwarenhersteller, erhielt ausgerechnet kurz vor dem Weihnachtsgeschäft empörte Rückmeldungen von Kunden, die statt zu »etoys.com« auf der Webseite von »etoy.com« gelandet waren und sich durch die – ausgerechnet die Kommerzialisierung ironisieren-

163 <http://www.rtmark.com/listallprojects.html>

de – Webseite verprellt fühlten. eToys sah sein Geschäft bedroht und klagte die Schließung der etoy-Domain bei einem amerikanischen Gericht ein, bekam in erster Instanz auch Recht, obwohl sie ihre Domain später angemeldet hatten als etoy.[164] Ein Sturm der Entrüstung ging ob dieses Urteils durch die Netzkunstwelt; ein umfassender strategischer Plan wurde entwickelt, der eToys unter Druck setzen sollte. Da die Firma rein virtuell operierte, war sie extrem angreifbar – die Lahmlegung der Webseite durch ein »Virtual Sit-In« sollte das Weihnachtsgeschäft verderben, eine E-Mail-Kampagne an die eToys-Aktienbesitzer, -Angestellten und -Manager lief an und trug dazu bei, den – allerdings ohnehin schon absinkenden – Aktienkurs von eToys binnen einiger Wochen von über 60 US-$ auf unter 20 $ zu drücken; Etoy selber rief den *Toywar*[165] aus, an dem sich über tausend »Agenten« in verschiedenen Funktionen beteiligten. Auf dem virtuellen Schlachtfeld von *Toywar* tummelten sich die Soldaten und konnten durch ihre Aktionen Energiepunkte und Etoy-Aktien erwerben; bei Inaktivität starben sie (immerhin) den Heldentod und wurden im virtuellen Atlantik seebestattet.

So spielerisch die künstlerische Umsetzung dieser weltweiten Kampagne nach außen hin erschien, so sehr war sie doch bitterer Ernst. Es ging hierbei um einen ganz prinzipiellen Widerstand gegen die so genannten dotcom-Firmen, deren Traum vom Internet als riesigem virtuellen Marktplatz den Freiheitsphantasien eines grenzenlosen Netzes entgegenstehen. Der Krieg um die Domains, der nach wie vor überall geführt wird, ist dabei nur ein Ausdruck dieser Tendenzen. Die Aktion *Toywar* hatte schließlich den gewünschten Erfolg: eToys zog Anfang 2000 seine Klage zurück, etoy erhielt seine Domain wieder. Nach Beendigung des gerichtlichen Konflikts waren die eToys-Aktien von 67 $ auf 15 $ gesunken. Allerdings führte die enorme Publizität, die diese Aktion durch geschickte Selbstinszenierung erhielt, dazu, dass sie ein Einzelfall blieb. R™ark listet auf seiner Webseite zahlreiche andere, ähnliche Konflikte auf, die jedoch in keiner Weise ähnliche Aufmerksamkeit, geschweige denn derart weitreichende Aktionen nach sich zogen. Zudem war auch hier – und dies widerspricht dem idealistischen

164 Vgl. Stalder, Felix: »Spielzeugkriege«, in: *Telepolis*, 8. 12. 1999, <http://www.heise.de/tp/deutsch/inhalt/te/5568/1.html>

165 <http://www.toywar.com> (nicht mehr im Netz), Dokumentation unter: <http://www.rtmark.com/etoymain.html>

Diktum von der a-hierarchischen Vernetzung – eine zentrale Stelle, nämlich der Kern der R™ark- und etoy-Aktiven, vonnöten, um die Strategie in die Tat umzusetzen und zu koordinieren – die Auszeichnung für die Aktion durch die Ars Electronica ging somit auch nur an die Initiatoren, auch wenn die Einreichung aus einer Liste aller Beteiligter bestand.

Die Strategie wiederum konnte nur deshalb so erfolgreich sein, weil sie die Mittel des Netzes gegen eine Firma richtete, deren Geschäft nur auf der Netztechnologie aufbaute. Letztere hat sich für die Anwendung klassischer Marktstrategien bisher als nicht sehr geeignet erwiesen. Im Gegensatz zu der allgemeinen Enttäuschung über floppende dotcom-Firmen deutet deren Scheitern jedoch nicht auf eine Untauglichkeit des Netzes für den Markt hin, sondern auf die Inkompatibilität der herkömmlichen Marktstrukturen für die Eigenschaften des Netzes. Wie schon die Versuche im künstlerischen Bereich gezeigt haben, eignet es sich nicht für den Transfer von herkömmlichen Marketing- und Vertriebskonzepten, und es ist fraglich, ob der Trend zur Virtualisierung von Unternehmen überhaupt den Bedürfnissen der Konsumenten entspricht. Zu vermuten ist vielmehr, dass das Netz kommerzielle Unternehmen in bestimmter Hinsicht unterstützen kann: z.B. durch zusätzliche Informations- und Kommunikationsangebote, die die Kundenbindung erhöhen können; es bleibt jedoch zweifelhaft, ob es die reale Präsenz völlig ersetzen kann.[166] R™ark und etoy bekämpften das Unternehmen mit den Mitteln, die ihnen das Netz zur Verfügung stellte – und da diese gleichzeitig die Geschäftsbasis von eToys ausmachten, waren sie extrem wirkungsvoll. Allerdings bleibt nach wie vor intransparent, welchen Einfluss die Kampagne auf den Niedergang der Firma hatte – die künstlerische Inszenierung der Aktion, die Teil des gesamten Unternehmens war (und gleichzeitig professionelle PR-Maßnahmen ironisierte), mag darüber hinwegtäuschen, dass es de facto mehr um Aufmerksamkeit als um wirtschaftspolitisches Handeln ging. Die Selbstdeklarierung der Aktion als Kunst – reprä-

166 Diese Tendenz, alle Geschäftsvorgänge ins Netz zu verlagern, bewegt sich zwischen Abhängigkeit und Gegenabhängigkeit – die Strukturen, die übertragen werden, beruhen auf den Traditionen der Industriegesellschaft, der Versuch, die reale Präsenz auf ein Minimum zu reduzieren, kann als gegenabhängige Strategie gelesen werden.

sentiert im *Toywar*-Schlachtfeld – erwies sich dafür als äußerst wirksame Strategie.

Vom Konzept her ähnelt *Toywar* dem Prinzip der Aktionen – Kunst in den gesellschaftlichen, öffentlichen Raum hinauszutragen und dort zu etablieren –, allerdings mit lebensweltlichen Konsequenzen. Die Strategie des Selbstmarketings konnte nicht zuletzt deshalb derart erfolgreich sein, weil sie in demselben Medium erfolgte, in dem auch die Aktion stattfand. Erst dadurch konnten die vielen Unterstützer mobilisiert werden, die z.T. Protestwebseiten ins Netz stellten, sich aber auch an den Sit-Ins und den E-Mail-Aktionen beteiligten. Problematisch ist allerdings doch die zentrale Organisation. Nicht umsonst wurde die Metapher der Armee für die Repräsentation der Aktion gewählt. Insofern steht auch diese bisher einmalige Aktion zwischen Abhängigkeit und Gegenabhängigkeit – R™arks Projektliste erscheint unter diesem Aspekt netzspezifischer, weil sie auf eine Zentralisierung der Durchführung der vorgeschlagenen Aktionen verzichtet und mit unabhängigen »Saboteuren« arbeitet.

R™ark ist ebenfalls »führend« in der Anwendung des Fakes, der – im Unterschied zum klassischen Begriff der Fälschung – eine »künstlerische Strategie, die sich von vornherein selbst als Fälschung bezeichnet«,[167] darstellt. Im WWW kann diese »Selbstbezichtigung« jedoch leicht unterlaufen werden, wenn die notwendigen Hintergrundinformationen bzw. der metakommunikative Rahmen fehlen. R™ark arbeitet nämlich in erster Linie mit Parodien von Webseiten, die in URL und Design möglichst eng an die Originale angelehnt werden. So fälschten sie z.B. kurz vor den österreichischen Parlamentswahlen 1999 die Homepage der FPÖ (Freiheitliche Partei Österreichs).[168] Indem sie deren politisches Programm satirisch präsentierten und dadurch dessen Verbindung zu explizit rechtsradikalen Inhalten entlarvten, unterliefen sie die Glaubwür-

167 Vgl. Römer, Stefan: *Künstlerische Strategien des Fake. Kritik von Original und Fälschung*, Köln 2001, S. 14. Römer verortet den Fake allerdings rein im institutionellen Kontext der Kunst und damit als »innerkünstlerische« Strategie, ohne weiter auf das in den meisten seiner Beispiele ebenfalls thematisierte Verhältnis zwischen Kunst und Gesellschaft einzugehen.

168 Diese Seite hat die URL <http://www.fpo.at>, während das Original unter <http://www.fpoe.at> läuft. Da sich Umlaute in den URLs nicht umsetzen lassen, ist die R™ark-Version eine durchaus nahe liegende für den »seriösen« Sucher der FPÖ-Webseite.

digkeit der Partei. <GWBush.com>,[169] eine Fake-Seite des damaligen Präsidentschaftskandidaten und eine Seite zum Gatt (General Agreement on Tariffs and Trade)[170] folgten kurz hintereinander; eine weitere nahm Rudolph Giuliani aufs Korn.[171] Der ahnungslose Besucher steht zunächst vor einem Rätsel, wenn er nach Informationen über die betreffenden Personen oder Organisationen sucht und auf diese Seiten stößt. Das Vertrauen in die Wahrheit des Wahrnehmbaren ist immer noch so groß, dass man – so nicht die Kategorie »Fiktion« explizit ausgewiesen ist – zunächst tatsächlich Existierendes unterstellt. Zwar sind die Webseiten auf der R™ark Homepage eindeutig als Fälschungen ausgezeichnet, ebenso wurden sie in den entsprechenden Mailinglisten als solche angekündigt, jedoch muss der Besucher Teil dieses speziellen Diskurses sein, um dies zu erfahren. Im Gegensatz zu Fakes, die im klassischen Kunstkontext verbleiben und so ihren Charakter als Fälschung offenbaren können, ohne missverstanden zu werden, bestehen diese Abgrenzungen im Netz nicht.

Ähnliches gilt für Fakes, die den e-commerce ironisieren. Jennifer und Kevin McCoys virtuelles Kaufhaus *Airworld*[172] (1999) erweckt den Eindruck einer realen kommerziellen Webseite – nur dass die Texte aus verschiedenen Firmenseiten kompiliert werden und selbstverständlich keine realen Produkte erhältlich sind. *Tyrell.Hungary* (1998, → **CD**) der ungarischen Künstlergruppe EastEdge[173] bietet dem ahnungslosen Besucher zahlreiche gentechnologische Dienstleistungen an, u.a. seinen persönlichen Sklaven nach gewünschten Vorgaben genetisch zu erzeugen oder den eigenen genetischen Code wunschgemäß verändern zu lassen. Ebenso wird erfolglosen Unternehmen angeboten, sich einen komplett neuen Kundenstamm für ihre absatzschwachen Produkte erzeugen zu lassen, oder erfolglosen Medizinern die Bestellung neuer Seuchen empfohlen, für deren Bekämpfung dann öffentliche Gelder beantragt werden können. Diese eindeutig science-fiction-artigen Produktangebote entlarven *Tyrell.Hungary* zwar als Fake, dennoch

169 Seine eigene Webseite hatte die URL <http://www.GeorgeWBush.com>

170 <http://www.gatt.org>, Original: <http://www.wto.org>

171 <http://yesrudy.com>, Giulianis Webseite hat die URL <http://rudyYes.com>

172 <http://www.airworld.net>

173 Bestehend aus Daniel Molnár, Gergely Antal, Ákos Maróy, Máté Zimmermann und Sándor Szabó, <http://tyrell.hu>

ist die Seite realistisch genug aufgebaut, um zunächst zu irritieren. Durch den scheinbar nicht-fiktionalen Kontext erhalten die Service-Angebote eine Aktualität, die schockierend wirkt, zumal nichts davon wirklich undenkbar ist. *Tyrell.Hungary* leistet Tribut an die Digitalisierung und die Biowissenschaften gleichzeitig und koppelt geistige mit genetischer Manipulation. Allein das Angebot, sich einen Kundenstamm für seine Produkte erschaffen zu lassen, erzeugt einen »Aha-Effekt« – in einer so stark auf Marktwirtschaft ausgerichteten Gesellschaft wie der westlichen ist eine solche Entwicklung durchaus denkbar. Die Kausalität von Angebot und Nachfrage wird umgedreht, die Bedürfnisse werden erzeugt, nachdem die Produkte vorhanden sind, nicht mehr das Angebot an der Nachfrage orientiert. Dass gerade dieses Prinzip mittlerweile die Grundlage der Marktwirtschaft bildet (und sie somit als ein komplett selbstreferentielles System ausweist), ist nichts Neues, worauf es aber in Kombination mit einer ungehinderten Nutzung aller Wissensressourcen hinauslaufen könnte, macht sich kaum jemand bewusst.

Solche Fake-Versuche sind im elektronischen Raum unendlich leichter möglich und daher auch relativ zahlreich. Im real life sind derartige Projekte mit ungeheurem Aufwand verbunden und daher entsprechend seltener.[174] Virtuelle Firmen brauchen dagegen nur eine Webseite, um den Benutzer täuschen zu können.

Fakes unterliegen allerdings einer gewissen Paradoxie: Sie wirken erst dann, wenn sie als solche erkannt werden. Im WWW stehen die fehlenden Kategorisierungen letztlich dagegen – zahlreiche Besucher werden vermutlich die Fälschung gar nicht als solche erkennen. Dadurch muss die Zugehörigkeit zum Kunstraum explizit wiederhergestellt werden, um wirksam zu werden. Die Anwendung dieser »traditionellen« Strategie transferiert damit letztlich ein altes Konzept ins Netz und kann die Möglichkeiten der fehlenden Systemgrenzen nicht wirklich nutzen. Sie muss rückgebunden werden an alte Grenzziehungen und ist – trotz ihrer Wirkung – ästhetisch gesehen traditionell ausgerichtet.

Dagegen zeigen Projekte wie Dragan Espenschieds und Alvar Freudes *Insert_Coin*[175] (2001), welches satirische Potential das Netz

174 Paradebeispiel ist Res Ingolds *Ingold Airlines*, ein Pseudo-Unternehmen, das sich jahrelang nach außen hin als Fluglinie darstellte und angeblich v.a. im Kunstsponsoring tätig war. Vgl. Römer, Fake, S. 240 ff.

175 <http://www.online-demonstration.org/insert_coin/>

aufgrund seiner Dezentralität und fehlenden kulturellen Standardisierungen birgt. Zwei Monate lang hatten sie unbemerkt zwischen dem Server und dem Intranet ihrer Hochschule einen Proxy-Server installiert und alle in den Computerpools vorhanden Geräte auf diesen Server eingestellt, so dass die abgerufenen Seiten gefiltert und leicht modifiziert wurden. Mit einfachen kleinen Programmen gaben sie z.B. den Befehl, in allen Artikeln den Namen »Schröder« durch »Kohl« zu ersetzen, »Deutschland« durch »Das Reich«. Die URL des *Spiegel* führte zur Webseite von *Focus* und umgekehrt. Auf der Suchmaschine Google fand man plötzlich eine Aufforderung, Webseiten mit vermeintlich rechtsradikalen oder anderweitig anrüchigen Inhalten an eine zentrale Bundesstelle zu melden. Zahlreiche solcher kleiner Manipulationen wurden festgelegt und automatisch ausgeführt. Keiner der Benutzer reagierte auf diese Merkwürdigkeiten, teilweise wurden sie bemerkt, aber Fehlern der jeweiligen Redakteure oder Seitenbetreiber zugeschrieben. Das Bewusstsein für das Manipulationspotential, das das Internet aufgrund seiner technischen Basis und seiner spezifischen Organisation in zwar dezentrale, aber funktional differenzierte Knotenpunkte bietet, war offensichtlich bei kaum einem Nutzer vorhanden.

> »Das Internet ist keinesfalls unkontrollierbar, ohne Hierarchien oder unabhängig von bestehenden Machtverhältnissen. Und die Benutzer bewegen sich unmündig in einem Medium, das jeden Tag mehr Bedeutung in Politik, Wirtschaft und Privatleben gewinnt.«[176]

Eklatant trat dies zutage, als aufgrund technischer Wartungsarbeiten der Umleitungsmechanismus entdeckt wurde. Espenschied und Freude schickten per E-Mail eine Erklärung an alle Nutzer inklusive Anleitung zum Ausschalten des Proxy-Servers, doch kaum jemand reagierte darauf bzw. unterzog sich der Mühe, die Anleitung auszuführen. Das Experiment zeigt deutlich, wie stark die Standards der Buchkultur nach wie vor wirken: Fehler werden den Individuen zugeschrieben, auf die die Webseiten zurückgeführt werden, alles andere wird unkritisch hingenommen. Offensichtlich fehlt es bis dato an der technischen Kompetenz, die es erlaubt, zumindest die Prinzipien der Internet-Funktionen zu kennen und kritisch damit

176 Espenschied, Dragan/Freude, Alvar: *Insert_Coin. Verborgene Mechanismen und Machtstrukturen im freiesten Medium von Allen*, Stuttgart, 16. 10. 2001, <http://www.online-demonstration.org/insert_coin/>

umzugehen. Die Möglichkeiten der Manipulation werden verdrängt bzw. sind in keiner Weise präsent.

Kunst oder Literatur?

Die künstlerische Nutzung des unabgegrenzten elektronischen Raums entzieht sich einer strikten Kategorisierung zum Bereich Kunst oder Literatur. Die Kunst hat eine sehr viel längere Tradition der politkünstlerischen Aktionen; insofern läge es nahe und wäre keinesfalls falsch, die Projekte dort zu klassifizieren. Jedoch basieren alle Projekte nicht unwesentlich entweder auf Kommunikation oder auf Text: *Toywar* konnte aufgrund der Nutzung verschiedener sprachbasierter Internet-Dienste den entsprechenden »Info-War« führen; ebenso wie die Koordination der Aktionen ständige Absprachen zwischen den Beteiligten erforderte. Im Gegensatz zu den kollektiven Projekten wurde die Kommunikation jedoch nicht für einen ästhetischen Zweck genutzt, sondern es wurde eine zielgerichtete lebensweltliche Aktion ästhetisiert. Ähnliches gilt für Fakes, die weniger Sprachkunst als Sprachprovokation betreiben. Auch sie funktionieren nicht ohne Sprache. Derartige Dynamiken in den Bereich der Sprachkunst einzugliedern bedeutet, dass die Abgrenzung zwischen Literatur und Kunst zukünftig erheblich erschwert wird. Allerdings könnte dieses Problem damit gelöst werden, dass ein multiperspektivischer Zugang gewählt wird: Betrachtet man sie als Sprachkunst, dann geht es in erster Linie um die Mechanismen des Einsatzes der Sprache zur Umsetzung der gewählten Ziele. Dazu gehören – ähnlich wie bei den intersemiotischen und transformativen Projekten – auch die Beziehung zu anderen Codes (z.B. die Funktion der Bild-Text-Relation), ebenfalls aber die kommunikativen Dynamiken, die zur Durchführung von Aktionen notwendig sind. Darüber hinaus wäre zu fragen, inwieweit die Nutzung der Programmierung abseits definierter künstlerischer Räume eine ästhetische Strategie sein kann – so wird immer wieder auch diskutiert, ob Viren in den Bereich der Kunst einzuordnen sind. Das Frankfurter Museum für Angewandte Kunst widmete diesem Thema jüngst eine ganze Ausstellung.[177] Da gerade Viren mit

177 »I Love You. Computer. Viren. Hacker. Kultur.« Ausstellung im Frankfurter Museum für Angewandte Kunst, 23. 5.-23. 6. 2002.

sprachlichem Code arbeiten, ist diese Frage auch für die Literatur virulent.

Die Einordnung derartiger Phänomene wird vermutlich in enger Oszillation mit den zu entwickelnden ästhetischen Bewertungskriterien und der kulturellen Akzeptanz des Netzes erfolgen. Ob dieses ein Raum bleibt, der auch in Zukunft nur mit einem Minimum an metakommunikativen Zuschreibungen aufwarten kann, bleibt abzuwarten. Die ästhetischen Subversionsstrategien werden sich mit der entsprechenden soziokulturellen Entwicklung des Netzes jedenfalls entsprechend verändern müssen.

Codework: Medienspezifische Eigenschaften als Ausdrucksmittel

Aus diesem Grund – weil es in Bezug auf das Netz sowohl an Standardisierungen als auch am notwendigen kritischen Bewusstsein fehlt – hat eine weitere Gruppe von Projekten, zu denen auch schon *Insert_Coin* gehört, derzeit große Konjunktur: Initiativen, die selbstreferentiell und ironisch das Medium verfremden und dadurch Inadäquanz von Verhaltensweisen, die an anderen Medien ausgebildet wurden, ins Bewusstsein bringen. In gewisser Weise gehören z.T. auch die schon erwähnten Experimente mit neuen Formen der Textdarstellung in diese Gruppe hinein – allen voran die alternativen Browser, aber auch Simon Biggs' *The Great Wall of China* und Jacques Servins *BEAST*, die bestimmte kulturelle Rezeptionsprogramme außer Kraft setzen, indem sie die performativen Eigenschaften des Mediums nutzen.

Selbstreferentielle Netzkunst reflektiert allerdings nicht nur das Verhalten des Benutzers, sondern auch die Struktur des Computers bzw. des Internets, insbesondere den Aufbau aus verschiedenen Code-Ebenen, der Sybille Krämer von einer »symbolischen Maschine«[178] sprechen lässt. Auf dem Basissymbol für das Digitale, den beiden Zuständen 0 und 1, bauen verschiedene Übersetzungsebenen auf (Assemblersprachen, Programmiersprachen, normalsprachliche

178 Vgl. Krämer, Sybille: *Symbolische Maschinen. Die Idee der Formalisierung in geschichtlichem Abriß*, Darmstadt 1988.

Erscheinungsform sowie beim Internet noch die HTML-Codierung der Seiten), von denen der Benutzer nur die Anwenderoberfläche zu sehen bekommt. Diese verborgenen Symbolebenen führen zu einem Entfremdungseffekt, da der Benutzer zwar durch seine Interaktionsbeziehung mit ihnen konfrontiert ist, ohne sie jedoch kontrollieren zu können. Im Gegensatz zu allen anderen technischen Medien agiert der Computer nur auf Befehlseingabe und eröffnet damit einen viel weiteren Handlungsspielraum als die anderen elektronischen Sender-Empfänger-Medien. Jedoch kann der Benutzer diesen nur eingeschränkt – wenn überhaupt – beeinflussen.

Selbstreferentielle Netzkunst arbeitet mit diesen Merkmalen, indem sie den Code an die Oberfläche bringt – Alan Sondheim spricht in dieser Beziehung auch von »Codework«,[179] einem Begriff, dem ein spezifisches Verständnis von Code zugrunde liegt: »In a narrower sense, code refers to a translation from natural language to an artificial, strictly defined one.«[180] Dies reicht jedoch noch nicht aus, um »Codework« als computerspezifisches ästhetisches Phänomen abzugrenzen, da jede programmierbasierte Arbeit durch diese Übersetzung gekennzeichnet ist – ja, diese Definition trifft auch auf jede stilistische Formalisierung in der Kunst zu. Sondheim versteht allerdings unter der formalisierten Sprache eindeutig die Programmiersprache und klassifiziert verschiedene Gruppen von Projekten: Die Integration von typischen Elementen der Programmiersprache in die Alltagssprache – wie die schon erwähnten Künstler Mary Anne Breeze oder Talan Memmot es praktizieren; Arbeiten, bei denen der Programmiercode die Oberfläche sichtbar beeinflusst, sowie Projekte, die durch Programme erst das Sichtbare generieren lassen, damit aber gleichzeitig die normalerweise verborgene Ebene der Programmierung transparent machen. Beispiele für Projekte jeder Gruppe lassen sich mittlerweile zahlreiche finden. Unter die zweite Kategorie – gegenseitige symbolische Durchdringung der Codes – lassen sich z.B. die alternativen Browser subsumieren, die durch Programmierung eine andere, unerwartete Visualisierung der Netzdokumente provozieren und damit die Interpretationsabhängigkeit der Darstellung von den ihnen zugrunde liegenden Programmen mani-

179 Vgl. Sondheim, Alan: »Codework«, in: *American Book Review*, Sept/Oct. 2001, S. 1, 4. Dank an Florian Cramer für den Hinweis.

180 Sondheim, »Codework«, S. 1.

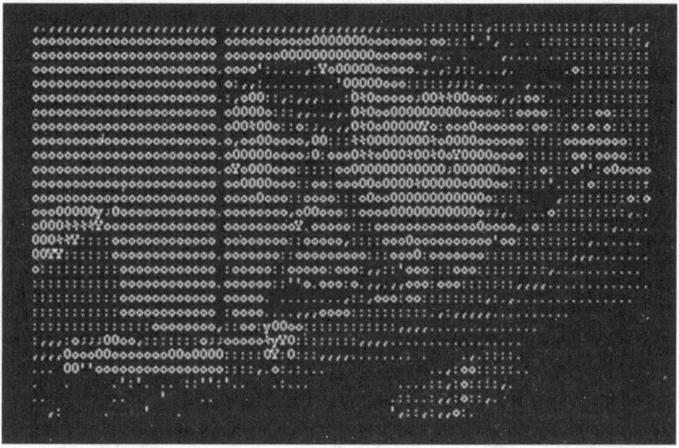

Abb.11: *Star-Trek* als ASCII-Video, Screenshot 2001

fest werden lassen. Andere Projekte erlauben die Manipulation von Dokumenten auf der Basis ihres Quellcodes – eines der schönsten Beispiele dafür ist nach wie vor der *Discoder*[181] von Exonemo (1999), mit dem der Benutzer den Quellcode einer frei wählbaren Webseite verändern und manipulieren kann; aber auch Mark Napiers *Schredder*[182] (1998) demonstriert die Verletzlichkeit der standardisierten Darstellung von Webseiten, indem er diese durch ein Programm jagt, dass ihre Erscheinungsform völlig verändert und auch die HTML-Codierung an die Oberfläche bringt. Das ASCII Art Ensemble[183] (Walter van der Cruijsen, Luka Frelih, Vuk Cosic → **CD**) spielt dagegen mit genau dieser Arbitrarität der Codierung: Es verwendet die 256 ASCII-Zeichen für seine Projekte. Bilder und Videos werden nur mit den ASCII-Zeichen dargestellt, wodurch dem Dictum vom Computer als multimedialem Metamedium eine eigene computerinhärente puristische Code-Ästhetik gegenübergestellt wird.

Die Projekte, die in den Bereich »Codework« fallen, haben eines

181 <http://www.exonemo.com/DISCODER/indexE.html>
182 <http://www.potatoland.org/shredder/shredder.html>
183 <http://www.desk.org:8080/Desk/ASCII+Art+Ensemble+original>

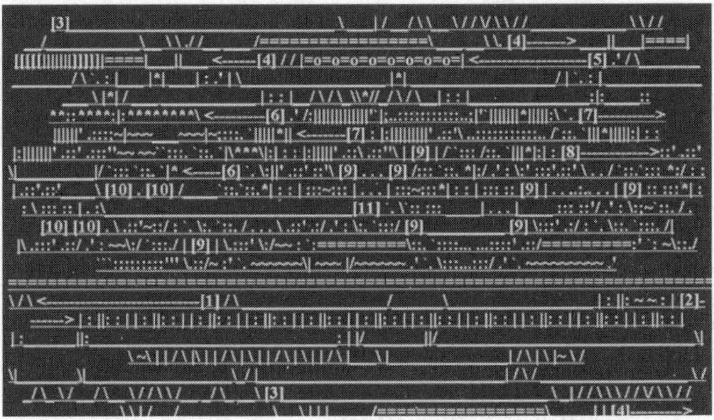

Abb. 12: *%Location*, Screenshot 2002

gemeinsam: Sie betrachten den Computer als Arbeitsgerät und gehen von den hier bestehenden bzw. nicht vorhandenen, aber wohl in Zukunft notwendigen Normen aus. Sie kombinieren daher zwei scheinbar gegensätzliche Tendenzen: Einerseits nutzen sie die fehlende Standardisierung, andererseits werden bereits bestehende Richtlinien unterlaufen – zumeist erfolgt beides gleichzeitig, bzw. das eine resultiert aus dem anderen. Adrian Ward nimmt mit seiner Software *Auto-Illustrator*[184] (2001) die Standards von Graphik-Programmen aufs Korn: Der *Auto-Illustrator* sieht aus wie ein kommerzielles Graphik-Tool, hat auch ähnliche Funktionen, die allerdings bei ihrer Verwendung ein Eigenleben entwickeln und nicht die Funktionen ausführen, die sie repräsentieren. Das Programm wird auf der Webseite wie ein echtes kommerzielles Software-Produkt präsentiert, es gibt keinerlei Hinweise für den Benutzer, dass es sich nicht um ein seriöses Programm handelt. Bei der Benutzung der Software, die im Design an das Adobe-Produkt »Illustrator« angelehnt ist, wird jedoch schnell klar, wer der eigentlich kreative Part in der Mensch-Maschine-Beziehung ist: Die Software kontrolliert den Benutzer, indem sie die von den großen Firmen etablierten Anwendungsstandards nicht »korrekt« anwendet. Der Benutzer hat kaum eine Chance, Kontrolle über das Programm zu gewinnen, weil er die

184 <http://www.auto-illustrator.com>

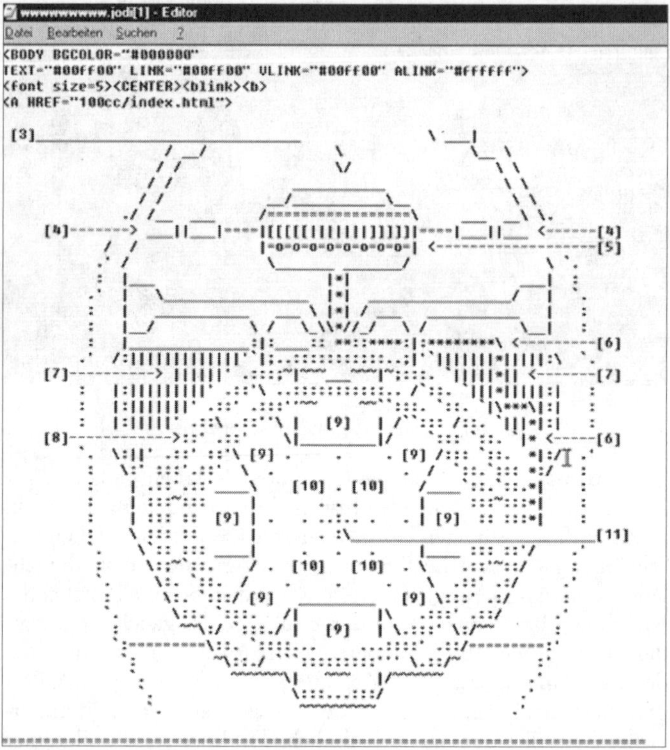

Abb. 13: *%Location*, Screenshot 2002. Die Abb. zeigt nur einen Ausschnitt; insgesamt verbergen sich mehrere ASCII-Topographien im Quellcode.

Beziehung zwischen Oberfläche und ausgelösten Prozessen nicht einsehen kann.

Ähnlich, vielleicht noch um eine Stufe provokanter, arbeitet das Künstlerduo Jodi, dessen Projekte teilweise der zweiten, teilweise der dritten »Codework«-Kategorie angehören. Die beiden arbeiten mit der Computersymbolik auf der Textoberfläche, die den Benutzer mit seinen Erwartungen an eine Webseite auflaufen lässt – entweder wird er mit flimmernden Symbolen konfrontiert (z.B. bei *asdfg*), bei denen er mit seinen normalen Verhaltensweisen (klicken, scrollen, etc.) nicht weiterkommt, oder sie kehren das Verhältnis von Oberfläche und Quellcode um. Abb. 12 zeigt das Projekt *%-Location*,[185] wie es ein Standardbrowser anzeigt. Erst wenn man sich vom Browser löst und den Quellcode betrachtet, erweist sich das Zeichenchaos als sinnvoll (Abb. 13).

Andere Projekte von Jodi erschrecken den Benutzer mit Programmen, die vom Desktop Besitz ergreifen und sich scheinbar unkontrollierbar ausbreiten. *Oss*[186] (1999) überzieht den Desktop des Benutzers mit einem exaltierten Tanz sich immer weiter vermehrender schwarzer Browserfenster, *CTRL Space*[187] (1999) nimmt die Ego-Shooter-Spiele aufs Korn und verweigert eine klare visuelle Repräsentation, die zum Treffen des Ziels notwendig ist. Einzig die Kampfgeräusche informieren über ein Geschehen, das unsichtbar bleibt. Man kann zwar per Mausklick Schüsse abgeben, sieht aber keinerlei Effekte, sondern hört nur Töne. Der Benutzer starrt auf den dunklen Bildschirm wie der Übeltäter in die finstere Nacht – außer der Akustik kann er jedoch nichts deutlich wahrnehmen.

Derartige Arbeiten wirken gerade deshalb so verstörend, weil der Umgang mit dem Computer aufgrund der bisher erfolgten Standardisierungen von der Illusion der Kontrollierbarkeit geprägt ist. Software beruht jedoch auf arbiträren Zuordnungen von alltagssprachlichen bzw. -bildlichen Repräsentationen zu bestimmten Prozessen. Diese Verknüpfung bleibt unsichtbar. Werden die standardisierten Kausalitäten außer Kraft gesetzt, hat der Benutzer keinerlei Möglichkeit der Einflussnahme mehr. Da sowohl Computer als auch Internet prozessuale Medien sind, wird er nicht mehr mit Produkten, sondern mit Prozessen konfrontiert, die er ohne technische Kompetenz nicht durchschauen kann. Die Intransparenz des Mediums wird zum Problem. Ähnliches verdeutlicht der *E-Poltergeist*[188] (2000, Thompson & Craighead) in Bezug auf das World Wide Web. Die Projektseite leitet den Benutzer zu Webseiten, die dieser niemals sehen wollte, und nimmt ihm schlichtweg die Navigation aus der Hand. Man unterliegt nun völlig der Kontrolle des Programms und kann nur noch entkommen, indem man sich aus dem Netz ausloggt.

185 <http://wwwwwwwww.jodi.org/> [sic!]
186 <http://oss.jodi.org>
187 <http://ctrl-space.jodi.org>
188 <http://www.ucl.ac.uk/slade/slide/original/>

Der Kern der durch die Projekte aufgefächerten Problematik liegt in der Frage *möglicher Standardisierungen ohne Verlust des individuellen Handlungsspielraums.* Die Arbitrarität symbolischer Zuordnungen ist uns spätestens seit de Saussure ebenfalls aus der Sprachwissenschaft bekannt – und dennoch ist der Umgang mit Sprache im Alltag kein Problem, während die gesamte Literatur ihre vielschichtigen Wirkungen unter anderem genau auf dieser Arbitrarität aufbaut. Wirksam wird sie aber wiederum nur vor dem Hintergrund der Regeln, die durchbrochen oder erweitert werden. Das Regelwerk, auf dem Computer und Internet beruhen, ist jedoch weitgehend unbekannt und besteht derzeit aus einer Vielzahl von unterschiedlichen Normierungen auf der Programmierebene. Die bisherigen Oberflächen basieren zum Großteil noch auf Metaphern anderer Medien – Seiten, Schreibmaschinentastatur, Bildschirm, Icons – nichts davon ist wirklich zwingend notwendig für die Bedienung der Maschine. Prozesse werden unter statischen Repräsentationen verborgen. Wie jedoch das Problem der mangelnden Kompetenz des Benutzers und der notwendigen, computer- und internetspezifischen Standardisierungen zu lösen ist, ist derzeit kaum zu beantworten. Vermutlich müssen die symbolischen Schichten reduziert und die Interaktion zwischen Mensch und Maschine unmittelbarer werden, damit die Prozesse transparent gemacht werden können. Gleichzeitig wird die Ausbildung spezifischer Kompetenzen erforderlich – auch dies ist nichts Neues und aus der Entwicklung des Buchdrucks hinreichend bekannt.

Autopoiesis: Die Selbstorganisation der Maschinen

Die zweite große Gruppe der selbstreferentiellen Projekte stellt einen korrelierten, aber etwas anders gelagerten Problembereich in den Mittelpunkt: Die selbstorganisierte und damit ebenfalls unkontrollierbare Struktur von Computer und Internet. *Lavoro Immateriale* gab schon einen Eindruck von den Möglichkeiten, soziale Vernetzung mit computerbasierter Selbstorganisation zu koppeln, wobei allerdings beide Welten nicht erfolgreich miteinander kombiniert werden konnten. Ähnliches versucht das *Network Com-*

municate Kaleidoscope[189] von Kazushi Mukayama (2000) – eine virtuelle Umgebung, in der jeder Benutzer völlig abstrahiert als Partikel repräsentiert wird. Er kann kommunizieren – vorausgesetzt, es hält sich noch jemand anderes in der Welt auf, verlässt er jedoch die Umgebung, existiert und agiert sein Partikel selbständig weiter. Das Projekt ist weniger auf Kommunikation als auf Abstraktion ausgerichtet – der Mensch ist nur noch notwendig, um den anderen Partikeln ein weiteres hinzuzufügen und die Visualisierung optisch reicher zu machen. Wie die Partikel sich bewegen und miteinander interagieren, ist seiner (und auch der des Künstlers) Einflussnahme völlig enthoben. Wenn Mukayama zu seinem Projekt schreibt: »Wir müssen erkennen, dass Schönheit ein komplexes Gefüge aus Beziehungen und Reflexionen aller Objekte untereinander ist. Dies ist die Substanz der Schönheit der Natur. Wir nennen es ›Harmonie‹ – und daraus kann ich die Grundstruktur der Schönheit ableiten«,[190] dann handelt es sich hier um einen Versuch, die »Natur« der Maschine in ästhetische Formen zu zwingen. Es werden nicht die Beziehungen zwischen Menschen visualisiert, sondern die selbstorganisierte, programmgesteuerte Interaktion ihrer Repräsentationen. Diese könnten genauso gut andere Elemente darstellen, der Benutzer selber ist – trotz der Möglichkeit zur Kommunikation – Beiwerk in einem selbstreferentiell agierenden Raum.

Ähnlich entsubjektivierend, wenngleich weitaus ironischer, arbeitet das Projekt *Tracenoizer*[191] (2001, LAN), das automatisch »Datenkörper«, Webseiten, für den Benutzer erstellt. Auf der Basis des eingegebenen eigenen Namens sucht das Programm nach mit dem Namen korrelierten Webseiten und generiert aus deren Inhalten »Klone«, verschiedene Webseiten, die auf Server mit kostenlosem Webspace geladen werden. Dieser Prozess erfolgt automatisch und datenbankbasiert. Auf diese Weise – so die Ironie des Projektes – verwischt der Nutzer seine Spuren im Netz und leitet Spione in die Irre.[192] Da die Webseiten auch auf Suchmaschinen auftauchen, wird

189 <http://nck.kazushi.net/client/main.html.en>

190 Vgl. Mukaiyama, Kazushi: »Network Communicate Kaleidoscope«, in: Leopoldseder, Hannes/Schöpf, Christine (Hg.): *CyberArts 2000*, Wien/New York 2000, S. 60/61 (hier: S. 61).

191 <http://www.tracenoizer.org>

192 »TraceNoizer Generates Clones from your Databody in order to Disinform Those, Who are Spying on You!«, heißt der »Werbespruch« auf der Webseite.

die Authentizität des Namens und der damit verbundenen Webseiten unterlaufen. Auf Selbstorganisation der Maschine beruht auch der alternative Browser *Reconnoitre*[193] (2000, Tim Corby/Gavin Bayley), der zwar dem Benutzer die Suche nach Stichworten erlaubt, die Organisation der gefundenen Dokumente aber selber übernimmt. Dem gefundenen Material werden automatisch Parameter (wie Lebensdauer, Relationen zu anderen Materialien, i.e. Anziehung und Abstoßung) zugeschrieben, die die Organisation bestimmen. Zwar kann der Benutzer noch Einfluss auf die Art der Textdarstellung nehmen (als URL, als Webseitentext oder als Meta-Tags), eine semantische Organisation der Suchergebnisse aber wird durch die Parameter verhindert. Das Programm bestimmt über die Anordnung der Dokumente, nicht der Benutzer.

Derartige »autopoietische« Projekte sind ebenfalls nur möglich, weil bisher weder Normen für die Dokumentengenerierung noch für deren Darstellung existieren. Darüber hinaus spiegeln sie die Philosophie der Kybernetik, den Computer in Analogie zum menschlichen Gehirn als selbstorganisiertes System zu betrachten und den Benutzer für unnötig zu erklären – was er de facto jedoch nicht ist, da die selbstreferentiellen Prozesse zumindest ausgelöst werden müssen.

Für die Einordnung dieser Projekte in den Literaturbereich gilt Ähnliches wie im Bereich von Fake und Aktion: Sie ästhetisieren und verfremden computerspezifische Symbole, die Teil eines weiten Textbegriffes sind. Ihre Bedeutungsdimension verzichtet zwar auf textuelle Semantik, entfaltet sich aber in der Struktur und im Konzept. Auch sie müssen – werden sie unter literaturwissenschaftlichen Aspekten untersucht – auf die ästhetischen Textqualitäten hin geprüft werden, aber unter anderen Gesichtspunkten als die klassischen Textanalysen der Buchkultur. Genauso wie als literarisches Phänomen können sie jedoch auch als Kunst mit dem Schwerpunkt auf der visuellen Umsetzung oder als technische Phänomene unter dem Aspekt ihrer Programmierspezifika betrachtet werden.

193 <http://www.reconnoitre.net/reconnoitre203/rec_index.htm>

Die Problematik des Verhältnisses von Standardisierung und Individualisierung kultureller Praktiken der Informationsgenerierung, -darstellung und -verarbeitung prägt auch die medienästhetischen Projekte. Aktionen im Netz profitieren von den weitgehend undefinierten Räumen, während Fakes sich gerade deshalb nicht voll entfalten können. Es ist fraglich, ob das Netz in Zukunft weitgehend ohne Herausbildung metakommunikativer Rahmen und damit vermutlich auch Institutionalisierungen auskommen kann; vermutlich werden sich Organisationsformen herausbilden, die Zuschreibungen erleichtern und auch in enger Interaktion mit Institutionen des real life stehen werden. Die Politkunst wird dann andere netzspezifische Strategien entwickeln müssen. Die Prinzipien des textbasierten »Info War« werden sich ebenfalls gemeinsam mit den technischen Möglichkeiten von Kommunikation und Dokumentenvernetzung verändern. »Codework«-Projekte wiederum deuten auf Modifikationen im Textbegriff hin: Einerseits durchdringen Programmierelemente die Alltagssprache, andererseits werden Programmiersprachen als solche ästhetisch eingesetzt. Das Rezeptionsverhalten des Benutzers, aber auch seine Arbeitsweisen mit dem Medium, die sich noch weitgehend an den Normen der alten Medien orientieren, werden durch Strategien des »Codework« kritisch hinterfragt. Autopoietische Projekte zielen in ähnlicher Weise darauf ab, auch wenn ihre Ausrichtung eine bestimmte »ideologische« Sichtweise auf Computer und Internet repräsentiert, die von der Empirie in Frage gestellt wird. Dass Computer und insbesondere Internet selbstreferentielle Systeme seien, die keinerlei menschlicher Interventionen bedürften, erweist sich letztlich als Illusion: Prozesse müssen in ihrem Ablauf definiert werden, ebenso wie sie einer Instanz bedürfen, die sie erst in Gang bringt. Dadurch stellt die autopoietische (Sprach-)Kunst jedoch gemeinsam mit den »Codework«-Projekten die Frage nach dem Mensch-Maschine-Verhältnis sowie nach der Gestaltungshoheit im Internet.

Medienästhetische Projekte betonen die Andersartigkeit des Internets, die grundlegende Verhaltensumstellungen erfordert – wie z.B. die Veränderung kollektiver politischer Proteststrategien, die Beeinflussung traditioneller Codes durch die Computersymbolik sowie den Umgang mit computerinhärenten Strukturen. Die Kon-

Abb. 14: Zusammenfassung der Kategorisierung (–> CD-ROM)

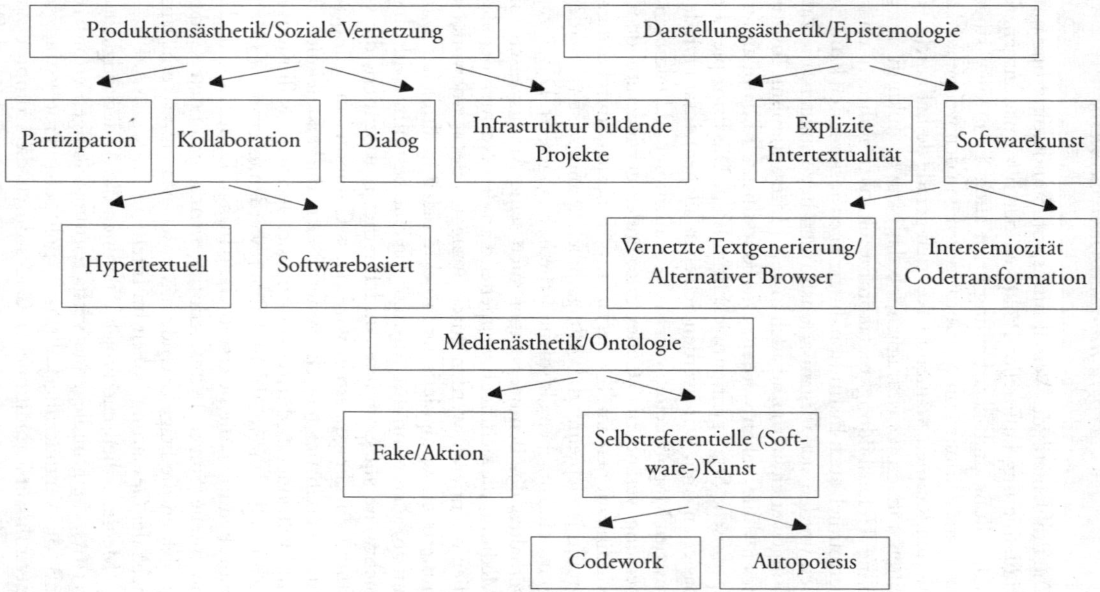

sequenzen für den Rezipienten liegen in einer Akzeptanz von Unabgeschlossenheit, Prozess und Rekursivität zuungunsten eines fertigen Produktes (im ästhetischen Sinne: Kunstwerks), im Erkennen der Notwendigkeit von Rezeptions- und Verhaltensumstellungen sowie der Herausbildung spezifischer medialer Kompetenzen in Bezug auf die Computer- und Vernetzungsstruktur.

Die Kunst ist davon genauso betroffen wie die Literatur, doch handelt es sich darüber hinaus bei den hier aufgefächerten Fragen um grundlegende Aspekte eines zukünftigen »Kultur-Designs«. Da Kultur gemacht wird, stellt sich immer auch die Frage nach den Möglichkeiten der Einflussnahme. Die Chancen, die Potentiale des Netzes zu bewahren, werden vielleicht umso größer, je klarer man sich über seine Struktur- und Nutzungsformen wird. Die auffällige Schwerpunktverlagerung der Internet-Kunst von Experimenten mit sozialer Vernetzung hin zu derartigen selbstreferentiellen Projekten zeugt von einem impliziten Bewusstsein über die Notwendigkeit der Selbstreflexion durch eine »ontologische« Analyse des Mediums. Allen Unkenrufen zum Trotz, dass Literatur und Kunst im elektronischen Raum tot seien (bevor sie überhaupt wirklich leben konnten),[194] kann diese Entwicklung als eine notwendige und wichtige auf dem Weg zu einer spezifischen Computer- und Internetästhetik betrachtet werden.

Wie die vorangegangenen Beispiele zeigen, befinden sich die meisten Tendenzen entweder im Stadium der Abhängigkeit von Normen und Standardisierungen, die auf der Basis anderer Medien herausgebildet wurden, oder in der Phase der Gegenabhängigkeit, in der alle bisherigen Standards negiert werden. *Die Selbstreferentialität ist jedoch ein notwendiges Übergangsstadium, um eine autonome medienspezifische Ästhetik herausbilden zu können. Sie hat das Potential, sich mit einer durch die Medien Computer und Internet veränderten Kultur kritisch auseinander zu setzen, aber auch ihre eigenen ästhetischen Formen hervorzubringen.* Zur Phase der Autonomie kann es jedoch erst dann kommen, wenn diese medienspezifischen Formen wiederum in Kommunikation mit den bisherigen kulturellen Programmen treten und eine funktionale Balance zwischen den verschiedenen Medien entsteht.

194 Vgl. z.B. Baumgärtel, Tilman: »Die Epoche der ›Webkunst‹ scheint zu Ende zu sein«, in: *Telepolis*, 16. 2. 2001, <http://www.heise.de/tp/deutsch/inhalt/sa/4936/1.html>.

Projektformen		Struktur	Rekurs auf historische Konzepte	Phase	Notwendiges Programm
Produktionsästhetik	*Partizipative Projekte*	Einzelproduktion für ein übergreifendes Projekt	Buchkultur (Einzelproduktion, redaktionelle Kontrolle)	Abhängigkeit	Produktion nach Vernetzungsprinzipien
	Kollaborative Projekte	Gemeinsame Gestaltung eines Projekts	Happeningkunst Strukturell: Konzeptkunst	Gegenabhängigkeit	Prinzipien der Selbstorganisation; technologische Medienkompetenzen
	Dialogische Projekte	Gespräch als künstlerischer Prozess	Avantgarde-Theater, Konversationskunst, Salons	Abhängigkeit	Prinzipien des technisch vermittelten Gruppengesprächs
	Infrastrukturbildende Projekte	Kommunikationsplattform und technischer Support für Künstler/Nutzer	Künstlernetzwerke, Galerien/Museen	Abhängigkeit	Prinzipien der Selbstorganisation
Darstellungsästhetik	*Intertextuelle Projekte*	Dokumentenvernetzung im Hypertext	Buchkultur – Intertextualität	Abhängigkeit	Linkstrukturen, dynamische Formen der Textvernetzung, Rezeptionsstandards
	Intersemiotische/ transformative Projekte	Medienspezifische, teilweise synästhetische Formen der Code-Präsentation	Collage, Sampling, konkrete Poesie, Aleatorik	Gegenabhängigkeit	Dynamische und transformative Darstellungs- und Rezeptionsstandards, neue Funktionszuschreibungen für Codes
Medienästhetik	*Fake/Aktion*	Verbindung von Kunst und Leben im elektronischen Raum	Fake, Aktionskunst, Expanded Performance	Abhängigkeit (Fake); zwischen Abhängigkeit und Gegenabhängigkeit (Aktionen)	Oszillation zwischen Raumabgrenzungen und Raumaufhebung
	Codework/Autopoiesis	Darstellung der Computerprozesse; Subversion der Verhaltens- und Rezeptionsformen	Selbstreferentielle Medienkunst	Gegenabhängigkeit	Darstellungs- und Rezeptionsstandards, Medienkompetenzen

Abbildung 14 und Tabelle 3 fassen die wesentlichen Aspekte dieses Teils noch einmal zusammen: Die Kategorisierung wird in Form eines Schaubilds dargestellt, das auf der CD-ROM als Animation wiederkehrt. Tabelle 3 beleuchtet die Projekte einerseits unter den jeweils hier eingenommenen Perspektiven (Produktionsästhetik, Darstellungsästhetik, Medienästhetik),[195] setzt sie aber auch in Verbindung zu den historischen Konzepten und deren Umsetzungen in anderen Medien. Die beiden Spalten »Phasen« und »notwendige Programme« fassen die Prognosen bezüglich der zu entwickelnden notwendigen Strategien noch mal zusammen. Die Tabelle kehrt ebenfalls auf der CD-ROM wieder – als Hypergraphik, von der aus die einzelnen Punkte nochmals kurz erläutert werden.

← *Tabelle 3: Projektstruktur, historische Vorläufer und Trendprognosen*

195 Hierbei sollte betont werden, dass jeder Projektkomplex auch unter der jeweils anderen Perspektive betrachtet werden könnte; also kollektive Projekte unter darstellungs- und medienästhetischer Perspektive, darstellungsästhetische Projekte unter produktions- und medienästhetischer Perspektive etc. Teilweise wurde dies auch explizit oder implizit in den einzelnen Abschnitten praktiziert.

Der elektronische Raum
als kulturelles Phänomen: Ausblick

Die Analyse von Literatur im elektronischen Raum hat nicht nur Konsequenzen für die kulturelle Definition von Literatur und die zukünftigen Herangehensweise der Literaturwissenschaft an die Sprachkunst, sondern erlaubt auch Prognosen im Hinblick auf das Zusammenspiel des Internets mit anderen Medien im kulturellen Netzwerk.

Das Internet steht dabei auch paradigmatisch für Perspektivenverschiebungen, die den allgemein konstatierten Übergang von der Industrie- zur informationellen Gesellschaft kennzeichnen und damit auch wieder auf die Wahrnehmung bestehender Phänomene zurückwirken.

Vergleichende Sprachkunstwissenschaft

Akzeptiert man, dass der Gegenstand der Literaturwissenschaft immer schon die Sprachkunst war, so verdeutlichen die literarischen Formen im elektronischen Raum die bisherige Bindung der Literaturwissenschaft an die Perspektiven und Modelle der Buchkultur. Will jene also darüber hinaus ihre Kompetenzen auch auf sprachliche Phänomene in anderen Medien ausdehnen, so müssen für die Literatur im elektronischen Raum neue Analyseschwerpunkte in den Vordergrund treten:

- kollektive Produktionsformen
- prozessuale Projekte
- intertextuelle, intersemiotische und transformative Darstellungsformen
- sprachbasierte vernetzte Aktionen
- selbstreferentielle Codekunst

Jeder dieser Punkte birgt seine eigenen Problematiken, allen gemeinsam ist jedoch, dass sie die impliziten und expliziten Voraussetzungen, auf denen Literatur und Literaturwissenschaft aufbauen, herausfordern. Für die kulturelle Definition von Literatur und für die Literaturwissenschaft bedeutet das, dass sie sich mehr als bisher ihrer Bindung an die Medien bewusst werden muss. Um sich mit den Spezifika computer- und internetbasierter Sprachkunst auseinander setzen zu können, müssen entsprechende Modelle entwickelt werden, die wiederum in Beziehung zu den anderen Medien gesetzt werden. Diese bilden dann die Basis sowohl für Analysen des Status quo, als auch für *Gestaltungsvorschläge, die die Potentiale des Internets nutzen und produktiv verstärken,* insbesondere:

- die polydirektionale, offene Vernetzung, die zu einer Flexibilität der Rollenverteilung führt, in der Sender Empfänger und Empfänger zu Sendern werden können, und die Interaktion und Dialog verstärkt in den Vordergrund rücken;
- die performativen Darstellungsformen und synästhetischen Qualitäten des Mediums sowie deren technologische Grundlagen, die ausdifferenziert und weiterentwickelt werden müssen.

Diese Aspekte bedürfen dringend weiterer Trendanalysen, auf deren Grundlage die notwendigen sozialen und technischen Steuerungsmechanismen sowie die Darstellungs- und Rezeptionsprogramme entworfen werden können. *Letztlich geht es auch darum, zu verhindern, dass das Internet den Strukturen der Massenmedien angepasst wird, sowie darum, zu bewirken, dass seine Stärken kulturell relevant werden.* Dazu kann nicht nur die beobachtende Analyse beitragen, sondern auch die multimediale Gestaltung der wissenschaftlichen Arbeit: Literaturwissenschaft, die sich mit dem elektronischen Raum beschäftigt, muss sich auch ihrem Forschungsgegenstand angemessene Präsentationsformen überlegen. Wie im vorliegenden Buch wird das einerseits immer noch über die traditionellen Medien erfolgen, andererseits aber wird der Einsatz neuer Medien notwendig: Eingehende Projektanalysen (→ **CD**) bedürfen dynamischer Darstellungsformen, während medienspezifisch strukturierte Internetpräsenzen die Prozessualität und Vernetzung wissenschaftlicher Arbeit spiegeln können.[1]

Literatur im elektronischen Raum legt darüber hinaus perspektivische Schwerpunktverschiebungen nahe, unter denen auch die traditionellen Gegenstände der Literaturwissenschaft betrachtet werden können:

Stellt man die *Vernetzung* in den Mittelpunkt, dann geht es um die Flexibilisierung der Rollenverteilungen, um die Funktionen von Autor und Rezipient sowie mögliche neue Formen von Autorschaft

1 Vgl. meine Webseite <http://www.netzaesthetik.de>, in die als work-in-progress meine weiteren Forschungen zu dem hier behandelten Thema kontinuierlich integriert werden und die auch eine Vernetzungsplattform für andere Forschungsschwerpunkte im elektronischen Raum darstellen soll.

und Kreativität. Die Strukturen kollektiver Kreativität, die im elektronischen Raum beobachtet werden können, bilden dann die Hintergrundfolie, von der aus traditionelle literarische Phänomene betrachtet werden – natürlich wiederum unter Berücksichtigung der spezifischen Medialitäten: Literatur ist dann ein Vernetzungsphänomen, in dem Sprachspiele, Konversationskunst, Briefliteratur, Gesprächsprotokolle etc. in Beziehung zu den Werken gesetzt werden müssen, mit denen sie in Zusammenhang stehen. Der Einsatz leiblicher Medien ist dabei ebenso zu berücksichtigen wie die Transformation von face-to-face-Situationen in die Schriftform.

Spezifisch mediale Darstellungsformen und die Frage ihrer Materialität bilden einen weiteren Komplex. *Synästhesie* ist ein Phänomen, das nicht nur unter dem Aspekt der Sprache, sondern auch in Bezug auf den Einsatz anderer Codes betrachtet werden muss. Dabei sind nicht nur elektronische und Printmedien, sondern genauso leibliche Medien mit einzubeziehen. Analysen von Lesungen, Poetry Slams etc. fallen damit ebenso in den Bereich der Literaturwissenschaft wie die Berücksichtigung sprachorientierter Medieninstallationen und Performances, aber auch sprachorientierter Aktionen, in welchem Raum auch immer.

Damit rücken *Prozesse* mehr in den Vordergrund als Produkte. Neben die Analyse von Werken mittels der klassischen literaturwissenschaftlichen Instrumentarien tritt gleichberechtigt die Untersuchung und ästhetische Bewertung von Interaktionsdynamiken bei deren Entstehung, aber auch bei deren Rezeption.

Aus der buchorientierten Literaturwissenschaft müsste demnach eine medienorientierte Sprachkunstwissenschaft werden, die ihre Modelle an der Struktur der jeweiligen Medien orientiert. Dann entstünden je nach Medien verschiedene Gegenstandsbereiche mit unterschiedlichen Formen der Produktions-, Darstellungs- und Rezeptionsästhetik. Diese komparativ zu untersuchen wäre die Grundlage für eine *vergleichende Sprachkunstwissenschaft*, die nicht nur die kulturellen Bedingungen ihrer Untersuchungsobjekte analysiert, sondern – indem die Medien zueinander in Beziehung gesetzt werden – durch entsprechende Trendanalysen auch zu deren zukünftiger Gestaltung beitragen könnte.

Diese Erweiterung des Gegenstandsbereichs erfordert von einer solchen Sprachkunstwissenschaft auch den Einsatz der neuen Medien für die notwendige inter- und transdisziplinäre Vernetzung sowie die mehrmediale Darstellung der Forschungsergebnisse. Nicht nur im Hinblick auf literarische Formen im elektronischen Raum, sondern auch für ihre anderen Gegenstandsbereiche sollte sie daher die spezifischen Potentiale der verschiedenen Medien für ihre Zwecke nutzen. Die Möglichkeiten der Vernetzung sowie der synästhetischen Darstellungsformen im Internet stellen einen wesentlichen Aspekt dar, der die insbesondere in den Geisteswissenschaften vorherrschende Individualisierung und Monomedialisierung der Forschung verändern kann: In dem Maße, wie vernetzte Arbeitsformen sowie Präsentationen von Forschungsprozessen und -ergebnissen medienspezifisch entwickelt werden, treten kollektive neben individualistische Leistung, synästhetische und dynamische Darstellung neben monomediale statische Werkpräsentation, werden als gleichwertig anerkannt und verändern die Theorienbildung sowie die Analysemethoden.

Maßgaben für kulturelle Programme: Oszillation

Diese Veränderungen im Literaturbegriff sowie der Perspektiven der Literaturbetrachtung und deren wissenschaftlicher Darstellung verweisen schon auf generelle kulturelle Transformationen in Bezug auf die drei für die Analysen im dritten Teil maßgeblichen Perspektiven: die Medienästhetik, die soziale Vernetzung und die Darstellungsästhetik.

Medienästhetik (Ontologie)

Das Internet kann im Verbund der etablierten Medien nur bestehen, wenn es Funktionen zugewiesen bekommt, die von anderen Medien nicht erfüllt werden können. Da es sich strukturell grundlegend sowohl von den Sender-Empfänger-Medien als auch von den individuellen Kommunikationsmedien unterscheidet, an denen jedoch die derzeit gültigen kulturellen Programme ausgebildet wurden, stehen wir vor dem Dilemma, Nutzungsformen zu finden, die unseren standardisierten Verhaltens- und Wahrnehmungsformen nicht notwendigerweise entsprechen. Die Erforschung der spezifischen Potentiale von Computer und Internet deutet darauf hin, dass deren programmbasierte Symbolebenen erst dann beherrschbar und gestaltbar werden, wenn bestimmte Medienkompetenzen zum kulturellen Allgemeingut geworden sind. Analog zur Alphabetisierungskampagne der Buchkultur muss eine entsprechende Medienkompetenz-Kampagne erfolgen, die das Verständnis für die spezifischen Strukturen der Medien schult, ohne dass deswegen notwendigerweise alle zu Programmierern und Informatikern werden müssen. Die herauszubildenden spezifischen kulturellen Programme im Umgang mit Computer und Internet treten dann neben die schon bestehenden Standards in Bezug auf die etablierten Medien. Spätestens wenn Computer und Internet ihren Platz im kulturellen medialen Netzwerk erhalten haben, wird die Oszillation zwischen verschiedenen medienspezifischen Programmen notwendig.

Wenn man das mediale Netzwerk nicht als von Substitution, sondern von komplementärer Ergänzung geprägt versteht, muss man aus der monomedialen Betrachtung heraustreten und sich den Beziehungen eines Mediums – in diesem Falle des elektronischen Raums – zu anderen Medien zuwenden. Die *Oszillation* als »Tausch von Rollen und Funktionen«[2] erweist sich dann als eine der wesentlichen herauszubildenden Kompetenzen. Da wir niemals rein monomedial leben und arbeiten, sondern immer mit verschiedenen Medien parallel konfrontiert werden, oszillieren wir automatisch zwischen unterschiedlichen Programmen und Standards. »Die Möglichkeit zur Oszillation ergibt sich daraus, dass die Kulturen und ihre Elemente in einem fundamentalen Sinne multimedial und multifunktional sind. Ihre Komplexität besteht darin, dass sie aus artverschiedenen (und artgleichen) Medien und Prozessoren aufgebaut sind.«[3] So ist z.B. im Falle der vergleichenden Sprachkunstwissenschaft eine Oszillation zwischen den artverschiedenen Medien des elektronischen Raums, des Buches, des Körpers etc. gefordert; dasselbe gilt auch für die anderen Wissenschaften, ebenso aber für die Kunst und jegliche Arbeitssituationen, in denen technische und leibliche Medien gleichermaßen eingesetzt werden.

2 Vgl. Giesecke, Mythen, S. 187. Die Oszillation spielte auch eine zentrale Rolle in dem von mir entwickelten heuristischen Modell zur Analyse von Literatur im Internet. Vgl. Heibach, Literatur im Internet, S. 231 ff. Dort wurde sie in erster Linie als interner Prozess des Mediums definiert; hier wird eine allgemeinere – kulturelle – Perspektive ins Blickfeld gerückt.

3 Vgl. Giesecke, Mythen, CD-ROM: Modul 04, »Oszillation«.

Die Vernetzung, die insbesondere – wie im ersten Teil ausgeführt – durch parallele, polydirektionale Kommunikationsvorgänge geprägt ist, führt zu einer Schwerpunktverschiebung vom Primat der individuellen Arbeit zur kollektiven Kreativität in ihren unterschiedlichen Ausformungen. Dabei entwickeln sich sowohl asynchrone als auch synchrone Formen von Interaktionen, bei denen die synchronen Formen die größte Dynamik aufweisen. Derzeit orientieren sich kollektive Arbeitsformen entweder noch an den Paradigmen der Buchkultur oder kultivieren die völlige Strukturlosigkeit. Um den notwendigen Steuerungsmechanismen der technisch basierten Selbstorganisation, die sich zahlreiche kollektive Projekte zum Prinzip machen, auf die Spur zu kommen, wird generell die Selbstbeobachtung und Selbstbeschreibung in den Vordergrund treten – zusammen mit den Analysen von nichtbeteiligten Beobachtern, damit medienspezifische Formen der Zusammenarbeit entwickelt werden können.

Die Fragen der Steuerungsmechanismen und Darstellungsformen derartiger Dynamiken ist ebenso eng an die technologischen Bedingungen gebunden. Damit erfordert die Weiterentwicklung und kulturelle Durchsetzung kollektiver Arbeitsformen eine Zusammenarbeit zwischen Beteiligten aus ganz unterschiedlichen Gebieten. Adäquate Werkzeuge für die kollektive vernetzte Arbeit können nur in ständiger Rückkopplung zwischen den verschiedenen betroffenen Bereichen erfolgen. Das betrifft nicht nur wissenschaftliche Disziplinen, wie in Teil 3 schon ausgeführt, sondern auch eine enge Interaktion zwischen Wissenschaft, Wirtschaft und Kunst.

Aufgrund der Komplexität von Arbeitsprozessen wird man auch das Augenmerk nicht ausschließlich auf das Internet richten können, sondern die Beziehung zu anderen Arbeitsräumen herstellen müssen. Das Internet hat seine Stärken in der de-lokalisierten Gruppenkommunikation, wobei es – je nach Zielsetzung – sicher auch notwendig sein wird, zwischen Einzelarbeit, dyadischer Zusammenarbeit und der Zusammenarbeit in unterschiedlichen Gruppen zu oszillieren, ebenso wie zwischen Selbstorganisation und hierarchischer Steuerung. Abzusehen ist jedoch eine entscheidende Schwerpunktverschiebung vom Paradigma der Einzelarbeit zu dem der Gruppenarbeit ohne die Notwendigkeit auktorialer Zuschreibungen. Haben sich die Formen kollektiver Arbeit in Interaktion mit der technischen Entwicklung irgendwann einmal ausdifferenziert, wird es möglich werden, zwischen verschiedenen medialen Steuerungsmechanismen zu oszillieren. Idealerweise haben dann alle Programme ihre Berechtigung und ihre Gültigkeit. Das heißt aber ebenso, dass die Marktmechanismen flexibler werden müssen: Sowohl in der Kunst als auch in der Wissenschaft wie auch in der an individueller Leistung orientierten Arbeitswelt geht es dann darum, Kriterien für die Anerkennung kollektiver Arbeit zu finden. Dies gilt umso mehr, wenn es weniger um Produkte, sondern mehr um Prozesssteuerung und -dynamik geht. Dann müssen in erster Linie Organisations- und Strukturierungskompetenzen belohnt werden, nicht »Endergebnisse« wie ein vermarktbares Produkt. Auch hier ist das Ziel nicht die Ersetzung, sondern die Komplementarität von unterschiedlichen Steuerungsmechanismen, die Oszillation zwischen kollektiven und individualistischen Arbeitsformen.

Generierungs- und Darstellungsformen (Epistemologie)

Ähnliches ist für die epistemologische Perspektive festzustellen: Computer und Internet haben das Potential, sowohl die Darstellungsformen der klassischen Zeichensysteme entscheidend zu transformieren und ihre Funktionalität zu flexibilisieren als auch neue, softwarebasierte Darstellungsformen hervorzubringen. Diese Fähigkeit greift tief in die traditionellen Paradigmen der Wissenskonstruktion ein. Es müssen neue Funktionszuschreibungen für die traditionellen Zeichensysteme definiert werden, die ihre medienspezifischen Eigenschaften der Dynamik und Transformation von der willkürlichen Spielerei in klare semantische Zuordnungen bringen. Welche Stärken haben Textdarstellungen im Verbund mit Audio und Animation? Für welche Zwecke soll wofür welche Kombination eingesetzt werden? Welchen Spielraum soll der Benutzer haben – d.h., welche Interaktivitätsform eignet sich wofür? Diese Fragen müssen für alle pragmatischen Anwendungen, auch innerhalb der Wissenschaft, mit kulturellen Standardisierungen beantwortet werden. Sobald Darstellungsformen automatisch generiert werden, wird es darüber hinaus notwendig, Software als kulturelles Produkt auf die ihr zugrunde liegenden Erkenntnis- und Steuerungsprinzipien hin zu untersuchen. Es gilt dabei jedoch, die Flexibilisierungen im Hinblick auf Nutzerbedürfnisse zu bewahren, auch wenn es in Zukunft unabdingbar sein wird, Standards festzulegen. Bedingung ist allerdings auch deren kulturelle Reflexion – und dazu bedarf es einer ausgeprägteren Medienkompetenz, als sie im allgemeinen derzeit noch vorhanden ist. Die Selbstreflexion der eigenen Grundlagen innerhalb der verschiedenen Wissens- und Anwendungsgebiete ist eine wesentliche Voraussetzung für die fruchtbare Entwicklung von computer- und internetbasierten Wissensgenerierungs- und Darstellungsnormen. Dies wird umso wichtiger, je weiter die Pläne der Automatisierung von informativen Prozessen (i.e. Informationsgenerierung, -darstellung und -verarbeitung) gedeihen. Intelligente Agenten, Datenbanken etc. beruhen auf grundlegenden Paradigmen, die in der jetzigen Phase transparent gemacht werden müssen.

Haben sich internetspezifische Darstellungs- und Rezeptionsstandards etabliert, so geht es ebenfalls darum, die Kunst des Programmwechsels in epistemologischer Hinsicht zu zelebrieren. Eine Oszillation zwischen diesen neuen und den schon ausdifferenzierten Programmen der anderen Medien ist die Folge.

Um dieses Ziel der komplementären Mediennutzung zu erreichen, ist derzeit zumindest ein kultureller Standard zu etablieren: *Damit die Potentiale des Internets bewahrt und zu kultureller Bedeutung gelangen können, ist eine verstärkte kulturelle Selbstreflexion der medienspezifischen Nutzungsformen notwendig.* Das muss einerseits monomedial, nur auf das Internet bezogen, praktiziert werden, andererseits ist es notwendig, den Blick auf die korrespondierenden Programme in den anderen Medien zu richten, um sich ihrer Stärken und Schwächen sowie ihrer Auswirkungen auf kulturelle Formationen bewusst zu werden. Der Zusammenhang zwischen der Prämierung bestimmter Medien und der gesellschaftlichen Struktur ist im Sinne Castells kaum zu leugnen. Gesellschaftliche Veränderungen bedürfen daher auch einer Reflexion und möglicherweise Revision der Bewertungskriterien in Bezug auf alle kulturell relevanten Medien.

Im Hinblick auf das Verhältnis zwischen dem Internet und den traditionellen Medien lässt sich jetzt schon prognostizieren, dass folgende Oszillationen notwendig werden:

Oszillation

- Oszillation zwischen den verschiedenen Programmen technischer Vernetzungs-, Massen- und Individualmedien sowie leiblicher Medien;
- Oszillation zwischen selbstorganisierten und extern gesteuerten, kollektiven und hierarchisch organisierten Interaktionsformen bzw. zwischen verschiedenen Positionen/Rollen in Kommunikationssystemen;
- Oszillation zwischen Programmen der elektronischen Wissensgenerierung und -organisation und den klassischen Wissensstandards der anderen Medien.

Die kulturelle (Selbst-)Reflexion der Bedingungen dieser Oszillationen beeinflusst die Rolle nicht nur des Internets, sondern auch der anderen Medien sowie ihre jeweiligen Positionsbestimmungen im multimedialen kulturellen Netzwerk. Die Eigenschaften des Netzes wirken dann auf die gegenwärtigen Funktionen anderer Medien zurück und können wesentliche Hinweise auf notwendige Maßnahmen kultureller Zukunftsgestaltung geben.

Bibliographie & Linkographie[1]

Literatur

Aarseth, Espen: *Cybertext. Perspective on Ergodic Literature*, Baltimore/ London 1997.

Abelson, Harold/ Sussman, Gerald Jay: *Structure and Interpretation of Computer Programs*, Cambridge, Mass. 1985.

Abramović, Marina/Ulay: »Im Gespräch mit Heidi Grundmann«, in: Daniels/Frieling, *Medien Kunst Aktion*, S. 199-200.

Adler, Jeremy/Ernst, Ulrich (Hg.): *Text als Figur. Visuelle Poesie von der Antike bis zur Moderne*, Weinheim 1987.

Adrian, Robert: *Kunst und Telekommunikation: Die Pionierzeit 1979-1986*, <http://www.to.or.at/~radrian/TEXTS/springer-d.html>, zuerst in: Springer Bd. 1, H. 1 (1995).

Arns, Inke: »This is not a toy war: Politischer Aktivismus in Zeiten des Internet«, in: Münker/Roesler, *Praxis Internet*, S. 37-60.

Ascott, Roy: »Gesamtdatenwerk. Konnektivität, Transformation und Transzendenz«, in: *Kunstforum International* 103 (1989), S. 100-109.

Asholt, Wolfgang/Fähnders, Walter (Hg.): *Der Blick vom Wolkenkratzer. Avantgarde – Avantgardekritik – Avantgardeforschung*, Amsterdam/ Atlanta 2000.

Austin, John: *Theorie der Sprechakte*, Stuttgart 1972.

Baasner, Rainer: *Methoden und Modelle der Literaturwissenschaft*, Berlin 1996.

Barthes, Roland: *S/Z*, Frankfurt am Main 1998.

Bateson, Gregory: *Ökologie des Geistes. Anthropologische, psychologische, biologische und epistemologische Perspektiven*, Frankfurt am Main 1983.

Baumgärtel, Tilman: »Die Epoche der ›Webkunst‹ scheint zu Ende zu sein«, in: *Telepolis*, 16. 2. 2001, <http://www.heise.de/tp/deutsch/inhalt/sa/4936/1.html>.

Baumgärtel, Tilman: »Immaterialien. Aus der Vor- und Frühgeschichte der Netzkunst«, in: *Telepolis* 26. 6. 1997, <http://www.heise.de/tp/deutsch/special/ku/6151/1.html>.

Baumgärtel, Tilman: *Das Internet als imaginäres Museum*. WZB Discussion Paper FS II 98-110, Wissenschaftszentrum Berlin 1998, <http://duplox.wz-berlin.de/texte/tb/>.

Baumgärtel, Tilman: »Netmalls statt digitalen Städten«, in: *Telepolis*, 18. 12.

1 Die Internetadressen finden sich alle auch auf der CD-ROM; sie werden auf der Website <http://www.netzaesthetik.de> regelmäßig aktualisiert.

1997, abzurufen unter: <http://www.heise.de/tp/deutsch/inhalt/te/1359/1.html>.

Becker, Jürgen/Vostell, Wolf (Hg.): *Happenings. Fluxus, Pop Art, Nouveau Réalisme*, Reinbek b. Hamburg 1965.

Behler, Ernst/Hörisch, Jochen (Hg.): *Die Aktualität der Frühromantik*, Paderborn u.a. 1987.

Bense, Max: *Aesthetica. Einführung in die neue Ästhetik*, Baden-Baden, 2., erw. Auflage 1982.

Bense Max: *Einführung in die informationstheoretische Ästhetik*, Reinbek b. Hamburg 1969.

Bense, Max/Döhl, Reinhard: *Zur Lage*, Stuttgart 1964, <http://www.das-deutsche-handwerk.de/s/zur_lage.htm>.

Berk, Emily/Devlin, Joseph (Hg.): *Hypertext/Hypermedia Handbook*, New York u.a. 1990.

Berners-Lee, Tim: *Information Management. A Proposal*, Genf 1989, <http://www.w3.org/History/1989/proposal.html>.

Block, Friedrich W.: *Beobachtung des ›Ich‹. Zum Zusammenhang von Subjektivität und Medien am Beispiel experimenteller Poesie,* Bielefeld 1999.

Block, Friedrich W./Heibach, Christiane/Wenz, Karin (Hg.): *poesis. Poetologie digitaler Texte. Poetics of digital text*, in Vorbereitung.

Böhler, Christine: *Literatur im Netz. projekte, hintergründe, strukturen und verlage im internet*, Wien 2001.

Boehncke, Heiner/Kuhne, Bernd*: Anstiftung zur Poesie. Oulipo – Theorie und Praxis der Werkstatt für potentielle Literatur,* Bremen 1993.

Bolter, Jay David: *Writing Space. The Computer, Hypertext and the History of Writing*, Hillsdale/New Jersey 1991.

Bolz, Norbert/Kittler, Friedrich/Tholen, Christoph (Hg.): *Computer als Medium,* München 1994.

Borchmeyer, Dieter: »Gesamtkunstwerk«, in: Ders./Zmegač, *Moderne Literatur in Grundbegriffen*, S. 181-184.

Borchmeyer, Dieter/Zmegač, Viktor (Hg.): *Moderne Literatur in Grundbegriffen*, Tübingen 1994.

Borer, Alain: »Beweinung des Joseph Beuys«, in: Schirmer, *Joseph Beuys*, S. 11-35.

Borges, Jorge Luis: *Die Bibliothek von Babel. Erzählungen*, Stuttgart 1974.

Bormann, Alexander von: »Der Töne Licht. Zum frühromantischen Programm der Wortmusik«, in: Behler/Hörisch, *Die Aktualität der Frühromantik*, S. 191-207.

Brock, Bazon: »Der Hang zum Gesamtkunstwerk. Pathosformeln und Energiesymbole zur Einheit von Denken, Wollen und Können«, in: *Der Hang zum Gesamtkunstwerk. Europäische Utopien seit 1800*, Aarau/Frankfurt am Main 1983, S. 22-39.

Bush, Vannevar: »As We May Think«, in: *The Atlantic Monthly* 176.1 (July 1945), S. 101-108, auch in: Druckrey, Timothy (Hg.): *Electronic Culture. Technology and Visual Representation*, New York 1996, S. 29-45, ebenfalls unter: <http://www.theatlantic.com/unbound/flashbks/computer/bushf.htm>.

Cage, John: »Komposition als Prozeß. Teil II: Unbestimmtheit«, in: Daniels/Frieling, *Medien Kunst Aktion*, S. 27-29.

Calvi, Licia: »›Lector in rebus‹: The Role of the Reader and the Characteristics of Hyperreading«, in: Tochtermann/Westbomke/Wiil/Leggett, *Hypertext '99*, S. 101-109.

Castells, Manuel: *Das Informationszeitalter Bd. 1: Die Netzwerkgesellschaft*, Opladen 2001.

Chen, Chaomei: *Information Visualization and Virtual Environments*, Wien u.a. 1999.

Coy, Wolfgang: »turing@galaxis.com II«, in: Warnke/Coy/Tholen, *Hyperkult*, S. 15-32.

Cramer, Florian: »Kombinatorische Dichtung und Computernetzliteratur«, in: *Dichtung Digital*, Oktober 2000, <www.dichtung-digital.de/Forum-Kassel-Okt-00/Cramer>.

Daniels, Dieter: »Strategien der Interaktivität«, in: Daniels/Frieling, *Kunst Medien Interaktion*, S. 142-169.

Daniels, Dieter: »Kunst und Fernsehen – Gegner oder Partner?«, in: Daniels/Frieling, *Medien Kunst Aktion*, S. 60-67.

Daniels, Dieter/Frieling, Rudolf (Hg.): *Medien Kunst Aktion. Die 60er und 70er Jahre in Deutschland*, Wien/New York 1997.

Daniels, Dieter/Frieling, Rudolf (Hg.): *Kunst Medien Interaktion. Die 80er und 90er Jahre in Deutschland*, Wien u.a. 1999.

Decker, Edith: »Boten und Botschaften einer telematischen Kultur«, in: Dies./Weibel, *Vom Verschwinden der Ferne*, S. 79-112.

Decker, Edith/Weibel, Peter (Hg.): *Vom Verschwinden der Ferne. Telekommunikation und Kunst*, Köln 1990.

Dinkla, Söke: »Vom Zuschauer zum Spieler. Utopie, Skepsis, Kritik und eine neue Poetik in der interaktiven Kunst«, in: Dinkla, *InterAct!*, S. 8-21.

Dinkla, Söke (Hg.): *InterAct! Schlüsselwerke Interaktiver Kunst*. Ausstellung und Workshops Wilhelm Lehmbruck Museum Duisburg 17. April bis 15. Juni 1997, Opladen 1997.

Döhl, Reinhard: *Die 60er Jahre in Stuttgart. Ein Exkurs*, Stuttgart 1987, <http://www.das-deutsche-handwerk.de/s/stutt60.htm>.

Döhl, Reinhard: »Aleatorik«, in: Zmegač/Borchmeyer, *Moderne Literatur in Grundbegriffen*, S. 27-29.

Döhl, Reinhard: *Von der Zuse Z 22 zum WWW,* <http://www.s.netic.de/auer/du/zuse/zuse_www.htm>.

Döring, Nicola/Schestag, Alexander: »Soziale Normen in virtuellen Gruppen«, in: Thiedeke, *Virtuelle Gruppen*, S. 313-354.

Dotzler, Bernhard: »Nachrichten aus der früheren Welt – und Zukunft. Zur Programmierung der Literatur mit und nach Babbage«, in: Bolz/Kittler/Tholen, *Computer als Medium,* S. 39-67.

Drucker, Johanna: »Experimental, Visual, and Concrete Poetry: Context and Concepts«, in: Jackson/Vos/Drucker, *Experimental – Visual – Concrete*, S. 39-61.

Druckrey, Tim/Weil, Benjamin: »Kunst und Unternehmenswelt – ein gemischtes Doppel«, in: *Telepolis* 1. 4. 1998, <http://www.heise.de/tp/deutsch/inhalt/sa/3219/1.html>.

Eco, Umberto: *Das offene Kunstwerk*, Frankfurt am Main 1977.

Eco, Umberto: *Semiotik und Philosophie der Sprache*, München 1985.

Eske, Antje: »Künstlerischer Chat«, in: Dies./Alsleben, *NetzKunst-WörterBuch*, S. 73-75.

Eske, Antje/Alsleben, Kurd (Hg.): *NetzKunstWörterBuch*, Hamburg 2001.

Espenschied, Dragan/Freude, Alvar: *Insert_Coin. Verborgene Mechanismen und Machtstrukturen im freiesten Medium von Allen*, Stuttgart, 16. 10. 2001, <http://www.online-demonstration.org/insert_coin/>.

Faßler, Manfred: *Netzwerke. Einführung in die Netzstrukturen, Netzkulturen und verteilte Gesellschaftlichkeit*, München 2001.

Federal Networking Council: *Definition of the Term ›Internet‹*, 25. 10. 1995, <http://www.hpcc.gov/fnc/Internet_res.html>.

Fischer, Manfred (Hg.): *Mensch und Technik: Literarische Phantasie und Textmaschine*, Aachen 1989.

Fischer-Lichte, Erika: *Die Entdeckung des Zuschauers. Paradigmenwechsel auf dem Theater des 20. Jahrhunderts*, Tübingen/Basel 1997.

Flynt, Henry: *Concept Art*, 1963, <http://www.henryflynt.org/aesthetics/conart.html>.

Flynt, Henry: *The Invalidity of Mathematics: The Original Concept Art Essay and the ›Refutation of Arithmetic‹ Project*, 1995, <http://www.henryflynt.org/meta_tech/invalidmath.html>.

Flynt, Henry: *Against »Participation«. A Total Critique of Culture*, 1993, <http://www.henryflynt.org/aesthetics/APchptr10.html>.

Foucault, Michel: *Die Ordnung der Dinge. Eine Archäologie der Humanwissenschaften*, Frankfurt am Main 1990.

Foucault, Michel: »Was ist ein Autor?«, in: Ders.: *Schriften zur Literatur*, Frankfurt am Main 1991, S. 7-31.

Freeman, Judi: »Bedeutungsschichten: Mehrfache Lesarten der Wort-Bilder in Dada und Surrealismus«, in: Dies., *Das Wort-Bild in Dada und Surrealismus,* S. 13-55.
Freeman, Judi (Hg.): *Das Wort-Bild in Dada und Surrealismus,* München 1990.
Friedman, Ken: »Fluxus and Company«, in: Ders., *The Fluxus Reader,* S. 237-253.
Friedman, Ken (Hg.): *The Fluxus Reader,* Chichester 1998.
Frieling, Rudolf: »Ohne Probe – Aspekte prozessualer Medienkunst«, in: Daniels/Frieling, *Medien Kunst Aktion,* S. 156-162.

Gemmert, Claudia/John, Hartmut/Krämer, Harald (Hg.): *euphorie digital? Aspekte der Wissensvermittlung in Kunst, Kultur und Technologie,* Bielefeld 2001.
Giesecke, Michael: *Der Buchdruck in der frühen Neuzeit. Eine historische Fallstudie über die Durchsetzung neuer Informations- und Kommunikationstechnologien,* Frankfurt am Main 1994.
Giesecke, Michael: *Sinnenwandel, Sprachwandel, Kulturwandel. Studien zur Vorgeschichte der Informationsgesellschaft,* Frankfurt am Main 1998.
Giesecke, Michael: *Von den Mythen der Buchkultur zu den Visionen der Informationsgesellschaft,* Frankfurt am Main 2002.
Giesecke, Michael: »Literatur als Produkt und Medium kultureller Informationsverarbeitung und Kommunikation«, in: Huber/Lauer, *Nach der Sozialgeschichte,* S. 359-383.
Giesecke, Michael: »Der Verlust der zentralen Perspektive und die Renaissance der Multimedialität«, in: Kemp, Wolfgang u.a. (Hg.): *Vorträge aus dem Warburg-Haus,* Bd. 2, Berlin 1998, S. 85-116.
Giesecke, Michael/Rappe-Giesecke, Kornelia: *Supervision als Medium kommunikativer Sozialforschung,* Frankfurt am Main 1997.
Goetz, Rainald: *Abfall für alle. Roman eines Jahres,* Frankfurt am Main 1999.
Götzenbrucker, Gerit: *Soziale Netzwerke und Internet-Spielewelten. Eine empirische Analyse der Transformation virtueller in realweltliche Gemeinschaften am Beispiel von MUDs (Multi User Dimensions),* Opladen 2001.

Hafner, Katie/Lyon, Matthew: *Arpa Kadabra. Die Geschichte des Internet,* Heidelberg 1997.
Hall, Wendy/Lowe, David: *Hypermedia & the Web. An Engineering Approach,* Chichester u.a. 1999.
Hammel, Eckard: »Medien, Technik, Zeit. Zur Geschichte menschlicher Selbstwahrnehmung«, in: Sandbothe/Zimmerli, *Zeit – Medien – Wahrnehmung,* S. 60-78.
Harrison, Roger: »Multi User Dungeons. Versuch einer Definition und

Standortbestimmung«, in: Heibach/Bollmann, *Kursbuch Internet*, S. 299-314.

Hartung, Günter: »Maschinen und Maschinenwesen aus der Sicht deutscher Romantiker«, in: Schütz, *Willkommen & Abschied*, S. 42-54.

Hauben, Michael: *History of ARPANET. Behind the Net – The Untold History of the ARPANET Or – The »Open« History of the ARPANET/Internet*, <http://www.dei.isep.ipp.pt/docs/arpa.html>.

Hausmann, Raoul: *Am Anfang war Dada*, hg. von Karl Riha und Günter Kämpf, Gießen 1992.

Hautzinger, Nina: *Vom Buch zum Internet? Eine Analyse der Auswirkungen hypertextueller Strukturen auf Text und Literatur* (Mannheimer Studien zur Literatur- und Kulturwissenschaft, Band 18), St. Ingbert 1999.

Hayles, N. Katherine: »Boundary Disputes. Homeostasis, Reflexivity, and the Foundations of Cybernetics«, in: Markley, *Virtual Realities and their Discontents*, S. 11-37.

Heibach, Christiane: *Literatur im Internet. Theorie und Praxis einer kooperativen Ästhetik,* Berlin 2000, auch: <http://www.dissertation.de/PDF/ch267.pdf>.

Heibach, Christiane: »›Creamus, ergo sumus.‹ Ansätze zu einer Netz-Ästhetik«, in: Suter/Böhler, *hyperfiction*, S. 101-112.

Heibach, Christiane: »Netzwerke. Neue Visualisierungsstrategien in Kunst und Wissenschaft«, in: Huber, Hans-Dieter/Lockemann, Bettina/Scheibel, Michael (Hg.): *Bild Medien Wissen. Interdisziplinäre Entwürfe zur Visuellen Kompetenz im Medienzeitalter*, in Vorbereitung.

Heibach, Christiane: »Schreiben im World Wide Web – eine neue literarische Praxis?«, in: Münker/Roesler, *Praxis Internet*, S. 182-207.

Heibach, Christiane/Bollmann, Stefan (Hg.): *Kursbuch Internet. Anschlüsse an Wirtschaft und Politik, Wissenschaft und Kultur*, Mannheim 1996.

Heißenbüttel, Helmut: »Anmerkungen zur konkreten Poesie«, in: Billen, Josef/ Koch, Helmut (Hg.): *Was will Literatur? Aufsätze, Manifeste und Stellungnahmen deutschsprachiger Schriftsteller zu den Wirkungsabsichten und Wirkungsmöglichkeiten der Literatur*, Bd. 2: 1918-1973, Paderborn 1975, S. 285-288.

Helbig, Jörg (Hg.): *Intermedialität. Theorie und Praxis eines interdisziplinären Forschungsgebietes*, Berlin 1998.

Hemken, Kai-Uwe: »Die kategorische Interaktion. Von Sehnsüchten der Teilhabe und Mythen der Interesselosigkeit«, in: Hemken, *Bilder in Bewegung*, S. 53-76.

Hemken, Kai-Uwe (Hg.): *Bilder in Bewegung: Traditionen digitaler Ästhetik*, Köln 2000.

Hentschläger, Ursula/ Wiener, Zelko: *Webdramaturgie. Das audio-visuelle Gesamtereignis*, München 2002, <http://www.webdramaturgie.de>.

Hettche, Thomas/Hensel, Jana: *NULL. Literatur im Netz*, Köln 2000.
Heyden-Rynsch, Verena: *Literarische Salons. Höhepunkte einer versunkenen weiblichen Kultur*, München 1992.
Higgins, Dick: »Fluxus: Theory and Reception«, in: Friedman, *The Fluxus Reader*, S. 217-236.
Higgins, Dick: »Intermedia«, in: *Leonardo*, Vol. 34, No. 1 (2001), S. 49-54.
Huber, Martin/Lauer, Gerhard (Hg.): *Nach der Sozialgeschichte. Konzepte für eine Literaturwissenschaft zwischen Historischer Anthropologie, Kulturgeschichte und Medientheorie*, Tübingen 2000.
Huelsenbeck, Richard (Hg.): *Dada. Eine literarische Dokumentation*, Reinbek b. Hamburg 1994.
Hünnekens, Annette: *Der bewegte Betrachter. Theorien der interaktiven Medienkunst*, Köln 1997.
Huhtamo, Erkki: »Sieben Missverständnisse über Interaktive Kunst«, in: Dinkla, InterAct!, S. 22-29.

Idensen, Heiko: »Die Poesie soll von allen gemacht werden! – Von literarischen Hypertexten zu virtuellen Schreibräumen der Netzwerkkultur«, in: Matejovki/Kittler, *Literatur im Informationszeitalter*, S. 143-184.
Idensen, Heiko: *Schreiben/Lesen als Netzwerk-Aktivität. Die Rache des (Hyper-) Textes an den Bildmedien*, Kassel 1995, <http://forum.uni-kassel.de/interfiction/1995/rache.htm>.
Iser, Wolfgang: *Der Akt des Lesens. Theorie ästhetischer Wirkung*, München 1976.

Jackson, K. David/Vos, Eric/Drucker, Johanna (Hg.): *Experimental – Visual – Concrete. Avant-Garde Poetry since the 1960s*, Amsterdam /Atlanta 1996.
Janecke, Christian: *Zufall + Kunst. Analyse und Bedeutung*, Nürnberg 1995.
Jannidis, Fotis/Lauer, Gerhard/Martinez, Matias/Winko, Simone (Hg.): *Die Rückkehr des Autors. Zur Erneuerung eines umstrittenen Begriffs*, Tübingen 1999.
Jappe, Elisabeth: *Performance – Ritual – Prozeß: Handbuch der Aktionskunst*, München/New York 1993.
Joyce, Michael: *Of Two Minds. Hypertext Pedagogy and Poetics*, Michigan 1995.

Kac, Eduardo: »Das Internet und die Zukunft der Kunst: Immaterialität, Telematik, Videokonferenzen, Hypermedia, Networking, VRML, Interaktivität, Bildtelefone, Software für Künstler, Telerobotik, Mbone und darüber hinaus«, in: Münker/Roesler, *Mythos Internet*, S. 291-318.

Kafka, Franz: »Beim Bau der Chinesischen Mauer«, in: ders., *Beschreibung eines Kampfes. Novellen, Skizzen, Aphorismen aus dem Nachlaß*, Frankfurt am Main 1983 (Gesammelte Werke in acht Bänden), S. 51-62.

Kamphusmann, Thomas: *Literatur auf dem Rechner*, Stuttgart 2001.

Kieninger, Martina: »Vom Schreiben auf glatten Oberflächen. Zur Geschichte des MehrautorenProjekts Tango«, in: Suter/Böhler, *hyperfiction*, S. 183-199.

Kittler, Friedrich: *Aufschreibesysteme 1800/1900*, München, 3., vollst. überarb. Aufl. 1995.

Kittler, Friedrich: *Grammophon, Film, Typewriter*, Berlin 1986.

Klusczynki, Richard: »The Context is the Massage. Interaktive Kunst als Kommunikationsmedium«, in: Dinkla, InterAct!, S. 29-35.

Kodikas/Code, Sonderheft »Ästhetik digitaler Literatur«, hg. v. Friedrich W. Block, Christiane Heibach, Karin Wenz, in Vorbereitung.

Krämer, Sybille: *Symbolische Maschinen. Die Idee der Formalisierung in geschichtlichem Abriß*, Darmstadt 1988.

Krajewski, Markus: »(Un)Tiefen elektronischer Textarchive. Zu Status und Produktionsbedingungen digitaler Literatur«, in: *Kodikas/Code*, in Vorbereitung.

Krause, Manfred/Schaudt, Götz Friedrich: *Computerlyrik*, Düsseldorf, 2., erw. Auflage 1969.

Kube Ventura, Holger: *Politische Kunst Begriffe in den 1990er Jahren im deutschsprachigen Raum*, Wien 2002.

Kunst- und Ausstellungshalle der Bundesrepublik Deutschland (Hg.): *Der elektronische Raum. 15 Positionen zur Medienkunst*, Ostfildern 1998.

Landow, George P.: *Hypertext 2.0. The Convergence of Contemporary Critical Theory and Technology*, Baltimore/London 1997.

Landow, George P. (Hg.): *Hyper / Text / Theory*, London/Baltimore 1994.

Landow, George P.: »What's a Critic to Do? Critical Theory in the Age of Hypertext«, in: Landow, *Hyper / Text / Theory*, S. 1-47.

Leopoldseder, Hannes/Schöpf, Christine (Hg.): *CyberArts 2000*, Wien/New York 2000.

Lescure, Jean: »Kleine Geschichte von Oulipo«, in: Boehnke/Kuhne, Anstiftung zur Poesie, S. 29-42.

Lotman, Jurij: *Die Struktur literarischer Texte*, München 1989.

Luhmann, Niklas: *Die Wissenschaft der Gesellschaft*, Frankfurt am Main 1992.

Mallarmé, Stéphane: *Sämtliche Dichtungen*, München/Wien 1992.

Man, Paul de: *Allegorien des Lesens*, Frankfurt am Main 1988.

Manovich, Lev: *Database as a Symbolic Form*, 1998, <http://www.manovich.net/docs/database.rtf>.

Markley, Richard (Hg.): *Virtual Realities and their Discontents*, Baltimore 1996.

Martinez, Matias: »Autorschaft und Intertextualität«, in: Jannidis/Lauer/Martinez/Winko, Rückkehr des Autors, S. 465-479.

Matejovki, Dirk/Kittler, Friedrich (Hg.): *Literatur im Informationszeitalter*, Frankfurt am Main 1999.

Maturana, Humberto/Varela, Francisco: *Der Baum der Erkenntnis. Die biologischen Wurzeln der menschlichen Erkennens*, München 1992.

Müller, Jürgen E.: *Intermedialität. Formen moderner kultureller Kommunikation*, Münster 1996.

Müller, Jürgen E.: »Intermedialität als poetologisches und medientheoretisches Konzept. Einige Reflexionen zu dessen Geschichte«, in: Helbig, *Intermedialität*, S. 31-40.

Müller-Maguhn, Andy: *Unsicherheit von Netztransaktionen und Risiko-Handling*, 2000, <http://www.dgbank.de/oir/oirtools.nsf/ViewDownloadFiles/MuellerMaguhn.PDF/$File/MuellerMaguhn.PDF>.

Münker, Stefan/Roesler, Alexander (Hg.): *Mythos Internet*, Frankfurt am Main 1997.

Münker, Stefan/Roesler, Alexander (Hg.): *Praxis Internet*, Frankfurt am Main 2002.

Mukaiyama, Kazushi: »Network Communicate Kaleidoscope«, in: Leopoldseder/Schöpf, *CyberArts 2000*, S. 60/61.

Nelson, Ted: *Computer Lib/Dream Machines*, updated and revised edition, Redmond 1987.

Nelson, Ted: *Literary Machines. Edition 87.1*, South Bend Indiana 1987.

Nielsen, Jakob: *Hypertext and Hypermedia*, Boston/San Diego/New York 1990.

Nöth, Winfried/Wenz, Karin (Hg.): *Medientheorie und die digitalen Medien* (Intervalle 2 – Schriften zur Kulturforschung), Kassel 1999.

Novalis: Schriften, Bd. 2, Darmstadt 1999.

Ortmann, Sabrina: *Literatur im Netz und Netzliteratur*. Ms. Berlin 2000, veröff. als: *netz literatur projekt. Entwicklung einer neuen Literaturform von 1960 bis heute*, Berlin 2001.

Ortmann, Sabrina/Peter, Enno E. (Hg.): *tage-bau.de – Ein literarisches Online-Tagebuch: Mein Pixel-Ich*, Berlin 2001.

Paech, Joachim: »Intermedialität. Mediales Differenzial und transformative Figurationen«, in: Helbig, *Intermedialität*, S. 14-30.

Pfaller, Robert (Hg.): *Interpassivität. Studien über delegiertes Genießen*, Wien/New York 2000.

Popper, Frank: *Die Kinetische Kunst. Licht und Bewegung, Umweltkunst und Aktion,* Köln 1975.
Popper, Frank: »High Technology Art«, in: Rötzer, *Digitaler Schein*, S. 249-266.
Porombka, Stefan: *Hypertext. Zur Kritik eines digitalen Mythos,* München 2001.

Queneau, Raymond: *Œuvres complètes*, Paris 1989.
Queneau, Raymond: »Potentielle Literatur«, in: Boehncke/Kuhne, *Anstiftung zur Poesie*, S. 43-60.

Rau, Anja: *What you click is what you get? Die Stellung von Autoren und Lesern in interaktiver digitaler Literatur,* Berlin 2001.
Römer, Stefan: *Künstlerische Strategien des Fake. Kritik von Original und Fälschung,* Köln 2001.
Rötzer, Florian (Hg.): *Digitaler Schein. Ästhetik der elektronischen Medien*, Frankfurt am Main 1991.

Sack, Thomas: »Theater im Internet. Überlegungen zu einem Konzept ›Chattheater‹«, in: *Dichtung Digital*, Juli 2000, <http://www.dichtung-digital.de/Interscene/Sack>.
Sandbothe, Mike/Zimmerli, Walter (Hg.): *Zeit – Medien – Wahrnehmung*, Darmstadt 1994.
Schiffler, Andreas/Schwabe, Dieter: *The IO_Dencies System. Design and Visualization Techniques*, 1998, <http://io.khm.de/kr_www/content/io_dencies/io_lavoro_immateriale/technikal_dev_aspects/technikal_dev_aspects.html>
Schirmer, Lothar (Hg.): *Joseph Beuys. Eine Werkübersicht*, München u.a. 1996.
Schleiermacher, Friedrich: *Hermeneutik und Kritik*, Frankfurt am Main 1977.
Schmidt, Siegfried J.: *Die Welten der Medien. Grundlagen und Perspektiven der Medienbeobachtung,* Braunschweig/Wiesbaden 1996.
Schmidt, Siegfried J.: »Konstruktivismus als Medientheorie«, in: Nöth/Wenz, *Medientheorie und die digitalen Medien*, S. 21-47.
Schmidt, Siegfried J.: »Computerlyrik – eine verlorene Chance?«, in: Fischer, *Mensch und Technik*, S. 139-152.
Schmölders, Claudia (Hg.): *Die Kunst des Gesprächs. Texte zur Geschichte der europäischen Konversationskunst*, München 1986.
Schneider, Jost: *Einführung in die moderne Literaturwissenschaft*, Bielefeld 1999.
Schneider, Peter-Paul (Hg.): *Literatur im Industriezeitalter*, Bd. 1, Marburg 1987.

Schröder, Dirk: »Der Link als Herme und Seitensprung«, in: Suter/Böhler, *Hyperfiction*, S. 43-60.

Schütz, Eberhard (Hg.): *Willkommen & Abschied der Maschinen. Literatur und Technik*, Essen 1988.

Schulze, Holger: *Das aleatorische Spiel. Erkundung und Anwendung der nichtintentionalen Werkgenese im 20. Jahrhundert*, München 2000.

Schwitters, Kurt: *Die literarischen Werke*, Bd. 5: Manifeste und kritische Prosa, hg. v. Friedhelm Lach, Köln 1998.

Segeberg, Harro: *Literatur im technischen Zeitalter. Von der Frühzeit der deutschen Aufklärung zum ersten Weltkrieg*, Darmstadt 1997.

Shannon, Claude/Weaver, Warren: *Mathematische Grundlagen der Informationstheorie*, München 1976.

Simanowski, Roberto (Hg.): *Literatur.digital. Formen und Wege einer neuen Literatur,* München 2002.

Simanowski, Roberto: »Aleatorik als Aufklärung. Mauerbau und Babelturm in Simon Biggs' ›Great Wall of China‹«, in: *Dichtung Digital*, 20. 4. 2002, <http://www.dichtung-digital.com/2002/04-20-Simanowski.htm>.

Simanowski, Roberto: »Mitschreibprojekte und Webtagebücher. Öffentlichkeit im Netz. Ein Interview mit Claudia Klinger«, in: *Dichtung Digital*, 3. 5. 2000, <www.dichtung-digital.de/Interviews/Klinger-3-Mai-00>.

Simanowski, Roberto: »Die Ordnung des Erinnerns. Kollektives Gedächtnis und digitale Präsentation am Beispiel der Internetprojekte ›Das Generationenprojekt‹ und ›23:40‹«, in *Dichtung Digital*, 20. 12. 1999, <www.dichtung-digital.de/Simanowski/30-Dez-99>.

Skorc, Ivo: »Zamir – Friedensnetzwerk im Kriegsgebiet«, in: Bollmann/Heibach, *Kursbuch Internet*, S. 156-162.

Smith, John B.: *Collective Intelligence in Computer-Based Collaboration*, Hillsdale 1994.

Sondheim, Alan: »Codework«, in: *American Book Review*, Sept/Oct. 2001, S. 1, 4.

Spielmann, Yvonne: »Intermedia in Electronic Images«, in: *Leonardo*, Vol. 34, No. 1 (2001), S. 55-61.

Spielmann, Yvonne: »Schichtung und Verdichtung im elektronischen Bild«, in: Dies./Winter, *Bild – Medium – Kunst,* S. 59-75.

Spielmann, Yvonne/Winter, Gundolf (Hg.): *Bild – Medium – Kunst,* München 1999.

Stalder, Felix: »Spielzeugkriege«, in: *Telepolis*, 8. 12. 1999, <http://www.heise.de/tp/deutsch/inhalt/te/5568/1.html>

Suter, Beat: *Hyperfiktion und interaktive Narration im frühen Entwicklungsstadium zu einem Genre*, Zürich 2000.

Suter, Beat/Böhler, Michael (Hg.): *Hyperfiction Hyperliterarisches Lesebuch: Internet und Literatur*, Frankfurt am Main 1999.
Sutter, Alex: *Göttliche Maschinen. Die Automaten für Lebendiges bei Descartes, Leibniz, La Mettrie und Kant.* Frankfurt am Main 1988.

Thiedeke, Udo (Hg.): *Virtuelle Gruppen. Charakteristika und Problemdimensionen*, Opladen 2000.
Tochtermann, Klaus/Westbomke, Jörg/Wiil, Uffe K./Leggett, John J. (Hg.): *Hypertext '99. Returning to Our Diverse Routes. Proceedings of the 10th ACM Conference on Hypertext and Hypermedia,* New York 1999.
Tzara, Tristan: *Sieben Dada Manifeste*, Hamburg 1998.
Tzara, Tristan u.a.: »Dadaistisches Manifest«, in: Huelsenbeck, *Dada*, S. 31-33.

Utz, Sonja: *Soziale Identifikation mit virtuellen Gemeinschaften – Bedingungen und Konsequenzen*, Lengerich 1999.

Veltman, Kim: »New Media and Transformations in Knowledge (I)«, in: Gemmert/John/Krämer, *euphorie digital?*, Bielefeld 2001, S. 35-62.
Vostell, Wolf: »Was ich will«, in: Daniels/Frieling, *Medien Kunst Aktion*, S. 56/57.

Wagner, Richard: *Die Hauptschriften*. Stuttgart 1956.
Walker, Jill: »Piecing Together and Tearing Apart: Finding the Story in Afternoon.« In: Tochtermann/Westbomke/Wiil/Leggett, *Hypertext '99*, S. 111-117.
Warnke, Martin/Coy, Wolfgang/Tholen, Georg-Christoph (Hg.): *Hyperkult. Geschichte, Theorie und Kontext digitaler Medien*, Frankfurt am Main 1997.
Weber, Stefan: *Medien – Systeme – Netze. Elemente einer Theorie der Cyber-Netzwerke*, Bielefeld 2001.
Weibel, Peter/Druckrey, Timothy: *net_condition. art and golbal media*, Cambridge/Mass./London, 2001.
Wenz, Karin: »Transmedialization«, in: Block/Heibach/Wenz (Hg.): *poesis*, in Vorbereitung.
Weyer, Johannes: »Soziale Netzwerke als Mikro-Makro-Scharnier. Fragen an die soziologische Theorie«, in: Ders., *Soziale Netzwerke*, S. 237-254.
Weyer, Johannes (Hg.): *Soziale Netzwerke. Konzepte und Methoden der sozialwissenschaftlichen Netzwerkforschung,* München/Wien 2000.
Wiener, Norbert: *Kybernetik. Regelung und Nachrichtenübertragung im Lebewesen und in der Maschine*, 2., rev. und erg. Auflage, Düsseldorf/Wien 1963.

Zima, Peter: *Literarische Ästhetik*, Tübingen 1991.
Žižek, Slavoj: »Die Substitution zwischen Interaktivität und Interpassivität«, in: Pfaller, *Interpassivität*, S. 13-32.
Zopfi, Emil: »Wie ein Kamel in der Sprachwolke«, in: *Die Zeit*, 4. 7. 1997.

Projekte

Adrian, Robert/Stocker, Gerfried, u.a. (1993): *Radiobeams*, <http://gewi.kfunigraz.ac.at/~gerfried/radiobeams/radiobeams.html>
Amerika, Mark, u.a. (seit 1994): *Alt-X*, <http://www.altx.com>
Anders, Friederike (1997): *Das Gedächtnis der Frau in Weiß*, <http://www.thing.de/woman_in_white/Frau_in_Weiss/Projekt.html>
Arte (2000): *them@-Literaturwettbewerb*, <http://www.arte-tv.com/them@/dtext/wettbewerb/lit_wett/lit_wett_fs.html>
ASCII Art Ensemble (seit 1998): <http://www.desk.org:8080/Desk/ASCII+Art+Ensemble+original>
Ascott, Roy (1983): *La plissure du texte*, <http://www.normill.com/Text/plissure.txt>; Dokumentation unter: <http://www.to.or.at/~radrian/ARTEX/PLISSURE/plissure.html>

Berry, Josephine/Flor, Micz (seit 1997): **snowfields**, <http://www.art-bag.org/snowfields/>
Biggs, Simon (1996): *The Great Wall of China*, <http://www.greatwall.org.uk/>
Biggs, Simon (1999): *Mozaic*, <http://hosted.simonbiggs.easynet.co.uk/mozaic/>
Biggs, Simon (2001): *Babel*, <http://hosted.simonbiggs.easynet.co.uk/babel/>
Blair, David (1993-1999): *WaxWeb*, <http://www.waxweb.org>
Blank, Joachim/Jeron, Karl Heinz (1998): *Dump your Trash*, <http://sero.org/dyt/>
Blank, Joachim/Jeron, Karl Heinz (1999): *re-m@il*, <http://sero.org/cgi-bin/remail/re-mail.pl>
Bookchin, Natalie (seit 1999): *A story of net art (open source)*, <http://calarts.edu/~line/history.html>
Brand, Stewart/Brilliant, Larry (seit 1985): *The Well*, <http://www.well.com>
Breeze, Mary-Anne (o.J.): <http://www.hotkey.net.au/~netwurker/free.htm>
Bringsjord, Selmer (1999): *Brutus 1*, <http://www.rpi.edu/dept/cogsci/BRUTUS/brutus.html>

Brooks, Sawad/Stryker, Beth (1998): *DissemiNET*, <http://disseminet.walkerart.org/>
Bulhak, Andrew C. (1996): *Dadaengine*, <http://dev.null.org/dadaengine/>
Bulhak, Andrew C. (1996): *Postmodernism Generator*, <http://www.csse.monash.edu.au/community/postmodern.html>
Bunting, Heath (1998): *Own, Be Owned, Or Remain Invisible*, <http://www.irational.org/_readme.html>

Cannon, Steve (1999): *text.ure*, <http://www.text.ure.org>
Coover, Robert (1994): *HypertextHotel*, <http://www.update.ch/beluga/hotel.html>
Corby, Tim/Bayley, Gavin (2000): *Reconnoitre*, <http://www.reconnoitre.net/reconnoitre203/rec_index.htm>
Courten, Catherine de (1994): *KaspaH*, <http://www.hfbk.uni-hamburg.de/KaspaH/KaspaHome.html>
Cramer, Florian (1996): *Permutationen*, <http://userpage.fu-berlin.de/~cantsin/permutations/index.cgi>

Davis, Douglas (seit 1994): *The World's First Collaborative Sentence*, <http://ca80.lehman.cuny.edu/davis/Sentence/sentence1.html>
De Digitale Stad Amsterdam (seit 1994): <http://www.dds.nl>
dtv/t-online (2001): *Wettbewerb Literatur.digital*, <http://www.t-online.de/literaturpreis/>
Dillemuth, Jay u.a. (1998): *Holo-X*, <http://www.cgarts.or.jp/holo-x/>

EastEdge (1998): *Tyrell.Hungary*, <http://tyrell.hu>
Entropy8Zuper! (2000): *Eden.Garden 1.0*, <http://eden.garden1.0.projects.sfmoma.org/>
Espenschied, Dragan/Freude, Alvar (seit 1999): *Assoziationsblaster*, <http://www.assoziations-blaster.de>
Espenschied, Dragan/Freude, Alvar (2001): *insert_coin*, <http://www.online-demonstration.org/insert_coin/>
etoy/R™ark (1999/2000): *Toywar*, <http://www.tmark.com/etoymain.html>
exonemo (1999): Discoder, <http://www.exonemo.com/DISCODER/indexE.html>

Fietz, Yvonne (seit 2000): SchreibNetz Hamburg, <http://www.schreiben-hamburg.de>
Fife, John A./Gill, Maximillian/Kulandaivelu, Udhaya (1997): *Aliento*, <http://www.geocities.com/SoHo/Cafe/5025/frame.html>
Freeman, Andy/Skeet, Jason (1999): *earshot*, <http://www.deepdisc.com/earshot/>

Grigat, Guido (seit 1997): *23:40*, <http://www.dreiundzwanzigvierzig.de/cgi-bin/2340index.pl>

Guyer, Carolyn u.a. (1995): *MolaWeb*, <http://iberia.vassar.edu./Mola/Mola_text_968.html>

Harvey, Aurea/Samyn, Michaël (1999): *skinonskinonskin*, <http://entropy8zuper.org/skinonskinonskin/>

Hasecke, Jan Ulrich (seit 1998): *Generationenprojekt*, <http://www.generationenprojekt.de>

Haskel, Lisa/Kennard, Susan (seit 1996): *irational.org*, <http://www.irational.org>

Heibach, Christiane (2002): *Netzästhetik*, <http://www.netzaesthetik.de>

Hettche, Thomas (1999): *NULL*, <http://www.dumontverlag.de/NULL/>

Hoskin, Teri u.a. (1998): *noon quilt*, <http://trace.ntu.ac.uk/quilt/quilt_1.htm>

Huffman, Kathy Ray/Wohlgemuth, Eva (1995): *Siberean Deal*, <http://www.t0.or.at/%7Esiberian/vrteil.htm>

IBM/Die Zeit (1996-1998): *Pegasus Internet-Literaturwettbewerb*, <http://www.textgalerie.de/info/pegasus.htm>

Idensen, Heiko/Krohn, Matthias (1989): *Pool Processing – Die imaginäre Bibliothek*, <http://www.hyperdis.de/pool/index.html>, Dokumentation: <http://www.hyperdis.de/pool/dok/pool.htm>

International Society for Mathematical and Computational Aesthetics, <http://www.rci.rutgers.edu/~mleyton/ISMA.htm>

I/O/D (Matthew Fuller/Simon Pope/Colin Green) (1997): *Web Stalker*, <http://www.backspace.org/iod/>

Jodi (o.J.): *%Location*, <http://wwwwwwwww.jodi.org/>

Jodi (1999) : *Oss*, <http://www.oss.jodi.org>

Jodi (1999): *CTRL Space*, <http://ctrl-space.jodi.org>

Kac, Eduardo (seit 1993): *Ornitorroco*, <http://www.ekac.org/ornitorrincoM.html>

Kieninger, Martina (1996): *TanGo!*, <http://www.stuttgart.de/stadtbuecherei/tango/s/tango.htm>

Kisseleva, Olga (seit 1998): *How Are You?*, <http://www.fraclr.org/hay/preface.htm>

Klinger, Claudia (1996-2000): *Beim Bäcker*, <http://www.snafu.de/~klinger/baecker/>

Knowbotic Research u.a. (1999): *Lavoro Immateriale*, <http://io.khm.de/

lavoro/>, Dokumentation: <http://www.krcf.org/krcfhome/1IOdencies5.htm>

LAN (2001): *Tracenoizer*, <http://www.tracenoizer.org>
Leeming, Gary D. (o.J.): *Cut-Up Machine*, <http://web.ukonline.co.uk/gary.leeming/burroughs/cutup_machine.htm>
Lialina, Olia/Samyn, Michaël (1998): *Heaven & Hell*, <http.//adaweb.walkerart.org/GroupZ/heaven&hell/>
Lovink, Geert/Schultz, Pit (seit 1995): *nettime*, <http://www.nettime.org>

Malloy, Judy (seit 1985): *Bad Information*, <http://www.well.com/user/jmalloy/bad.html>
McCoy, Jennifer/McCoy, Kevin (1999): *Airworld*, <http://www.airworld.net>
meetfactory (1999): *Conversation with Angels*, <http://angels.kiasma.fng.fi/index.html>
Memmot, Talan (2000): *Lexia to Perplexia*, <http://www.altx.com/ebr/ebr11/11mem/>
mikro e.V. (seit 2000): *Mailingliste rohrpost*, <http://www.mikro.org/rohrpost/>
Miller, Steve (1999): *Dreaming Brain*, <http://www.stevemiller.com/db/casing/index.htm>
Mukaiyama, Kazushi (2000): *Network Communicate Kaleidoscope*, <http://nck.kazushi.net/client/main.html.en>
Muntadas, Antonio (seit 1994): *The File Room*, <http://www.cd.sc.ehu.es/FileRoom/documents/homepage.html>
Myrick, Daniel/Sanchez, Eduardo (1999): *The Blairwitch Project*, <http://www.blairwitch.com>

Napier, Mark (1998): *Digital Landfill*, <http://potatoland.org/landfill>
Napier, Mark (1998): *Shredder*, <http://www.potatoland.org/shredder/shredder.html>
Nelke, Roger (1997): *Die Säulen von Llacaan*, <http://netzwerke.textbox.de/llacaan/menu.htm>.
Nexgo of Kystone/Ganymed (1999): *Fraktalroman*, <http://www.fraktalroman.de/main01.htm>

Ortmann, Sabrina/Peter, Enno E. (seit 1999): *tage-bau*, <http://www.tage-bau.de>
Ortmann, Sabrina, Peter, Enno E. (2000): *Mein Pixel-Ich*, <http://www.berlinerzimmer.de/tagebau/pixelich.htm>

Perl Poetry Contest (2000): <http://www.samag.com/documents/s=1274/sam0501001 2/>
Pocock, Philipp/Huber, Felix (1995): *Arctic Circle,* <http://newhyper.k.plenum.de/acircle/acircle.htm>
Pocock, Philipp/Huber, Felix (1996): *Tropic Cancer,* <http://newhyper.k.plenum.de/acircle/tcancer.htm>

R™ark (seit 1991): *R™ark,* <http://www.rtmark.com>

Sanford, Christy Sheffield (1999/2000): *My Millenium,* <http://trace.ntu.ac.uk/writers/sanford/my_millennium/presents.html>
Schreiber, Urs (1998): *Epos der Maschine,* <http://kunst.im.internett.de/epos-der-maschine/>
Servin, Jacques (1997): *BEAST,* <http://www.netzaesthetik.de/Servin/Beast/index.htm>
Servin, Jacques (1998): *Walking down the street,* <http://www.netzaesthetik.de/Servin/Walk_down/index.html>
Simon, John F. (seit 1994): *AlterStats,* <http://www.numeral.com/alterend.html>
Sommerer, Christa/Mignonneau, Laurent (1999): *Verbarium,* <http://www.fondation.cartier.fr/verbarium.html> (derzeit nicht im Netz)
Stadt Ettlingen/Energie Baden Württemberg (1999): *Ettlinger Internet-Literaturwettbewerb,* <http://www.literaturwettbewerb.de>
Staehle, Wolfgang (seit 1995): *The Thing,* <http://www.thing.net>
Stasny, Ed (seit 1995): *Hygrid,* <http://www.sito.org/synergy/hygrid/>
Stillich, Sven (seit 1997): *Mailingliste Netzliteratur,* <http://www.netzliteratur.de>

Thomas, Sue u.a. (o.J.): *Trace,* <http://trace.ntu.ac.uk/>
Thompson & Craighead (2000): *E-Poltergeist,* <http://www.ucl.ac.uk/slade/slide/original/>
Thorington, Helen u.a. (seit 1996): *turbulence.org,* <http://www.turbulence.org>
Tribe, Mark/Heraman, Garnet (seit 1996): *Rhizome,* <http://www.rhizome.org>

Ward, Adrian (2001): *Auto-Illustrator,* <http://www.auto-illustrator.com>
Wardrip-Fruin, Noah, u.a. (1999): *The Impermanence Agent,* <http://www.impermanenceagent.com/agent/>
Wattenberg, Martin (2001): *Idea Line,* <http://www.whitney.org/artport/>
Weil, Benjamin/Borthwick, John (seit 1994): *äda'web,* <http://adaweb.walkerart.org>

Wisniewski, Maciej (1999): *Netomat*, <http://www.netomat.net>

Zeitgenossen (Ursula Hentschläger/Zelko Wiener) (1999): *Fernwärme*, <http://www.zeitgenossen.com>
Zeitgenossen (2001): *Yatoo*, <http://www.zeitgenossen.com>

Theoretische Texte zu Kunst und Ästhetik im Suhrkamp Verlag
Eine Auswahl

Rudolf Arnheim
- Film als Kunst. Mit einem Nachwort von Karl Prümm und zeitgenössischen Rezensionen. stw 1553. 336 Seiten
- Rundfunk als Hörkunst. Mit einem Nachwort von Helmut H. Diederichs und zeitgenössischen Rezensionen. stw 1544. 224 Seiten

Béla Balázs
- Der Geist des Films. Mit einem Nachwort von Hanno Loewy. stw 1537. 237 Seiten
- Der sichtbare Mensch. Mit einem Nachwort von Helmut H. Diederichs. stw 1536. 177 Seiten

Walter Benjamin. Medienästhetische Schriften. Mit einem Nachwort von Detlev Schöttker. stw 1601. 443 Seiten

Hans Blumenberg. Ästhetische und metaphorologische Schriften. Herausgegeben von Anselm Haverkamp. stw 1513. 462 Seiten

Pierre Bourdieu. Die Regeln der Kunst. Genese und Struktur des literarischen Feldes. Übersetzt von Bernd Schwibs und Achim Russer. stw 1539. 552 Seiten

Peter Bürger
- Das Altern der Moderne. Schriften zur bildenden Kunst. stw 1548. 218 Seiten
- Theorie der Avantgarde. Mit einem Vorwort zur zweiten Auflage. es 727. 147 Seiten

NF 109/1/1.03

Josef Früchtl/Jörg Zimmermann (Hg.). Ästhetik der Inszenierung. es 2196. 300 Seiten

Alexander García Düttmann. Kunstende. Drei ästhetische Studien. 168 Seiten. Broschiert

Peter Gendolla/Thomas Kamphusmann (Hg.). Die Künste des Zufalls. stw 1432. 304 Seiten

Gérard Genette. Palimpseste. Die Literatur auf zweiter Stufe. Übersetzt von Wolfram Bayer und Dieter Hornig. es 1683. 535 Seiten

Eva Geulen. Das Ende der Kunst. Lesarten eines Gerüchts nach Hegel. stw 1577. 208 Seiten

Carlo Ginzburg. Das Schwert und die Glühbirne. Picassos ›Guernica‹. Übersetzt von Reinhard Kaiser. Mit Abbildungen. es 2103. 108 Seiten

Luca Giuliani. Bildnis und Botschaft. Hermeneutische Untersuchungen zur Bildniskunst der römischen Republik. 335 Seiten. Kartoniert

Ernst H. Gombrich/Julian Hochberg/Max Black. Kunst, Wahrnehmung, Wirklichkeit. Übersetzt von Max Looser. es 860. 156 Seiten

Nelson Goodman. Sprachen der Kunst. Entwurf einer Symboltheorie. Übersetzt von Bernd Philippi. stw 1304. 254 Seiten

Nelson Goodman/Catherine Z. Elgin. Revisionen. Philosophie und andere Künste und Wissenschaften. Übersetzt von Bernd Philippi. stw 1050. 225 Seiten

NF 109/3/1.03

Ernst Kris/Otto Kurz. Die Legende vom Künstler. Ein geschichtlicher Versuch. stw 1202. 188 Seiten

Richard Kuhns. Psychoanalytische Theorie der Kunst. Übersetzt von Klaus Laermann. 195 Seiten. Kartoniert

Paul de Man. Die Ideologie des Ästhetischen. Herausgegeben von Christoph Menke. Übersetzt von Jürgen Blasius. es 1682. 300 Seiten

Dieter Mersch. Ereignis und Aura. Untersuchungen zu einer »performativen Ästhetik«. es 2219. 312 Seiten

Erwin Panofsky. Die Renaissancen der europäischen Kunst. Übersetzt von Horst Günther. stw 883. 436 Seiten

K. Ludwig Pfeiffer. Das Mediale und das Imaginäre. Dimensionen kulturanthropologischer Medientheorie. 624 Seiten. Gebunden

Hermann Pfütze. Form, Ursprung und Gegenwart der Kunst. stw 1417. 260 Seiten

Max Raphael. Werkausgabe. Herausgegeben von Hans-Jürgen Heinrichs. 11 Bände in Kassette. stw 831-841. 3448 Seiten. Auch einzeln lieferbar

Stefan Rieger

- Die Ästhetik des Menschen. Über das Technische in Leben und Kunst. Mit zahlreichen Abbildungen. stw 1600. 512 Seiten
- Die Individualität der Medien. Eine Geschichte der Wissenschaften vom Menschen. stw 1520. 528 Seiten

NF 109/5/1.03

Martin Seel
- Eine Ästhetik der Natur. stw 1231. 389 Seiten
- Die Kunst der Entzweiung. Zum Begriff der ästhetischen Rationalität. stw 1337. 373 Seiten

Ruth Sonderegger. Für eine Ästhetik des Spiels. Hermeneutik, Dekonstruktion und der Eigensinn der Kunst. stw 1493. 391 Seiten

Robert Stockhammer (Hg.). Grenzwerte des Ästhetischen. stw 1602. 240 Seiten

Edgar Wind. Kunst und Anarchie. Die Reith Lectures 1960. Mit Abbildungen. stw 1163. 219 Seiten

Uwe Wirth. Performanz. Von der Sprachphilosophie zur Kulturwissenschaft. stw 1575. 435 Seiten

Herta Wolf (Hg.). Paradigma Fotografie. Fotokritik am Ende des fotografischen Zeitalters. Band 1. Mit zahreichen Abbildungen. stw 1598. 467 Seiten

Richard Wollheim. Objekte der Kunst. Übersetzt von Max Looser. stw 384. 256 Seiten

NF 109/6/1.03

Hinweise zur Benutzung der CD-ROM

Systemvoraussetzungen:

Mac OS/Windows 95 oder höher
Soundkarte und Lautsprecher
Quicktime 6.0
(Kostenloser Download unter:
http://www.apple.com/quicktime/products/qt/)

Für die Projekte:

Internet Explorer 6.0
Netscape 6.0 oder höher
jeweils mit Java Flash-Player
(kostenloser Download unter:
http://www.macromedia.com/software/flashplayer/index.html)
Shockwave-Player (kostenloser Download unter:
http://www.macromedia.com/software/shockwaveplayer/index.html)